ÉLOQUENCE

ET

IMPROVISATION

ÉLOQUENCE

ET

IMPROVISATION

ART

DE LA PAROLE-ORATOIRE

AU BARREAU, A LA TRIBUNE, A LA CHAIRE

PAR

GORGIAS

Cum silcant inter arma artes non minus
quam leges, eloquentia nunquam silet, et
in medio armorum strepitu auditur.

PETRUS FRANCIUS.

PARIS

COTILLON, ÉDITEUR

Rue des Grès-Sorbonne, 16

—

1846

L'Auteur, en se couvrant d'un voile, s'est dit de deux choses l'une : ou bien un livre a du succès, ou bien il tombe dans l'oubli. Dans le premier cas, on est toujours à temps de se faire connaître; dans le second cas, à quoi bon révéler son nom ? Ce raisonnement lui a paru si concluant, qu'il s'étonne qu'on ne le fasse pas toutes les fois que l'on se résout à tenter une épreuve toujours redoutable. Si l'on échoue, qui le sait ? Si l'on réussit, qui l'ignore ?

DIVISION DE LA MATIÈRE.

LIVRE PREMIER.

POÉTIQUE, OU DE LA MAGNIFICENCE DE L'ART ORATOIRE.

La Parole. — L'Éloquence. — L'Improvisation.

LIVRE DEUXIÈME.

HISTOIRE, OU DU DÉVELOPPEMENT EXTÉRIEUR DE L'ART ORATOIRE.

Esquisse historique de l'Éloquence étrangère. — Esquisse historique de l'Éloquence judiciaire en France. — Esquisse historique de l'Éloquence parlementaire en France. — Esquisse historique de l'Éloquence religieuse en France.

LIVRE TROISIÈME.

PHILOSOPHIE, OU DE L'ART ORATOIRE CONSIDÉRÉ COMME CRÉATION LIBRE DE L'ESPRIT HUMAIN.

Parole primitive : grandeur, décadence et régénération. — Du Dialogue et du Discours improvisés. — Que l'Improvisation est un talent acquis. — Des causes de quelques différences dans les produits de l'Improvisation. — De l'Éducation oratoire.

LIVRE QUATRIÈME.

DIDACTIQUE, OU DES PROCÉDÉS GÉNÉRAUX PROPRES A CONDUIRE A L'ART ORATOIRE.

Règles générales de l'Improvisation.

LIVRE CINQUIÈME.

ÉTHIQUE, OU DES MŒURS, DU CARACTÈRE ET DES NÉCESSITÉS DE L'ART ORATOIRE.

L'Écrivain et l'Improvisateur. — L'Écrivain et l'Improvisateur au Barreau. — L'Écrivain et l'Improvisateur à la Tribune. — L'Écrivain et l'Improvisateur à la Chaire.

LIVRE SIXIÈME.

MÉTHODOLOGIE, OU DE LA MÉTHODE SPÉCIALE A CHAQUE GENRE D'ART ORATOIRE.

D'un Modèle idéal. — Méthode d'Improvisation pour le Barreau. — Méthode d'Improvisation pour la Tribune. — Méthode d'Improvisation pour la Chaire.

LIVRE SEPTIÈME.

ANALYTIQUE, OU DES PROCÉDÉS PARTICULIERS PROPRES A CONDUIRE A L'ART ORATOIRE.

Règles particulières de l'Improvisation.

LIVRE HUITIÈME.

PLASTIQUE, OU DES MANIFESTATIONS DE LA FORME DANS L'ART ORATOIRE.

Des Idées et des Signes. — Du Style dans l'Éloquence. — Des Sources oratoires. De l'élément philosophique. — De l'élément poétique. — De l'Improvisation comme forme. — De l'Inspiration dans l'art oratoire. — Des Destinées de l'Éloquence.

LIVRE NEUVIÈME.

ESTHÉTIQUE, OU DES CONDITIONS DU BEAU DANS L'ART ORATOIRE.

Du Beau dans ses rapports avec l'Éloquence. — Du Beau dans l'Éloquence judiciaire. — Du Beau dans l'Éloquence parlementaire. — Du Beau dans l'Éloquence religieuse.

« Quand un livre paraît, que de moments heureux n'a-t-il pas déjà valus à celui qui l'écrivit selon son cœur et comme un acte de son culte ! Que de larmes pleines de douceur ne lui a-t-il pas fait répandre, dans sa solitude, sur les merveilles de la vie, sur l'amour, l'art, la gloire, la religion ? Dans le monde, on se sent oppressé par ses facultés, et l'on souffre d'être seul de sa nature au milieu de tant d'êtres qui vivent à si peu de frais; mais le talent créateur suffit, pour quelques instants du moins, à tous nos vœux : il a ses richesses et ses couronnes, il offre à nos regards les images lumineuses et pures d'un monde idéal, et son pouvoir s'étend quelquefois jusqu'à nous faire entendre, dans notre cœur, la voix d'un objet chéri. »

Mme DE STAËL.

EXPOSITION DE L'OUVRAGE.

La lutte et la conquête, voilà sur la terre la destinée de l'homme, et c'est à l'accomplir qu'il consacre, dès l'enfance, toutes les forces vives de son organisation. Quelquefois timide et faible, quelquefois hardi et puissant, il donne à ses œuvres l'empreinte de sa volonté riche ou pauvre, de sa nature stérile ou féconde. Il se modifie, il se transforme, il s'élève, et à l'aide de son activité propre, il aspire à saisir l'idéal sacré dont il porte en soi la ravissante et impérissable image.

Pour parvenir à ce noble but et satisfaire à cette loi primitive et supérieure de son être, l'homme a reçu de Dieu de magnifiques présents, parmi lesquels se place, au premier rang, le LANGAGE, véhicule de la pensée, gloire de l'intelligence, signe de haute dignité.

Quelle n'est pas en effet la grandeur du Langage! Principe de vie et de lumière, par lui, l'homme, animant le monde des corps et le monde des esprits, réalise l'exemplaire divin qui reluit dans son âme; il l'incarne, il le revêt d'une forme, d'une enveloppe sensible; par lui, la pensée se crée, jaillit et s'élance comme une vive flamme de son invisible foyer, de son mystérieux sanctuaire.

Trois modes distincts et d'une énergie spéciale, constituent ce vaste instrument du langage : l'Action, l'Ecriture, la Parole, et c'est par leur précieux concours, leur union harmonique, que se forme et se complète cette voie de communication merveilleuse et intime.

L'Action! élan rapide et spontané de la vie intérieure! L'homme a des larmes et des sanglots pour épancher ses douleurs, un cœur qui le trahit et qu'on devine, un geste qui commande, une figure où se reflètent toutes les puissances de son âme.

L'Écriture! glorieux effort du génie et de la civilisation! Armé du style, l'homme fixe ses idées, les grave sur un airain qui résiste à la loi destructive du temps, leur donne un caractère saisissable au regard, les dégage, les épure, puis les lègue comme un souvenir de la génération qui a vécu à la génération qui va vivre.

La Parole! lien d'amour, mélodie de l'âme! Elle nous sert à donner la vie à nos gémissements et à nos joies, à dominer les esprits, à peindre les passions, à exprimer les réflexions que nous suggère la vie sociale.

De ces nobles et immenses facultés, principes de la grandeur humaine, échos de ce monde qui soupire et gronde dans les abîmes de notre nature, quelle est celle qui doit obtenir la prééminence par le rôle qu'elle joue dans notre organisation intellectuelle? Poser la question, c'est la résoudre.

L'Action est l'élément sensible de l'éloquence, mais elle est insuffisante, incomplète; elle ne peut rendre les pensées que mutilées, confuses. L'attention de l'homme n'est pas assez forte pour saisir l'expression abstraite qui s'échapperait constamment du geste et du regard, les idées seraient alors peu nombreuses, et la stérilité de cette langue muette se ferait bientôt sentir.

Plastique de l'art, l'Écriture n'est qu'une image infidèle, un rayonnement, un symbole; elle n'offre que des couleurs pâles et mortes. Pour arriver à l'intelligence, il lui faut traverser les vastes champs de la mémoire, et elle est incomprise, si cette faculté est inerte ou bien si elle sommeille. De là, dans nos lectures, l'ennui qui s'empare de nous, la distraction par qui l'intelligence disparaît et s'éclipse; de là aussi tant de notions légères, fugitives, qui effleurent notre esprit et s'en vont ensuite au néant comme des impressions d'enfance.

Reste la Parole, ce mystère ineffable à jamais voilé pour l'homme, cette source féconde, intarissable, d'où découlent l'inspiration, l'enthousiasme, la gloire. Heureux qui parle bien, car il a l'éloquence véritable, complète. L'énergie des tons, des gestes, des regards, rend sa pensée d'une façon claire, pittoresque, expressive. Athlète à la libre allure, il lutte corps à corps, insiste sur ce qui touche, glisse sur ce qui déplaît et semble se jouer au sein même des orages de la pensée. Plier à tous les accidents, faire tourner jusqu'à ses périls au profit de la victoire, voilà le secret de ses séductions et de sa puissance.

La Parole est donc le mode qui offre à l'homme le plus d'avantages, qui manifeste avec le plus de force la personnalité intelligente et libre. Esclave obéissante et soumise, voix irrésistible de l'âme, organe de création, de justice

et de commandement, elle est ce qu'il veut qu'elle soit.
Familière, expansive, majestueuse, grave, sympathique,
abondante, ironique, passionnée, oratoire enfin, elle
nous saisit, nous enveloppe, nous entraîne, et sait employer pour nous conquérir les plus brillantes prérogatives de l'humanité. Et à la voir chez certains hommes
marcher en avant avec un abandon si plein de grâce,
de grandeur et de majesté, agissant par sa propre vertu,
se trouvant sans se chercher, s'apercevant sans se poser,
en un mot, ne relevant que d'elle-même et heureuse et
fière d'un empire si facile, on serait tenté de croire
qu'elle tient à une puissance surhumaine, à une sorte de
génie particulier qui, dominant à la fois l'esprit et la matière, appellerait, au gré de l'orateur, le sentiment du beau
pour venir illuminer son âme.

En serait-il donc ainsi? et la Parole, comme tout ce qui
est grand, vrai et beau, ne serait-elle pas une conquête?
Quand la vertu elle-même est le fruit de l'effort, le prix
du combat, la Parole, comme un dépôt précieux et sacré,
serait-elle destinée à tomber d'en haut dans quelques
entendements privilégiés, dans quelques organisations
élues? Serait-ce un don divin, dispensé aux uns, refusé
aux autres, un exclusif apanage, que cette belle harmonie,
cette impétuosité savante, cette élégante et délicate
structure? Serait-elle inaccessible, même contre les lois
de l'éternelle justice, aux longs travaux, aux esprits
doués d'énergie et de persévérance? ou plutôt ne doit-on
pas dire que c'est un de ces talents, enfants du travail,
de la volonté et d'un art profond? Et cela posé, ne pourrait-on pas arriver à une méthode sévère, qui, s'appuyant
sur des bases solides, rangerait le talent de la Parole sous
le joug de l'expérience, contiendrait la pensée, en la for-

çant à se replier sur elle-même, à considérer et constater les faits intellectuels; à une méthode qui, nous attachant avec amour à un chef-d'œuvre, nous révèlerait les lois qui l'ont créé et en font une œuvre active, vivante, sensible, et nous aidant ensuite à découvrir les secrets intimes de l'art, les principes qui le constituent, la vie qui l'anime, nous permettrait un jour de nous élever par nous-mêmes et pleins d'enthousiasme, à la forme presque divine de la spontanéité?

Mais qui pourra pénétrer cette activité intérieure par laquelle l'homme arrive à faire d'un instrument grossier, d'une force indocile, un instrument si harmonieux, une force si magnifique? Qui pourra sonder les mystères de cette fermentation qui fait qu'à un certain moment, moment solennel dans la vie de l'intelligence, la flamme s'échappe de l'épaisse fumée, le feu sacré qui dormait sous la cendre s'anime, s'embrase et monte vers le ciel? Assurément, ce n'est pas un petit spectacle que de voir l'orateur, prêtre, avocat ou tribun, se préparant à l'enfantement de son œuvre. Le jour, la nuit, il cherche le dieu, il l'appelle, il le tourmente. Solitaire et aux prises avec la pensée encore obscurément enfermée en lui, il combat, il s'interroge. Puis, de cette lutte guerrière, jaillit l'idée claire et distincte, de confuse et sombre qu'elle était. La matière inerte s'organise, et, sortie du sein de la poussière, soudain la vie apparaît. L'abstraction revêt la forme concrète, sensible. Alors le dieu évoqué et venu éclate, l'intelligence s'élève, la pensée se nourrit de la lumière qui tout à coup l'inonde et s'offre aux regards charmés, éblouis, transfigurée par l'éclat spirituel et matériel tout à la fois à l'aide duquel elle resplendit.

Or, quelle route parcourir pour lever le voile qui cou-

vre tant d'harmonies, tant de merveilles? Quel plan suivre pour montrer comment l'homme, une fois frappé de
l'idée de la beauté et de la puissance de la Parole, s'en empare, la dégage de sa nature rebelle, la purifie dans sa pensée et parvient à en faire une œuvre d'art, c'est-à-dire une
œuvre d'intelligence et de liberté? Et puis comment, sans
l'espoir d'une révélation, entreprendre de dire les splendeurs de cette puissance formidable qui éclaire les peuples,
fait et défait les rois, interroge Dieu? Quelle main douce et
délicate ne faut-il pas pour toucher cette harpe aux mélodies enivrantes et sacrées? Et n'est-ce pas profaner que
de traduire en signes vulgaires ces émotions ardentes, ce
tressaillement indicible qu'excite en nous la Parole, soit
qu'elle dise les sentiments les plus élevés de l'âme, soit
qu'elle entonne un chant de triomphe et de gloire, soit
qu'elle jette des cris pathétiques et remplisse l'espace
de ses plaintes inexaucées, de ses aspirations vers
l'Infini?

Après de longues hésitations, et persuadé qu'il faut enfin sortir de la contemplation stérile de l'idéal et produire
— dût cet idéal, par ses éblouissants reflets, refouler dans
la nuit son imparfaite image — et qu'il arrive un moment
où il faut avoir le courage de dire à son œuvre, comme le
Christ à Lazare : LÈVE-TOI ET MARCHE!... nous avons livré
aux disputes du monde, aux appréciations amies ou en-
nemies, cette branche cueillie dans le vaste empire de la
science.

Voici l'ordre de nos idées :

D'abord, ainsi qu'un moraliste qui, voulant enseigner
la vertu, commence par la rendre aimable en la montrant
parée de ses invincibles charmes, nous avons peint la Parole, l'Éloquence, l'Improvisation : nous avons décrit en

traits rapides leurs principes actifs, leur nature morale, leurs nobles attributs.

Ensuite nous avons dit :

Le rôle brillant qu'a rempli l'Eloquence en se révélant sur ses principaux théâtres depuis les sombres âges de l'histoire jusqu'à nos jours éclatants, ses orateurs et leur gloire impérissable ;

Les règles générales et particulières qui peuvent conduire à obtenir cet art admirable de l'Improvisation, à l'inaugurer dans l'esprit de l'homme, à en faire un instrument de domination et de puissance;

Les mœurs des assemblées au milieu desquelles il faut que l'orateur s'inspire et tienne tête à l'orage, l'arme familière à ces sortes de combats et la supériorité de la Parole comme mode de manifestation de la pensée;

La méthode propre aux divers genres, la force mystérieuse de l'émulation et la route qu'ont suivie quelques hommes qui se sont faits de la Parole une lyre mélodieuse et docile, et que l'on nous représente si grands et si beaux aux heures où l'inspiration soufflait dans leurs âmes;

La beauté ineffable de l'Eloquence que la vertu et la vérité inspirent, le reflet sublime qu'elle projette sur le front de l'orateur quand elle le remplit de sa sainte ivresse et fait éclater en lui sa pleine magnificence.

L'art avouera-t-il ce plan et consentira-t-il à le prendre sous son égide protectrice? Aurons-nous atteint le but que nous avons voulu? Aurons-nous fait aimer la Parole en disant ses attraits, son histoire, ses règles, ses mœurs, ses beautés? L'aurons-nous montrée comme une création du génie de l'homme, la plus merveilleuse de toutes, s'élevant vers les sphères divines au milieu de flots de lumière et se faisant l'auxiliaire de l'Etat, de la

Loi, de la Religion? Sans contredit, on regrettera qu'un
de ces grands génies de l'Éloquence, qui semblent avoir
donné la mesure des forces spontanées de l'esprit humain, n'ait pas abordé une pareille entreprise et exploré
un champ aussi curieux d'investigation. D'où vient
qu'ils ont méprisé cette gloire? Est-ce impuissance?
Qui oserait le dire? Est-ce que les talents d'orateur et
d'écrivain s'excluent comme semblent l'attester tant
d'éclatants exemples [1]? Ou bien ne serait-ce pas plutôt
que les maîtres de l'art, qui, par une étude longue et assidue, en ont vaincu les difficultés et connu les mystérieuses délicatesses, dédaignent de revenir sur leurs pas
pour faciliter aux autres les rudes sentiers qu'ils ont eu
tant de peine à ouvrir? Peut-être aussi que, frappés de la
multitude et de la nature des obstacles qu'ils ont ren-
contrés, ils redoutent le travail qui serait nécessaire pour
les aplanir, et qui serait trop peu senti pour qu'on pût
leur en tenir compte? Uniquement occupés de faire de
nouveaux progrès dans l'art qu'ils cultivent pour s'élever
au-dessus de leurs rivaux, plus épris de l'admiration que
de la reconnaissance publique, ils préfèrent la gloire d'augmenter l'édifice au soin d'en éclairer l'entrée. Ah! pourtant, lorsqu'un homme a consacré sa vie à chercher l'art,
la vérité, la science; lorsque, à force d'études et de soins,
il est arrivé à quelques découvertes dans le vaste monde
de l'esprit, jaloux de ne pas laisser s'enfouir dans la terre
le trésor qu'il a trouvé, que ne se hâte-t-il, dès qu'il sent
approcher son terme, de révéler sa conquête, afin que
l'œuvre périssable, perpétuée de génération en génération, vive, grandisse et fructifie dans l'avenir!

---

[1] TIMON. Livre des Orateurs.

Que si, ouvrier bien obscur, quoique zélé, nous n'avons pu atteindre le but que nous nous étions proposé, d'autres reprendront cette tâche inachevée. Que si nous n'avons fait qu'éclairer le seuil du temple, d'autres plus heureux porteront la lumière dans ses profondeurs. Tels sont nos efforts individuels, et ce qui importe aux yeux de la conscience, c'est bien moins le succès que l'effort qui seul élève et anoblit l'homme. D'ailleurs, le plus pauvre possède quelque chose que nul ne peut lui dénier, à savoir : sa VOLONTÉ, et c'est pour lui un devoir d'en user avec vaillance, et de chercher, dans sa courte durée, à développer les facultés qui peuvent être endormies dans sa nature. Profondément empreinte dans notre âme, cette pensée du devoir a dirigé ce travail, si capable pourtant d'intimider notre faiblesse. Puisse la vie animer ces feuilles éparses, où furent, à des heures silencieuses, déposées nos confidences artistiques, et qui, oubliées depuis longtemps, étaient repliées sur elles-mêmes comme de pauvres fleurs que le froid a touchées! Puisse la flamme sainte être descendue de son foyer sacré et se reflétant sur notre œuvre, l'avoir illuminée de sa clarté splendide!

Et vous, orateurs puissants, nobles compagnons de nos ardentes veilles, aigles des cieux qui nous avez si souvent éclairé des rayons de votre génie et guidé de votre vol sublime, si, au prix d'une longue patience, un pieux lévite de votre gloire est parvenu à vous dérober quelques-uns de ces secrets dont vous vous montrez si fiers et si jaloux, pardonnez-lui de les avoir dévoilés à la jeunesse avide. Travailleur persévérant, il a labouré de toutes les énergies de sa pensée le champ inépuisable, et si la moisson est venue si maigre sur un sol si fécond, ce n'est la faute ni de sa volonté, ni de son courage. Quand le voyageur, lassé de vivre dans la vallée obscure, se hasarde à gravir la montagne pour y jouir de l'aspect de l'horizon immense, s'il arrive que, trahi par ses forces, il soit obligé de retourner en arrière sans avoir atteint le sommet désiré, du moins, la confiance qui l'a soutenu dans sa noble entreprise, la joie d'avoir ouvert des voies inconnues, le dédommagent de son labeur, et peut-il, à bon droit, être fier de n'avoir pas désespéré de lui-même! De ce qu'un homme n'a pas reçu des ailes pour voler, s'ensuit-il que, se confinant dans une lâche peur, il doive rester perpétuellement oisif et immobile en face de l'effort continu que fait le genre humain pour accomplir ses destinées si grandes, si belles, et dans sa magnifique évolution, graviter incessamment vers Dieu?

LIVRE PREMIER.

POÉTIQUE

ou

DE LA MAGNIFICENCE DE L'ART ORATOIRE.

CHAPITRE PREMIER.

LA PAROLE.

Don sublime, rayon de Dieu. la Parole est le symbole de la grandeur et de la supériorité de l'homme. Soleil de l'intelligence, elle verse en nous les flots de sa riche lumière et procure à nos regards d'éblouissants spectacles; c'est la plus belle et la plus noble des parures de l'esprit humain.

Partie fondamentale de l'essence et de la gloire de l'homme, la Parole le distingue des êtres avec lesque il partage ici-bas l'empire. Tous naissent, vivent et meurent; tous sont les sujets de la joie, de la tristesse, du temps; tous aspirent à la vie expansive; mais seul, il dit ses besoins, ses craintes, ses espérances; seul, il exprime les sentiments du cœur, il projette les flammes du génie, il répand les trésors de l'imagination; en un mot, seul, il parle. A l'aide de cet instrument victorieux, il étend sa puissance sur la nature entière dont il emprunte les couleurs et les grâces; il tonne, il fulmine, il éclate; il nous émeut, nous agite, nous charme et laisse partout les vives empreintes de sa force et de son intelligence.

Nul doute que la Parole ne vienne de Dieu même. Dieu seul a pu former cet organe admirable qui réunit à la fois tant de délicates beautés. Il n'a laissé à l'homme que le soin de le mettre en œuvre, de le développer de la manière la plus convenable à sa destination. Aussi voyez comment mettant à profit ce présent sacré, l'homme en épanche ces langues harmonieuses qui nous ravissent, et leur donne cette marche cadencée, musicale, qui force notre parole à suivre les mouvements de nos idées; comment il invente des mots lents, d'autres rapides, des mots durs, d'autres flatteurs, des mots sombres, d'autres sonores, et comment la voix se prêtant avec souplesse à tous les besoins de la pensée, s'éloigne et se rapproche, augmente et diminue, meurt et renaît, tantôt se déploie majestueusement, tantôt se resserre, et tour à tour libre et fière, douce et timide, ardente et impétueuse, arrivée sur le bord des lèvres, siége de la persuasion et du sourire, les traverse, s'échappe et s'enfuit.

Quel beau champ fut donné à la Parole! quelles magnifiques perspectives furent ouvertes devant elle! Aussi ne s'en est-elle point montrée indigne. Partout, sous ses pas, quelle vie! quelle fécondité! et comme elle semble elle-même pénétrée de son excellence! Toujours active, la Parole recherche toutes les occasions de dangers et de gloire. Elle voit le péril, et non seulement elle l'affronte, mais elle le cherche, elle l'aime. Ici, elle combat avec intrépidité; là, elle exhorte et console; ailleurs, elle s'anime, elle brille, elle étincelle. Docile autant que courageuse, elle ne se laisse point inconsidérément emporter au feu de la passion, elle sait réprimer ses élans, modérer sa fougue, abaisser sa fierté, fléchir sous la volonté qui la dirige, attendre pour partir que l'intelligence lui ait donné l'ordre. Obéissant toujours aux impressions qu'elle reçoit de la part de l'âme, elle se précipite, se contient ou s'arrête, se livre sans réserve, ne se refuse à rien, sert de toutes ses forces.

Levier de la civilisation, glaive redoutable, la Parole gouverne le monde, parce qu'elle sait trouver les routes mystérieuses de l'âme, et possède la puissance plus qu'aucune autre formule de l'art. Elle fait sortir de son luth mélodieux et divin tout ce que l'homme rêve et pressent de plus grand, de plus vrai, de plus beau; elle dit tout ce qui encourage et entraîne, tout ce qui passionne et séduit, la pitié, l'espoir, la terreur, l'enthousiasme, la foi, la gloire. Radieuse et féconde, soudaine et inspirée, elle se produit, par le geste, par l'accent, par le regard, remuant les esprits au gré de son génie et selon notre intelligence; elle est l'insatiable besoin des grandes âmes.

La Parole, c'est la vie; aussi la vie ne cesse-t-elle de circuler en elle. La vie s'échappant de son sein comme un torrent, se reproduit sous une foule de formes animées; elle apparaît en tous les points comme une force créatrice, douée d'une vertu magique; tous les êtres qui se meuvent dans l'immensité de l'univers, obéissent à son impulsion, cèdent à ses ébranlements harmoniques. Elle attache les unes aux autres les intelligences individuelles, elle est leur lien dans le monde invisible des esprits. Par elle, la pensée avec son activité infinie ne cesse d'aller d'une âme à une autre âme; elle fait que ce n'est pas un certain nombre d'hommes qui existent sur la terre, mais l'humanité; elle confond en une même pensée toutes les pensées: elle

2

consacre cette alliance sainte qui se manifeste d'abord
entre les familles, puis entre les peuples qui semblent alors
sortis du même germe comme les rameaux et les branches du tronc du même arbre.

Il y a dans la course de la Parole mille accents divers
et mélodieux, mille nuances sombres ou brillantes. Tantôt légère et rapide, elle passe en excitant un nerveux frémissement; tantôt abrupte et brisée, elle bondit avec une
voix qu'on dirait entrecoupée par la colère; tantôt chaude
comme le rayon de soleil qui vous enveloppe, tantôt expansive comme le baiser d'une mère, ou bien elle se traîne
et semble dormir, ou bien elle s'échappe en faibles soupirs au souffle du sentiment qui la caresse. D'autres fois,
elle retentit telle qu'une fanfare de triomphe, puis tombe
monotone et solennelle comme la vague des mers. Ici, elle
jette des intonations saisissantes, cris de l'âme, qui se colorent de toutes les nuances de la passion qui l'étreint et
l'étouffe; là, elle coule molle et limpide comme ces heures
fugitives, filles des beaux jours de la jeunesse, où l'homme,
pour ainsi parler, se retire en soi pour vivre d'illusions et
de nobles rêves.

Avec tant de charmes et de séductions, qui pourrait ne
pas aimer la Parole? Ne révèle-t-elle pas, à notre gré, toutes
les transformations de la pensée et du sentiment? Et ne
se revêt-elle pas, pour les exprimer, d'une forme, d'une
allure analogue à ces pensées et à ces sentiments même?
Vive, capricieuse, vagabonde de sa nature, elle subit cependant le joug de l'homme, se familiarise avec lui par
l'habitude, lui devient intime. Faut-il raconter les vastes
mouvements de l'âme, elle s'élance avec impétuosité,
roule ses larges ondes, se déploie tout entière. Force,
beauté, grâce, précision, spontanéité, mouvement, en

un mot, tout ce qui, à bon droit, séduit et captive, elle le possède et le répand. Quand il s'agit de peindre les délicates tendresses, les sentiments passionnés, elle se fait douce, insinuante, prend les inflexions les plus expressives, et par ses cris redoublés, ses battements d'ailes, ses couleurs variées, saisit et transporte celui qui la contemple. Oui, c'est beau la Parole, fécondes sont ses puissances, ravissantes ses harmonies!

Incarnée dans un homme à la taille grande, au port imposant, à la figure noble, à la voix abondante et sonore, la Parole est la chose la plus admirable, le spectacle le plus splendide. Voyez, en effet, à l'heure sacrée des divines révélations, l'homme qui possède ce talent rare et sublime. Son âme, dans son corps spiritualisé, semble ne plus avoir d'entraves, ne plus appartenir qu'à Dieu qui l'inspire. Son élan est libre et généreux, c'est un élan plein de grandeur et de puissance. La Parole vient d'elle-même au secours de sa pensée, se pose aimable et mélodieuse sur ses lèvres, elle l'exalte, elle l'enivre. Est-il calme, elle s'écoule de même que, dans une riante vallée, un ruisseau limpide; elle ondule, au milieu des fleurs, avec pureté, avec grâce. Est-il ému, toutes ses beautés se multiplient, ses yeux s'animent, sa tête se renverse noblement en arrière comme le lion qui va combattre: la Parole l'a transfiguré! Elle sort de sa bouche, et l'on dirait d'un fleuve irrité qui se hâte, grandit et se gonfle pour arracher et emporter le rivage, ou bien d'un astre radieux qui, dans sa course triomphale, vient répandre ses célestes clartés sur le monde.

CHAPITRE II.

L'ÉLOQUENCE.

L'Eloquence est la poésie de la Parole; c'est l'art porté à son expression la plus haute. Fille harmonieuse de l'âme, elle s'épanouit surtout dans les assemblées nombreuses, au souffle des passions et de la liberté.

Fière de sa noblesse, jalouse de ses droits, l'Eloquence aspire à recueillir tous les suffrages, à captiver tous les regards, car elle décore et embellit tout ce qu'elle touche. Aussi, partout on l'aime, partout on l'applaudit, partout on l'admire! Qui mieux qu'elle met en relief les beautés vives de l'art et répand avec plus de profusion les trésors de l'intelligence humaine, ses œuvres magnifiques? Qui mieux qu'elle sait peindre les mystères de notre nature, ses élans soudains, ses brusques et naïfs retours, enfin, tout ce qui éblouit, tout ce qui trouble, tout ce qui remue. Son éclat majestueux, ses riches reflets, ses lueurs divines, tout nous l'annonce, tout nous la présente comme digne de gouverner, d'avoir l'empire; tout justifie ce symbole à l'aide duquel la spirituelle antiquité indiquait sa force sur le cœur des hommes [1].

Il faut renoncer à peindre l'agitation que l'Eloquence excite dans les esprits qu'elle possède et qu'elle remplit. Les vérités que la main du génie va saisir, c'est elle qui les vulgarise et les propage. Semblable à une flamme superbe, elle s'élève comme attirée sans cesse vers son éternel Principe; et si parfois elle s'affaiblit, c'est quand elle a atteint les régions les plus éthérées, souvent même, par une illumination soudaine, elle y renaît et plus vive et plus belle; elle y brille avec encore plus de splendeur et d'éclat.

Ne pourrait-on pas comparer l'Eloquence à une promenade sur un vaste fleuve? L'eau est calme, unie, aussi la gondole s'avance les voiles doucement gonflées par les brises fraîchissantes. Tout à coup le vent se lève, mugit; l'onde devient inégale, bouillante, houleuse, nous agite, puis s'apaise et nous repose épuisés de sensations sur le plus délicieux rivage. L'Eloquence, en effet, connaît le calme et la tempête. Dans les circonstances ordinaires, c'est quelque chose de doux, de léger, de heurté, d'abrupte, d'étincelant; ce sont des saillies audacieuses et courtes, des traits rapides et acérés. Mais si de grandes passions l'étreignent et l'embrasent, elle se déploie, s'anime, s'élance; torrent débordé, elle se précipite, elle étonne, elle effraie; et à ce grandiose spectacle, qui ne

[1] Le symbole de l'Eloquence chez les Gaulois était Hercule; ils le représentaient sous des formes majestueuses, entraînant au bout de sa langue une quantité de peuples enchaînés par les oreilles.

s'est senti pâlir et pleurer de terreur, d'admiration et d'enthousiasme?

Il n'est point d'homme à qui il n'ait été donné dans sa vie d'assister à un de ces grands spectacles où, le moment étant solennel, un orateur, presque un dieu, s'est levé du milieu de la foule silencieuse et dans l'attente la plus vive. A la noble aisance, à la facilité, à la liberté de son allure, qui n'a reconnu un des princes de l'Éloquence? A son front resplendissant, à ses yeux d'où jaillit la flamme, à son visage creusé par la méditation et l'étude, qui n'a deviné en lui la supériorité de l'intelligence, la puissance du génie, la passion de la gloire? Et quand il a déployé ses larges ailes, quitté la terre et fait entendre son sublime langage, tout un peuple s'est comme suspendu à ses lèvres, a vécu de sa vie, palpité de ses émotions, pleuré de ses larmes; il s'est laissé ravir par cet art admirable qui rend toutes les impressions, tous les sentiments avec un charme facile, saisit tous les caractères, et sait en augmenter les grands effets par les contrastes les plus variés. Il a remarqué avec transport ce début qui s'est révélé par un prélude timide, comme s'il voulait essayer son instrument harmonieux; mais ensuite, il l'a vu prenant de l'assurance, s'animer par degrés, s'échauffer, et bientôt faire éclater dans toute leur plénitude les ressources de son génie. Pensées sublimes, étincelles vives et légères, paroles précipitées articulées avec force, accents plaintifs échappés avec grâce, tons passionnés que le cœur inspire, phrases entremêlées de silences, de ces silences, sources de puissants effets, toute cette réunion de nuances si diverses, d'une variété si prodigieuse, procure à l'âme des jouissances intimes et profondes.

L'Éloquence s'appuie sur les choses les plus éminentes.

Comme elle aime le bruit, la lumière, les riantes perspectives, elle s'est emparée, pour y régner, des théâtres où se presse et palpite la foule. Vous la rencontrez imposante là où se discutent les destinées de l'homme au-delà du monde et celles de la patrie, les graves intérêts de l'honneur et de la fortune. Aussi est-ce à elle que nous réservons nos sympathies les plus vives et nos plus purs enthousiasmes, et voyons-nous tout ce qu'il y a de plus vivant au sein de la société subir son empire, recueillir religieusement son harmonie ineffable

Qu'un grand procès politique, civil ou criminel éclate, on s'attache avec acharnement aux discours qu'il a produits, aux œuvres d'intelligence qu'il a fait éclore. On y cherche la vérité, l'art, les nobles sentiments, la science, toutes choses auxquelles l'homme aspire par sa nature même. On comprend que l'Eloquence n'est pas née seulement pour servir d'ornement et de décoration à la société, mais que sa mission est encore de l'éclairer dans le cours de ses destinées positives. Aussi on applaudit à sa voix, on l'interroge d'un œil avide, on l'admire, car pâle reflet des lueurs célestes, l'Eloquence est grande, prophétique, civilisatrice, pleine de l'esprit de Dieu.

Libre et indépendante, l'Eloquence va chercher les pays que la civilisation éclaire, elle s'y établit, elle y séjourne et ne les quitte qu'aux jours de la servitude. Alors, après avoir jeté ses derniers accents, elle va visiter d'autres rivages; elle s'abrite d'abord dans quelques âmes solitaires, erre long-temps dans les anses les plus écartées jusqu'au jour où, frappé de son éclat par quelque circonstance inattendue, le peuple qui a senti sa puissance, l'accueille, l'adopte et lui confie sa fortune.

Qui pourrait méconnaître, en effet, la mission toute de

civilisation et de liberté que l'Éloquence a accomplie dans l'histoire? N'est-ce pas elle par qui tant de nobles âmes brûlèrent de l'amour de la gloire? N'est-ce pas elle qui réveille en nous ces inspirations élevées qui constituent notre vraie grandeur? Partout où il y a des périls à braver, ne la trouvez-vous pas ardente et infatigable? Dans les jours de danger, la patrie et les citoyens se mettent sous sa sauvegarde. Ils s'abritent derrière ces hommes généreux qui savent fonder leur supériorité sur l'ampleur et et l'harmonie de la Parole. Tant que la grande voix de Démosthène put se faire entendre, Athènes fut sauvée. Cicéron parle, Catilina n'est plus. Rome périt quand l'Eloquence dégénéra.

En vain donc des esprits moroses et superbes par impuissance ont nié la force, ont prédit la ruine de l'Eloquence. L'Eloquence ne peut périr; le génie immortel des nations la protège, et la bannir des discussions publiques, ce serait comme si l'on chassait le soleil du monde. Elle vivra tant qu'il y aura des abîmes à explorer dans l'imagination de l'homme et dans son cœur des désirs de gloire. La gloire! vous l'avez rêvée sans doute, et vous avez bien fait, car c'est la récompense accordée à tous les genres de prééminence, toutes les supériorités intellectuelles y ont droit; et dédaigner la gloire, c'est dédaigner les vertus qui y mènent, c'est ne tenir aucun compte de la haute estime de l'humanité. Eh bien! si vous aimez la gloire, cette sève généreuse qui féconde la vie, attachez-vous de toutes vos forces à l'Eloquence écrite ou parlée; car dans nos temps passionnés, c'est par l'Eloquence que se conquiert la gloire.

CHAPITRE III.

L'IMPROVISATION.

Mobile reflet de la nature intime de l'homme, l'Improvisation est la vie du discours comme la pensée en est l'âme. Muse ailée, libre, gracieuse, ce n'est pas la pureté de la mélodie qui fait son charme, c'est la beauté du mouvement. Agile et brave, elle aime la lutte comme le guerrier aime le combat; c'est l'arme familière de tous ceux qui se sont fait de la Parole un instrument de puissance et de domination.

Flexible à toutes les expressions du sentiment, quelquefois austère et grave, quelquefois douce et rapide, l'improvisation s'élance, et sous ses pas légers, jaillissent les beautés spirituelles, étincelantes. Elle a cette audace naïve qui vous étonne, cette séduction secrète qui vous charme, cette force qui frappe, cette spontanéité qui saisit et entraîne. On ne la voit pas comme la pythonisse enfanter avec labeur des paroles strangulées que la douleur et l'effort entrecoupent, non, elle court, elle bondit, toujours simple, naturelle, féconde. Et si parfois cependant, à de certaines heures, le dieu irrité la tourmente et la déchire, alors elle cède au cri de la passion, elle coule à large flot, elle frissonne, tremble, pleure; et c'est par elle que le génie atteignant le monde invisible, s'y dilate et resplendit.

L'Improvisation est la plus belle des manifestations de l'intelligence; c'est le talent qui sait le mieux subjuguer les esprits. Et une société de personnes réunies pour entendre un orateur, se donner à lui, l'échauffer de leurs haleines, entretenir enfin de leur présence le flambeau sacré qui brûle en lui et le consume, n'est-ce pas là la plus heureuse image de la perfection sociale et de la civilisation?

Quel ravissant spectacle, et comme on se groupe et comme on admire! Sous les auspices de l'égalité humaine, un mystérieux banquet est ouvert, où tous les assistants prennent part et se réjouissent. Celui qui parle a l'enchantement de sentir ses idées s'écouler hors de soi en style clair, mesuré, plein de vie, et se verser dans les âmes qui se sont penchées vers lui comme entraînées par des aspirations sympathiques. Soit qu'il s'agite en proie à la fièvre d'inspiration qui le dévore, soit que sa parole s'échappe calme et cristalline comme l'eau du rocher, tout dans sa personne reflète la grâce et la délicatesse, et pour enchaîner avec plus de force, il a recours aux riantes caresses de la main, des yeux et de la voix. Celui qui écoute, transporté dans une région intellectuelle inaccoutumée, se laisse séduire par ce contact délicat d'une intelligence d'élite; son esprit s'éveille, son cœur tressaille, et il livre avec délices et bonheur toute son âme à celui en qui elle trouve nourriture et satisfaction inexprimable. Haletant, doucement balancé comme par une vague caressante, fasciné par le regard de l'orateur déployé sur lui, il suit avec frémissement, avec amour, ce mouvement magnétique. Divine communion des âmes! Sublime échange des pensées!

Parler, c'est manifester la nature ; improviser, c'est manifester à la fois la nature et l'art. La Parole en soi vient de Dieu même; l'oraison continue est fille de l'homme. C'est lui qui met la dernière main aux qualités admirables du langage; qui en fait cet art, lien de la société, qui peint, dessine, colore dans la Poésie et dans l'Eloquence. L'instrument vocal lui étant donné, il le combine, il en tire des sons ravissants, de suaves harmonies; il s'élève jusqu'aux nues pour ouvrir à nos faibles regards les perspectives les plus sublimes; il redescend sur la terre pour revêtir de couleurs inattendues les objets qui rampent à nos pieds.

L'Improvisation a des moyens d'action qui lui sont particuliers. Les discours étudiés, travaillés, pâlissent devant elle. Ses accents ne sont pas de simples bruits dont l'air est frappé, ni des paroles élégantes, issues de la patience ; ils doivent vivre et se conserver, moins par le style que par l'impression, dans les voies les plus secrètes du cœur, et s'y transformer en sentiments, de manière à ce que l'auditeur emporte, non le son, mais le trait, dans l'âme ; car la Parole a l'effet rapide et elle ne sculpte pas. L'homme dont la parole nous séduit et nous charme, n'est pas celui qui produit des émotions au moyen d'artifices de langage prévus d'avance ; c'est celui qui sort des routes communes, des sensations coutumières de la vie ; c'est celui qui aborde son sujet avec une allure fière

et hardie, qui est simple sans trivialité, sublime sans effort, gracieux sans afféterie, énergique sans rudesse; c'est
celui qui, dans le vaste océan des idées, sait choisir, avec
la rapidité de l'aigle qui s'élance, celles qui peuvent le
mieux réveiller les âmes et faire tressaillir les cœurs.

L'Improvisation est principalement l'Éloquence du
monde et des affaires; et comme elle aide merveilleuse-
ment à compenser le temps par la vivacité de l'observation, par la vaste étendue des effets, elle a toujours et
partout joui d'un grand renom. Née pour le commandement et la souveraineté, elle est tout efficace et pleine
de force. La spontanéité, l'action, voilà son génie; l'agilité, le mouvement, voilà son charme et sa puissance.

C'était sans doute un Improvisateur, celui dont une
reine, amie des arts et des lettres, disait : « Ce n'est
pas à l'homme que j'ai donné un baiser, mais à la bouche dont il sort tous les jours de si belles choses. » C'est
qu'il appartient surtout à ce qu'il y a de plus gracieux au
monde, d'apprécier un talent qui tire son plus grand prestige de la grâce; c'est que l'Improvisation n'est pas toute
au Barreau, à la Tribune, à la Chaire; elle fait aussi, pour
nos plaisirs, des invasions heureuses dans ces salons où
scintillent les entretiens élégants. Là, moins étincelante
cependant que du temps de Richelieu et de Louis XIV,
elle n'en possède pas moins des allures enivrantes et délicieuses. Elle sait s'y plier aux circonstances et aux
mœurs; elle sait appeler à elle la légèreté, l'insouciance,
la gaîté, et elle se reproduit avec tous ses charmes dans
une douce et récréante causerie. On lui voit tour à tour
la précision ou l'abondance, la lenteur de la phrase ou la
vivacité du discours. Tout y est suave et doux par le
parfum d'élégance qui s'en exhale, par une agréable ef-

fusion de nous-mêmes dans ceux qui nous environnent : tout nous y comble d'enchantements éphémères, mais vrais.

Ce qui prouve l'excellence, la supériorité de l'Improvisation, c'est qu'elle plaît spontanément à tout le monde, car, chose étrange ! notre admiration s'attache aux effets prompts et délicats plutôt qu'aux choses lentement recueillies et patiemment épurées. En est-il de même des autres œuvres de l'art ? « Il n'y a point d'ouvrage si accompli qui ne fondît tout entier au milieu de la critique, si son auteur voulait en croire tous les censeurs, qui ôtent chacun l'endroit qui leur plaît le moins. » Cette pensée de l'un des peintres les plus fidèles du cœur humain, peut surtout s'appliquer au discours écrit ; quelque parfait, quelque achevé qu'il soit, il n'aura point le don de rallier tous les suffrages.

Le discours écrit ! c'est, si vous le voulez, la beauté ! Voyez, quelle régularité de traits ! Quelle perfection de formes ! Pourtant on conteste, on dispute. Je hais, dira l'un, ce front audacieux comme celui de l'ange rebelle. Je n'aime pas, dira un autre, ce regard que l'inspiration n'illumine jamais de ses éclairs. Mais présentez à ces hommes, de sens si divers, une autre individualité à qui la beauté physique manque, mais qui resplendit de la beauté morale. Donnez-lui cette délicatesse noble, cette ingénuité douce et pure, cette molle insouciance répandue dans sa personne comme un parfum d'amour ; comme ils sont unanimes ! Comme ils admirent ! Que d'expression dans cette physionomie ! Que d'élégance dans cette démarche ! Que de poésie dans ce sourire, dans ce regard ! Voilà la Grâce, voilà l'Improvisation !

Ainsi, l'Improvisation, organe de la pensée vaste et

libre, reflet étincelant du monde infini, répandant les
flots de vie et de vérité dont la source est dans l'âme,
élevant le réel jusqu'à l'idéal, s'emparant d'un noble
esprit et le mettant en possession de la divine lumière,
est le phénomène le plus éminent de l'intelligence.
C'est l'art, l'art sacré qui apparaît sous sa triple manifestation : le génie qui crée, la parole qui exécute, la grâce
qui embellit; qui a pour caractère principal la spontanéité
et l'enthousiasme, et se révèle avec cette puissance qui
arrache l'âme à son état subalterne, et dégage d'elle la
partie idéale de sa nature.

LIVRE DEUXIÈME.

HISTOIRE

ou

DU DÉVELOPPEMENT EXTÉRIEUR DE L'ART ORATOIRE.

CHAPITRE PREMIER.

ESQUISSE HISTORIQUE DE L'ÉLOQUENCE ÉTRANGÈRE DEPUIS SON ORIGINE JUSQU'AU XIXᵉ SIÈCLE [1].

L'Eloquence est un besoin éminent, éternel de notre nature, et dès lors un développement nécessaire de l'esprit humain. Aussi son origine va-t-elle se perdre dans la nuit des temps. La mission qui lui est échue vient d'ailleurs confirmer sa haute antiquité. Prendre l'homme avec ses nobles facultés, perfectionner son être moral, l'élever à la conception de sa destinée, puis le suivre au milieu de la vie sociale, fonder pour lui la civilisation et la liberté, voilà son double but et sa gloire. De là la division fondamentale de l'Eloquence en deux branches principales : l'Eloquence religieuse et l'Eloquence civile ou politique.

[1] Les esquisses qui vont suivre sont fort incomplètes; mais on comprendra que c'était une nécessité de nous borner, l'art de l'Eloquence et non son histoire étant la partie essentielle de cet ouvrage.

3

Religieuse, l'Eloquence est vaste comme le sentiment de l'infini. C'est un élan vers Dieu, c'est une hymne d'adoration et de reconnaissance. Ses premiers monuments sortent de la pensée des pontifes sacrés dans des heures d'enthousiasme, et ils sont regardés comme le résultat d'une divine spontanéité. Inspirée et sublime, elle va fouiller dans les régions intimes de l'homme qu'elle élève vers les célestes demeures sur les larges ailes de la Foi; elle s'exhale en accents pieux et mélodiques, et satisfait ainsi aux besoins les plus nobles de l'âme, besoins aussi impérieux que ceux du corps.

Politique ou civile, l'Eloquence a plus pour objet les intérêts que les devoirs; elle dédaigne le plus souvent les hauteurs de la théorie pour vivre dans les champs plus positifs de l'application et de l'histoire, et ce n'est que quand la scène s'agrandit tout-à-coup d'une question vitale, qu'elle revêt en quelque sorte l'autorité du sacerdoce, réveille au fond des âmes l'amour de la patrie, et revendique les saintes lois de l'humanité et de la justice. Alors, elle se présente avec le caractère de force sociale, et semble destinée à protéger la venue de cet arbre de la civilisation qui doit, à la longue, couvrir le monde de ses developpements majestueux.

Considérée sous le rapport de l'art, l'Eloquence a eu de faibles commencements. Fidèle à la loi mystérieuse qui a présidé à toutes les créations de l'esprit humain, elle se produisit d'abord sous le mode poétique, car la poésie est le début de l'intelligence. Sortie du sanctuaire, elle apparut sous des formes indécises, idéalisées, des couleurs incertaines qui s'adressaient principalement à l'imagination, et ses premières ébauches furent naturellement grossières et dépourvues de la précision, de la rigueur de l'art et de l'exactitude digne et sévère de la science.

L'Eloquence n'étant qu'une émanation de la Poésie, il suit de là que la Poésie a dû enfanter, avant elle, de ces œuvres qui restent comme les symboles de la grandeur de l'intelligence humaine. Aussi Homère a-t-il précédé tous les orateurs, et, avant eux, il est venu ébranler le cœur et l'âme par la puissance du langage. Le divin aveugle va chantant son impérissable épopée, que relève encore une langue sonore, pleine de grâce, d'élégance et d'une merveilleuse richesse. Il dit avec les combats des hommes et les querelles des dieux, la religion, les institutions, les mœurs de sa patrie, et les discours qu'il place dans la bouche de ses héros, sont des modèles de l'art de parler aux assemblées. Et périssent les œuvres de tant de glorieux orateurs dont les noms, brillants de génie, ont traversé les siècles, si le poème d'Ilion reste, on pourra, à sa sublime clarté, reconstituer l'art de la Parole avec son harmonie exquise, sa noblesse naturelle, son imposante majesté.

De la Poésie naît l'Eloquence ; mais bientôt la royale fille conquiert à part son empire. Fécondée par la liberté, déjà ne la voyez-vous pas briller comme une divine apparition aux horizons helléniques, où tout un peuple, ravi d'enthousiasme, s'enivre de ses voluptés, applaudit à sa puissance? Une tribune s'élève, c'est sur l'Agora, au sein d'Athènes, au milieu de ce peuple vif et ingénieux, à l'oreille délicate et si sensible au charme de la parole quand elle est relevée par la pensée.

Alors l'art oratoire prit à Athènes un développement rapide. On le combla de gloire, et il y eût de nombreuses écoles où l'on enseigna minutieusement ce qui rend les

hommes puissants dans les assemblées et dans l'Etat,
c'est-à-dire l'Eloquence qui persuade, émeut, entraine.
Ces hommes dont les œuvres portent cependant l'empreinte d'une inspiration si originale, ne croyaient pas qu'il
fallùt s'en fier aux hasards heureux de leur organisation
particulière, et ils recherchaient avec empressement ces
secours techniques qui font éclore, de nos jours, le sourire du dédain sur les lèvres de ceux qui expliquent toutes les supériorités au moyen de l'intervention du génie.
Gorgias, fonde le premier une école où il donne le précepte et l'exemple de la parole improvisée, et c'est de là
que sortent Périclès, Phocion, Démades, Démosthène.
Périclès sait, par les prodiges de sa puissance oratoire,
conserver jusqu'à sa mort le gouvernement du peuple le
plus versatile du monde ; Phocion se montre tout à la fois
un des hommes les plus éloquents et les plus honnêtes de
son siècle ; toute la Grèce se rassemble autour de Démades pour écouter sa parole qui déborde comme un torrent
irrésistible, tandis que de la large poitrine de Démosthène, sort une éloquence qui fait trembler les redoutables phalanges du Macédonien, et ressemble à la lave bouillante, furieuse et profonde d'un cratère enflammé.

Cependant l'Eloquence est forcée de quitter ces rivages fortunés de la Grèce, où elle s'était rassasiée de
triomphes et de gloire, et elle va porter ailleurs ses mélodieux débris. Il manquait son éclat aux maîtres du
monde : elle vint le leur donner et fut en quelque sorte
le couronnement de leur civilisation. Pourtant, chose remarquable ! il lui faut presque un siècle pour se faire une
histoire, et l'obscurité la plus profonde règne sur les hommes qui illustrèrent son berceau chez la nation qui se
montra, par rapport aux arts, la digne héritière de la

Grèce. La constitution politique de Rome, son Sénat majestueux qui semble à l'envoyé de Pyrrhus, une assemblée de rois, son Forum sans cesse retentissant du bruit de la vague populaire, sa libre défense des accusés, ses tribuns inviolables et factieux, ses faisceaux consulaires donnés là à toute intelligence qui resplendit, tout obligea les Romains à cultiver l'art oratoire, qui leur rappelait d'ailleurs, au sein de la paix, les agitations et les incertitudes des combats. La Parole devint à Rome aussi décisive, aussi triomphale que le glaive, et, comme lui, elle ouvrit la voie des affaires publiques, de la faveur du peuple, de la gloire. Ce n'était pas un simple ornement, c'était un ressort essentiel de la République. La toge marcha de pair avec l'épée, et quand, après avoir conquis le monde, Rome ferma le temple de la guerre, l'Eloquence fut le premier des arts de la paix aux jours de la liberté.

D'abord grave, sévère, sans parure, l'Eloquence romaine fut le reflet des mœurs et de la civilisation. Elle eut cette allure rapide et guerrière qui ne s'amuse pas aux fragiles fleurs du langage, lorsqu'il s'agit de faire mordre la poussière à l'ennemi. Peu à peu cependant, l'élégance poétique y pénètre; l'imagination l'éclaire et l'inonde, car il faut plaire à cette démocratie qui, chaque jour, lève la tête, et prend cette attitude altière que lui donne le sentiment de sa force et le souvenir de ses victoires. Caton, Antoine, Hortensius, élèvent haut l'Eloquence romaine, mais leur nom est éclipsé par la vaste lumière que répand l'astre de Cicéron qui, à une époque passionnée, au milieu de la liberté expirante, pose les bornes de l'art, et assure en même temps à son nom une gloire confirmée par le témoignage unanime de la postérité.

« Dieu tient du plus haut des cieux, dit un sublime écrivain, les rênes de tous les royaumes : il a tous les cœurs dans sa main, et c'est par lui que se font et se défont les empires. » Athènes et Rome, sa glorieuse fille, ayant cessé de tirer leur grandeur de leurs vertus, disparaissent par sa volonté suprême dans des flots de barbares, car il faut que les hautes destinées de la civilisation s'accomplissent. Les vieilles religions sont mortes, plus de vie nulle part. Le monde grec et le monde romain ne sont déjà plus. Qui viendra sauver l'humanité avilie, dégradée ? Son dernier jour s'est-il levé triste et sombre, et doit-elle périr, à son heure, comme l'herbe des champs et les arbres des forêts? Ou tout au moins, l'Eloquence va-t-elle disparaître avec les grands ressorts qui agitent l'homme : la liberté, l'ambition, la gloire ? Non, car c'est à cette époque de crise solennelle que le christianisme apparaît et vient révéler une éloquence nouvelle dont la tristesse et la charité sont l'âme. Les idées qui envahissent la terre avec une rapidité sans exemple [1] vont trouver d'éloquents interprètes dont la voix sera puissante et majestueuse. Le christianisme fonde l'éloquence morale qui vient élever vers le ciel l'immortelle pensée de l'homme.

L'Eloquence chrétienne, à ses premiers pas, et dans la bouche des apôtres, devait nécessairement être le reflet de l'Evangile, qui en est la source; elle devait être, comme lui, naturelle et sans art. La prédication du Fils de l'Homme a partout la forme la plus simple ; sa langue est la fidèle image de ses pensées et de ses sentiments. Là, rien d'affecté, rien qui sente la recherche. Il y règne

[1] *Currit Verbum*, disait Saint-Paul, étonné lui-même de ce rapide mouvement.

plutôt un naturel plein de noblesse, qui pénètre profondément dans l'âme. Cela vient principalement de ce que le Christ parlait toujours sans préparation antérieure et d'abondance de cœur. C'est l'inspiration religieuse dans toute sa sublimité, ce qui nous explique l'impression qu'elle produisait sur les esprits. Au point de vue purement humain, cette parole est agréable et vraiment belle. Par la grâce qu'elle respire, la vivacité qui l'anime, la poésie qui y ruisselle, elle peut être comparée aux modèles les plus achevés. Sans doute, on y trouve parfois les traces de l'exagération orientale, mais ce caractère particulier est si complètement effacé par le caractère général, que ce dernier n'en ressort que mieux aux regards de l'âme. Toutes les exigences de l'art s'y trouvent d'ailleurs satisfaites. Il y a un usage modéré des figures au milieu des descriptions les plus saisissantes et les plus vives; la raison s'y montre toujours la compagne du sentiment et de l'imagination; l'expression y est oratoire au plus haut degré, et remue le cœur jusque dans ses replis. C'est, en un mot, une éloquence toute d'inspiration divine, et dès lors le plus beau modèle que puisse choisir l'esprit humain.

Des bords du lac de Génésareth et des montagnes de Judée, l'Eloquence, armée du symbole de la foi qui doit sauver le monde, vient à Rome prolonger la lamentable agonie de l'empire. A cette société abîmée dans un luxe corrupteur, sans croyances et sans énergie, elle veut donner le sentiment de la force et de la dignité de l'homme et elle accomplit de brillants prodiges. Ecoutez sortir de ces âmes d'élite, des Basile, des Chrysostôme, des Augustin, des Jérôme, ces accents passionnés où rien ne manque, chefs-d'œuvre pleins d'une généreuse audace

contre l'injustice, la dureté avide, l'indifférence meur-
trière, et qui, transmis d'âge en âge, à travers les siècles,
se montrent riches des beautés les plus élevées et les
plus pures. Le droit, le devoir, l'art, la science, tout
s'y trouve. Aussi est-ce par eux que triomphe définitivement la religion à qui a été promis l'empire. Le pa-
ganisme jette son cri de défaite, et la terre, saisie d'une
joie sainte, a tressailli, car de ce jour, une nouvelle ère
a commencé pour l'humanité, un nouvel horizon a déployé devant elle ses magnifiques perspectives.

Puis, après tant d'éclat, la nuit, une nuit profonde
pour l'Eloquence. Pourtant, au moyen-âge, quand les
peuples, abrutis par le despotisme et l'élément inerte
de la barbarie, essaient de sortir de leur long et stupide
engourdissement, la main de Charlemagne protège le
berceau de l'Eloquence, et nous la voyons poindre dans
les ténèbres comme une lueur vague, incertaine, s'emparant peu à peu pour grandir et pour vivre des dépouilles
opimes de l'ancien monde [1]. Plus tard, elle se révèle avec
une énergie inconnue dans la bouche d'un moine sublime
qui remplit toute l'Europe de sa lumière. A ces mots :
Dieu le veut, rois et peuples se précipitent vers l'orient,
dépris des biens vulgaires, électrisés par les élans d'une
piété chaleureuse, entraînés par l'enthousiasme.

Depuis, un glorieux, mais éphémère tribun, Rienzi,
jette au sein de Rome dégénérée un cri de liberté, et

---

[1] Un écrivain didactique allemand rapporte, d'après le témoignage d'Alcuin, que Charlemagne voulait qu'on instruisît les enfants de « telle sorte que chacun pût, par son éloquence, exprimer
les plus belles de ses pensées. » — *Dafs jeder durch seine Beredt-
samkeit lerne, das Schonste seiner Gedanken auszusprechen.*

fait de vains efforts pour évoquer le fantôme de Brutus, qui reste silencieux dans sa tombe. A sa voix, rien ne s'émeut, rien ne tressaille, rien ne répond. C'est l'Eloquence politique frappant son coup de désespoir. O noble Italie, patrie d'Antoine, d'Hortensius, de Cicéron, si tu fus insensible à l'Eloquence, que fallait-il donc pour réveiller ton âme romaine endormie dans les fers ?

Au sein de l'Océan, dans une île éternellement battue par les vents et les flots, la Providence a choisi pour garder les traditions de la liberté, un peuple audacieux et brave, fier de son indépendance, propre à tous les genres de spéculation, aux arts comme aux affaires, aux travaux de la guerre comme à ceux de la pensée. C'est là que l'Eloquence, fuyant cette nuit qui enveloppe le reste du monde, va chercher un abri. Fécondé par les institutions politiques, l'art oratoire y grandira rapidement et y préparera ce foyer de lumières qui doit avoir un jour une influence immense sur les destinées de l'humanité.

L'Eloquence en Angleterre date son ère des guerres civiles. Les discours qui furent prononcés au parlement du temps de Cromwell, sont bien supérieurs à ceux qui avaient paru jusqu'alors. La constitution politique de ce pays était d'ailleurs éminemment favorable à l'art oratoire ; car elle se composait de deux représentations nationales, où se discutaient les intérêts moraux et matériels du pays, et qui furent toujours regardées comme les plus beaux théâtres de l'Eloquence. Aussi devons-nous aux Burke, aux Fox, aux Pitt, aux Shéridan, des discours qui sont dignes d'être conservés dans les annales parlementaires comme des modèles de littérature politique.

Ainsi s'est développée l'Eloquence étrangère à travers

l'histoire. Partie des rives de la Grèce, elle a marché d'un
pas ferme vers l'avenir. Tantôt vouée aux choses de la
terre , elle a fondé les institutions sociales et politiques,
éclairé les hommes sur leurs intérêts et leurs droits;
tantôt vouée aux choses du ciel, elle a été la compagne
de la religion, et s'est épanouie majestueusement aux
rayons de Dieu. Mais, soit religieuse, soit politique,
l'Eloquence aspire toujours à reculer ses limites, à s'appliquer à toutes les pensées, à tous les sentiments de
l'homme; elle ne cesse d'ouvrir des espaces à l'âme et de
s'enchanter elle-même par le brillant prestige de ses enfantements. Partout elle est regardée comme le talent le
plus digne des regards et de l'admiration. Partout, splendide et intarissable source de lumière, elle occupe, parmi
les arts, un des premiers rangs , et est le signe de la vie
sociale et politique. Et l'on reconnaît que c'est sous sa
bienfaisante influence que les sentiments de nationalité
et de liberté croissent, ouvrent leurs fleurs et produisent
leurs fruits. Dans le sanctuaire, elle exprime les épanouis-
sements de la foi, les premières conceptions de l'esprit
humain sur Dieu et la nature. Le concours de la pensée
et de la civilisation la modifie ensuite, lui prépare des voies
nouvelles à travers les institutions. Puissance sociale,
elle veille sur le genre humain en attente, préside à ses
grandes destinées; elle se dilate, s'élève, s'épure : elle devient un fruit de l'art et verse ses splendeurs sur les peuples libres.

CHAPITRE II.

Quelle époque assigner dans l'histoire à la naissance
de la noble Eloquence qui a reçu pour mission de
défendre l'honneur, la vie et la fortune ? Ne peut-on
pas la considérer comme ayant fait son apparition dans
le monde en même temps que l'humanité? Le premier
homme qui, voyant un de ses semblables menacé par un
plus puissant, s'adressa, ému d'indignation ou de pitié,
à l'oppresseur, ne fonda-t-il pas cette Eloquence toute de
sentiment et d'amour ? N'est-ce pas de là que découle le
droit de défense, droit inviolable et sacré ?

Ainsi, issu du devoir, appuyé sur cette ferme base, ce
genre d'Eloquence chercha naturellement sa place partout où le devoir l'appelait. Aussi a-t-il été connu de
tous les peuples civilisés. En Grèce, et plus tard à Rome,
le droit de défense passa dans les lois et de grands ora-

teurs l'illustrèrent. Démosthène et Cicéron s'étaient acquis une haute réputation à protéger de leur parole les intérêts particuliers, lorsque tous deux, tourmentés d'une ambition sublime, avides de gloire, ils furent, par une destinée fatale, appelés à soutenir contre un despotisme civilisateur et providentiel, la cause perdue de la liberté antique [1].

Nulle part mieux qu'en France l'Eloquence judiciaire ne devait vivre et grandir. Ne sommes-nous pas en effet les glorieux enfants de ce peuple gaulois, race légère et hardie, vif, ingénieux, querelleur, amoureux de hasards et d'incertitudes, qui se complaisait par dessus tout dans les gracieux combats de la parole [2] ? Aussi l'origine de l'ordre des avocats remonte-t-elle aux premiers temps de la monarchie française. Lorsque nos rois voulurent résister aux envahissements de Rome pontificale, ils appelèrent les avocats à leur aide dans cette entreprise difficile. La violence brutale fit place au Droit, et ce fut par lui que furent conquises définitivement les précieuses libertés de l'Eglise gallicane. Pleins d'une généreuse ardeur, rayonnants d'indépendance, les avocats portèrent une main hardie sur tout ce qui leur résistait, et laissèrent plus d'une fois leurs adversaires mutilés sur le champ de bataille. Pourtant, ils n'eurent pas assez d'esprit, en ces temps-là, pour rester vilains et roturiers, ils voulu-

[1] Voyez les admirables leçons de M. Cousin dans son *Introduction à l'Histoire de la Philosophie,* sur l'influence que pouvait avoir le succès des causes défendues par Démosthène et Cicéron, à l'égard de la civilisation du monde. Il n'y rien de plus beau dans notre langue que ces grandes pages.

[2] La nation gauloise aime passionnément deux choses, disait Caton l'Ancien, bien combattre et finement parler.

rent être nobles, aussi Philippe-le-Bel créa-t-il en leur faveur un ordre riche de tous les droits et distinctions de la chevalerie d'armes [1].

Jusqu'au seizième siècle, l'Eloquence judiciaire fut longue, diffuse, et l'on fut obligé de rendre des ordonnances pour réprimer la prolixité des avocats. Le fanatisme de l'érudition s'était saisi des esprits. Cette belle antiquité qui venait de se lever tout-à-coup de son tombeau avec sa beauté impérissable, avait séduit tout le monde d'un amour et d'un engouement indicible. Tout discours était tenu, à peine de n'être pas écouté, d'étinceler de citations accumulées sans choix ni mesure, de plier sous le poids des autorités grecques, romaines, juives. Homère, Virgile, Cicéron, Démosthène, Moïse, y coulaient à pleins bords. Un plaidoyer durait des semaines entières, et il fallut que le siècle suivant vînt inaugurer les saines lettres et le bon goût, pour purger l'Eloquence judiciaire de sa diffusion vide et sonore.

C'est à cette époque qu'il faut placer un fait digne d'être conservé dans les annales du Barreau. Quand, à l'instigation de Sully, qui cédait à la vengeance, on insulta les nobles prétentions des avocats au désintéressement et à la probité, et qu'on voulut les forcer à donner quittance de leurs honoraires comme un marchand de ses factures, ils refusèrent de se soumettre, et tous, jeunes et vieux, pauvres et riches, allèrent au greffe signer le dé-

---

[1] Les avocats rendirent un éminent service à la monarchie. Jeanne, fille de Louis-le-Hutin, allait monter sur le trône, lorsque les avocats et le parlement crurent devoir préserver la France du règne capricieux des femmes. Ils *inventèrent* qu'il y avait une loi salique, vénérable et sainte, qui excluait du trône les filles même des rois. Alors Philippe V régna.

sistement de leurs fonctions et déposer solennellement
leurs chaperons. L'ordonnance injurieuse fut retirée, et
la justice interrompue reprit son cours. Ainsi, dans les
temps anciens comme de nos jours, les avocats n'ont jamais abdiqué leur noble indépendance.

Avec le siècle de Louis XIV, l'Eloquence judiciaire se
fait grave, riche, pompeuse comme les monuments de l'é-
poque; mais elle est bien loin encore d'avoir atteint cette
sévérité de formes, cette concision d'expression, cette
allure rapide d'où s'échapperont plus tard de mâles accents, forts et simples, qui signaleront la véritable conquête de l'art oratoire.

La bonne Eloquence judiciaire est sortie du sein du
Barreau militant, car l'éloquence des gens du roi n'en
fut que le reflet. Les développements philosophiques dans
lesquels cette dernière croyait devoir entrer, pouvaient
bien lui donner ce parfum de vertu et de grandeur qui
sont sans doute loin de nuire à ses effets, mais non cette
vivacité d'allure, cette sobriété dont elle tire sa plus
grande puissance. Aussi, parmi les avocats, trouve-t-on,
à chaque pas, des noms illustres, tandis que les orateurs
parlementaires semblent se résumer dans quelques individualités qui s'appellent d'Aguesseau, Talon, Servan,
types sublimes qui vivront éternellement dans l'histoire.

Lorsque la Justice était rendue en France par les Parlements, brillèrent d'un merveilleux éclat dans l'Eloquence judiciaire : — Lemaistre, plein d'éloquence et
de feu, mais surchargeant ses plaidoyers d'une érudition indigeste; — Patru, qui montre beaucoup d'art,
dispose bien ses preuves, et dont la précision toutefois
touche de trop près à la sécheresse; — Gauthier, au
style prolixe, aux réparties aigres et mordantes; — Pé-

lisson, dont les mémoires sont écrits avec une touchante éloquence; — Arnault, qui fut un des plus beaux génies du grand siècle, et qui sait émouvoir par le récit dramatique des faits; — Erard écrit avec pureté et nous offre une manière belle et large, brillante d'esprit, d'art et souvent d'éloquence; — Gillet, dont la parole se distingue par une noble simplicité et souvent par de la force; — Terrasson, donnant à tout ce qu'il disait un tour ingénieux et brillant; — Cochin, qui éclipsa la gloire de ses contemporains et simplifia l'Eloquence; il la fit grande, noble, pleine de nerf, de précision et d'élégance; — Normand, son rival, qui joignait à un discernement sûr un talent remarquable de parole, la beauté de la voix et les grâces de la personne[1]; — Mannoury, au style clair, agréable, séduisant, sait intéresser le cœur et tenir en haleine le juge; — Loiseau de Mauléon, à la parole noble, décente, courageuse; — Elie de Beaumont, qui, en prouvant l'innocence de Calas, eut le bonheur d'employer son éloquence au profit de l'humanité; — Linguet, dont la richesse d'imagination, la vivacité d'images nous entraînent, mais qui n'était pas assez scrupuleux sur le choix des causes qu'il mettait sous sa protection; — Gerbier, l'aigle du Barreau : son souvenir rappelle l'éclat et l'empire de l'Eloquence, et il nous a laissé des traditions qui élèvent l'âme; — Paignon, dont les discours entièrement improvisés sont perdus; un seul titre lui est resté et il suffit pour perpétuer le nom qu'il nous a transmis; concurrent de

[1] Normand dit un jour à Cochin, en sortant d'une audience où ce dernier avait plaidé : « Non, je n'ai de ma vie entendu rien de si éloquent. » — Cochin lui répondit : « On voit bien que vous n'êtes pas de ceux qui s'écoutent avec complaisance. »

Gerbier, il lui fut préféré, en 1765, comme bâtonnier de l'ordre des avocats; — Lacretelle a fait faire des progrès à l'Eloquence judiciaire et a laissé des ouvrages qu'on peut lire avec fruit; — Target, dont la parole sensible et touchante répand autant d'émotions que de lumières; — Delamalle, orateur facile et pur, qui a reflété sur le Barreau beaucoup de considération et de gloire.

Tels, avant la révolution, furent les avocats qui se partagèrent ou obtinrent tour à tour l'admiration publique. Les évènements politiques vinrent comprimer l'essor de l'Eloquence judiciaire. Les avocats avaient des premiers fait entendre les accents de la liberté et donné le signal de l'émancipation sociale. Car l'Eloquence, la Civilisation et la Liberté sont sœurs. Trinité sacrée, elles nous apparaissent dans une union étroite, intime; l'on peut juger de l'une par le développement de l'autre, et c'est sous leur influence fécondante, que les gouvernements fleurissent, vivent et se perpétuent. Mais l'ingratitude envers les personnes, est le fruit des révolutions, si libérales, si prodigues envers les choses. Filles passionnées et impies, souvent elles ne respectent rien, étouffent ceux à l'ombre desquels elles ont pris naissance, et dévastent le sein même qui les a portées.

C'est ainsi que l'on vit les Parlements dont naguères, et au risque de tout briser, on applaudissait l'énergique résistance, tomber au milieu des imprécations et entraîner dans leur chute l'ordre des avocats, qui avait toujours vécu dans une alliance presque fraternelle avec cette magistrature proscrite et qui ne fut pas sans gloire. Il faut aussi le proclamer, à leur éternel honneur, les avocats appelèrent et secondèrent la destruction de leur ordre dans la louable pensée de ne pas être forcés de subir, en des temps meilleurs, une ignominieuse solidarité avec une descendance illégitime. Dispersés, ils s'acheminèrent vers des missions diverses, et tandis que plusieurs d'entr'eux se mêlaient aux luttes ardentes de l'époque, d'autres continuèrent leurs habitudes paisiblement belligérantes, donnant des consultations et assistant officieusement, devant les tribunaux, les plaideurs et les accusés politiques.

Le Barreau intermédiaire jeta aussi un vif éclat; des hommes d'un talent supérieur l'illustrèrent. Parmi eux, on peut citer avec un légitime orgueil : Desèze, patron d'une grande infortune royale, action qui suffit à sa gloire; — Bellart, dont l'éloquence retentissante dominait également et juges et adversaires; — Bonnet, qui ne craignit pas, en défendant magnifiquement Moreau, de braver la colère impériale; — Camus, infatigable au travail et remarquable par la variété de ses connaissances; — Tronchet, profond jurisconsulte, renommé surtout par la sagesse et la sagacité de son esprit; — Férey, dont le nom vivra au barreau de Paris par les talents et la reconnaissance[1]; — Poirier, doux, modeste, modèle de lumières et de vertus; — Portalis, doué d'un grand talent de parole et qui concourut puissamment à la rédaction de nos codes; — Tronson du Coudray, qui nous a laissé des monuments durables de son éloquence, et dont l'organe plein, sonore, était accompagné d'une déclamation simple, touchante et souvent majestueuse; — Henrion de Pansey ne plaida qu'une fois et alla porter dans la magistrature un grand talent uni à un grand ca-

---

[1] Il légua sa riche bibliothèque à l'ordre des avocats.

ractère ; — Chauveau-Lagarde voua sa parole à la
défense des proscrits dans des temps difficiles, et,
chose rare! il sut lui-même échapper à la proscription.

Grâces soient rendues à ces hommes généreux! ils
conservèrent au milieu de la société ébranlée le feu sacré
de l'Eloquence judiciaire, et le transmirent à leurs successeurs dans toute sa pureté. Vint l'Empire, qui releva
tant de ruines, fit revivre l'ordre des avocats, leur resti-
tua quelques-uns de leurs privilèges, mais les chargea
néanmoins d'entraves et de chaines. Ceux dont d'Aguesseau avait dit qu'ils étaient « un ordre aussi ancien que
la magistrature, aussi noble que la vertu, aussi nécessaire
que la justice, » Napoléon les appelait *des factieux dont
il voulait couper la langue de son épée triomphale*,
mais naturellement ennemie de toute indépendance.

En 1822, l'esprit étroit d'un ministre de la Restaura-
tion apparut dans une législation qui refusait des défenseurs aux accusés, législation aux pages funéraires, aux
préambules pompeusement menteurs, et dont le tragique
souvenir réveille dans les âmes les émotions les plus
douloureuses. Il fallut une révolution pour conquérir un
faible progrès [1].

Avec l'avènement du gouvernement représentatif s'é-
tait inauguré en France un âge qui fut, pour le barreau,
fécond en gloires. Aux premiers rangs, l'admiration s'arrête sur Dupin aîné, à l'érudition vaste et profonde,
à la parole pénétrante et courageuse : son éloquence a
pour caractère distinctif la force; il devait être difficile de
lui résister ; ses expressions sont heureuses, choisies,

[1] Ordonnance du 27 août 1830.

ses tours brusques, animés, pittoresques; il affectionne l'apostrophe, l'interrogation; il procède par masses d'éloquence. — Tripier, redoutable athlète! la logique était son arme terrible; dédaignant les illusions de la forme quand il s'agissait de persuader, il se cramponnait au juge et ne le désemparait que lorsqu'il l'avait percé des traits de sa puissante conviction. — Mauguin, spirituel, incisif, maniant la raillerie avec un art admirable, d'une fécondité merveilleuse, et semant ses récits de réflexions pleines de finesse et d'ironie! — Mérilhou! sa parole est pure, correcte, et ne manque pas d'énergie; elle part d'une belle âme; elle a de l'autorité, de l'indépendance, de la sensibilité. — Berville! comme cette éloquence coule limpide et pure! comme cette élocution est facile et ornée! on la prendrait pour la sœur de celle de Barnave, dont Mirabeau disait : « Je n'ai jamais entendu parler si long-temps, si vite et si bien; mais il n'y a pas de divinité en lui. » — Dupin jeune! orateur habile, il frappe à toutes les portes de votre conviction, il l'assiége jusqu'à ce qu'elle se rende; il entraîne par sa parole chaude, acérée, pittoresque; on l'écoute, on le suit avec frémissement, avec bonheur, et on se dit tout bas : O Improvisation! muse ailée, soudaine, voilà bien à découvert ta pure source sacrée, bouillonnante! — Teste! un jour on entendit au Barreau une voix unanime qui disait en prononçant ce nom : Pourquoi nous avez-vous quittés, nous qui aimions tant à vous suivre pas à pas dans l'immense dédale, de peur de manquer l'occasion de vous entendre ? Vous avez souffert, on le lit sur votre front illuminé des flammes du génie, mais ne vous plaignez pas, puisque vous avez rapporté de l'exil des trésors d'éloquence. Allez! quel que soit le sort que la po-

litique vous réserve, tristes de la place vide que vous
avez laissée près de nous, vous vivrez dans nos souvenirs, dans nos cœurs ». — Berryer ! comme le soleil,
Dieu le créa unique; qui n'a admiré sa pompeuse magnificence ? L'astre monte, il nous éclaire, il darde sur notre
tête, nous échauffe de ses rayons, nous éblouit et nous
force à abaisser nos yeux presque fatigués de tant d'éclat.
— Chaix-d'Est-Ange, à l'élocution douce, insinuante,
semée de traits ingénieux et délicats, éloquent dès l'enfance, et nous apparaissant comme une de ces créatures
d'élite dont la grâce est le premier don, l'intelligence la
plus haute beauté ! — Paillet, logicien puissant, au style
pur, au geste simple et noble ! il ne paraît pas se proposer de vous émouvoir, mais, par la seule dialectique,
il entraîne et triomphe. — Hennequin, orné, fleuri, spirituel, brillant surtout par l'élévation de la pensée et l'é-
clat de l'expression ! — Parquin ! au Barreau, nous
avons deux grands ennemis, la mort et la politique, qui
fauchent sans pitié les plus superbes têtes; Parquin laisse
le souvenir d'une éloquence noble et pure. — De Vatis-
mesnil, homme grave, d'une probité sévère, d'un talent
ardent, exact, facile ! — Marie ! sa parole, pleine d'éloquence et parfois d'enthousiasme, survivra aux gloires
fugitives de l'Improvisation, et son souvenir restera pour
attester l'alliance d'un beau talent et d'un beau caractère. — Delangle a de la chaleur, vise droit au cœur
de l'adversaire, et possède une merveilleuse agilité d'esprit. — Laveaux ! sa pénétration vive saisit les points les
plus éloignés d'une affaire, sa diction est naturelle,
exacte et pleine de vigueur. — Paillard de Villeneuve,

¹ Ceci a été écrit à Paris, en 1839.

esprit lucide et fécond, à la parole douée d'autorité et de force! — Plougoulm, dont le style plein de poésie, s'élève souvent à la plus haute éloquence! — Baroche, qui réunit le mérite de penser avec noblesse et de peindre avec grâce, et qui prévient en sa faveur par les charmes d'une physionomie spirituelle et douce! L'opinion publique a prononcé sur son talent, et son arrêt doit satisfaire le brillant orateur. — Pinard, avocat habile, écrivain supérieur! — Duvergier, orateur facile, caractère noble et pur, jurisconsulte profond! — Léon Duval, d'un esprit qui déborde, d'une éloquence fine et railleuse qui l'ont élevé aux premiers rangs! — Bethmont, dont la parole brille par la solidité et la force, et s'empreint d'une sensibilité qui arrache les larmes!

Voilà quel fut et quel est encore le Barreau de Paris à ses trois brillantes époques. Alors que tout marchait, Éloquence et institutions, il n'est pas resté stationnaire; ses progrès ont été en raison directe de ceux de la civilisation et de la liberté.

La Province a aussi produit d'heureux talents qui sont parvenus à se frayer un passage à travers les renommées contemporaines. Qui n'a admiré les beaux titres que nous ont laissés les orateurs de la Gironde ? Ferrère, si pathétique et si sublime ; — le touchant et sensible Martignac; — Lainé, à la diction pleine d'émotions et de larmes; — Ravez, penseur profond, dont l'éloquence plaît et persuade; — Denucé, qui laisse apparaître dans ses discours une âme noble et ardente au bien; — Lacoste, le Dupin du Midi, savant et éloquent tout à la fois; — l'irrésistible Dufaure, doué de tant de force et de vigueur; — de la Seiglière, jeune et brillant orateur, au style tout échauffé de verve, tout coloré d'images, que le Barreau n'a fait

qu'entrevoir pour l'admirer et l'applaudir ; — Aurélien
Desèze, fidèle à un beau nom, sait en perpétuer les traditions
éloquentes; — Emile de Chancel, au geste noble, à
la parole ingénieuse et facile ; — Laferrière, qui, après
avoir brillé au barreau par un talent nerveux et fécond,
a élevé de beaux monuments à l'histoire et à la science
du droit [1].

Ainsi se déroule à nos regards, dans le monde moderne,
le Barreau, cette noble et féconde école, qui fut
partout et en tout genre une pépinière de grands hommes,
parce que c'est là surtout que l'on trouve ces natures
ardentes à l'étude et dont la vie peut se résumer
en trois mots : Solitude, Travail, Vertu. Les avocats se
dessinèrent dans l'histoire pour faire consacrer les droits
de l'intelligence et de la liberté. Ils apportèrent leur collaboration
savante à la conquête que fit la monarchie
française de son indépendance et de cette unité magnifique,
source de puissance et de grandeur.

Que serait, sans eux, devenue l'Eloquence dans ces
temps de trouble et de discordes civiles, où le droit et le
devoir obscurcis, semblaient bannis de la terre? Ils la recueillirent
dans leur sein, et quand elle devint nécessaire
pour fonder la liberté politique, ils l'apportèrent à la Tribune,
d'où elle fit tressaillir le monde. Aussi ont-ils su

---

[1] Nous regrettons de ne pouvoir payer un juste tribut d'éloges,
dans la personne de leurs orateurs, aux autres barreaux de France,
qui ont aussi compté et comptent encore des talents distingués :
Romiguières à Toulouse, Michel à Bourges, Bac à Limoges; mais
ce serait un long travail, et nous sommes forcé de restreindre
notre cadre, pressé que nous sommes par les exigences de notre
titre et par le désir d'arriver promptement à la partie didactique
de notre ouvrage.

s'assurer un immense, un incontestable ascendant, et leur part a été belle dans la distribution des honneurs et de la gloire. Le Barreau, en effet, n'a-t-il pas fourni aux gouvernements, des consuls; aux républiques, des présidents; à l'administration, des ministres ; à la magistrature, des chanceliers; aux représentations nationales, des orateurs; au sénat, des dignitaires; à la presse, des publicistes; aux lettres, des écrivains; aux rois, des défenseurs; enfin, à l'échafaud, de nobles victimes? Y a-t-il une profession au monde qui puisse revendiquer une plus belle histoire ?

CHAPITRE III.

Timide à sa naissance comme tout ce qui a vie, l'Eloquence politique se développa lentement, car elle était dénuée d'antécédents et d'expérience. C'est au bruit du canon des batailles, au déchirement des guerres civiles qu'elle se réveilla. Car, avant de poser les fondements de la liberté, les peuples, dans leur exubérance de force, ont besoin de s'agiter dans de longues convulsions; ils éprouvent de douloureux transports, ils sont dévorés par des aspirations fougueuses. Il en est toujours ainsi, et pour passer d'un état de civilisation à un autre état de civilisation, même de la mort à la vie, il faut qu'une nation souffre, et que, dans cet enfantement d'une nouvelle destinée, tous les ressorts sociaux se tendent jusqu'à se briser.

En France, l'Eloquence judiciaire et l'Eloquence politique furent long-temps réunies dans les mêmes hommes. Ainsi, quand au treizième siècle, notre monarchie flottante et incertaine dans des mains corrompues ou inhabiles, ignorante de ses destinées lointaines que lui révélaient pourtant de mystérieux pressentiments, cherchait autour d'elle la force qui devait l'aider à triompher dans la lutte qu'elle soutenait contre les prétentions ambitieuses de la moderne Rome, des hommes nouveaux vinrent alors hardiment au roi de France, et offrirent les premiers au monde le spectacle d'une guerre politique, sans lances et sans épées, mais forte d'idées et de science. C'étaient les avocats, et par eux, le Droit austère et intelligent qui faisait son entrée solennelle dans la société européenne, fatiguée des ébranlements de la force. Heureux temps où la royauté, appelant à son secours l'intelligence, l'intelligence, sans distinction de partis, se levait en masse, et lui répondait en lui apportant la science qu'elle avait conquise dans des veilles laborieuses pour l'employer au profit de la liberté!

C'est de cette époque que date, parmi nous, l'Eloquence politique. On la voit paraître ensuite partout où de nobles pensées l'animent, manifestant sa dignité et sa puissance. Au sein de nos Etats-Généraux, rien ne surpasse en raison profonde et hardie, comme en énergie pathétique, les doléances du Tiers-Etat sous les Valois et jusques sous Louis XIII. « On se demande, dit un illustre écrivain [1], où ces représentants, obscurs bourgeois, trouvèrent de pareilles inspirations et un tel langage. Lorsqu'ils peignent les maux sous lesquels gémit le peuple, lorsque leur voix s'élève comme un grand cri

---

[1] M. LAMENNAIS. — Esquisse d'une Philosophie.

qui demande justice à Dieu et aux hommes de tant de souffrance et de tant d'oppression, on frémit, on se sent ému jusqu'au fond des entrailles. »

Mais cette voix fut étouffée, et l'Eloquence parlementaire n'apparut plus que de loin en loin dans les remontrances des magistrats, au temps où fermentait dans les Parlements un esprit de résistance et d'opposition ; elle ne prit son essor et n'acquit une juste renommée qu'au commencement du dix-septième siècle, lorsque l'Angleterre sentit craquer son vieil édifice politique, et elle vint renouveler la face du monde.

L'Angleterre a élevé sa Tribune avant la France, mais, il faut le reconnaître, l'Eloquence parlementaire n'a pas atteint dans ce pays le degré de perfection auquel elle aurait dû arriver. On doit peut-être en chercher la cause dans le caractère de cette nation, à qui les fleurs de la Parole semblent faire ombrage dans les discussions publiques. Les Anglais pensent n'y devoir proposer autre chose que des raisons, et ils craindraient de surprendre les suffrages en remuant les passions. Toutefois, soyons pleins de reconnaissance pour les ébauches qu'ils nous ont léguées, les exemples qu'ils nous ont donnés, car c'est de là qu'est partie l'étincelle électrique qui a donné la vie à notre éloquence parlementaire.

Lorsque la France, cédant à la force des choses, n'a pas pris l'initiative du progrès, du moins elle l'a accepté avec enthousiasme et courage, sans se préoccuper d'où il lui venait. Depuis long-temps ses regards étaient tournés vers l'Angleterre, et elle attendait avec anxiété le moment où elle devait être dotée de la vie politique. Toutes les études des publicistes se portaient sur la constitution de la rivale de la France, qui nous avait devancés

dans la voie des améliorations sociales. Voltaire, Rousseau, Montesquieu, recevaient déjà leur apothéose de la
part du peuple ; la guerre de l'indépendance éclatait en
Amérique, et Franklin, apôtre d'une religion politique
nouvelle, apportait au sein même de la cour de France,
la semence impérissable de la liberté. L'opposition revê-
tait alors des formes graves et faisait un travail sérieux et
fécond dans les esprits, pleins de vagues espérances.

L'esprit de la Fronde avait pénétré dans les grandes
familles patriciennes, et agitait les cœurs de ces fiers parlementaires qui, d'une main, soutenaient la monarchie
chancelante, et de l'autre ouvraient une large carrière à
l'envahissement des idées libérales. Le monde d'alors
paraissait désintéressé, courageux et ardent à la poursuite
de la vérité. « Il n'était pas une maison, palais ou ca-
bane, dit un écrivain, qui n'eût son orateur, âpre, bouillant, absolu, et prêt à descendre dans la lice parlementaire. » Le passé qui ne voulait pas mourir, était en face
de l'avenir qui le poussait dans la tombe !

Tout à coup, un cri prolongé, cri plein d'écho, se fait
entendre. Les vieilles choses vont tomber ; une génération nouvelle, pleine d'audace et d'enthousiasme, s'élance
avec feu à la conquête d'un avenir nouveau. La Tribune
politique s'élève pour recevoir dans son sein des hommes nourris de fortes études. C'est alors que l'Eloquence
improvisée paraît et s'échappe immense, formidable et
décisive ; elle vient satisfaire aux nécessités de l'époque,
et s'inaugure parmi nous en même temps que nos assemblées nationales.

La France eut bientôt dépassé l'Angleterre dans l'Eloquence délibérative. De jeunes hommes d'un esprit accompli, rompus aux affaires, instruits dans les beaux-

arts et dans les sciences, se présentèrent pour cueillir les palmes de l'Éloquence. Ils accoutumèrent nos oreilles à une parole polie, forte, touchante. Ils ne se bornèrent pas, comme la plupart des Anglais, à la dissertation froide et argumentative; ils cherchèrent aussi ce sublime et ce pathétique que l'on admire dans les orateurs de la Grèce et de Rome. Ils reconnurent qu'il ne suffisait pas pour être orateur, d'avoir quelques moments rapides, quelques traits sublimes qui échappent à tout homme passionné que le sentiment de la vérité tourmente, mais que c'est l'ordre progressif des idées, la chaleur du style et de la pensée, une élocution soutenue, la perfection du langage, qui caractérisent la véritable éloquence.

La Tribune française fut fière de posséder tour à tour dans ses flancs : Mirabeau, qui a fondé une dynastie de héros de la Tribune dont il est encore le chef; orateur à l'éloquence mâle et nerveuse, doué d'un esprit si pénétrant et si juste qu'on aurait été tenté de croire qu'il démêlait partout le vrai plutôt par sentiment et par instinct que par réflexion; — Barnave, qui osa, jeune homme, s'attaquer à ce vieil athlète blanchi, qui commençait à s'arrêter et à regarder les ruines accumulées derrière lui; Barnave, enfant de la révolution, dévoré par elle, mais pieux jusqu'au bout et ne la maudissant pas [1]; — Maury, orateur abondant, qui eut le courage, lui prêtre, de lutter contre l'avenir et de se faire le champion du passé, bien qu'il n'ignorât pas que sa tête, quoi-

---

[1] C'est un bel arbre qui montera haut si on le laisse croître, disait Mirabeau, séduit et épouvanté peut-être de l'éloquence de Barnave. Mais la hache de la révolution empêcha la prédiction de se réaliser.

que sacrée, pouvait périr dans le débat; — Cazalès, à
l'éloquence noble, brillante, facile, et dont la voix gémissante et sonore, pleurait sur une révolution qui devait
disperser la cendre profanée de trois races de rois; —
Danton, dont la parole brûlante d'audace, retentissait
comme le tonnerre, et précipitait dans la mort ses ennemis foudroyés; — Vergnaud, qui faisait vibrer dans son
âme les plus belles cordes de l'éloquence antique; beau,
mélodieux, touchant, repoussant de toute la force d'honnêteté de son cœur cette égalité matérielle, impitoyable,
qui prétendait, comme l'a dit un brillant écrivain[1], accabler sous son niveau, familles, personnes, propriétés,
passé, présent, avenir. Illustres orateurs, si vos noms,
comme des étoiles, brillent à jamais au ciel de l'histoire,
pour rappeler aux hommes ce que peuvent les cœurs noblement épris de l'amour de la patrie et de la gloire,
hélas! ils resteront aussi pour montrer comment, dans le
premier excès de son indépendance et dans l'orgueil de
la victoire, on peut abuser de sa force pour s'égarer!

Mais les hymnes de la gloire viennent étouffer les
hymnes sauvages de la liberté. La France profite de ce
repos, symbole de force, pour élever un monument qui se
tienne debout au milieu des siècles, avec les idées épurées, fondues dans la fournaise des révolutions. Pendant
que le code civil se prépare, il semble que la France, dominée par un instinct secret, craigne de troubler les savantes méditations de ses sages. Il se fait alors comme
un de ces calmes qui annoncent ces doux orages qui, sur
le soir, viennent rafraîchir les guérets altérés par la chaleur du jour, et relever les plantes flétries sur leur tige.

---

[1] M. LAFERRIÈRE. — Histoire du Droit Français.

Le monde fait silence et attend, et si parfois la voix perdue des passions politiques s'élève, elle appelle ce qui
n'est plus, et le calme lui répond.

Mais voilà que tout-à-coup l'ouragan politique jette
sur la France des armées étrangères. A cette heure solennelle, le génie de l'Eloquence oppressée se réveille.
Vous voyez sur la brèche de jeunes soldats à l'esprit infatigable, qui épousent noblement la sainte cause de la liberté : Dupin aîné, jeune homme d'une inflexible logique,
d'une indépendance qui déborde, d'un talent déjà éprouvé
dans d'autres luttes [1] ! Dans les mauvais jours, dans les
jours de danger, il ne craint pas de payer de sa personne;
il sait rappeler à propos la liberté de la Tribune et maintenir son droit, revendiquer pour la sainteté du serment
les solennités de la loi, réclamer les droits de la souveraineté nationale, hâter enfin le triomphe des principes
pour lesquels il a combattu avec un noble et ardent courage, et qui plus tard, dans une autre ère de liberté, le
porteront huit fois, honneur unique dans les fastes parlementaires, à la présidence de la plus belle assemblée
politique de l'Europe. — Foy, au cœur bondissant et
chevaleresque, portant dans la discussion la noble franchise des camps et l'éloquence passionnée d'un tribun
du peuple ! — De Serre, oublié de sa patrie ingrate qu'il
dota de la liberté de la presse, et dont la parole coulait
avec une lucidité continue, pleine d'onction et de force !
— Decazes, âme honnête et modérée, se posant debout
devant le torrent de la contre-révolution, pour sauver

---

[1] Voir les discours de M. Dupin aîné à la chambre des représentants (1814-15), où, quoique jeune encore, il déploya autant de
courage civil que de force oratoire.

la liberté, orateur plein d'abondance et d'éclat. — Manuel, défenseur généreux des intérêts populaires, *empoigné* par la force brutale sur les marches de cette tribune qu'il avait fait retentir tant de fois de sa noble éloquence ! — De Villèle, orateur ardent, financier habile, dirigea longtemps le parti royaliste avec un grand talent. — Martignac, à la parole persuasive, sachant déployer, quand il le fallait, une abondance et une magnificence au-dessus de tout éloge ! — Stanislas Girardin, à l'éloquence fière et intrépide, unie à une âme franche et impétueuse ! — Camille Jordan, à l'âme religieuse et noble, orateur fécond, combattant au nom d'une sage liberté ! — Casimir Périer, orateur passionné qui offre un jour courageusement sa tête à la réaction [1] ! Impétueux et résolu, quand il sentait vivre en son cœur une conviction, il savait la faire triompher. — Royer Collard, à l'éloquence nourrie de sève, s'élançant toujours grandissante au milieu des principes, et fécondant les idées des richesses de la méditation et de la philosophie ! — Benjamin Constant, orateur vif, ingénieux, fécond, publiciste célèbre, reflétant tout à la fois, dans son style, la force, la finesse et la grâce !

---

[1] Non, s'écriait-il, répondant aux accusations de M. de Serre, non, messieurs, il n'y a point de coupables de conspiration ; les seuls, les vrais coupables sont ceux qui ont attenté à la représentation nationale : si nous avons conspiré, pourquoi ne sommes-nous pas en jugement ? Quant à moi, je me dépouille du caractère de député. Je repousse un odieux privilège ; et vous, ministres, avant que nous quittions cette enceinte, ordonnez à vos licteurs de se saisir de nos personnes : il faut en finir de tant d'accusations ; avez-vous besoin de nos têtes ? Faites-les tomber ; mais que ce soit devant la loi. (*Moniteur* du 24 février 1821).

Si l'Éloquence a eu de pareils orateurs, c'est que la Révolution n'était pas finie, et que la Civilisation et la Liberté étaient encore en péril. Mais les principes faux et pernicieux ne peuvent pas prévaloir long-temps sur la vérité des choses, et ils étaient si peu vivaces au cœur de la nation, leurs racines étaient si peu profondes, qu'il ne fallut que quelques jours au peuple pour les frapper de mort.

Alors de nouvelles voix retentissent dans la Tribune nationale. Elles viennent fortifier les phalanges libérales et consolider un grand ouvrage. On y remarque celle d'un jeune député qui a déjà réhabilité l'histoire et qui vient faire prévaloir la puissance du génie. L'esprit de son siècle l'attend ; les partis cherchent à se l'attirer, mais il est déjà conquis aux doctrines monarchiques et nationales : c'est Thiers ; sa parole est féconde, incisive, simple, pittoresque. Ce n'est pas cette phraséologie retentissante et qui laisse jaillir des éclairs qui sortent comme du choc des nuages, c'est une flamme vive, légère, ondoyante, qui gagne de proche en proche, se nourrit de son propre feu, et qui, loin de s'affaiblir en s'étendant, prend de nouvelles forces à mesure qu'elle se répand et se communique. — Guizot, dont l'éloquence grave et sévère comme sa personne, comme sa vie, nous force, si nous voulons le comparer, à marcher sans nous arrêter jusqu'à Phocion, dont on oublie la gloire oratoire pour ne se rappeler que la gloire qu'avait placée sur son front l'austère vertu ; le moment où il est dans la tribune est celui de sa plus grande force ; l'effet qu'il produit est rapide, instantané, dominateur ! — Berryer ! son talent s'élève, se déploie ; il plane sur l'assemblée, la domine, la force d'être attentive, mais n'a de puissance que lorsqu'il abandonne les vieilles idées qui ont péri dans la tempête pour s'attacher aux principes mêmes qui ont renversé ses rois [1]. — Molé, à la parole imposante et grave, au style noble et parfois magnifique, d'un caractère droit, d'une honnêteté pure! — Teste, avec son ironie méridionale qui pénètre, son éloquence irrésistible et pleine d'un charme vainqueur, portant sur sa figure les reflets séduisants d'une belle âme, grandie sous l'épreuve, qui eût été un autre Mirabeau s'il l'avait voulu, excepté qu'on n'aurait pas pu dire de lui qu'il n'eut de l'orateur que l'éloquence! — Odilon-Barrot, généralisateur puissant, à la physionomie grave et méditative, creusant les questions comme le mineur creuse la terre qui renferme des trésors, sachant les dégager de tout impur alliage! — De Lamartine, orateur inspiré, dès le début monté aux premiers rangs, et dont la parole empreinte d'enthousiasme poétique, brille de sublimes beautés! — Villemain, qu'un exercice constant de la parole a élevé à un haut degré de puissance oratoire! Familier avec toutes es armes, d'une éloquence ingénieuse et facile, il sait agrandir les idées, les orner, les enrichir, et présenter les faits avec une clarté merveilleuse. — Duchâtel, jeune homme dont le talent a devancé l'âge! député à trente ans, il étonne à la tribune par ses connaissances variées; on l'écoute, on le croit, car il y a dans sa personne un charme qui attire et qui plaît, dans sa parole une assurance qui commande et

---

[1] Le premier discours que M. Berryer prononça comme député fit une impression très vive. M. Dupin, toujours disposé, comme tous les hommes d'intelligence, à rendre justice au mérite sous quelque drapeau qu'il se trouve, dit à M. Royer-Collard en montrant M. Berryer : Quel beau talent! — Dites donc : Quelle puissance! répondit M. Royer-Collard

révèle la supériorité. — Arago, l'homme le plus savant de France, d'Europe, du monde! écrivain supérieur, orateur brillant et majestueux. — Garnier-Pagès, vif, spirituel, hardi, incisif, fuyant l'écueil comme l'oiseau léger qui vient d'effleurer le piége, habile à encadrer dans son improvisation, de ces réminiscences assaisonnées d'amertume, qui font crier de douleur celui sur qui elles tombent, et souriant avec une naïveté de jeune homme à l'avenir qu'il entrevoyait riche d'espérances, l'avenir si vite fermé pour lui! — Ledru-Rollin, orateur ferme et intrépide, à la parole éloquente et noble; martial dans l'action, toujours prêt à combattre! — Jaubert, d'une indépendance sans séductions possibles, d'un esprit sans repos et infatigable, défendant ses opinions avec une chaleur qui lui vient tout à la fois de la passion et de sa conviction sincère! — Dufaure, logicien formidable, orateur nerveux et concis! il a une irrésistible puissance qui tire des arguments de toutes parts, une énergie, une précision qui accablent; il se cramponne aux questions, les approfondit : son langage, quoique pur, ne séduit pas, mais il pénètre, il convainc, il entraîne. — De Salvandy, dont les pensées roulent toujours vives, abondantes, poétiques, et qui s'élève souvent à la plus belle éloquence; discutant avec cette noblesse et cette élégance qui révèle l'homme du monde nourri par l'étude, apportant une prompte sagacité aux affaires publiques! — Chaix-d'Est-Ange, dont la voix vibre et étincelle, aussi honnête qu'éloquent, narre avec tout l'art possible et possède l'élévation des idées, la dignité du style, l'impulsion victorieuse. — Sauzet, reflétant sur sa belle figure une âme noble et pure, orateur facile et austère, se complaisant dans sa magnifique abondance! — Persil, dialecticien puissant et fécond, jurisconsulte éclairé, parlant avec précision et force, et se jetant dans l'accomplissement du devoir, pénétré de la maxime : Advienne que pourra ! — Cousin, orateur spirituel, incisif, et que des triomphes de tribune attendent encore ! — Vivien, à la parole consciencieuse et pleine d'autorité, abordant les questions avec franchise, les discutant avec talent et force. — De Rémusat, à l'éloquence pleine de verve, de poésie et d'images, ce qui n'exclut pas chez lui un sens pratique profond ! — Saint-Marc Girardin, doué d'autant d'esprit que de science, orateur élégant et facile, publiciste éminent, écrivain supérieur ! — Billault, orateur d'avenir dont la parole coule forte et limpide ; tirailleur hardi, toujours sur la brèche, plein de chaleur, d'indépendance et d'éclat ! — Dumon, coupable d'avoir un jour médit de la parole[1] qu'il manie pourtant avec un rare talent et une grande habileté ; préparé dès longtemps, dans les luttes libérales d'une autre époque, au rôle brillant qu'il remplit à la tribune ! — Charles Dupin, orateur facile, écrivain élégant, doué d'une belle intelligence, cultivée par le travail et la science ! — De Belleyme, magistrat intègre, dont la parole nette, concise, ne manque ni de force, ni de culture ! Ferme dans ses principes, il peut présenter une vie toute d'honneur et de probité, consacrée au bien de son pays et à l'administration de la justice. — Bugeaud, à l'éloquence mâle et nerveuse ! Ses discours sont animés, pittoresques ; l'image y rayonne avec éclat — Daru, à la parole vive, nette, brillante, nourrie des hautes spéculations de la science ! — Agénor de Gasparin, orateur jeune et ardent, discutant d'une manière claire

[1] Notice sur M. Dupin aîné, dans les Annales du Barreau Français

et rapide, portant une grande aptitude aux affaires, et à qui l'on peut, sans se tromper, prédire un bel avenir politique !

On voit par ce tableau abrégé et rapide que l'Éloquence parlementaire est cultivée en France : aussi y est-elle accueillie avec de vifs applaudissements. Après avoir brillé de tout son éclat sous le beau ciel de la Grèce et de Rome, elle parut parmi nous avec la liberté. On sent en effet que ce beau genre, qui est le ressort le plus puissant des gouvernements libres, ne peut point trouver place dans les gouvernements absolus. Là où la liberté n'est pas, l'éloquence ne fait pas vibrer les âmes. Pollion, Mécène, Agrippa, Pline, ne peuvent être, à leur époque, que des littérateurs. Discuter les droits de César, ce n'eût pas été émettre une opinion, mais parler en conspirateur et s'exposer aux implacables vengeances d'un despotisme ombrageux.

C'est pourquoi l'art oratoire, ombre vaine en France sous la monarchie illimitée, renaît avec les constitutions qui appellent le peuple aux délibérations politiques et législatives qui le concernent ; et l'Angleterre, qui a marché la première dans cette grande réforme, comptait déjà des orateurs célèbres dans ce genre, lorsque nos annales se sont remplies, en quelques années, de monuments d'éloquence politique que nous pouvons opposer aux plus beaux trophées oratoires de l'antiquité. Et quand les passions et l'esprit de parti auront disparu sous l'expérience des siècles, et permettront de juger sainement les discours prononcés dans nos diverses assemblées législatives, on trouvera, dans leur collection, des ouvrages d'éloquence délibérative dignes de figurer à côté des plus belles harangues que nous ait conservées l'histoire.

C'est surtout au sein des révolutions sociales et politiques que l'Eloquence prospère et vient accomplir sa
rude et périlleuse mission. Les agitations extérieures
viennent en quelque sorte se fondre en elle comme dans
un salutaire refuge. A elle seule il est donné de calmer
les aspirations impétueuses de l'implacable logique du
peuple, dont l'instinct aveugle parle souvent si haut.
Qu'elle se montre, et aussitôt l'opinion publique s'en
rapporte à elle, et la charge de soutenir régulièrement ses
droits. Elle demeure paisible et confiante tant que ses
défenseurs ont la liberté d'élever la voix et de parler en
son nom. De la sorte, les progrès se font sans efforts,
d'eux-mêmes, par la seule force des idées, et l'Eloquence,
dans ces crises solennelles, n'est pas seulement un moyen
de succès, d'ambition, d'espérance; elle devient en même
temps une puissance à l'ombre de laquelle fleurit la paix,
se maintient la stabilité, se consolide le progrès. Elle pro-
clame cette grande vérité, que les luttes des partis, dans
les limites de la constitution politique, font la vie des
peuples.

CHAPITRE IV.

ESQUISSE HISTORIQUE DE L'ÉLOQUENCE RELIGIEUSE EN
FRANCE DEPUIS SON ORIGINE JUSQU'A NOS JOURS.

L'Eloquence ne peut périr; semblable à l'oiseau symbolique de la fable, au moment où on la croyait à jamais morte, la voilà qui renaît de ses cendres et plus vive et plus belle. N'eût-elle pour asile que le cœur d'un seul homme, elle aurait encore un avenir immense, car elle en sortirait frémissante comme la lave du volcan, et se fraierait une route glorieuse vers ses destinées immortelles. Bannissez-la du Barreau, de la Tribune, elle se réfugiera dans la Chaire, y ravivera nos espérances, et fera entendre à nos oreilles fatiguées des vains bruits du monde, des paroles d'amour et de vie. On la verra, fille de l'Esprit-Saint, descendre toute radieuse sous les voûtes gothiques, dans la cathédrale chrétienne, lutter de mélodies avec l'orgue grave et majestueux, et s'y répandre « en tristesses ineffables, en angoisses mystérieuses, en pathétiques reproches au peuple qui refuse le salut [1] ; » puis de là, vivante dans nos pensées, nous suivre à nos foyers comme un souvenir du ciel, et élever vers Dieu nos âmes égarées mais aimantes. Ames isolées sans doute, presque perdues dans les ténèbres du siècle, mais qui finiront par former un jour un chœur universel qui fera tressaillir la terre d'enthousiasme.

Non, la noble et antique race des hommes puissants par la parole ne s'éteindra pas ! Non, les étincelles divines, pâlies un moment et obscurcies par les vapeurs terrestres, ne seront pas entièrement éclipsées ! Si l'Eloquence parut quelquefois perdre de son éclat, ce fut aux époques de doute et d'apathie de la société, mais elle se releva plus puissante quand il fallut combattre, soit pour retarder la chute d'un grand peuple, soit pour le faire naître à la vie de l'âme et de la civilisation. Si elle n'était qu'un idiome, qu'une découverte, qu'une création de l'art ou de la science, elle pourrait se perdre à son heure et aller avec le temps qui emporte tout ce qui est purement humain, s'ensevelir dans la nuit ; mais c'est une essence qui vient de notre nature, c'est une beauté qui jaillit de l'âme, c'est un sentiment magnifique donné de Dieu à notre intelligence, comme l'amour, la liberté, la justice. Pour condamner à mort l'Eloquence et l'envelopper de son linceul funèbre, il nous faudrait d'abord arracher du cœur de l'humanité ces impulsions innées qui font sa véritable grandeur.

L'histoire n'est-elle pas là pour démontrer ces vérités ? Quand l'Eloquence fut bannie de l'administration pu-

---

[1] LAMENNAIS. — Esquisses d'une Philosophie.

blique, la religion l'adopta et vint recueillir ce précieux héritage. A-t-il dépéri entre ses mains ? On a osé le dire. Comme si les vérités terribles et consolantes de la religion n'étaient pas aussi puissantes sur les cœurs que les mouvements généreux d'une âme libre qui jette des cris d'alarme sur la chose publique, et appelle la patrie à de grandes et énergiques résolutions! Comme s'il n'était pas aussi beau et aussi difficile d'enlever les hommes à toutes les voluptés de la vie pour les vouer à l'expiation, que d'arracher un peuple à sa dangereuse sécurité pour l'entraîner aux combats! Comme si l'on ne pouvait pas opposer nos orateurs chrétiens aux orateurs des républiques anciennes, mettre en balance le génie de Bossuet et celui de Démosthène, comparer le pathétique de Massillon avec celui de Cicéron!

A peine Rome, qui s'était vue la maîtresse des nations, fut-elle tombée sous la domination des barbares, que les lettres et les sciences semblèrent l'abandonner complètement[1]. Théodoric chercha en vain à les faire revivre.

---

[1] Pour que le christianisme pût changer la face de la terre, il fallait que le vieux monde disparût et qu'une civilisation nouvelle absorbât l'ancienne. La Providence se servit, pour accomplir ses desseins, du bras d'Attila. « Il faut toujours en venir là, dit Balzac; il y a quelque chose de divin ; disons davantage, il n'y a rien que de divin dans les maladies qui travaillent les États. Ces dispositions et ces humeurs, cette fièvre chaude de rébellion, cette léthargie de servitude, viennent de plus haut qu'on ne s'imagine. Dieu est le poète, et les hommes ne sont que les acteurs : ces grandes pièces qui se jouent sur la terre ont été composées dans le ciel, et c'est souvent un faquin qui en doit être l'Atrée ou l'Agamemnon. Quand la Providence a quelque dessein, il ne lui importe guère de quels instruments et de quels moyens elle se serve. Entre ses mains tout est foudre, tout est tempête, tout est déluge, tout est Alexan-

Dans ces temps de calamités, on se souciait beaucoup plus de sauver sa vie que de sauver la science. Les moines eux-mêmes, à l'existence studieuse et inoffensive, furent troublés dans leurs solitudes, et en quittant cette noble terre d'Italie, devenue la proie d'Attila et de ses hordes sauvages, ils ne se firent pas scrupule d'emporter avec eux les trésors littéraires dont les couvents étaient enrichis. La France et l'Allemagne en profitèrent, et c'est à ces germes semés sur leur sol fécond, que nous devons peut-être cette éloquence religieuse dont, les premières, à une époque de ténèbres, elles entendirent les accents pathétiques et sublimes.

Saint Bernard parut au onzième siècle, et il soumit à l'empire de sa parole pénétrante et passionnée les pontifes, les rois et les peuples. Il puisa sa force plus dans son cœur que dans son génie. Son éloquence, tantôt française, tantôt latine, appartient à toutes les nations; elle fut universelle. Mais son siècle était bien loin de pouvoir lui donner des rivaux; il n'eut pas même d'imitateurs. La scholastique avec ses divisions et subdivisions

---

dre, tout est César: elle peut faire par un enfant, par un nain, par un eunuque, ce qu'elle a fait par les géants et par les héros, par les hommes extraordinaires. Dieu dit lui-même de ces gens-là, qu'il les envoie en sa colère, et qu'ils sont les verges de sa fureur. Mais ne prenez pas ici l'un pour l'autre. Les verges ne piquent ni ne mordent d'elles-mêmes, ne frappent ni ne blessent toutes seules. C'est l'envoi, c'est la colère, c'est la fureur, qui rendent les verges terribles et redoutables. Cette main invisible, ce bras qui ne paraît pas, donnent les coups que le monde sent. Il y a bien je ne sais quelle hardiesse qui menace de la part de l'homme, mais la force qui accable, est toute de Dieu. » Nous n'avons pu résister au désir de citer ici cette belle page.

symétriques, régnait alors en souveraine; elle emprison-
nait l'orateur dans ses formules arides, et l'égarant au
lieu de le conduire, elle le forçait à sacrifier, à chaque
pas, la dignité, la justesse, la soudaineté, la grâce, enfin
toutes les lois de l'éloquence. Les absurdes entraves que
l'on se donnait ainsi, étouffaient le génie oratoire et
ôtaient à la parole cette spontanéité qui en est la vie.
On ignorait d'ailleurs les règles de l'art, parce que l'on
n'en avait pas les sources. Dès le neuvième siècle, on ne
trouvait en France aucun exemplaire de Cicéron ni de
Quintillien; et Charles-le-Sage, qui jeta les premiers
fondements de la bibliothèque royale, aujourd'hui si riche et si magnifique, ne laissa aucun exemplaire des ouvrages de l'immortel orateur, qui, de son éloquence, tantôt mâle et impétueuse, tantôt élégante et douce, fou-
droyait Catilina et faisait tressaillir Rome.

Ce ne fut guère que du temps de Coëffeteau et de
Balzac que quelques prédicateurs osèrent parler raison-
nablement. C'est à Senault et à Lingendes que nous sommes redevables principalement du bon goût qui règne
aujourd'hui dans l'Eloquence de la Chaire. Ils la purgè-
rent de cette érudition profane qui la déparait; ils mirent
à la place de ces faux ornements une parole douce, ornée,
harmonieuse, qui n'a rien de contraire au ministère
évangélique. Ainsi brillèrent-ils quelques jours, semblables à ces météores avant-coureurs de la lumière, qui,
voués à la mort, traversent les ténèbres et s'évanouissent
ensuite pour faire place aux planètes glorieuses qui les
pressent.

Si l'Angleterre, dotée d'institutions libérales avant la
France, a élevé la première sa Tribune politique, c'est là
toute sa gloire, et elle est forcée de reconnaître son infé-

riorité près de nous. dans tous les autres genres d'éloquence. Qu'était en effet la Chaire anglaise, quand déjà on applaudissait en France les Bourdaloue, les Bossuet, les Massillon, à la parole si brillante et si animée, si pompeuse et si puissante? On y voyait des ministres d'une religion travaillée par le monstre dévorant de l'hérésie, d'une religion sans martyrs[1], y lire des sermons d'un style lâche, froid et uniforme, en sorte que l'art de prêcher, qui devrait être surtout l'art de persuader, d'intéresser, de gagner le cœur, se bornait en Angleterre à la simple instruction qui réduit l'Eloquence au ton le plus bas qu'elle puisse prendre.

A Bourdaloue appartient la gloire d'avoir fondé la véritable éloquence de la Chaire française. Il vint dans un moment suprême. La religion était ébranlée jusque dans ses bases; la société d'alors est froide au bien, ardente au mal, déréglée et rongée de vices brillants. Une

---

[1] La vraie religion seule fait des martyrs; les autres ne sont que des systèmes, et il y a une distance incommensurable d'une croyance à un système de philosophie, d'une église à une école, d'un peuple à un petit nombre d'hommes choisis, en un mot, de l'œuvre de Dieu à l'œuvre des hommes. Les religions fondées sur des systèmes philosophiques ont passé, tandis que la religion chrétienne dure et durera jusqu'à la fin des siècles : ce sera la dernière des religions. Tout ce qui émane de l'homme est discutable ; par conséquent, il se rencontre tôt ou tard un fait, une observation qui le renverse. Il n'en est pas ainsi des notions qui ne tiennent à rien de ce qui se passe sur la terre. Il ne se présente et ne peut se présenter dans la nature aucun fait qui les contredise; elles s'établissent dans les esprits sans efforts et y durent en quelque sorte par prescription. Les tourments qu'a endurés l'église anglicane pour établir sa base fragile, confirment ces réflexions. Aussi est-elle une institution politique bien plutôt qu'une religion.

philosophie desséchante l'égare et la désordonne. Ah!
sans doute, à ce spectacle, Bourdaloue va écraser ce
monde qui l'écoute de sa foudroyante colère! Sans doute,
il va sentir, au milieu de son discours, son cœur se briser, ses entrailles se remuer, et, s'interrompant, il va
éclater en pleurs et en sanglots!... Non, non, sa poitrine ne s'est pas brisée; il ne s'est pas roulé de désespoir
sur les dalles de son église. Sa parole s'est montrée pure,
austère, il est vrai, mais elle a laissé insensible, et l'on n'y
a pas senti cette foi ardente, miraculeuse, qui ressuscite
les morts et transporte les montagnes. — Bossuet paraît :
il vient porter la parole sur les tombeaux de la puissance, de
la beauté, de la gloire; sa manière est grande et ferme,
ses élans sont sublimes, ses tableaux fiers et puissants;
il nous frappe par des transitions brusques, par la majesté
de ses idées; «il se bat à outrance, comme disait Mme de
Sévigné, avec son auditoire; tous ses sermons sont des
combats à mort. » — Massillon! il entendit Bourdaloue
et il dit : « Je ne prêcherai pas de cette manière», et il
fit bien. Ecoutez, écoutez-le! Il a vu les plaies de son
siècle, et sa grande âme a frémi; il a vu le monde emporté à une damnation éternelle, et il a revêtu ses armes
pour marcher au saint combat. Son cœur se déchire, il
se tourmente, s'agite, éclate. Il pousse, du fond de sa
tristesse, des paroles entrecoupées à l'aspect des misères
d'ici-bas; athlète épuisé, haletant, baigné de sueur, il
laisse tomber sur l'humanité promise à Satan son terrible anathème. La langue est, dans sa bouche harmonieuse, élégante, châtiée; il la pétrit à son gré et la plie
à tous les tons et à toutes les formes. Bourdaloue est un
esprit qui raisonne, Massillon un cœur qui soupire. —
Fénélon! sa parole diaphane nous laisse entrevoir une

âme noble, aimante, s .. .andonnant aux élans de l'amour
divin qui déborde en elle ; mais la philosophie la plus
belle a eu ses meilleures pensées et ses plus populaires
écrits. — Fléchier procède toujours par antithèses et par
contrastes symétriques ; il a l'art et le mécanisme de
l'éloquence, mais il n'en a pas le génie ; esprit timide, il
craint de s'abandonner ; son défaut est de toujours écrire
et de ne jamais parler. — Mascaron a de l'harmonie, de
la richesse, de la magnificence, mais sa grandeur est plus
souvent dans les mots que dans les idées ; il prodigue
trop les torrents et les tempêtes, les rayons et les éclairs.
— Molinier, dont les discours témoignent d'un heureux
génie ! mais il comptait trop sur sa facilité et ne modérait
pas assez l'impétuosité de son imagination. — De La
Rue, à la fois poète et orateur, a de l'art, de l'éloquence
naturelle, mais ses discours ne valent pas ses panégyri-
ques et ses oraisons funèbres. — Cheminais se distingue
par un style plein de douceur et de mollesse ; il y a dans
sa parole de l'onction, de la pureté ; rarement toutefois il
pousse ses idées, ses mouvements oratoires jusqu'au sublime. — Maboul n'a pas la mâle vigueur de Bossuet,
mais est plus châtié, plus poli : moins élégant que Fléchier, il est plus touchant et plus affectueux ; s'il fait des
antithèses, elles sont de choses et non de mots ; plus égal
et plus simple que Mascaron, il ne le cède pas à de La
Rue en grâces et en facilité.

L'église réformée a aussi produit des orateurs remarquables. Le plus célèbre d'entr'eux est Saurin, qui parlait avec chaleur et véhémence, et s'élevait parfois à une
éloquence pleine de sentiments nobles et pathétiques. A
côté de lui, les Claude, les Dubosc, les Daillé, les Mes-
trezat, les Alix déployèrent toutes les richesses du style,

de l'esprit, et surtout d'une érudition vaste qu'admira leur siècle. — Beausobre montra dans ses sermons beaucoup de précision et de finesse. — Lenfant réunit la simplicité évangélique à tout l'esprit qui la rend agréable et plus attachante. — Lullin séduisit par une grande douceur et des grâces simples et faciles.

Il faut tenir compte à ces orateurs des circonstances difficiles où ils se trouvèrent. Obligés de faire de la controverse dans leurs sermons, ils luttaient contre les Bossuet, les Fléchier, les Bourdaloue, les Massillon, et il leur fallait approfondir, simplifier et surtout embellir ces matières ingrates, peu propres à l'Eloquence, qui veut pouvoir s'abandonner aux mouvements de l'âme, aux émotions douces, aux vives peintures de l'imagination.

Cependant, voici venir le dix-huitième siècle avec la hache de la Réforme en main. Que deviendront la religion et ses splendeurs ? Ces âmes tendres qui ont éclaté si magnifiquement dans la Chaire, ces grands génies qui ont propagé la foi, n'auront-ils paru sur la terre que pour y laisser les traces éphémères de leur passage ? La semence qu'ils ont répandue par la parole sera-t-elle tombée sur la pierre pour n'y fructifier jamais ? Ces voix éloquentes disparaitront-elles et seront-elles étouffées par la voix de l'orage qui s'élève et gronde dans le lointain, précurseur terrible d'un avenir inconnu ? Non, car au milieu du mouvement inquiet des esprits, écoutez les paroles éloquentes d'une génération nouvelle d'orateurs magnifiques : — Poulle, dont la sensibilité parle au cœur, dont la parole brillante et figurée plait à l'imagination ! Le génie oratoire étincelle dans ses ouvrages, et jamais, depuis Massillon, la Chaire n'avait possédé une éloquence plus douce et plus persuasive. — Neuville trace ses plans

avec netteté et précision; son style en général est harmonieux et rapide; il a même, en certains endroits, de la
pompe et de la majesté. — Boismont a la fécondité des
idées, la noblesse et la vivacité des images. — Maury,
dont les discours pleins de force, sont appuyés sur les
principes les plus épurés de la morale et de la religion,
et riches de tours, d'idées, de vraie éloquence! — Bridaine, fameux missionnaire qui improvisait ses sermons,
plus connu dès lors par la tradition que par ses écrits,
et dont il ne nous est arrivé que de sublimes reflets! —
De Beauvais réunit les grandes parties qui constituent
l'orateur; une imagination forte, élevée, une âme sensible,
un style noble, abondant, facile, que ne déparent ni le cli-
quetis des antithèses, ni la recherche des jolies phrases,
ni toutes les scintillations mesquines du bel esprit. —
Boulogne, à qui l'on pourrait reprocher de trop prodiguer les ornements! Mais le génie ne peut pas toujours
planer dans les cieux pour y chercher la foudre; on doit
lui permettre de descendre quelquefois sur la terre pour
y cueillir des fleurs.

A ce moment, une grande révolution éclate, un voile
de deuil couvre la France; la religion est proscrite, ses
ministres sont persécutés. Les voyez-vous courir au martyre, à la mort, sous toutes les formes! Les voyez-vous
chassés de leurs temples, où, à la place des chants austères, échos du monde invisible, ne résonnent plus que
des chants blasphématoires et impies! Mais Dieu n'a pas
vu sans pitié une folie pareille à la nôtre; il a formé de
sa main un homme de génie pour arracher la France au
vertige insensé, et la religion a reparu comme au naufragé une étoile d'espérance après l'orage. Alors une
glorieuse phalange d'hommes d'élite, d'intelligences su-

blimes, s'est levée pour venger le christianisme de sa récente injure. L'Eloquence religieuse reprend possession du sanctuaire où réside l'Eternel, et elle vient de nouveau fixer la pensée humaine, un moment égarée dans ses voies, sur ce mystérieux et lointain avenir que rêve l'âme.

Parmi les orateurs chrétiens qui ont brillé depuis la révolution, il faut distinguer : — Maccarthy, orateur sublime, à l'éloquence remplie de mouvements et d'images; il mettait ses auditeurs comme hors d'eux-mêmes, muets, immobiles et confondus par son prodigieux talent d'improvisation. — Frayssinous parle avec chaleur, pousse avec force ses raisonnemen⁺⁻, étonne, charme et subjugue. — De Rozan savait réunir dans sa parole beaucoup de force, de noblesse et de mouvement, et il plaisait par la hardiesse de ses images. — Lacordaire, plein d'énergie, d'élégance et surtout de cette onction sainte qui pénètre l'âme et la dispose aux vérités chrétiennes ! — Deguerry, dont les discours rayonnent d'idées philosophiques, et qui s'exprime avec force, naturel et dignité ! — Comballot, remarquable par la poésie de ses idées et la richesse de ses expressions ! — De Ravignan sait rendre la raison éloquente et nous parle de vertu le front austère, de religion, le cœur plein des sublimes vérités de la foi. — Cœur, orateur puissant, maîtrisant les âmes, sachant les ravir d'enthousiasme ! — Coquereau, réunissant la pureté et la noblesse des pensées, l'harmonie et la richesse du style ! — Affre, plein de traits brillants qui annoncent une belle imagination, et de vues profondes qui décèlent le philosophe ; fécond en beautés simples, mâles et vraies ! — Guillon a une éloquence douce et naturelle, une dialectique pressante, un style élevé;

— Berthaud étonne par l'élévation des idées, par la magnificence des images. — Guitton, ennemi de toute enflure et de toute affectation, brille par un style pur et harmonieux, une marche noble et simple, et s'élève parfois à la plus haute éloquence. — Regnier, orateur facile, écrivain supérieur, dont les mandements resteront comme des modèles achevés, sait exposer avec une parole solide et nourrie de science, les hautes vérités de la morale et les sublimes mystères de la religion. — Donnet, aux pensées ingénieuses et délicates! la pompe, la magnificence de son style, l'éclat de son coloris, le caractère de son génie, le rendent supérieur dans ces sortes d'œuvres qui admettent tous les ornements de l'éloquence. — Michon, à la parole brillante et féconde! sa facilité, dont il ne se défie peut-être pas assez, l'entraîne quelquefois à des négligences; mais ces taches légères disparaissent devant le génie oratoire qui éclate dans ses discours. Quel dommage qu'un talent comme le sien, sur lequel ont soufflé toutes les fées protectrices, n'arrivât pas à toute sa force et à toute sa plénitude!

Tels sont les hommes qui ont honoré et honorent encore la Chaire française [1]. Semons des éloges et des fleurs sur la route que parcourent ces saints lévites qui cultivent la vigne du Seigneur avec l'instrument de la Parole, afin qu'ils continuent de marcher sur les traces de leurs glorieux modèles, et de joindre à l'éloquence qui fait la

[1] Parmi les prédicateurs contemporains, nous n'avons pu citer que ceux qu'il nous a été donné d'entendre; nous regrettons de n'avoir pu apprécier par nous-même le talent de beaucoup d'autres qui ont déjà acquis, dans la Chaire, une juste renommée.

réputation, les vertus qui en rehaussent l'éclat. Encou-
rageons de toutes nos forces cette éloquence, car c'est
de toutes la plus féconde. Elle moralise l'homme, lui
enseigne ses devoirs avec autorité, et calme les tempêtes
de son âme en lui parlant de Dieu et de l'Éternité.

Gloire donc à ces nobles et pures intelligences qui ont
compris ici-bas leur destination sublime, sel de la terre
qui n'a pas perdu de sa saveur et s'est gardé incorrup-
tible ! Gloire à ces hommes de choix, à ces hommes forts
qui ont vécu uniquement au service de la vérité, victime
de nos jours de tant de lâches abandons ; qui ont tout
fait, tout osé, tout souffert pour elle ; saints travailleurs
qui ont remué la terre à la sueur de leur front et qui ne
se sont pas lassés dans leur persévérance. Le jour de la
justice se lèvera pour eux brillant et magnifique ; pour
prix de leur éloquence sainte, de leurs austères vertus, ils
connaitront le vrai dans toute sa splendeur, et ils ver-
ront se dissiper les derniers nuages qui leur dérobaient
les mystères les plus redoutables. Ils prendront place
parmi les phalanges étincelantes ; les anges chanteront
leurs louanges sur des harpes d'or, et ils vivront éternellement dans des sphères où les taches de ce monde ne
pourront plus souiller l'éclat de leurs célestes robes, ni
les pierres de nos rudes chemins ensanglanter leurs pieds.

LIVRE TROISIÈME.

PHILOSOPHIE

ou

DE L'ART ORATOIRE CONSIDÉRÉ COMME CRÉATION LIBRE
DE L'ESPRIT HUMAIN.

CHAPITRE PREMIER.

PAROLE PRIMITIVE : GRANDEUR, DÉCADENCE ET RÉGÉNÉRATION.

Quand du sein de sa puissance Dieu eut tiré le monde, aussitôt tout raconta sa gloire, et le silence de la nuit, et le calme de la vallée où serpente le ruisseau limpide, et l'aspect sublime de la mer en courroux, et la grandeur imposante du ciel étoilé. Du fond des vastes solitudes, des forêts immenses, des montagnes gigantesques, des savanes traversées par les larges fleuves, une voix s'éleva majestueuse, solennelle, mais nul être intelligent n'était là pour saisir cette harmonie ineffable, cantique magnifique composé de lettres animées et de vivantes images. Chef-d'œuvre et couronnement de la création divine, l'HOMME parut, et à cette admirable organisation qui le mettait en relation avec l'univers entier, à cette puissance instinctive dont il sentait en soi la source féconde, à cette pensée, rayon

descendu du céleste foyer qui éclairait sa vie , à cette intelligence supérieure qui s'offrait dans une si harmonieuse
correspondance avec le corps , à tous ces signes enfin,
irrécusables symboles de sa grandeur, il se reconnut et se
proclama le roi de la nature ; il comprit qu'il était destiné à la soumettre à ses desseins et à ses lois, et à imprimer sur sa face le sceau de sa souveraineté.

Mais ce n'était pas assez pour cette humanité qui arrivait à la vie : il fallait encore lui donner les moyens de
produire sa pensée hors d'elle-même , car pour que l'être
naisse à la lumière, à l'intelligence, pour que de l'individualité simple , il s'élève à la personnalité véritable, il
faut que la Parole éclaire sa conscience, vivifie son entendement, féconde sa raison. Autrement, il resterait toute
sa vie plongé dans une nuit profonde qui ressemblerait
au néant même de l'existence. Alors Dieu laissa tomber
sur la créature qu'il avait faite à son image , un rayon de
son Verbe, et elle fut frappée d'une illumination soudaine, car le Verbe, c'est la lumière, c'est la vie , et
comme il émane de Dieu, il en est un écho, un reten-
tissement. A son réveil , l'homme se sentit doué d'une
force mystérieuse : il vit près de lui sa compagne, et entraîné par l'impétuosité du sentiment, il lui dévoila son
âme, il lui manifesta ses transports, son admiration ,
sa tendresse. O prodige ! sa compagne lui répondit !
Leurs cœurs éprouvèrent l'émotion la plus vive ; leurs
oreilles transmirent à leur esprit les accents enchanteurs
qu'articulait leur bouche ; ils virent qu'une lyre mélodieuse faisait partie de leur essence, et qu'ils pourraient
chanter les ravissantes beautés que la nature étalait autour d'eux. Leurs premières paroles furent des paroles
d'amour, et un hymne d'adoration et de reconnaissance.

Par l'apparition du Verbe en elle, l'humanité arriva à une lumière complète de l'intelligence. L'âme déploya ses ailes avec plus d'aisance; elle rayonna de toutes parts à travers son enveloppe périssable. Elle puisa en elle-même et se reconnut douée d'une richesse inépuisable. Elle réveilla toutes les puissances qui sommeillaient en elle, en fit jaillir librement ce qu'il y a de plus profond, de plus mystérieux, de plus doux, et l'exprima dans un langage magnifique.

Or, comment l'homme perdit-il cette haute prérogative? La cause, entièrement historique, ne peut être que le déplorable évènement dont parle la Révélation. Rebelle à la loi de Dieu, l'homme fut livré, pour peine de sa désobéissance, à la douleur terrible, impitoyable. Quittant ces splendides demeures, ces riantes contrées, si riches de fleurs et de fruits, cette nature vierge et bienveillante qui le récompensait avec usure du léger travail déposé dans son sein, il s'achemina, triste et fatigué au départ, vers les plages de douleur où il devait marcher avec sa race, jusqu'à la fin des temps, emportant avec lui les débris funèbres de sa première nature. Dieu reprit ce Verbe, source de toute lumière, qu'il avait mis en l'homme, et lui donna l'Art, fragment sublime des célestes harmonies. L'Art est le produit de l'activité humaine; il satisfait un de nos besoins les plus élevés; il dit toutes les contradictions de notre nature, ses grandeurs et ses misères, ses souffrances et ses joies; il s'inspire des souvenirs de la patrie dont l'homme s'est rendu indigne, et qu'il ne pourra reconquérir qu'au prix de l'épreuve et à la sueur du front. Car Dieu a placé aux portes de la Science Infinie un gardien à l'épée flamboyante, pour réprimer, de la part de l'homme, toute tentative ayant pour but de ressaisir ses premières prérogatives, et il lui a laissé à féconder, comme dernier débris de sa nature déchue, le germe précieux et impérissable de cette Parole qu'il avait possédée, à l'origine, dans toute sa magnificence.

Maintenant qu'il faut que par ses seules forces, par la Science et par l'Art, l'homme marche à la conquête de la Parole, comment parviendra-t-il à la dégager des profondeurs de son être?

Voilà un enfant qui vient de naître : le voilà faible et souffrant dans un corps infirme et placé en face de la vie qui commence et de la lutte qui s'ouvre! A-t-il des sensations, et par elles la révélation de son existence? Je le suppose, puisque je lui vois des sens, portes délicates et mystérieuses par lesquelles le monde pénètre à pas lents dans sa nature. En a-t-il la conscience? Est-il le témoin immobile et muet de ce qui se passe dans sa jeune âme? Je l'imagine et je le crois, quand je le compare à moi, et que je le vois doué des mêmes facultés que celles qui distinguent mon être. Ses sens ont-ils le développement des miens, ou son intelligence est-elle engourdie, étonnée, enveloppée d'un nuage qui lui obscurcit la lumière? Je n'en sais rien. Peut-être ne voit-il pas? Peut-être est-ce l'ignorance en stupeur qui regarde, une sensibilité sourde comme celle de la plante qui tressaille, la réflexion en suspens qui se replie silencieuse sur elle-même? J'ignore tout cela. Ma pensée plonge vainement dans son passé intime, et elle n'y trouve rien qui puisse lui rappeler le temps où elle vivait de la vie de cet être, destiné à devenir mon égal tout entier, et déjà semblable à moi quand je l'étudie dans le mystère de son organisation. Qu'était-il donc dans le sein de sa mère? Et auparavant? Sa vie actuelle n'est-elle qu'un misérable fragment de sa vie totale [1] ? N'est-elle qu'un drame mutilé dont il manque l'exposition et dont nul ne connaîtra jamais le dénouement ? A-t-il le sentiment de l'immortalité, ou croit-il que sa destinée est renfermée dans un cercle qui commence au berceau et qui finit à la tombe ? A-t-il enfin le noble mais triste privilége de ces hautes pensées ? J'ai beau le regarder, je ne vois rien, je ne sais rien. J'ai beau l'interroger, il ne me comprend pas, il ne me répond pas; et pourtant, quand penché sur son berceau, je le contemple avec ravissement dans son sommeil, parfois je le vois sourire. Qui l'a ému ainsi ? Est-ce un souvenir du ciel, sa première patrie ? Ou bien, est-ce que l'aube de la vie est comme l'aube d'un beau jour, pleine naturellement de pureté, d'harmonies et de douces images ? Oh! qui donc me dira ce qui se passe sous les voiles de la pensée de cet enfant ?

Cependant, il faut que je lui parle; il faut que je frappe au seuil de cette jeune intelligence qui enfin se réveillera peut-être. C'est un besoin pour son père, pour sa mère, pour tous ceux qui l'entourent et l'aiment avec une si admirable naïveté. Ils sont chargés par la nature de lui fournir des moyens d'instruction, sans savoir comment ils y contribuent, et ce qu'il recevra ainsi avec le sang et le lait, ce sera en lui plus tard chose vivante et sa vie même. Ils parlent et l'enfant pleure. Ils parlent toujours, et cette parole créatrice semble lentement et par degrés féconder ce germe d'intelligence caché sous l'enveloppe fragile de ce corps qui s'est un jour détaché avec douleur des flancs d'une femme. Cette parole est comme la rosée du ciel

[1] JOUFFROY. — Droit naturel.

qui pénètre goutte à goutte sous la terre où languirait le chêne, où périraient les fleurs si elles n'y trouvaient ce qui sert à leur nourriture, au développement de leur feuillage, à la diffusion de leurs parfums. La rosée n'est pas libre, il faut qu'elle tombe sur le sol et qu'elle l'humecte; le chêne n'est pas libre, il faut qu'il naisse au soleil qui le réchauffe, qu'il y croisse, puis qu'il meure. Spectacle fantastique où la vie succède à la mort et la mort à la vie! Hydre aux innombrables têtes, se dévorant pour se reproduire, et se reproduisant pour se dévorer encore! Ainsi le veut la fatalité du développement de la nature. L'enfant n'est pas libre de ne pas s'instruire; de même qu'il faut que le genre humain lui parle, de même il faut qu'il entende, qu'il écoute, qu'il apprenne; son intelligence est un miroir inaperçu mais calme et pur, dans lequel le monde extérieur vient refléter sa saisissante image.

Aussi, voyez comment l'homme accomplit auprès de l'enfant la fin qui lui a été assignée d'en haut! comment, à son tour, il se fait petit avec les petits, pour arriver à répandre dans le sein du pauvre être qu'il aime, la semence féconde de la Parole! Aussi voyez comment peu à peu l'enfant éveillé par l'amour, regarde; comment sa pensée, tant de fois provoquée, semble par degrés traverser son intelligence naissante! Un jour enfin, et c'est un grand jour que celui-là, un jour que l'on n'oublie jamais, la mère jette un cri, on accourt empressé autour d'elle, ses yeux sont encore humides de tendresse et de bonheur : qu'est-il donc arrivé? Puissances du ciel, son enfant vient de parler, de parler pour la première fois de sa vie!

Ainsi l'homme a retrouvé ce germe puissant, impérissable de la Parole, qu'il avait possédé à l'origine dans toute sa splendeur. Maintenant, il faut qu'il le développe, et comme il se sent doué d'une force propre à l'élever à une perfection supérieure, il s'agite et s'élance vers ce qu'il regarde comme son patrimoine sublime.

Vous l'avez entendu, l'enfant a parlé. C'est peu sans doute, mais c'est le langage, le langage au berceau. C'est le cri de la nature s'exprimant avec simplicité ; c'est un fragment rompu et détaché, un hiéroglyphe mutilé de cette Parole primitive que Dieu avait octroyée au premier homme, et, tout imparfait qu'il soit, en se complétant, il lui conférera le droit d'entrer en communion avec les autres créatures et avec le monde visible.

Jusqu'à ce que la Parole ait traversé comme un éclair, comme une étincelle céleste, l'âme de l'enfant, on peut dire que sa vie n'était que la vie animale au plus haut degré. Car la Parole est la base de l'essence et de l'existence de l'homme, c'est elle qui rayonne et réfléchit l'être divin. Dès ce jour commence d'une manière plus apparente du moins le rôle de l'intelligence qui entre à pleines voiles dans le domaine des idées. Se confiant à cette aurore lumineuse, éveillé soudain à la vie, l'esprit qui, dès lors, n'est plus une intelligence froide, morte, abstraite, saisi[?] avec amour cette lumière nouvelle. Il se dégage peu à peu de la lutte et de la confusion qui pesaient sur lui ; il arrive à concevoir la Parole, et avec elle, il s'oriente dans le monde et avec soi-même. Auparavant, il errait à l'aventure, il essayait de dénouer le nœud gordien de sa conscience, mais tout-à-coup le Verbe en lui s'est délié sous l'influence de l'amour. Or, le Verbe, c'est une force qui donne la vie, ou plutôt qui est elle-même l'action et la vie.

Que faut-il maintenant à l'enfant pour développer

cette faculté dont il vient d'avoir la révélation subite ?
Il a l'image, il lui faut le signe; il a l'idée, il lui
faut l'expression. L'un et l'autre vont se lier ensemble ,
s'entr'aider et se fournir un réciproque appui. D'abord ,
il bégaie , il hésite, il ne sait pas manier encore l'instrument qu'il a conquis. Aussi, pour se donner assurance
dans sa tentative téméraire, il regarde , il écoute, il observe. Il est attentif à tout ce qui se passe autour de lui ;
il fixe ses yeux sur celui qui parle, il s'attache au mouvement de ses lèvres, il fait des essais, il les répète; il se
rapproche peu à peu de son but; le plaisir que lui procurent quelques succès lui est un encouragement à renouveler ses efforts. Il ne se borne pas à répéter les sons
articulés qu'il entend , il les imite, les combine par le
secours de sa propre intelligence. Insensiblement, sa
parole se dégage des ténèbres, s'éclaircit , les progrès se
multiplient. Chaque jour la chaine de ses efforts se fortifie, sa provision de mots s'augmente, et bientôt, soit
dans le dialogue, soit dans le discours, il nomme ce qu'il
veut. Car les développements de l'esprit humain dans le
domaine du langage, sont si riches et si divers, qu'ils peuvent être comparés à l'épanouissement de cette vie de la
nature, qui étale à nos yeux éblouis le luxe prodigue d'un
champ émaillé de fleurs ou d'une forêt serrée et profonde.

Ainsi, depuis que, par sa rébellion , l'homme a perdu
ce Verbe qui autrefois l'illuminait d'une manière si complète, il travaille, avec une invincible ardeur, à se former
un nouveau moyen d'exprimer ses pensées , et à ressaisir le plus noble instrument de sa nature. Dès l'enfance,
c'est là son œuvre instinctive, son ambition dernière et
suprême.

A ceux qui refuseraient de croire à cette genèse mystérieuse de la Parole, à tant de grandeur d'une part et de décadence de l'autre, nous demanderions alors d'expliquer ces souvenirs d'une intelligence supérieure que l'homme apporte dans la vie, cette ardeur inquiète qui le dévore, cette aspiration invincible qu'il ressent vers le Verbe infini, cette émotion, cette joie qui s'empare de nous au bruit enivrant de paroles mélodieuses ? N'est-ce pas l'âme qui s'attriste du vide qu'elle éprouve et qui, les yeux levés au ciel, contemple et veut reconquérir son royaume perdu ? N'est-ce pas l'âme qui, avant d'être bannie des célestes demeures, en avait entendu l'harmonie sublime, et qui frappée de ces doux accents, grossier écho des accents primitifs et divins dont elle ne perd jamais entièrement la mémoire, écoute, tressaille et soupire, comme l'exilé à qui l'orage apporte une brise de sa lointaine patrie ?

CHAPITRE II.

DU DIALOGUE ET DU DISCOURS IMPROVISÉS.

Exprimer ses idées dans le commerce du monde d'une manière noble, claire, gracieuse, et avec l'observation exacte des divers rapports qu'entraîne la vie sociale, c'est déjà un signe de supériorité qui annonce un rare degré de culture. Mais présenter, dans un discours libre et continu, une suite d'idées sur un sujet donné, de telle sorte que les exigences de l'harmonie et de l'art soient également satisfaites, c'est là une perfection plus rare encore, et qui, par cela même qu'elle est plus difficile à obtenir, en acquiert un plus haut prix.

De même qu'il y a des degrés dans l'éducation, de même il y a des degrés dans l'art de rendre ses pensées et ses sentiments. On n'apprend pas seulement à parler, on apprend encore à discourir. Ainsi, tantôt on s'abandonne, dans un entretien familier et libre, au cours des idées que la conversation alternative provoque : tantôt on s'assure d'avance, par le secours de la méditation et de la mémoire, de la matière que l'on veut traiter et de la forme que l'on entend lui imprimer. Dans le premier cas, c'est le dialogue; dans le second cas, c'est le discours.

Pour se faire une idée exacte de l'activité de l'âme aux prises avec la faculté de parler, il faut la suivre dans ces deux modes de manifestation de la pensée. Et bien que ces deux modes exigent d'égales connaissances, supposent les mêmes exercices, mettent en jeu les mêmes facultés, il faut reconnaître néanmoins qu'il y a, entre ces deux choses, une différence certaine, et que le discours qui développe une suite d'idées unies entr'elles, demande une application plus soutenue, une observation plus exacte des règles, que la simple conversation.

Et d'abord, un point commun sur lequel l'esprit doit s'appuyer pour se livrer, soit à l'entretien alternatif, soit au discours continu, c'est la connaissance parfaite de la chose et de l'objet dont il est question. Cette connaissance est non seulement nécessaire pour l'essence de ce qu'on dit, de ce qu'on traite, du but que l'on envisage, mais elle le devient encore, quoique en des degrés différents, pour l'expression et la liaison des idées, pour l'abondance et la liberté de leur communication.

Dans le dialogue, il est permis d'étendre, de justifier et de déterminer ses idées, en profitant des incidents et des interruptions que la conversation amène. Si la personne qui a entamé un sujet ne l'a pas entièrement épuisé, on peut, par un échange réciproque de pensées, remplir les lacunes et réparer les infidélités de sa mémoire. Et d'ailleurs, on sait que ce n'est pas l'affaire de la conversation orale, dont la nature est de passer rapidement d'un sujet à l'autre, d'épuiser une matière, de l'examiner en tous sens, de la poursuivre dans ses conséquences les plus éloignées ; elle effleure et n'approfondit pas.

Il en est tout autrement dans le discours composé d'une suite de pensées attachées par le lien secret de l'art. Là, on a pour but d'épuiser un sujet particulier et d'atteindre un résultat voulu, et alors, loin de briser les fils que l'art a tissus, on cherche au contraire à leur donner plus d'étendue, sans cependant dépasser ni la durée, ni les bornes que l'on s'est assignées. La pensée de l'importance de ce qui, dans chaque moment, s'échappe des lèvres, cette pensée remplit et enchaîne l'âme, qui doit encore conserver assez de force et d'attention pour contrôler avec rapidité les idées qu'elle épanche, de manière à n'être pas distraite par les objets extérieurs ni détournée de son sujet. D'où il suit que, vouée tout entière à cette entreprise dont elle fait dépendre ou sa honte ou sa gloire, elle ne peut ni se préoccuper du passé, ni songer à l'avenir, ni observer exactement le présent. Elle a dû préalablement embrasser dans toute son étendue l'objet qu'elle devait examiner, l'observer en tous sens, se rendre compte de son ensemble et de ses parties isolées.

Mais l'âme doit d'abord se procurer cette riche provision d'idées nécessaires au dialogue comme au discours, et qui auront pour résultat de donner de l'enchaînement et de la fluidité à la parole. En effet, il résulte de l'union étroite qui existe entre le signe et la chose signifiée, entre la richesse des pensées et l'abondance de l'expression, que celui qui a longuement réfléchi sur un sujet, qui l'a examiné sous toutes ses faces, se crée en même temps facilité, variété et rapidité par le choix des mots et des expressions. Au moyen de cette méditation antérieure, il ne sera jamais exposé à manquer de signes pour revêtir les idées qu'il présente et qu'il développe, à être lent et à paraître comme courir après les mots. Et il lui sera facile, si, dans la marche du discours, une expression ou une tournure déterminée d'avance lui échappe, de tirer de ses riches trésors une monnaie d'égale valeur.

Il n'est pas rare qu'il arrive, dans la rapidité de la parole, et comme involontairement, dans l'âme, des pensées plus ou moins éloignées du sujet, lesquelles semblent lui appartenir nécessairement, bien qu'elles ne se soient pas présentées au temps de la préparation assidue et de la méditation de la matière. De telles idées s'offrent même souvent, quoique l'on n'ait fait sur son sujet qu'un médiocre travail. Ce sont souvent de très heureuses inspirations pleines de lumière, qui brillent comme une flamme soudaine et rapide. La surprise qu'elles excitent en nous, éveille déjà notre attention, et, quelquefois, elle nous ouvre des perspectives inattendues, qui nous font sortir des routes battues, pour nous conduire dans des sentiers pleins de charmes. Souvent aussi, pendant le discours, on n'en a qu'une idée confuse, qui ne permet pas de les développer; on sent cependant obscurément que ces inspirations auraient dû nous venir à l'esprit et être mises à exécution, et cette pensée nous trouble, détruit la marche de nos idées, et devient un obstacle qui nous importune et nous déconcerte.

Une longue méditation du sujet excite en nous une certaine chaleur. L'âme s'émeut, se passionne, s'irrite de l'effort que lui coûte l'idée à conquérir, et elle se promet que tant de peine ne sera pas perdue. Cet ébranlement mystérieux que lui occasionne une noble résolution prise avec elle-même, anime le discours, l'enflamme, et

fait que l'expression vient avec plus de rapidité et de richesse. Celui qui s'intéresse vivement à un objet, en parle
avec plus de force, d'énergie et d'éclat ; il n'a qu'à se
laisser aller à son sentiment, et l'expression vient d'elle-
même et sans qu'il la cherche, revêtir sa pensée.

Une autre comparaison entre le dialogue alternatif et
le discours continu, se tire de la suite et de l'ordre des
pensées. Puisque, comme on l'a déjà dit, le dialogue n'a
pas pour but d'épuiser un sujet, il lui est loisible de passer d'un objet à l'autre, d'un point de vue à un point
opposé, d'y arriver par des transitions habilement ména-
gées ou d'un bond. Le dialogue satisfait même alors qu'il
ne fait qu'effleurer les choses, qu'en toucher la surface ;
il prend, quitte et reprend ses observations à son gré.
Semblable à une promenade dans laquelle nous avons,
il est vrai, pour but objectif de nous la rendre profitable,
mais où nous nous abandonnons à ce vague qu'exige parfois la gaîté de notre âme, la santé de notre corps, le
repos de notre raison, affranchis que nous sommes de
l'obligation de chercher avec angoisse le sujet, le chemin
et le but de nos pensées.

Mais dans un discours formé d'une suite de pensées
connexes, on poursuit un but déterminé et distinct. Chaque principe que l'on pose doit concourir à ce but, chaque
pensée que l'on développe doit en approcher, chaque découverte que l'on fait doit y tendre. Le récit d'un évènement, la démonstration d'une vérité, la solution d'une
difficulté peuvent être ce but même, et l'ensemble comme
les parties du discours doivent être compris et placés,
coordonnés et présentés, liés et dirigés par lui et pour
lui. C'est l'unité en un mot, cette unité artistique, qui n'est
que le rayonnement de cette unité absolue, vaste, mysté-

rieuse, d'où émanent toutes choses et où toutes choses aspirent à rentrer, et qui a son principe dans le sein de Dieu.

Si, d'un côté, cette obligation de s'astreindre à une suite déterminée de pensées, donne du charme au discours continu, de l'autre, elle le rend plus difficile. Elle ôte à l'esprit la liberté de se laisser aller selon les directions arbitraires, et les déterminations éveillées par le hasard qui serait souvent heureux, pour le fixer, l'enchaîner à quelques objets ; elle crée la nécessité d'avoir, avant le discours, ou ce qui est beaucoup plus difficile et plus rare, au moment même où on le prononce spontanément, une provision d'idées suffisante, conforme au but et unie à un plan ferme et sûr ; elle oblige à conserver ce plan pendant le discours, et, sans le perdre de vue, à y renfermer les pensées utiles à son exécution. Cet assujétissement à un plan est étranger au dialogue alternatif. Là, l'esprit doit plus dépendre des inspirations du moment et des émotions que procure un intérêt rapidement soulevé ; le champ ouvert à son activité est plus vaste et plus libre, et la liberté est toujours et en toutes choses un allègement.

Par contraire, l'incertitude de l'objet sur lequel doit rouler la conversation, et sur les chemins qu'elle doit parcourir, rend toute préparation impossible. De là vient que la difficulté d'exprimer des pensées isolées avec la rapidité qu'exigerait quelquefois leur communication, est beaucoup plus difficile dans le dialogue que dans le discours continu, car, à mesure que la conversation change et se déplace d'une manière brusque et inattendue, les idées doivent naître et se former, sortir de leur assoupissement, et, si l'on peut s'exprimer ainsi, de la vie fœtale dans laquelle elles reposent dans l'âme, pour venir à la

lumière, à la vie. Dans le discours, au contraire, on peut
préparer les idées principales qui rappellent les idées accessoires, de telle sorte que l'apparition de l'une soit la
cause de la venue de l'autre, et que toutes deux, liées
par l'ordre, se préservent réciproquement de l'omission
et de l'oubli.

Lorsque l'esprit est fermement attaché à un plan, la
marche de la parole est plus aisée et plus sûre. Le plan lui
sert comme d'un fil, d'une trame première sur laquelle
il forme son tissu en y mélangeant les couleurs variées
qu'il tire de sa mémoire et de son imagination. Les idées
viennent alors et se reproduisent sans recherche et sans
effort, et il suffit d'un peu d'exercice et d'habitude pour
les contenir et diriger leur marche.

Mais indépendamment des caractères différents que
nous venons de signaler entre le dialogue et le discours,
et qui dérivent de la matière elle-même, il en est d'autres
qui sont dans un rapport immédiat avec la langue qui
leur sert d'instrument. Ainsi, dans le discours, la richesse d'expression, les liaisons d'idées sont nécessaires,
indispensables; dans le dialogue, il faut plus de présence
d'esprit, des émotions plus rapides. Pour le développement
d'une suite d'idées, il ne suffit pas de ces mots, de ces
combinaisons qui dessinent une pensée d'une manière générale, il faut encore marquer et faire sentir ces nuances
qui abondent dans l'âme. Ainsi, l'on doit éviter cette fatigue qu'occasionne la répétition fréquente et le retour
des mêmes mots et des mêmes idées; car si l'on pardonne
à la conversation quelques fautes qui choquent le bon
goût et l'harmonie, on les relève avec moins d'indulgence
dans le discours solennel, qui laisse supposer plus d'habileté et une préparation plus complète. Dans le dialogue,

les expressions sortent de l'obscurité au moment où elles s'échappent des lèvres ; dans le discours, elles ont besoin d'avoir subi une élucidation antérieure pour arriver à leur plus haute manifestation. Celui qui va parler dans un discours solennel, semble s'annoncer comme étant en état de penser et de dire quelque chose de meilleur que ce que pourrait dire et penser une personne présente. Il vient pour faire cette preuve par la parole continue beaucoup plus hautement qu'il ne le ferait par la conversation alternative. Comme on sait que par là on vise à un but beaucoup plus important et plus grave, et que la supériorité y est plus difficile à obtenir, il en résulte que l'auditeur est autorisé à attendre davantage, à juger avec plus de sévérité les défauts, à apprécier les idées exprimées avec moins d'indulgence et de ménagement. Ainsi s'explique ce phénomène intellectuel qui fait qu'on éprouve, lorsqu'il s'agit du discours soutenu, alors même que la préparation est plus complète, plus de timidité et de saisissement que dans la conversation simple.

Mais pour être supérieur dans ces deux modes d'expression de la pensée, il faut un accord, une rare harmonie dans les facultés physiques et morales. Il faut la raison qui, claire et précise, forme et ordonne; il faut beaucoup de jugement et de présence d'esprit ; il faut la richesse, la propriété, l'harmonie de la langue, un port noble, une action expressive, un geste mesuré; il faut tout ce que l'esprit a de riche, de vigoureux et d'agréable, tout ce que la langue a d'abondance, de force et de beauté, tout ce que le corps a de gracieux, de grand et de noble, car la brillante faculté d'éveiller et d'enchaîner l'attention par la parole, est un des plus beaux priviléges de l'esprit humain.

CHAPITRE III.

QUE L'IMPROVISATION EST UN TALENT ACQUIS.

Parler est une espèce d'histoire naturelle de l'âme; aussi, chez tous les peuples, la culture de la raison et la formation de la langue vont-elles d'un pas égal et se tiennent-elles par la main. L'art de parler n'est donc autre chose que l'art de produire ses idées, de les unir, de les coordonner entr'elles, de telle sorte qu'elles sont comme revêtues d'un corps. Les lois de la parole sont donc aussi les lois de la pensée.

Le pouvoir d'allier ensemble différentes idées, est naturel à l'homme, et parmi les phénomènes de l'intelligence, celui-là est un des plus frappants. Mais tout comme il est des rapports qui se produisent d'eux-mêmes et sans aucune intervention spéciale de l'attention, au contraire, il en est d'autres qui ne nous sont procurés que par la méditation et l'étude. C'est là un fait incontestable qui dérive des procédés intellectuels de l'esprit humain.

On n'a pas la prétention d'énumérer ici les causes variées qui peuvent déterminer ou influencer l'ordre de succession de nos idées. Mais ce qui est indubitable, c'est qu'il n'en est point de plus puissante que l'habitude, faculté factice, instrument que l'homme forme et prépare à son usage au moyen du levier énergique de la volonté.

Que si l'on interroge l'expérience, elle affirme que tout homme communément organisé, est capable d'un effort d'attention qui lui permet de retenir ou de précipiter à son gré le cours spontané de ses pensées, et de faire prédominer dans son esprit les principes d'association qu'il recherche; elle dit qu'il peut, par la pratique, fortifier le principe d'association qui est en lui, au point d'acquérir un empire absolu sur une classe particulière d'idées, et de les manifester ensuite dans un ordre régulier et rapide.

Ce sont là des vérités qui descendent des facultés natives, radicales de notre être, et qui sont elles-mêmes le principe de cette spontanéité par laquelle l'esprit réalise immédiatement un modèle interne.

D'un autre côté, qu'est-ce que le talent d'improviser? C'est la plus haute expression de l'intelligence, le stimulant le plus propre à réveiller les brillantes facultés qui peuvent être endormies dans notre nature, c'est l'idéal de la pensée plus ou moins reproduit par la parole, c'est, en un mot, quelque chose de magnifique.

Or, en général, la nature ne donne jamais l'excellent, ni même le bon; elle le fait toujours acheter par les veilles, le temps et surtout par l'exercice. Voyez la gloire, voyez la science et toutes les nobles perspectives offertes à l'ambition de l'homme. Une loi fatale en a mis la conquête au prix de l'effort et du travail; l'homme ne gagne rien qu'à la peine, et si parfois quelques rares exceptions viennent donner un démenti à ces faits, qu'en conclure? Tout n'est-il donc pas phénomène dans l'esprit humain, sa force tout aussi bien que sa faiblesse?

Mais le monde de l'intelligence nous fournit encore de nouveaux faits, et d'abord, cette vérité impérissable, à savoir : que tous les hommes sont susceptibles de compréhension et d'étude, et peuvent arriver par leurs propres forces à un certain degré de perfection dans l'art ou la science qu'ils cultivent. Et à l'aspect des inégalités intellectuelles, qui pourra affirmer avec certitude si c'est l'intelligence, l'occasion ou la volonté qui ont manqué aux divers entendements pour pousser plus loin leurs conquêtes?

Tout être humain est incontestablement doué d'activité, d'énergie spontanée, car la spontanéité est le génie de l'humanité. L'activité est une tendance interne, native, invincible vers tout ce qui est nécessaire à la vie; or la science est nécessaire à la vie, c'est un besoin supérieur de no're nature. Aussi l'homme moral va-t-il se perfectionnant sans cesse, il avance toujours; il aspire à remonter vers le principe au sein duquel il a pris racine, vers Dieu qui est sa fin dernière. Donc, s'il y a en nous assez de virtualité pour nous rendre de plus en plus perfectibles, pourquoi ne pas céder à cette invariable loi du progrès qui nous entraîne? Pourquoi nous créer des obstacles imaginaires, gigantesques, poser des limites à notre intelligence et lui dire : « Voilà jusqu'où tu peux aller et pas au-delà? » Pourquoi enfin en appeler, à tout propos, au génie, puissance occulte qui ne fait qu'abattre notre courage ou exalter notre orgueil [1]?

---

[1] Qu'on nous permette de faire ici notre profession de foi à l'égard du GÉNIE. Le génie est une divinité à laquelle nous croyons

La possession de la science, voilà le but assigné aux êtres intelligents, et pour l'atteindre, ils ont reçu le don magnifique de la volonté. La volonté, c'est-à-dire la source d'où dérivent ces émulations prolongées qui attestent une grande âme et la précipitent vers la gloire !

Ainsi, reconnaissons deux faits évidents, savoir : l'association des idées, acte nécessaire de notre intelligence, et le développement indéfini qu'implique notre nature.

Quelle est la tâche de celui qui doit parler, improviser ? Etudier des idées et des faits, choisir, rejeter, songer à leur ordre, rechercher les sentiments qu'il s'agit de faire passer dans les âmes, c'est là le rôle du bon sens, de la raison, qui n'ont été refusés à personne; mais rendre toutes ces idées par la parole, d'une manière vive et lucide, sur le champ et sans effort, à l'aide d'un langage de convention stérile et pauvre, voilà ce que l'on ignore quand on ne l'a pas appris, quand, présomptueux ou lâche au travail, on a trop compté sur le génie pour l'inspirer.

En entrant dans la vie, nous apportons tous le don in-

pieusement, mais comme il n'y a pas de signes certains auxquels on puisse reconnaître sa présence ou son absence chez les individus, nous pensons que chacun doit agir comme s'il l'avait en soi, et chercher à l'en faire sortir par le travail. Nous ne prétendons pas que la méthode que nous allons développer fasse des orateurs *de génie,* mais si elle faisait des improvisateurs *de talent,* ce serait déjà un assez beau résultat. On conçoit l'immense différence. Le génie est un don, le plus riche don de la nature ; le talent est une acquisition de l'homme. Le produit du génie, c'est Minerve qui sort tout armée du cerveau de Jupiter ; le produit du talent est un enfant ordinaire des dieux, qui naît et grandit au sein de la volonté. L'un est l'étoile fixe qui a en propre son éblouissante lumière, l'autre est le satellite qui n'a qu'une lumière mate et empruntée.

comparable de l'intelligence, et nous l'appliquons aux choses que nos besoins sollicitent. Dès l'enfance, il nous faut exercer cette faculté et la forcer à triompher des difficultés les plus graves.

Qu'on réfléchisse en effet sur le phénomène de la lecture et sur la multitude des obstacles qu'il offre à vaincre. Si le plus idiot parvient à lire couramment et même à comprendre ce qu'il lit, n'y a-t-il pas là, pour l'observateur attentif, de puissants efforts de l'intelligence, de grandes difficultés vaincues? Improviser, n'est-ce pas, si nous pouvons nous exprimer ainsi, lire dans le livre de la langue, et y voir les mots avec les yeux de l'esprit, comme on y lit, comme on y voit avec les yeux du corps? Combiner des idées, n'est-ce pas tout simplement un degré de plus que combiner des lettres, des mots, des phrases?

Considérez les individus dans la conversation, dans ces gracieux tournois de l'intelligence, quel est celui qui y a le plus d'avantages? Est-ce le plus savant, le plus érudit? Non, c'est le plus exercé, c'est celui qui a de meilleure heure éprouvé le frottement du monde. Aussi, les hommes les plus célèbres, les plus brillants écrivains s'y sont montrés quelquefois d'une misérable faiblesse. Qui ne connaît les mécomptes amers de Rousseau, les stupides embarras de Corneille? Etaient-ils dans un salon, leur conversation était lourde, pesante, paralysée par une timidité invincible. En vain ils rassemblaient tout ce qu'il y avait en eux de forces pour mettre fin à cet intolérable supplice. Après d'incroyables efforts, ils étaient réduits à s'enfuir, accablés, refoulés en eux-mêmes, honteux de n'avoir pu bégayer que quelques mots vulgaires, et maudissant leur célébrité et leur science.

Placez maintenant à côté d'eux un tout jeune homme

élevé au sein d'une famille opulente, distinguée, où il n'a entendu parler que le beau langage. Toutes ses expressions sont nobles, choisies, et accompagnées de manières aisées, gracieuses. Pourtant, a-t-il une *faculté* supérieure à celle de ces hommes illustres? Non, mais il a la *facilité* qu'ils n'ont pas. L'une est un don que la nature prodigue; l'autre est fille de l'habitude. De quoi devient alors le génie?

La parole est inhérente à l'homme; elle a été implantée en lui, c'est sa propriété naturelle. Nous improvisons tous et toujours aussitôt que le choc donne lieu au développement de l'esprit. En effet, dans la conversation, n'émettons-nous pas à chaque instant nos idées sur les objets imprévus dont on s'occupe? Ne cherchons-nous pas tous à faire valoir nos opinions sur celles de nos interlocuteurs? N'avons-nous pas tous la parole vive, claire, pénétrante, lorsque quelque intérêt, quelque passion nous enflamme? Ou si la timidité nous gagne et nous oppresse, ne nous est-il pas donné cependant d'exprimer nos idées, peu nombreuses d'abord, il est vrai, mais ne sentons-nous pas que si nous pouvons aller jusqu'à deux, il nous serait facile d'aller jusqu'à trois, et, en nous exerçant, de donner à notre discours une plus grande étendue? Que manque-t-il donc souvent à la conversation d'un homme pour être un discours de longue haleine? Des points de suture, voilà tout. Le germe de l'Improvisation est donc là.

Voyez ce qui se passe tous les jours, sous vos yeux, dans le monde. Que d'improvisateurs sans s'en douter! Un homme veut-il s'élever au-dessus des autres et briser l'égalité, qui est la première loi de la conversation, parce que la conversation est une espèce de république, on le laisse s'engager... mais bientôt, comme par une conspiration secrète, on fait silence et l'on force l'imprudent usurpateur à se réfugier dans le rôle de discoureur ou de narrateur. Il parle alors, seul, longtemps; il improvise bien, avec charme, s'il s'est exercé; mal, avec fatigue, s'il n'a pas fréquenté la société, s'il n'en a pas appris les lieux communs, le langage, quel que soit d'ailleurs son génie.

Concluons donc que l'Improvisation est innée dans l'homme, mais il faut en connaître les frémissantes cordes, en avoir étudié la marche changeante et capricieuse, le clavier harmonieux.

CHAPITRE IV.

CONTINUATION DU MÊME SUJET. EXAMEN DE QUELQUES OBJECTIONS.

Improviser est donc de tous les instants pour l'homme ; c'est son premier besoin, c'est aussi sa première faculté. Mais comme le talent de la parole est rare et difficile, et qu'on a voulu se dispenser du travail qu'il nécessite, on a naturellement inventé des prétextes spécieux, et l'on a dit que, pour l'obtenir, il fallait avoir reçu d'en haut l'inspiration divine, et que pour ceux à qui il n'avait pas été donné de creuser profondément aux entrailles de la pensée, la matière était de trop haut prix pour qu'ils pussent la découvrir. Préjugé fatal ! étendu d'ailleurs à toutes les branches des sciences et des arts, et qui est un des plus grands obstacles au perfectionnement et au progrès de l'esprit humain !

Ainsi, il est des écrivains qui disent : Nous savons les expressions, puisqu'elles obéissent toujours à notre appel, et pourtant nous ne savons pas improviser. Racine aussi savait sa langue, il connaissait les règles de la versification, et il lui fallut longtemps pour apprendre à faire difficilement des vers faciles. Avant tout, il s'exerça pendant de longues années, avec un immense labeur, une admirable patience, et quand il eut besoin des rimes et des expressions, elles vinrent ensuite, d'elles-mêmes, se placer à son ordre, à son gré, obéissantes, riches, pures. Voilà ce qu'a fait Racine pour être poète; qu'avez-vous fait, vous, pour devenir improvisateur?

Passerait-on sa vie à écrire, on n'apprendrait pas à improviser [1]. La raison en est que l'écrivain marche toujours chargé de chaînes et plie à chaque instant sous leur poids. Il ne hasarde aucun pas sans préparatifs qui en assurent le succès. Il vit au milieu des entraves, il hésite, il tâtonne, il ne fait rien enfin avec hardiesse et liberté. Dites-lui de parler!.... Son habitude de calcul, d'hésitation, l'arrête ou le paralyse. Il n'ose pas s'élancer au travers des périls; il ne sait pas gouverner son âme au milieu du tumulte, de l'agitation involontaire qu'excite en lui cet ordre inusité de sa volonté. Son intelligence timide et défiante est mal à l'aise; elle n'a pas pris l'habitude de l'obéissance. Quand il faudrait partir et fendre l'air comme le trait rapide lancé par une main vigoureuse, elle lutte, elle se débat, et le trouble, la distraction, la confusion

---

[1] Il est bien vrai que Cicéron dit quelque part : «*Qui à scribendi consuetudine ad dicendum venit, hanc affert facultatem, ut etiam subitò si dicat, tamen illa, quæ dicuntur, similia scriptorum esse videantur.* » C'est hardi à dire, mais Cicéron a tort : écrire ne conduit pas à improviser, car l'œuvre de l'improvisateur est tout à fait différente de l'œuvre de l'écrivain.

qui résultent pour elle de ce conflit intérieur, sont un obstacle qui la décourage et disperse ses forces, et l'homme accoutumé aux formes calmes et lentes de l'écriture, trouve la défaite là où il avait espéré la victoire.

L'Improvisation est un art spécial, distinct, immense, plein de secrets, de mécanismes intérieurs et de structures savantes et compliquées. Il faut donc l'étudier à l'aide de procédés qui lui soient particuliers. Celui qui aurait la prétention de le posséder parce qu'il sait écrire, ressemblerait à celui qui croirait savoir danser parce qu'il connaît la musique. La science de la langue ne comporte pas plus le talent d'improviser, que la géométrie ne comporte l'art de dessiner, que la science de la morale ne comporte l'honneur. L'esprit humain n'est-il donc pas assez fécond, assez riche? N'est-ce pas assez que nous puissions l'appliquer à tout ce que nous voulons apprendre avec la certitude de réussir? Dieu a dit à l'homme : « Tu es libre, exprime la vie qui est en toi, réalise ta puissante volonté. Mais si, dans ta folle présomption, tu oses vouloir recueillir lorsque tu n'auras pas semé, je réprimerai ton orgueil en t'infligeant le châtiment de l'impuissance. » De ce que vous avez un talent, concluez que si le temps vous le permet, vous pouvez acquérir tous les autres; mais en induire que, nécessairement, vous les avez ou ne les aurez jamais, c'est vanité ou sottise, rien de plus.

Le talent d'écrire n'emporte donc pas celui d'improviser; il y a entre ces deux talents une immense différence; mais nous ne nous exerçons pas à parler, et puis nous venons dire que nous n'avons pas le génie de l'Improvisation, palliant ainsi notre insigne lâcheté, et nous réfugiant, pour l'excuser, sur ces cimes mystérieuses habitées par le génie et inaccessibles à l'homme.

Cependant, on nous a fait souvent une objection ; on nous a dit : la langue est une science ; pour l'apprendre, il faut de la mémoire, si l'on n'en a pas, on ne peut donc improviser.

La mémoire n'est pas l'intelligence; l'histoire de l'esprit humain est là pour le démontrer. Les noms de Descartes, Buffon, Newton, Rousseau, surnagent sur l'océan des siècles, couronnés de génie et de gloire, tandis que le monde a oublié ces prodiges de mémoire, qui n'ont excité qu'une admiration sans durée et n'ont brillé qu'un instant, semblables aux fils éphémères de l'orage.

La mémoire la plus ordinaire suffit à un homme pour l'élever au plus haut degré d'improvisation, et nul sans doute ne viendra prétendre que c'est à cet instrument de leur intelligence, que les orateurs les plus célèbres ont dû leur illustration. Sans doute, ils avaient de la mémoire, ces grands orateurs, ces grands écrivains, puisqu'ils étaient doués d'attention et d'ordre, et que la mémoire est une faculté factice qui se forme et s'agrandit par l'attention et par l'ordre; mais ce n'est évidemment pas elle qui a décidé de leur supériorité. Une mémoire commune suffit pour faire un homme de génie, et, à moins d'être tout à fait déshérité de cette faculté, toute personne peut apprendre les mots de la langue usuelle et oratoire pour exprimer ses idées, les réunir, les comparer et reproduire, à leur aide, les reflets de son intelligence.

Au reste, qu'il y ait ou non des différences de mémoire, il nous semble qu'on ne doit pas s'en préoccuper. Il doit nous suffire de savoir qu'une mémoire et une intelligence moyennes peuvent, par une direction sage, par une conduite dirigée selon les lois de la modération et de l'ordre, par un travail incessant, obtenir un degré de force, de maturité et de perfection capable de les conduire aux plus grands résultats. Qui niera en effet que parmi la grande foule des hommes célèbres dont l'histoire a conservé les noms, il n'en fût un grand nombre qui, sans avoir reçu de la nature une aptitude éminente, dépassèrent cependant avec leur petite mesure de forces, leurs émules mieux doués, mais négligents. C'est la culture qui fit leur supériorité. Et si nous ne pouvons méconnaître que cette route du travail est la plus sûre pour conduire au but, et que tout homme l'a en soi, à quoi bon recourir à des causes extérieures et à de misérables défaites, qui ne sont le plus souvent que des prétextes ingénieux de la paresse ?

Cependant, on ne peut le nier, l'Improvisation a à lutter contre des obstacles sérieux et qui méritent qu'on se préoccupe du moyen de les combattre. Un des plus graves, c'est la difficulté de trouver des pensées sur le sujet que l'on est appelé à traiter. Sans la pensée, en effet, tout acte de l'intelligence est un acte stérile, un vain fantôme dépourvu de toute vertu. Sans elle, il n'y a pas d'improvisation possible ou du moins supportable.

On nous objectera peut-être l'exemple de ces improvisateurs dont la stérile abondance nourrit de si peu de pensées tant de lourdes paroles, et qui vont répandant un déluge de mots sur des déserts d'idées, et on leur opposera ces hommes qui sont si peu capables de dire en pensant beaucoup[1]. Puis, on conclura avec Méphistophélès :

_____

[1] La loquacité suppose toujours la pauvreté des idées. Les Californiens ont peu d'idées et leur langue est très pauvre ; ils ne peuvent pas compter jusqu'à dix et cependant ils babillent toute la journée jusqu'à la nuit tombante. Que de Californiens en France

8

« qu'il ne faut pas trop se tourmenter là-dessus; car là où
les idées manquent, les mots viennent à propos pour y
suppléer [1]. » C'est là ce qui s'appelle se tirer lâchement
d'affaire. Mais, n'en déplaise au savant et diabolique docteur, nous ne sommes pas de son avis, et nous croyons
que, sans la pensée, il n'y a pas de tissu, il n'y a pas de
discours, il n'y a rien. Et ces improvisateurs faciles et
vides dont nous parlions tout à l'heure, ont une grande
abondance, non pas seulement de mots, mais aussi d'i-
dées. Seulement, ces idées sont si communes, qu'elles
ne valent pas mieux que des mots, tandis que ces penseurs si lents, si impuissants pour la parole, ont la tête
remplie d'idées, mais ils ne peuvent les avoir présentes
quand ils en ont besoin, par le défaut d'habitude où ils
sont de les rappeler. Laissons donc là l'objection, et
cherchons où se trouve la pensée.

Et d'abord, il est des opinions et des sentiments essentiels à l'humanité, tels que les notions de beauté et de
laideur morale, de grandeur et de bassesse, de vice et de
vertu, qui flottent autour d'elle, comme l'air qui nous environne et nous nourrit, et qui sont comme une dot que
Dieu a donnée à tout homme venant en ce monde. L'orateur vient qui s'en empare, les embrasse de ses ardentes
étreintes, s'enivre de ce souffle inconnu par qui tout respire, le combine avec les circonstances extérieures, et
alors, entre lui et l'auditoire qui l'écoute se forme cette
attraction réciproque, cette chaîne mystérieuse sur laquelle repose la puissance de la parole. Voici donc déjà

---

[1] *Nur mufs man sich nicht allzu angstlich zu quälen ;*
Denn eben wo Begriffe fehlen,
Da stellt ein Wort zur rechten Zeit sich ein.

une source universelle de pensées, source intarissable, immense. C'est le point de départ, le lien éternel, le fonds commun des intelligences.

Ensuite, la pensée reçoit sa substance, son verbe, de la méditation et du travail, et pour ce que l'on a médité sous toutes les faces, la pensée, qui n'est que le produit élaboré de l'intelligence, est toujours prête. « Car toute récolte d'idées, dit Montaigne, provient plus de cultivation et de semence que d'ingrédients du sol. »

Que si vous avez l'idée, vous aurez donc bien vite l'expression, car la pensée et l'expression sont des acquisitions de notre esprit, et leur association est indissoluble. Ce qui vit dans l'imagination, se révèle aussitôt par l'effet d'une inspiration profonde, vive et soudaine, et appelle nécessairement à soi, pour se produire, les éléments techniques les plus rebelles.

Mais il est clair que l'expression est apprise, et qu'il faut avoir fait une étude préalable de la langue pour qu'elle se présente, belle et ornée, à notre premier appel. Voyez l'enfant lorsqu'il veut obtenir une grâce ou un pardon de sa mère ! Comme il épuise toutes les ressources que lui fournissent ses souvenirs ! Comme il prodigue tous les petits trésors que lui apporte sa mémoire ! Il gémit, il implore, il se répète, et s'il reste court, ce n'est certes pas la pensée qui lui manque, c'est l'expression qui ne se présente point, l'expression qu'il ne connaît pas assez pour rendre ce qui se passe dans sa jeune âme ! Il a l'*intelligence*, mais il n'a pas la *science*. Que lui faudrait-il pour être, selon les cas, éloquent et sublime, pour arracher à sa mère, au refus obstinée, ce qu'il ne peut lui demander que par des pleurs, des caresses ou des cris ? La science des mots. Et qui s'en étonnerait ? Il ne l'a pas

apprise. L'ignorance le presse et le serre comme les lan-
ges du berceau.

Un père chargé de gloire a vu sa fille victime d'un at-
tentat infâme. Soldat intrépide, blanchi aux combats,
son âme forte, pour la première fois peut-être, a été amol-
lie par les larmes. Il s'est vu, en frémissant, forcé de dé-
férer à une juridiction vulgaire, une querelle qu'il aurait
autrefois, vaillamment et en noble preux, vidée par l'é-
pée; de peser son droit, non au poids de l'honneur et de
sa puissante colère, mais aux froids scrupules de la justice. Son ennemi est accablé sous les préventions qui
l'accusent. Une enfant, vierge pieuse, belle comme la
vérité, incapable de souiller sa bouche d'un parjure, raconte la lutte qu'elle a soutenue pour sauver sa vertu. Le
père, outragé dans ses affections les plus sacrées, au lieu
d'armes, a rassemblé des preuves pour vaincre dans ce
combat judiciaire. Son cœur est déchiré, une foule d'é-
motions l'oppressent et le brisent. A côté de lui est une
triste mère, que ce crime a comme anéantie, et qui voit
son enfant, naguère florissante, se débattre, endolorie,
dans les crises d'une maladie indéfinissable, qui ne lui
permet de se présenter, au monde palpitant, que la nuit,
sous les lumières pâlissantes, avec un reflet céleste au
front, comme un ange égaré hors de sa patrie [1].

---

[1] A ces traits, tout le monde a reconnu un procès célèbre, le procès Emile de La Roncière et Marie de Morell, qui offrit au barreau
le spectacle de la plus belle joute oratoire des temps modernes.
MM. Odilon-Barrot, Berryer, Chaix-d'Est-Ange, descendirent dans
la lice et y prodiguèrent l'Eloquence. Nous ne connaissons rien de
plus admirable que la réplique de M. Chaix-d'Est-Ange pour Emile
de La Roncière. C'est désespérant de beauté. Tout jeune homme
qui se destine au barreau doit savoir cela par cœur.

Voilà un de ces spectacles qui soulèvent dans l'âme des acteurs de ce drame, des pensées tumultueuses, des sentiments d'une immense profondeur; mais il ne suffit pas de les sentir, il faut encore avoir dompté la langue comme on dompte une force indocile, en connaître toutes les ressources, pour traduire ces pensées d'un père infortuné, d'une mère désolée; il faut être orateur pour présenter ce drame avec les décorations convenues et prescrites par l'usage, et faire pleurer sur le sort de cette pauvre fleur flétrie à son matin, et qui avant le soir peut-être se détachera de sa tige. Un père dont le cœur est torturé par le désespoir, trouvera bien de nobles inspirations lorsqu'il s'agira de venger son honneur du plus sanglant outrage; mais saura-t-il les traduire comme l'interprète exercé, habile, à qui aura été donnée la sainte mission de dire par le prestige de la parole, l'immense désolation de ce père « foudroyé par la douleur et pleurant sur sa fille [1] ? »

Ainsi, la pensée est fille de la méditation du sujet, l'expression est fille du travail, de la science. Sans doute, tous ne rendront pas leur pensée avec la même abondance, la même chaleur, le même éclat. Chacun emploiera des termes plus ou moins figurés et pittoresques; chacun parlera avec sa nature, son tempérament de poète ou de géomètre, avec la proportion d'idées qui appartient à l'esprit fécond ou stérile, mais qui que nous soyons, riches ou pauvres, les mots ne nous manqueront pas pour rendre les pensées qui occupent immédiatement notre esprit. L'intelligence prend les faits qui se passent sous ses

[1] M. PINARD. — Le Barreau.

yeux et en tire par l'abstraction, des idées générales; ensuite vient l'art qui les reproduit sous des images sensibles. Ainsi l'atmosphère pompe pendant le jour la frai-
cheur de la terre humide, puis la lui rend le soir en une
douce rosée qui vient vivifier les plantes altérées, et prépare mystérieusement leurs parfums du matin.

CHAPITRE V.

DES CAUSES DE QUELQUES DIFFÉRENCES DANS LES PRODUITS
DE L'IMPROVISATION.

La pensée.étant variable comme les individus, il suit de là que la parole éprouvera les mêmes variations. En effet, où est la source des idées et des sentiments? Dans l'âme. C'est d'elle qu'ils procèdent, comme la flamme du foyer. Dès lors, selon que l'activité de l'âme est plus ou moins excitée, le produit qui en émane est marqué de lenteur ou de spontanéité. La vie apparente n'est que le reflet de la vie invisible.

Qui n'a remarqué l'influence des objets extérieurs sur l'âme, et par conséquent sur la parole, qui en est la manifestation sensible? D'où vient qu'il est quelquefois si difficile et même impossible de parler quand l'âme est obscurcie et en désaccord avec elle-même? Il est des situations où un sentiment amer vient nous saisir et nous fait perdre tout le fruit d'une longue méditation. Sans

doute, il arrive parfois que nous sommes assez heureux
pour vaincre le dangereux ennemi qui nous obsède de ses
désolantes influences. Au contact de la vérité, notre âme
s'élève, notre cœur s'échauffe et nous entraîne dans des
régions où nous semblons perdre le sentiment de notre
personnalité. Mais ces victoires sont rares, et il ne nous
est pas toujours donné de surmonter cette sécheresse, ce
vide, cet engourdissement de l'intelligence. Il y a des
jours, jours néfastes ! où plus nous nous efforçons de faire
sortir quelque chose du riche trésor de nos pensées, plus
ce trésor se referme.

Une autre fois, ce n'est plus l'intelligence qui exerce
sur nous son influence funeste, c'est le corps. Sans
compter la maladie, qui nous rend entièrement impropres
à la pensée et au discours public, il est des heures dans
lesquelles le corps, bien qu'il n'ait aucun dérangement
apparent, refuse absolument son service à l'esprit. Nous
sommes comme hébétés, et l'intelligence semble enveloppée d'un nuage. Il ne nous vient aucune idée, et si
cependant quelques-unes se montrent, ce sont des représentations dispersées, sans ordre, entassées les unes sur
les autres, et dans une obscurité telle qu'il est très difficile de les revêtir de mots.

Pourtant le devoir l'ordonne, il faut parler. Le voilà
ce malheureux, triste, pâle, abattu, condamné à discourir en public parce qu'il est prêtre, avocat ou ministre.
Il n'y a pas à reculer, il faut qu'il parle, qu'il tonne,
qu'il crie. Il a beau n'avoir pas d'idées, il faut qu'il en
trouve, car il ne doit rien craindre tant que de rester
court. Ce serait une honte dont il ne se relèverait pas. O
Méphistophélès, viens donc à son secours, et apprends-lui
ce secret dont tu te vantes, et qui consiste, au moyen de

mots, à se passer d'idées. Ne le vois-tu pas qui va perdre sa présence d'esprit et son courage ?.... Il y a alors,
dans les dispositions actuelles de notre corps et de notre
âme, quelque chose de fatal qui nous frappe tout à coup
d'une stérilité absolue. Les idées se refusent obstinément
à l'association ; le sujet disparaît au milieu d'un nuage ;
plus nous regardons, plus nous faisons d'efforts, et plus
les mots nous échappent, plus la source des pensées cesse
de couler. La parole elle-même menace de s'arrêter sur
nos lèvres troublées, qui n'exprimeront bientôt plus que
des non sens, et finiront peut-être par se fermer entièrement sous notre impuissance. L'unique ressource alors,
l'acte suprême d'habileté, c'est de se trouver mal.

Cependant, il est juste de dire qu'il y a plus d'exemples
de cette perte de la parole chez ceux qui écrivent et réci-
tent leurs discours, que chez ceux qui improvisent. Cela
se conçoit ; ces derniers ont habitué leur parole à plus de
liberté que les premiers, qui, pendant leur discours, mettent toujours en jeu leur mémoire, et se trouvent dans
l'embarras si elle vient à leur manquer. Une autre raison
encore, c'est que le discours travaillé et appris par cœur
nous semble exiger plus de perfection, et dès lors, il arrive qu'en le prononçant, nous nous critiquons nous-
mêmes devant des juges à qui nous avons donné, par
notre prétention manifeste, le droit d'être sévères.

Certes, voilà bien des appréhensions ! Mais on le remarque, l'obstacle signalé provient plutôt de l'ordre matériel que de l'intelligence. Or, l'homme est le maître des
éléments sensibles de l'art ; c'est à lui de les dépouiller de
toute âpreté rebelle et indocile, et de les plier à ses inten-
tions, afin que le fond puisse apparaître libre et sans
contrainte à travers l'enveloppe matérielle. Ainsi, la lan-

gue résiste-t-elle à la main de l'ouvrier, il faut lutter
avec elle jusqu'à ce que l'habileté mécanique laisse une
libre carrière à l'art. C'est l'élément technique que l'ouvrier doit avoir entièrement préparé à l'artiste, car on n'est
artiste qu'après avoir été longtemps ouvrier. Le corps
lâche et mou résiste-t-il à la bonne direction de l'esprit;
que la volonté courageuse et forte s'arme contre les obstacles organiques contraires à son but, et elle parviendra
à en triompher et à changer tout à fait leurs dispositions.
Malgré le rapport intime qui lie le moral et le physique de
l'homme, la volonté a son centre, son foyer de puissance,
sur lequel le corps ne peut rien. Il y a en nous un être immuable, supérieur à sa propre peine, qui la voit, s'en sépare et tour à tour la blâme ou la plaint. Le travail de ce
moi intérieur, impérissable, absolu, fera violence à l'iner-
tie la plus marquée des organes, et amènera, après des
efforts prolongés, un état d'activité, de fécondité insolite
et bientôt habituel. Les fonctions de l'organisme s'accom-
moderont à l'exercice de la pensée, et la loi du corps se
soumettra à la loi de l'esprit; de telle sorte que le corps
et l'esprit, au lieu de se nuire, se soutiendront l'un l'autre, et que, forte de ses habitudes heureusement per-
sistantes, la Parole parcourra, avec la rapidité de l'aigle, les plus longues suites de propositions, rappellera
les masses d'idées, les cumulera, les développera, et s'é-
lèvera dans les plaines de l'art avec toute la sérénité de
l'inspiration.

Est-ce à dire pour cela qu'en employant le même
degré de volonté, les individus arriveront à un égal degré
de talent oratoire? Non sans doute, car en toutes choses
il existe des différences en étendue et en effets; mais
au fond, et pris à son essence, n'est-ce pas le même prin-

cipe qui donne à la lampe sa clarté timide et au soleil
son éblouissante lumière ?

Il y a d'abord les différences qui résultent de nos impressions habituelles, qui viennent modifier puissamment
le mode d'expression de nos pensées. Le caractère sombre ou riant, âpre ou doux, réfléchi ou léger, doit se
retrouver à un certain degré dans le signe qui le représente. En d'autres termes, l'homme qui vit sous un
ciel heureux, sous de frais ombrages, au milieu des fleurs
de la nature, qui s'éveille au chant des oiseaux et s'en-
dort au murmure des sources vives et limpides, doit s'exprimer autrement que celui qui se trouve jeté en face d'une
nature sauvage, de noires et profondes forêts, de montagnes inaccessibles, hérissées de rocs et couvertes de nei-
ges éternelles. Le climat influe donc nécessairement sur
le caractère général de la parole.

A ces différences il faut encore joindre celles qui se ti-
rent des tempéraments. Ainsi, le tempérament qui se
plaît dans les grands mouvements, dans les occasions qui
emploient et captivent toutes les forces, dans les actions
qui lui en donnent la conscience pleine et entière, qui n'a
de repos pour ainsi dire que dans l'excessive activité, re-
flètera sur la parole une teinte différente de celle que pourra
produire ce tempérament que la nature porte à un bien-
être doux et tranquille, dont les fonctions et les mouvements se font d'une manière faible et traînante, et semblent répugner aux grandes résistances.

Mais on conçoit que ces faits accessoires ne peuvent
décider de la supériorité intellectuelle. L'influence de la
nature extérieure sur la tournure des idées ou les produits
de l'intelligence, pourra bien modifier le ton de la sensibilité générale, rendre la manifestation spirituelle diffé-

rente, plus ou moins heureuse peut-être, en changer la physionomie ; mais comme émanation de l'intelligence une et absolue, le résultat élaboré et venu à la vie n'en réfléchira pas moins une âme douée d'aussi hautes facultés et issue de la même origine. La vie extérieure se manifestera d'une manière différente, voilà tout. Celui-ci se révèlera par la froideur, celui-là par l'expansion. L'un procèdera par la menace et la colère, et sera impétueux, ardent, passionné ; l'autre procèdera par la douce persuasion et la prière, et sera insinuant, fin, sympathique [1] ; mais tous les deux seront des orateurs également puissants.

« La nature, dit un illustre contemporain [2], varie infiniment les êtres, et même en leur donnant la faculté de penser, elle ne leur permet pas de l'exercer de la même manière. Il y a des esprits calmes et laborieux, qui ne peuvent acquérir la connaissance du sujet qu'avec une analyse préparatoire ; il y en a d'autres au contraire qui, incapables de ce travail volontaire et livrés à une espèce d'indolence, ne s'éveillent que lorsque le besoin les presse, lorsque la discussion les irrite, et qui n'examinent qu'à la dernière extrémité le sujet que d'autres ont été forcés d'approfondir d'avance. Ainsi, ceux-là ont besoin de l'improvisation qui effraie d'autres esprits ; ils ne sont capables que de cette découverte soudaine qui semble un miracle à ceux auxquels il faut l'analyse successive. »

Voilà donc toute la différence. Les uns iront lentement, les autres vite au but, mais tous y arriveront, car il est

---

[1] L'un sera Dupin ou Berryer, l'autre Thiers ou Villemain.
[2] M. THIERS.

écrit qu'une volonté ferme atteint toujours les résultats honnêtes auxquels elle aspire; ainsi le veut l'éternelle justice.

Mais l'art de parler est difficile, dit-on... Oui sans doute; s'il en était autrement, quel mérite auriez-vous ? Admire-t-on un homme qui a un talent commun, ordinaire ? Non, et c'est parce qu'il faut aller chercher l'or dans les profondeurs de la terre, qu'il a du prix[1]. Qu'on le sache bien : du jour où cette brillante facilité de parole, l'éloquence, s'acquerrait sans travail, son sceptre serait brisé et elle serait forcée d'abdiquer l'empire. La gloire se mesure par la grandeur de l'effort, et ce qui est rare et difficile obtient seul l'admiration. Mais comme un degré extraordinaire de distinction exige un déploiement également extraordinaire de forces et de temps, la plupart des hommes trouvent beaucoup plus commode de se contenter d'un degré inférieur, qui, étant plus promptement atteint, semble les récompenser beaucoup plus généreusement que ne ferait le but plus élevé auquel ils ne seraient arrivés que par d'immenses efforts.

Avec le travail persévérant, pourquoi un homme ne pourrait-il pas faire tout ce qui frappe son entendement ? Expliquons notre pensée. Un orateur est là devant vous. Sa parole vive, lucide, animée, vous émeut, vous éclaire et vous touche. Son intelligence se rapproche donc de la

---

[1] C'est cette pensée qu'exprime si admirablement Lessing quand il dit : « *Wenn der Allmächtige in der einen Hand die Wahrheit und in der andern die Erforschung derselben hielte, so würde ich ihn vorzugsweise um die letztere bitten.* » Si le Tout-Puissant tenait dans une main la Vérité, et dans l'autre la recherche de la Vérité, c'est la dernière que je lui demanderais par préférence.

vôtre, puisqu'il a compris ce qu'il fallait dire pour arriver
à votre âme! Quoi! vous auriez un esprit assez puissant
pour saisir une beauté, et quand il faudrait la produire,
vous seriez dépourvu de force! N'est-ce pas là une contradiction? Qu'est-ce donc qui s'agite dans votre sein
quand on vous parle avec éloquence? N'est-ce pas votre
intelligence qui se réveille aux accents de l'art, parce
qu'elle les comprend et les applique? Il y a donc là un
germe profondément enseveli dans les mystères de votre
organisation. Eh bien! fécondez-le!

Etudions donc l'improvisation comme art, comme talent acquis, et non comme fruit du génie. Il y a sur ce
point deux systèmes en présence : l'un se lève plein d'orgueil et dit : ces expressions pittoresques et vives, ces
heureuses alliances de mots, cette facilité d'élocution si
merveilleuse, sont un don de la nature, c'est un privilège
magnifique donné à certaines intelligences, comme à certains arbres de produire de beaux fruits. L'autre, humble
et modeste, appuyé sur la dignité de l'homme, prétend
que le travail, qui féconde jusqu'aux sables arides, que la
volonté aux élans énergiques, aux nobles et vivifiantes
ardeurs, peuvent donner cette vaste et sublime poésie de
la parole, source de puissance. C'est de ce dernier côté,
à notre avis, que se trouve la vérité.

Concentrez donc toutes les forces de votre volonté sur
l'objet de votre ambition généreuse. Face à face avec
votre idéal, enfermez-vous dans le cercle de votre pensée, et ne vivez que pour réaliser cet idéal sublime. Au
lieu de promener vos rêveries sur le monde entier de l'intelligence, qui, comme la nue d'Ixion, échapperait à vos
débiles étreintes, préférez délibérément une science, un
art. Résignez-vous à l'unité de direction, à la continuité

harmonieuse de vos efforts; fuyez la dissipation intellectuelle, l'indécision entre les buts divers que la vie vous présente, et, n'en doutez pas, si haut que soit placé le fruit doré de vos espérances, le courage et la force ne vous manqueront pas au moment de le cueillir.

CHAPITRE VI.

DE L'ÉDUCATION ORATOIRE.

Que l'homme ne soit pas un étranger dans sa propre demeure, voilà le but de la science. Qu'il en comprenne l'harmonie, la splendeur magnifique, voilà le but de l'art.

La science lui donne le sentiment de sa haute dignité, lui ouvre les champs de la pensée, développe ce germe sublime qui repose dans son admirable organisation. Elle l'élève au-dessus de cette formidable nature dont la grandeur l'accable; elle lui révèle le secret de ces lois immuables qui régissent les soleils et les mondes, et lui fait embrasser cet espace incommensurable où règne, immobile, ce globe de flamme d'où s'épanchent éternellement et la force et la vie.

L'art lui dévoile cet idéal impérissable qui palpite dans le sein de l'humanité, lui fait transporter l'universel dans l'individuel, l'éternel dans le temps. Il dégage de son esprit la matière grossière, l'enflamme, allume en lui comme un trait de foudre la masse de ses idées, et le ravit dans ces éblouissantes sphères, où il entend l'harmonie des célestes concerts.

Or, la science et l'art s'acquièrent par l'éducation, qui, dans les buts de l'Auteur de la nature, autant qu'il est donné à notre intelligence infirme de les connaître, est destinée à développer l'activité de la raison, à donner à l'homme ce haut degré de perfection dont il est susceptible, à contribuer à l'anoblissement de sa nature morale et à l'enrichissement de ses hautes facultés.

Au jour de son entrée dans la vie, l'homme est faible, nu, désarmé. Tout ce qu'il peut devenir ne lui apparaît que comme un germe qui attend son développement, que comme une fleur qui ne deviendra fruit que sous l'influence de l'intelligence et de la volonté. Bientôt le corps s'accroît, les désirs s'éveillent, les sens s'agitent, une invisible force les soulève, la raison devient active, elle rejette, elle choisit, et l'homme spirituel et moral est créé.

Plein de la conscience de sa noble origine, fier de cette raison qui lui révèle ce qu'il y a en lui de plus élevé et de plus digne, le sentiment de sa liberté, l'homme s'empare des forces éparses autour de lui, et les fait servir au but infini que Dieu lui a marqué dans les temps; il se regarde comme le lien secret qui l'unit à Dieu, dont il trouve les lois immuables écrites dans son cœur; il s'agite, il s'émeut, il s'élance vers le but élevé de l'humanité; il aspire incessamment à rattacher la vie terrestre à la vie éternelle, il veut ressembler à Dieu, être heureux en Dieu! Folie sublime qui démontre victorieusement cette révélation divine faite à notre raison primitive, et que chacun trouve en soi comme des faits d'expérience, des intuitions mys-

9

térieuses à l'aide desquelles il pressent la destinée idéale
de l'humanité !

Mais tous les hommes ne sont pas destinés à sentir cet
idéal. Une partie d'entr'eux est obligée, par les dures lois
du sort, à ne devenir utile à la société que par le déploiement de sa force physique. Et bien que nous n'ayons pas
adopté la division des anciens en hommes libres et en esclaves; bien que, au contraire, chaque gouvernement
éclairé travaille à effacer les traces de cette dégradation
morale imprimée à la race humaine par les institutions
despotiques, néanmoins, toute personne qui n'est pas
atteinte du vertige philantropique, reconnaît qu'on ne
peut donner à tous les hommes le même degré de culture,
et que l'éducation morale seule est celle qui mérite la faveur la plus générale et à laquelle tous ont un droit égal.

Ainsi, l'éducation est intellectuelle, esthétique et morale. L'éducation intellectuelle a pour but le vrai, l'éducation esthétique a pour but le beau; l'éducation morale
a pour but le bien. Le vrai, le beau, le bien, partent du
sanctuaire intime de l'homme. Ils ne se déploient pas aux
rayons du soleil terrestre; l'homme les porte et les conserve dans les plus nobles puissances de son esprit. L'Éloquence est une des branches du beau, et ne peut être un
droit pour tous les hommes.

En effet, l'éducation esthétique doit être nécessairement limitée aux besoins de la société, et il est des fron-
tières naturelles où elle doit s'arrêter. Cette culture de
l'idéal ne peut être une maxime générale d'éducation,
car l'éducation doit embrasser tous les états, et le principe fondamental de toute éducation bien comprise, conforme aux idées progressives de l'humanité, doit être applicable aux facultés les plus communes comme aux ta-

lents les plus distingués, aux fils des laboureurs comme aux fils des rois [1]. Donnez l'éducation esthétique à ceux s'y sentent appelés par quelque vocation irrésistible, à ceux que leur naissance ou leur position sociale appelleront un jour à exercer la puissance, mais n'allez pas éveiller ces ambitions qui n'entraîneraient après elles que le désabusement; n'allez pas consumer des forces utiles ailleurs, à la poursuite de ces rêves idéaux qui, alors même qu'ils viennent à se réaliser, ne produisent qu'un fruit tardif, arrosé de sueurs et de larmes. A quoi serviraient d'ailleurs ces efforts contre nature? Ils ne parviendraient jamais à donner la vie aux volontés débiles, aux exhérédés de l'intelligence. Car l'éducation est la semence qui

---

[1] C'est là l'avantage de l'éducation classique tant décriée, éducation qui répond à tous les besoins en embrassant toutes les intelligences. « L'éducation classique, c'est le fonds commun de toutes les intelligences, leur point de départ, leur lien éternel, même lorsque des aptitudes diverses, des fonctions différentes les séparent. Sans cette base nécessaire, nous aurions bientôt trente technologies et pas de langue; chaque profession porterait dans les relations ordinaires de la vie, la phraséologie de l'atelier, le jargon du comptoir, les formules exactes ou douteuses des sciences diverses, et le pays offrirait le spectacle de la confusion et du mélange adultère de tous les idiômes. Les études classiques forment le ciment mystérieux qui unit dans une communauté de principes les membres de la grande famille française; elles seules ont imprimé à notre littérature un caractère de grandeur, de goût, d'élégance, de moralité, qu'elle eût vainement demandé à l'éducation professionnelle. Cette littérature nationale, attaquée aujourd'hui par d'autres impuissants réformateurs, est destinée à s'élever sur les débris des générations fugitives, toujours vivante, toujours rayonnante de gloire, impérissable comme la flamme inspiratrice du génie. » (Extrait du beau rapport de M. JAY sur les *Etudes des Réformateurs*, livre couronné d'un brillant écrivain, M. LOUIS REYBAUD.)

tombe en partie sur le chemin où les oiseaux la mangent ;
en partie sur la pierre où elle ne prend pas racine et périt ;
en partie dans les buissons où elle est étouffée ; en partie
sur la bonne terre où elle fructifie.

Non, tout le monde n'est pas né pour la science, tout
le monde n'est pas né pour l'art. Le bourgeon ne se développe que dans un climat convenable. Il faut que la
fleur soit protégée contre le vent et l'orage, pour que le
fruit n'avorte pas avant sa maturité. Aucune culture ne
peut changer l'essence de l'arbre ; la greffe pourra bien
anoblir le fruit, mais elle ne pourra rien sur la racine
immuable d'où la plante tire sa force et sa sève.

D'ailleurs, le temps est mesuré aux besoins de la vie
sociale, et il n'est pas donné à tous de trouver les loisirs
nécessaires pour arriver à pénétrer dans le sanctuaire où
brûle la flamme sainte de l'Eloquence. Mais du moins
tous ont-ils le droit de demander à la société de leur apprendre l'art d'exprimer leurs idées, de rendre leurs sentiments. Si l'on compare en effet l'homme avec la création
animée et inanimée qui l'entoure, il est évident que la
faculté de parler qui est en lui, nous apparaît comme sa
plus noble prérogative. Mais l'homme tient ce bienfait
de la main de Dieu, non sans doute dans sa plénitude,
mais seulement comme susceptible d'être complété. Ce
n'est pas l'habileté de la parole qui lui fut donnée, mais
la capacité de l'acquérir mise en harmonie avec sa destination, de telle sorte que sa culture et son développement
soient l'œuvre de son activité propre et de son indus-
trieuse application. D'où il suit que l'homme qui comprend de la manière la plus profonde et la plus vraie le
dessein de Dieu à cet égard, est celui qui se voue de toutes ses forces à ce travail par lequel il élève ce qui n'é-

tait originairement qu'une capacité, à l'habileté la plus haute, c'est-à-dire à l'art.

Cela étant, on peut interroger les rapports extérieurs et les raisons intimes, on peut embrasser des points de vue plus ou moins élevés, et, par là, arriver à comprendre ce travail, ces efforts de l'intelligence par lesquels on parvient à faire, du simple don originaire de la parole, une occupation importante et méritoire.

L'art suppose une matière prise pour objet de développement : du bois, de la toile, de la pierre, des mots. L'esprit humain s'en empare, s'efforce de les polir en y concentrant toute son activité. Ce qui n'était d'abord qu'un objet grossier, se trouve changé en un objet d'art, revêt une forme nouvelle, passe du réel à l'idéal, du néant à la vie. Mais pour arriver là, des études préliminaires sont à faire. Le métal précieux se laisse longtemps tourmenter dans la fournaise ardente avant de revêtir sa forme artistique ; car tous les arts ont un côté technique qui ne s'apprend que par le travail et l'habitude. L'artiste a besoin, pour ne pas être arrêté dans ses créations, de cette habileté qui le rend maître de disposer à son gré des matériaux sensibles de l'art.

De ces principes, il résulte que parler est une œuvre d'art dans le sens le plus vrai. Les mots sont l'objet réel sur lequel l'esprit humain opère, les idées en sont l'objet idéal, et c'est en combinant l'image et sa représentation sensible, en y déposant l'empreinte de son génie et de sa personnalité, que l'orateur parvient à créer une œuvre forte et solide, une œuvre d'art dans toute sa maturité.

Le but général de la parole octroyée à l'homme, est de lui servir de moyen pour communiquer ses pensées et ses sentiments, et les faire partager à un être de même nature que lui. Aussi longtemps que l'homme vit dans un état sauvage, ce but peut être considéré comme une chose strictement nécessaire à ses besoins. Il le remplit instinctivement, sans conscience claire de ce qu'il fait. Mais ce point de vue restreint et exclusif cesse dès que l'homme passe dans l'état de culture et de civilisation. Ce qui pouvait être considéré originairement comme la suite d'une nécessité naturelle, devient bientôt l'effet d'une détermination volontaire, dirigée par la perspective d'un but connu, préféré. Sans doute qu'aussitôt que l'homme veut rendre ses idées saisissables à un être qui peut les comprendre, autrement que par la simple action, il est obligé de recourir à la langue et immédiatement à l'expression orale, mais cela dépend de son libre choix, et il emploie l'action et la parole selon le degré de clarté qu'il veut donner à ses idées, selon le but qu'il se propose et l'effet général qu'il veut produire.

Mais il est visible que, dans l'état de culture, les idées se présentent d'une façon plus rigoureuse; les différences qui les séparent sont plus nettes et les images plus artistiques. Dans cet état, les pensées ne sont pas simplement exprimées en général, mais bien avec finesse, et revêtues de mots portant avec eux un haut degré de netteté et de clarté. Alors, on ne parle pas seulement dans le but de rendre ses idées saisissables, précises, et l'on ne se sent pas satisfait d'un sens superficiel et général, mais on veut encore s'attirer l'attention et les suffrages de ceux qui nous écoutent. On ne veut pas seulement être compris, on veut encore plaire; on ne veut pas seulement marquer la pensée d'une manière générale, on veut encore la présenter avec une physionomie qui réponde aux règles constantes de l'art, aux lois consacrées par la grâce et l'harmonie, et aux rapports développés que la société civile a introduits. Ce ne sont pas là des choses arbitraires, mais des choses subordonnées aux buts généraux de l'art.

Cependant, il ne suffit pas à un objet, pour devenir une œuvre d'art, d'avoir un but élevé pour base, il lui faut encore, pour y parvenir, se soumettre au joug des règles, qui finissent par lui donner l'aisance, la facilité et la grâce. Ainsi, la parole est incontestablement une œuvre d'art et d'inspiration, mais elle peut être néanmoins rapportée à des règles et perfectionnée par leur connaissance. La représentation des idées arrive d'autant mieux, que l'habileté a été acquise dans la possession de ces règles et dans leur accomplissement, et l'usage et l'application des règles est non seulement utile et désirable par rapport au but que l'on atteint par elles, mais encore par l'attrait et la grâce qu'ils renferment en eux, et le plaisir qui en découle. Le développement et la révélation de nos idées et de nos sentiments, placent nos forces dans un jeu libre et indépendant, nous donnent la conscience d'une des plus nobles prééminences dont nous puissions être susceptibles comme hommes, remplissent d'une joie pure l'âme qui sent jaillir les idées de son essence, et qui tressaille de bonheur dans ses nobles enfantements.

CHAPITRE VII.

Un Sage de la Grèce, à qui l'on demandait ce que l'on devait apprendre aux jeunes gens, répondit : « Tout ce qui pourra leur servir quand ils seront des hommes. » Or, s'il est un talent qui trouve immédiatement sa place dans le monde, c'est le talent de parler, d'exprimer ses idées, surtout de nos jours où l'on peut dire avec certitude que le règne de la Parole est venu.

Sous quelque point de vue que l'on considère l'homme, et dans quelque position qu'il se trouve, on ne peut méconnaître que l'art avec lequel il rend ses pensées n'exerce sur sa destinée une grande influence. Le prenons-nous au moment où, pour lui, de nouveaux rapports s'ouvrent et où il est obligé de paraître dans une société jusqu'alors inconnue, s'efforçant d'attirer l'attention et de se rendre les esprits favorables, il est certain que la première chose qui frappe et produit une impression durable, c'est son attitude extérieure, sa parole et l'éducation apparente par laquelle il révèle son âme. C'est par là qu'il acquiert la sympathie de ceux qui l'écoutent, ou tout au moins ce penchant secret qui en est le précurseur. Ainsi, supposez un nouveau-venu dans une société où il n'a ni titre, ni rang; ce qui décide de son succès, c'est le talent de la parole, qui lui fait revêtir ses idées de mots brillants et faciles. et apporter son riche tribut à la conversation. Supposez encore que le sujet qu'il traite ne soit pris qu'à sa surface, et que le jugement qu'il en porte ne soit pas exempt d'erreur, vaincu sur le fond, il sera vainqueur par la forme qui, si elle est séduisante et belle, dissimulera les défauts et laissera moins apercevoir la faible valeur des pensées.

De nos temps où, dans toutes les classes sociales, tant de goût se trouve répandu, de nos temps où le don de s'exprimer bien et avec grâce est plus que jamais exigé de chacun, on conçoit qu'il devienne nécessaire de prendre au sérieux ce talent rare et difficile. En effet, sortez l'homme du cercle restreint de la société, envisagez-le comme promoteur d'institutions sociales ou de buts généraux, ou comme exerçant une profession libérale, ou administrateur d'affaires, soit que l'association politique les lui impose comme devoir, soit qu'il les choisisse de son libre arbitre, dans toutes ces positions et dans les rapports qu'elles font naître, l'art d'exprimer ses idées, art nécessaire et indispensable pour l'accomplissement du bien, assure, à celui qui le possède, l'influence, la considération et l'estime, lui attire les sympathies et les convictions de ceux qui doivent concourir à ses propres buts. A cela ne se rapportent pas seulement les monuments oratoires que nous a transmis l'antiquité, ni même les dis-

cours médités et pleins d'art dont les parlements modernes
nous offrent une foule d'exemples; on peut trouver les
mêmes phénomènes dans toutes les assemblées où la parole a un rôle à remplir, ou même dans ces réunions qui
ont pour but unique nos délassements. Partout se présente l'occasion de développer une suite de pensées plus
ou moins étendues, et partout on s'assure les suffrages,
et l'on atteint le résultat voulu, selon que l'on y déploie
une plus grande habileté [1].

Et aujourd'hui que l'aurore des institutions libérales a
lui sur tous les peuples, et qu'il est à espérer que le soleil
ne tardera pas à se lever aussi sur eux pour les échauffer
de ses rayons, qui pourrait négliger la parole qu'attendent de si brillantes destinées ? L'écriture pâle et morte
doit être de plus en plus repoussée pour faire place à la
parole vivante et rapide. Plus le citoyen prend part à la
vie publique et à l'administration de l'Etat, plus il doit
s'appliquer à la culture de l'art oratoire. La publicité des
débats judiciaires, les assemblées nationales, les chaires
chrétiennes exigent des orateurs habiles à manier l'arme
redoutable de la parole. Le citoyen n'est pas toujours une
machine gouvernée, mais le plus souvent un membre
vivant, actif, de l'Etat; il n'obéit pas seulement, parfois
il gouverne. Alors l'art de la parole devient pour lui tout
à la fois un besoin et un devoir sans lequel il ne peut être
appelé aux fonctions importantes de son pays.

On pourrait à peine nommer un état dans le monde,
une fonction, depuis la plus élevée jusqu'à la plus infime,

---

[1] Antisthène disait à l'un de ses disciples : « Parle, afin que je te
vois. » Mot simple et profond qui prouve toute la puissance de la
parole !

dans lesquels la parole ne soit d'une grande valeur. Le roi qui, du haut de son trône, laisse tomber des paroles qui retentiront peut-être dans le monde entier; le ministre qui donne audience et dont les devoirs pour son pays lui ordonnent d'être avare des minutes; le juge qui adresse une admonition avant un serment, ou cherche à réveiller le sentiment de Dieu dans l'âme du condamné; le député qui élève la voix au nom de la patrie et de la liberté, le dignitaire qui complimente son souverain, l'avocat qui plaide les affaires de ses clients et doit résoudre spontanément des difficultés imprévues; le médecin qui, par une parole éloquente et persuasive, ramène son malade à la confiance et à l'espoir d'échapper à la mort; le prêtre appelé à présenter les vérités vénérables de la religion sous des couleurs aimables et douces : tous ont besoin d'avoir à leur service une élocution limpide et facile, de manière à s'assurer cette bienveillance qui semble être la compagne inséparable du talent de bien parler.

Entrez même dans le sanctuaire intime de la famille, et vous verrez la parole, portée à un certain degré d'habileté, y devenir la source des plus délicieux enchantements. Là, on s'est réuni le soir, à l'abri du foyer, pour s'égayer au moyen d'un échange mutuel de pensées, ou bien encore pour s'instruire; ce double but ne peut être facilement atteint qu'au moyen d'une parole facile et pure. Si la parole vient avec abondance, on n'aura pas besoin de se réfugier dans les intermèdes muets qui fatiguent, ni dans les tristes ressources de la médisance; là, dans ce cercle étroit, l'éloquence exerce son ascendant mystérieux; elle illumine la vie et répand sur elle ses reflets de noblesse et de beauté, elle réjouit les âmes, embellit la maison, elle encourage et console, elle avertit et dirige, elle apaise et réconcilie.

Ainsi, la parole est de tous les jours, de tous les instants, de toutes les positions. Dans quelque situation que
l'homme se trouve, à quelque degré de l'échelle sociale
qu'il soit placé, grand ou petit, puissant ou faible, peuple ou roi, c'est une nécessité pour lui de communiquer
ses pensées. Ce ne sera donc pas tout à fait perdre son
temps que d'apporter pour l'obtention d'une si bonne
chose, le tribut de ses méditations, et de dire les règles
qui peuvent conduire à ce talent admirable.

Et d'abord, le premier pas à faire est de persuader le
jeune homme que l'art de parler est un talent acquis, résultat du travail et de l'étude, et que celui qui y tend avec
persévérance, qui y aspire de toutes ses forces, est sûr
d'y parvenir. Pénétrez-le bien ensuite de l'importance et
de la difficulté de cet art, afin de le mettre en garde contre
la légèreté, la présomption naturelles à son âge, lesquelles sont un obstacle à ses progrès et au succès de ses efforts. D'abord, il se décourage ; soutenez-le, mais surtout,
exercez-le ; quelques expériences faites sur lui-même fructifieront plus que vos raisons.

Habituez votre élève à être attentif à ce qu'il dit dans la
conversation de société ; qu'il s'efforce de parler en observant les règles, avec les expressions les plus heureuses,
les plus nobles et en même temps les plus simples. L'attention est la mère des connaissances ; c'est la première
nourrice de l'enfant, la première source de sa richesse.
La puissance de cet exercice se révèle d'elle-même. Les
mauvaises habitudes dans le choix, dans l'accord et
dans l'usage des mots, qui se créent et s'enracinent par
la répétition dans la conversation de la vie journalière,
s'introduisent ensuite, même sans qu'on s'en aperçoive, dans la langue du discours. Celui qui veut parler

non-seulement avec richesse et clarté, mais encore avec
noblesse et sans subtilité, avec abondance et sans affectation, avec facilité et sans une recherche fatigante des
mots, celui-là doit s'être familiarisé de bonne heure avec
la bonne espèce d'expression, et en avoir fait en lui comme
une seconde nature.

L'une des plus belles et des plus fécondes facultés de l'esprit humain, c'est l'analyse. C'est elle qui nous apprend
les mystères de l'art. Un plan nous révèle le discours,
comme un squelette dont l'élocution serait la chair et
le vêtement. Il ne contribue pas seulement à l'arrangement facile des idées nécessaires au discours, mais
il fait encore de telle sorte que les idées accessoires,
ordonnées sous le point de vue principal, et liées les
unes aux autres, peuvent être aisément suivies par la mémoire et l'imagination, et servent ensuite à grossir notre
provision de pensées. Pour atteindre ce but, il ne suffit
pas qu'il remarque l'ordre des idées, il doit encore essayer
de les présenter oralement, de manière à faire un mélange
de ce qu'il crée et emprunte. De cet exercice dérive ensuite une espèce d'élocution qui habitue l'âme à retenir
une série d'idées principales, et, pendant la reproduction
d'une pensée, à rattacher celle qu'il développe à celle qui
suit.

La méthode socratique, utile au plus haut degré, est
encore d'un puissant secours. En excitant l'activité d'esprit du jeune homme, elle le tient éveillé et lui donne l'occasion de développer ses pensées. Mais l'on ne doit pas se
contenter, comme faisait Socrate, d'un *oui* ou d'un *non*
pour toute réponse; il faut présenter les questions de telle
sorte qu'elles appellent des réponses qui ne puissent au-
toriser cette courte manière d'approbation ou de désap-

probation. De même il ne doit pas se contenter d'une réponse qui soit conforme au vrai, il doit encore exiger de
l'élève qu'il développe les raisons qu'il a données d'une
manière isolée et interrompue et justifie son jugement.

Obligez-le encore à raconter tout ce qu'il viendra de
lire, avec des mots qu'il trouvera en lui-même. L'élève
éprouve du plaisir à cette espèce de conversation ; elle
occupe agréablement son attention, et il ressent la joie
naturelle à chaque homme qui peut communiquer aux autres des idées trouvées par sa propre activité. Les heures
consacrées à l'histoire facilitent cet exercice. La suite des
évènements dirige d'elle-même l'ordre du récit, et la
mémoire, dont l'activité est principalement excitée par
cet exercice, se combine avec la raison pour reproduire
les faits qui lui ont été confiés en dépôt. La mémoire est,
de la sorte, active et non passive.

Faites faire de temps en temps une leçon à votre élève
sur un sujet choisi. Rien n'éclaircit davantage les idées
que l'effort tenté pour les communiquer aux autres.
Docendo discimus. Quel avantage ne retire-t-on pas de
cet exercice ? On s'habitue à développer ses idées en traits
rapides ; on apprend l'art des transitions, et l'on franchit
peu à peu la distance immense qui sépare le discours de
longue haleine et la brève communication des pensées.
Cet exercice fortifie le jugement, don naturel et immédiat
de l'âme, par lequel l'esprit choisit ce qu'il y a en lui de
plus riche.

Les exercices de discussion sont aussi d'un grand avantage. Ils sont très nécessaires pour le rappel rapide des
pensées et des expressions ; ils habituent l'âme à se fixer
et à s'enchaîner à un objet. Le sujet à traiter de vive voix
peut être l'objet d'une méditation antérieure, d'une pré-

paration générale, car autrement on pourrait craindre
que l'élève ne pût l'embrasser sous toutes ses faces diverses, qu'il ne sût pas séparer ce qui est important
de ce qui ne l'est pas, et qu'il tombât dans une perplexité fâcheuse, lorsqu'il verrait s'ouvrir devant lui des
perspectives qui, auparavant, lui étaient voilées. On
apprend ainsi l'art difficile de présenter les objections
avec modestie et de les supporter avec patience; on approche du but de toute instruction, qui est d'exercer la
pensée et le jugement, et l'on parvient à s'exprimer avec
précision et aisance.

Quelle vivacité aimable animera toutes les forces de
l'esprit de l'élève, s'il est conduit à exprimer par la parole
et l'action les choses qu'il aura apprises dans ses heures
d'étude. Il est évident que ce doit être là le but de l'éducation, car, apparemment, on n'instruit pas pour ensevo-
lir les connaissances acquises dans l'esprit, et les laisser
improductives! Il viendrait dans la classe soigneusement
préparé, car il doit trouver là non-seulement un maître,
mais encore une assemblée de jeunes émules qui sont aussi
et en même temps des juges. Tous l'écoutent pour savoir ce
que la préparation qu'il a faite solitairement lui a révélé sur
le sujet qu'il s'agit de traiter. Quel noble stimulant pour
l'attention de tous! Et quelle joie active et vivante s'il peut
juger lui-même le discours de son condisciple et lui donner
la preuve de son propre travail et de ses méditations! Et
y a-t-il une plus belle place que celle du maître au milieu
de cette indépendance d'esprit de ses élèves, se livrant
ainsi sous ses yeux à une noble lutte d'émulation? Sage,
impartial, calme, bienveillant, il dirige ces épanchements
d'âmes jeunes, il loue l'effort heureux, il redresse les erreurs, il excite, il allume le courage. Le lien d'unité spi-

rituelle qui attache le maître et l'élève, se fortifie plus
intimement dans ce vif commerce des intelligences, et
cette indépendance d'esprit à laquelle l'élève s'habitue,
lui est plus tard d'un grand secours, d'une grande utilité
dans la vie.

L'explication des classiques étrangers peut encore fournir une mine féconde d'exercices. L'ordre à suivre est
tout tracé dans l'œuvre de l'écrivain ; il faut obliger l'élève
à reproduire oralement ce qu'il vient de traduire en em-
pruntant à ses souvenirs les mots qui lui sont nécessaires
pour exprimer ses idées. Mais surtout ne lui permettez
jamais d'écrire des notes pour faciliter son discours. Ce
serait lui ôter les avantages de la liberté et de l'inspiration, et celui qui parle doit faire en sorte de cacher sa
préparation antérieure, et de laisser croire que tout ce qu'il
dit est créé au moment même. En permettant au commencement le secours des notes, on détruit la liberté
de l'allure, on favorise une mauvaise habitude dont on a
beaucoup de peine à se débarrasser plus tard. Il est facile,
dans le choix des matières propres aux exercices, de choisir celles qui offrent un ordre simple et naturel. Sous ce
rapport, un sujet historique convient beaucoup mieux. Il
s'imprime à l'imagination et à la mémoire profondément et
vivement, et se reproduit d'une façon naturelle à la pensée.
Ainsi, quelques livres de Tacite, de Tite-Live, quelques
métamorphoses d'Ovide, quelques chants de l'Enéide
sont très propres à ces exercices. Là, la difficulté générale
ne vient pas seulement de la langue qui est étrangère,
mais encore en partie de la transformation du style poétique en style de prose. On s'habitue à la vaincre, on se
fait une riche provision de matières, et l'on s'ouvre des
sources dans lesquelles on puise ensuite soi-même à son gré.

Quand on s'éloigne des sujets purement historiques, les difficultés augmentent. De là, la nécessité d'arriver par degrés aux sujets philosophiques. Pour cette transition, les pièces dramatiques ou lyriques sont les plus convenables. Les comédies de Térence et les odes d'Horace sont très propres à ces exercices. L'élève doit nous les présenter comme si quelqu'un lui demandait de raconter une pièce à la représentation de laquelle il vient d'assister. L'ode doit être reproduite avec les formes qui lui appartiennent. Les liaisons d'idées et les transitions dans l'ode sont rapides et hardies ; cela donne au jeune homme, qui doit être moins hardi dans la reproduction prosaïque, l'occasion d'étendre et de grouper des pensées isolées, en les liant plus intimement ensemble. Par là il acquerra la facilité d'exprimer quelques idées principales que la préparation lui présente d'une manière confuse et rapide.

A mesure que l'élève fera des progrès, il sentira grandir son courage et il s'animera dans ces exercices. La conscience des difficultés vaincues, le sentiment de la préparation qu'il aura faite, le succès qu'il voit et qu'il juge, n'élèvent pas simplement en lui la force qui y habite, mais encore rapprochent le but qu'il n'avait vu d'abord que dans l'éloignement, et lui donnent pleine confiance dans l'avenir.

La manière dont le maître jugera le discours de l'élève, aura sur ses progrès une grande influence. Qu'il prenne garde surtout de blâmer d'une manière railleuse et qui blesse la dignité humaine. Beaucoup de difficultés, de maladresses viennent du défaut de courage. Elles disparaissent à mesure que le jeune homme acquiert de la confiance en lui-même. L'exercice et le temps viennent à bout des défauts. Les interruptions brisent la chaleur du

discours et produisent l'incertitude. Il faut attendre que
l'élève ait terminé pour exprimer l'éloge ou le blâme.

Au moyen de ces exercices, le jeune homme parvient à
vaincre de bonne heure cette timidité si fatale au développement du talent. L'influence désavantageuse de la timidité
se révèle à un degré très visible. Elle détruit la réflexion,
remplit l'âme de sentiments étrangers et arrête par là le
cours des pensées et des mots. L'éducation première exerce
une influence immense sur la facilité d'exprimer ses idées :
aussi doit-on y apporter le plus grand soin. L'éducation
servile rend craintif et timide. On doit traiter l'enfant li-
béralement. On doit lui inspirer une confiance modeste en
lui-même. On ne doit pas le tenir loin des hommes, dans
une solitude monacale. Il faut le conduire dans la société
des gens instruits. C'est un tort de ne pas compter l'enfant, tant qu'il est écolier, pour le monde. Chez les filles,
on donne dans l'excès contraire, et on les voit souvent,
dès l'âge le plus tendre, autorisées à apporter à la conversation leur contingent quelquefois immodéré. De là vient
qu'à seize ans, elles sont déjà passées maîtresses dans
l'art du babil, tandis qu'un jeune homme du même âge
ose à peine hasarder un mot et tremble de tout son corps
en ouvrant la bouche. Sans doute, cela peut venir de ce
qu'il comprend qu'il a besoin d'une culture plus sérieuse,
et que, destiné à vivre avec des hommes d'une éducation
élevée, il lui faut des titres sérieux pour être admis dans
leur commerce; mais ne voyez-vous pas comment on le traite
dans le monde? C'est un enfant que l'on regarde à peine,
et, pour l'élever au rang d'égal, on exige de lui une habileté qui n'est pas de son âge, et, s'il ose prendre part
à la conversation, on qualifie sa tentative de témérité et
d'audace. On ne lui donne jamais l'occasion de parler et

de raconter. C'est là une faute qui doit être réparée, et la fréquentation du monde doit être pour l'élève un objet de pédagogique culture [1].

C'est ainsi que se fera cette éducation oratoire qui rendra ensuite possible et aisée l'initiation aux grandes formes de l'art; de telle sorte que si ces exercices sont suivis, on ne verra plus sortir de nos établissements d'instruction publique des hommes, riches d'ailleurs en connaissances, habiles sous tous les autres rapports, laissant échapper des plaintes amères sur eux-mêmes, parce qu'il leur manque le don de communication. On n'entendra

---

[1] Ces exercices ne sont qu'indiqués; on peut les multiplier à l'infini. Notre livre prend l'élève à une époque de sa vie où il aspire à l'un des trois genres d'éloquence, et si nous parlons ici d'exercices à faire dans les études classiques, c'est seulement pour faire sentir de quel immense avantage serait une préparation précoce à l'Improvisation, lorsque plus tard on aborderait les grandes formes de l'art. Dans toutes les universités en Angleterre, on fait faire des cours d'improvisation. Les jeunes gens se préparent ainsi à remplir les fonctions publiques auxquelles, plus tard, ils seront appelés. « Lord Brougham, dit un biographe, suivant l'usage des écoles d'Angleterre, fit, avec des hommes célèbres, partie d'une association dans le sein de laquelle se discutaient les plus hautes questions de la morale, de la religion, de la politique; là, son talent essaya ses forces et préluda à des luttes plus sérieuses. » Canning dut sa fortune à la réputation oratoire qu'il s'était faite dans ces exercices. Pitt avait entendu parler de lui, et il jugea utile de se l'attacher, d'autant plus que Shéridan l'avait déjà annoncé d'un air de triomphe, au parlement, comme un prochain renfort attendu dans le camp libéral. Pitt l'appela près de lui, et le fit entrer, à vingt-deux ans, à la chambre des communes, sous le patronage du gouvernement, qui avait fait les frais de sa nomination. Puissent ces quelques lignes suffire pour appeler l'attention sur une matière dont le degré d'importance n'est égalé que par le degré de négligence qu'on y apporte dans les écoles publiques !

plus dire à des hommes distingués : « Je sais, je sens bien
tout cela, mais je ne peux pas l'exprimer. » Au moyen
d'exercices bien dirigés, on parvient à avoir, à son besoin,
la richesse des mots pour revêtir la richesse des pensées ;
on obtient même bien vite une abondance luxuriante, et
l'on tombe quelquefois dans l'excès. Mais quand on dépasse la mesure, il est facile de l'amoindrir à son gré, et
quand les rameaux sont trop abondants, il est facile d'en
couper. C'est alors à la raison à intervenir pour donner
tout à la fois la mesure et le but, et tenir la balance qui
empêche la passion de sortir des limites. Boussole et trident de l'orateur, la raison est cette force d'esprit élevée,
large, profonde, qui, semblable à un centre de lumière,
et comme une médiatrice entre l'esprit et les sens, excite,
au profit des œuvres de génie, l'admiration des contemporains et de la postérité, exalte l'intelligence, et la dirige au
milieu de cette sainte fureur qui semble annoncer en nous
la présence inspiratrice de la Divinité. Mais comme cette
inspiration peut égarer l'homme qu'elle possède, il faut
une force qui adoucisse la passion excitée, et la retienne
dans de sages bornes. Le calme doit dominer la tempête,
et le génie doit voir ce que l'inspiration produit. C'est là
le rôle de la raison, souveraine législatrice de ce petit
monde qu'on appelle l'âme, bien d'origine naturelle et
non bien acquis, qu'on peut développer mais non créer,
qu'on peut arrêter mais non changer, aux lois immuables
et éternelles comme elle-même !

CHAPITRE VIII.

RÉSUMÉ ET CONCLUSION DE CE LIVRE.

Après que la terrible catastrophe dont la révélation nous a transmis la lamentable histoire, eut ouvert les yeux à l'homme sur l'abîme où l'avait jeté le désir téméraire de jouir des fruits prématurés de la science, il chercha à renouer la tradition qui, dans les temps primitifs, l'avait lié à la Vérité infinie. Faible d'abord, ce n'est que par degrés et après avoir bu longtemps à la coupe amère du travail, qu'il peut mener à bien le trésor de son intelligence et s'élever vers l'immuable vérité. Son âme, endormie sous les immenses et profondes couches des débris funèbres de sa première nature, se trouve partagée entre les douloureux souvenirs de sa chute, et quelques traits de divine clarté qui allument en elle le souvenir d'une céleste espérance. Mais ce ne sont qu'autant d'accords rompus et détachés de l'harmonie primitive, transmise par les traditions religieuses de tous les peuples, et entendue dans le lointain des siècles.

La Parole, nous croyons l'avoir démontré, tient à un principe plus haut qu'elle, savoir : à un VERBE suprême. Ce Verbe est une lumière qui n'est pas celle de l'homme qui n'en jouit que par réflexion et ne l'a pas en propre ; il y puise sa force comme à la source d'où dérive toute idée, toute expression de la pensée.

Auparavant, l'esprit vivifiait le corps immédiatement. L'homme parlait pour mettre au dehors cette beauté empreinte en lui-même. Image de Dieu, participant à sa puissance, il disait : « Que la lumière se fasse » et aussitôt la lumière était. L'objet de sa volonté se réalisait soudain dans un brillant épanouissement. Mais depuis sa chute, depuis que l'âme s'est séparée de la lumière incréée, la voie que l'homme doit tenir pour arriver à la connaissance du Verbe, est une voie d'attente, de patience, de persévérance pendant le combat. Les ténèbres se sont propagées dans les régions de l'intelligence, l'âme a perdu son aptitude native pour la lumière supérieure, et dès lors a commencé la nécessité du développement progressif. Un long temps s'écoule avant que l'homme puisse dire : « Et la lumière fut faite. »

Pourtant, en usant des forces qu'il a reçues, l'homme parvient à sortir des bornes étroites de la sphère particulière où il a été placé, et il s'élève, par la volonté, à une sphère d'action plus haute, à une expansion plus vaste. La Parole lui a été donnée, et elle devient pour lui un objet de développement. Mais elle est longtemps une simple faculté inhérente à notre nature ; elle ne s'élève à la dignité d'art, de science, que lorsque l'éducation est venue éveiller, exercer, développer ses facultés corporelles et spirituelles. Quoi de plus troublé, en effet, quoi de plus confus que les idées de l'enfant qui bégaie! Mais quels immenses progrès ne fait-il pas quand il s'est une fois emparé de la langue, comme véhicule sensible de ses pensées? Les signes pénètrent en même temps dans sa mémoire et son imagination, y retiennent les idées d'abord séparées, fugitives; il s'abreuve à l'inépuisable source de l'instruction orale; il lie avec effort l'idée au signe, il se la rend intelligible pour la communiquer à son tour; il l'arrache à l'obscurité dans laquelle elle était plongée; il la détermine, l'éclaire selon le degré d'habileté de sa parole, en un mot, il aspire sans cesse au développement et à l'indépendance des forces intellectuelles de son âme.

L'homme est, avec la Parole, dans des relations aussi variées que ses besoins, et la Parole se plie à toutes les formes et à tous les âges. Et comme elle se met à la portée des enfants, et se plaît avec leurs simples cœurs, de même elle se montre sublime aux esprits élevés, tantôt ardente et passionnée, tantôt majestueuse et tranquille. Mais il faut, pour pouvoir se servir de cet instrument magnifique, une longue préparation. Une vie poétique et studieuse, une âme ardente et calme, toute la fleur et toute la force de l'âge sont nécessaires pour y parvenir, et le véritable orateur est celui qui sait découvrir le lien secret qui unit la Parole humaine avec la Parole divine.

Mais il arrive souvent que l'on manque à cette règle de prudence qui nous oblige à ne compter que sur des progrès successifs, mais certains et éclairés; les individus, particulièrement, n'ont pas toujours la patience d'attendre les tardifs résultats. Ils ne savent pas combien lentement s'opère l'illumination de l'esprit humain dans l'empire de l'art. Si, eu égard à l'ordre providentiel d'après lequel s'effectue le progrès intellectuel dans le domaine des sciences, des siècles ne doivent être comptés que pour un

jour, serait-ce trop pour la petite sphère scientifique de
l'individu de prendre les années pour des jours ou pour
des heures ? Si vous ne pouvez de suite éclaircir pour
votre intelligence, de manière à vous l'approprier, un
des mystères de l'art, gardez-vous de désespérer ; dans
un an ou deux peut-être, vous triompherez de ces difficultés, et, si ce n'est dans deux, ce sera dans quatre, car
en suivant sans interruption, pendant cet intervalle, le cercle que vous tracent vos études, vous arriverez à faire bien
des conquêtes inattendues. Ces modifications apportées
aux vues que vous possédez déjà, ainsi que les notions
que vous acquerrez encore, finiront par vous rendre clair
ce qui auparavant était ténébreux, indécis, et vous tran-
quilliseront sur ce qui était un sujet de trouble pour vous.
Ce n'est donc que par une marche lente que l'on peut
progresser avec garantie de succès dans l'empire de l'art.

L'esprit ne peut que gagner infiniment au travail intérieur de cet insensible progrès ; par là, il se fixe peu à
peu sur un terrain solide, au lieu de s'attacher à ces préceptes stériles qui disparaissent et nous échappent au moment de nos besoins, comme ces fleurs fausses qui tombent
des arbres dans les jours du printemps, quand la main se
dispose à les cueillir.

L'attention, c'est-à-dire cette force d'âme, s'appliquant
sciemment et immédiatement à un objet donné, est l'é-
lément le plus puissant de l'intelligence. Cette force tend
naturellement à se manifester quand rien ne lui fait obstacle. Un objet propre à l'exercer vient-il s'offrir à son
activité, aussitôt on remarque qu'elle l'embrasse de plus
près et qu'elle l'enveloppe dans sa sphère. L'enfant s'efforce de saisir l'objet qui excite son attention ; il se sent
attiré par lui, et ce charme agit sur son activité. Dans le

degré qu'il manifeste repose déjà le germe de ce qu'il sera un jour. Cette vivacité d'esprit qui grandit depuis l'enfance jusqu'à la maturité, forme la base fondamentale du génie oratoire. Sa suite immédiate est un ardent désir d'atteindre aux objets qui l'excitent, un effort porté jusqu'à la passion pour s'emparer d'eux et étendre leurs limites. Alors, l'homme crée l'art, l'art magnifique et sacré, dont une des branches est la Parole, lien commun des intelligences. Il cherche à reconquérir ce VERBE divin qui lui a été ôté, à le réintégrer dans les conditions de son être, et à redevenir souverain de la terre en vertu de sa pensée et de sa force libre.

Ainsi, dans notre croyance, l'homme, vrai dominateur de la terre, représentant de Dieu dans la nature, fut créé pour régner par sa seule puissance et le seul effet de sa prééminence morale, et s'il a perdu une grande partie de la dignité souveraine qui d'abord lui fut octroyée, c'est en rompant, par sa chute, son alliance avec Dieu. Cependant, un titre lui est resté, c'est la Parole, dont lui seul, parmi toutes les créatures, a reçu le don. Cette parole révélée, communiquée dès l'origine dans toute sa splendeur, n'est plus qu'une capacité qui ne devient talent que par le développement et l'exercice. Mais elle est encore la base principale de la dignité de l'homme et de sa haute destination ; elle est le germe fécond d'où sort la richesse du langage. Elle est un lien d'amour, un instrument de réconciliation ; elle résume en elle la force, la lumière et la vie. Du jour où elle lui serait ôtée, l'homme retomberait au niveau de la nature, dont il deviendrait le vassal au lieu d'en être le roi.

Après de longs efforts et un immense exercice, l'intelligence finit par se reconnaître parfaitement dans son pro-

duit, dans le Verbe, et le sentiment qui accompagne sa
vision est le sentiment d'une satisfaction infinie; tandis
qu'au commencement, l'identité n'existant pas entre son
intuition et son produit, il en résultait pour elle trouble
et confusion, source d'amertume et de mécontentement
d'elle-même. Quand l'intelligence est parvenue à lier
d'une manière indissoluble, harmonique, l'idée au signe,
alors, heureuse de cette union, elle la considère comme
une faveur volontaire d'une nature supérieure, qui, par
elle, a rendu facile le difficile, possible l'impossible. Cet
identique immuable qui rayonne du produit, du signe,
c'est l'idée que le style doit refléter comme les traits reflètent l'âme ; c'est cette puissance obscure et inconnue
qui, par notre acte libre, à notre insu et même contre
notre volonté, surgit du moi interne, se livre à l'activité
humaine qui s'en empare, la domine et en fait sortir la
production demandée. Et alors l'homme semble être
poussé par une spontanéité involontaire à l'expansion de
son œuvre, et dans cette expansion, où le travail antérieur disparaît, on dirait qu'il ne fait qu'obéir à un irrésistible penchant de la nature. L'art résout la contradiction dernière et suprême qui existe entre l'idée et le signe,
l'idéal et la matière, et alors apparaît ce talent enchan-
teur de la parole improvisée, qui n'est qu'une heureuse
habitude qu'il faut contracter par des actes réitérés,
et le résultat de notre volonté opiniâtre. C'est un pli
qu'il faut donner à l'intelligence; et l'habitude de se livrer à une certaine branche d'études fortifie et nous
donne des facultés particulières qui deviennent le trait
saillant de notre caractère intellectuel, lorsque nous laissons languir les autres sans culture. « Que sont, en effet,
dit un grand psychologiste, toutes les opérations de l'âme,

sinon des mouvements et des répétitions de mouvements? » Et l'homme d'ailleurs n'est-il pas doté de toutes
les facultés propres à l'élever à cette haute prééminence?

Considéré comme simple être de la nature, l'homme
n'est qu'un misérable grain de poussière; considéré comme
être intelligent, il s'élève au-dessus de l'univers matériel,
et il en découvre les lois immuables et éternelles. A l'aspect des merveilles semées d'une main si prodigue autour
de lui, il rentre en soi-même et reconnaît qu'il est un
petit monde, image et abrégé du grand monde, dont il
résume toutes les magnificences.

Au sommet des facultés dont l'homme est doué, se
place la faculté de connaître, ou l'Intelligence, qui peut
être comparée à un arbre, se divisant et s'étendant
en plusieurs branches qui s'appellent : Attention, Imagination, Mémoire, Jugement et Raison. Ces branches
diverses, en s'entrelaçant l'une l'autre avec vigueur,
produisent une force et une harmonie qui est la source de
l'un des plus beaux fruits de l'esprit humain, et qui,
nommée dans la parole vulgaire : ÉLOQUENCE, n'est autre
chose qu'un débris de la langue de la céleste patrie.

C'est ainsi que l'homme, par une mystérieuse évolution et en appliquant les facultés qui existent dans sa nature, remonte jusqu'au VERBE d'où toutes choses émanent et où toutes choses nous ramènent comme au principe fondamental de la vérité. Et comme ce Verbe est la
Parole souveraine, inspiratrice, qui, dans l'ancienne alliance, éclairait notre intelligence de sa clarté radieuse,
c'est de lui que procède l'art, brillante aurore de l'astre
sublime qui ne se lèvera jamais ici-bas sur l'humanité coupable, et qui reste éternellement caché dans les invisibles
profondeurs des cieux.

LIVRE QUATRIÈME.

DIDACTIQUE

ou

DES PROCÉDÉS GÉNÉRAUX PROPRES A CONDUIRE
A L'ART ORATOIRE.

CHAPITRE PREMIER.

DE LA VOLONTÉ DANS SES RAPPORTS AVEC L'INTELLIGENCE.

L'intelligence est vagabonde de sa nature ; elle se plaît à s'abandonner à son allure libre. Elle repousse la concentration, l'effort dont la conséquence est la fatigue, l'abattement. Ce qu'elle aime, c'est de rester indolente et passive, les yeux paresseusement ouverts devant le spectacle du monde et des idées ; ce qu'elle aime, c'est de se laisser mollement aller aux impressions qui la caressent, comme la brise d'été qui passe. Mais viennent, dans un jour lumineux, les passions et tous les désirs élevés de l'âme humaine, qui nous crient que la vie d'ici-bas n'est pas faite pour le repos, mais pour la lutte, le combat, pour la création de la personne morale par le courage et la science : alors apparaît la Volonté, qui n'est, à proprement parler, que l'état d'activité de l'intelligence.

La volonté est l'énergie interne qui donne à l'homme son existence morale et qui la développe. Elle subsiste en

nous à deux états : à l'état latent, lorsqu'un obstacle
quelconque arrête son activité et s'oppose à son expansion ; à l'état libre, lorsqu'elle ne trouve aucune résistance et se produit dans sa plénitude. Comme toute force,
elle se manifeste par l'action. Luttant sans cesse contre
la limite, elle opère le développement de toutes les facultés. Si elle augmente, tout s'augmente ; si elle s'affaiblit,
tout s'affaiblit. C'est l'émanation finie de la Volonté infinie
qui, de son sein, a fait sortir l'immensité.

Quel rôle puissant, en effet, joue la volonté dans le développement de l'intelligence? Voix intérieure de l'âme,
sentinelle chargée de veiller à la garde de nos autres facultés, elle constitue spécialement la personnalité humaine.
Les phénomènes du dedans et du dehors, qui s'écoulent
sous nos yeux, s'emparent successivement de notre attention à mesure qu'ils passent et se reflètent dans le miroir de
l'intelligence. Mais l'intelligence est mobile comme l'onde,
et elle laisserait tout échapper, si la volonté ne venait
fixer dans l'esprit les sensations fugitives. Alors, elle devient active, elle s'enchaîne à l'objet qu'elle veut étudier ;
elle le tourne, le retourne, l'examine sous toutes ses faces ;
elle compare, elle juge, elle choisit.

Hors de là, il y a confusion. Les facultés naturellement insoumises, parce qu'elles résistent à tout ce qui
tend à contrarier leur marche naturelle, tombent dans un
état d'insubordination complète, s'ébranchent pour ainsi
dire, et chacune d'elles se déployant à l'aventure, tout
est en elles l'image de l'anarchie et du désordre. Mais la
volonté venue, tout reprend sa place ; à sa vive chaleur,
l'intelligence se développe riche et brillante comme la
fleur aux rayons du soleil.

Si nous appliquons ces idées à l'acquisition de l'art de

la parole, que découvrirons-nous ? Une grande vérité, une vérité lumineuse et féconde, à savoir : que la puissance de l'orateur est véritablement le spectacle de la volonté victorieuse qui a triomphé des difficultés de la langue, des distractions inséparables de notre nature, de la timidité qui paralyse la force sous les tressaillements du cœur.

L'homme, selon une expression célèbre, est UN TOUT QUI S'ISOLE ET QUI VEUT [1] ; mais il faut s'isoler et vouloir dans la période de jeunesse et d'aspiration impétueuse, et ne pas attendre que notre front soit à demi-dépouillé par l'âge. Il faut vouloir tous les jours, à toute heure, plutôt encore constamment que fortement, car l'acquisition des grands talents, l'accomplissement des grandes choses, supposent un travail et un désir de s'instruire encore plus habituel que vif. Persévérer en toutes choses, c'est presque toujours réussir. Quelque occupés que soient les gens du monde de leurs plaisirs et de leur fortune, ils éprouvent parfois de ces aspirations, noble apanage de la race humaine, de ces désirs de gloire. Pourquoi ces aspirations, ces désirs sont-ils stériles en eux? C'est qu'ils ne sont pas assez durables, semblables à ces feux qui ne nous éclairent un instant dans les ténèbres que pour nous y replonger.

« Le génie n'est qu'une grande aptitude à la patience, » a dit Buffon, qui s'est couvert d'une gloire impérissable. On demandait à Newton : « Comment avez-vous fait tant de découvertes ? — En cherchant patiemment et toujours, répondit-il. » Tels sont tous les grands hommes. Vivre,

_____

[1] FICHTE. — Doctrine de la Science.

pour eux, c'est être une volonté, c'est vaincre complètement l'obstacle, c'est s'émanciper, s'affranchir, c'est rallier vers un noble but toutes les forces dispersées de son
âme [1].

Aussi, contemplez avec admiration et respect ces hommes qui ont exercé leur volonté. Comme ils portent sur leur
visage les traces du travail et de la méditation solitaire,
et sur toute leur personne le spiritualisme de l'allure!
Jeunes encore, et quelquefois marqués au front du signe
apparent de la vieillesse, comme ils nous paraissent
grands, forts, héroïques! Leur marche dans la vie fut
comme une ascension vers la gloire! La victoire rempor-
tée par leur esprit sur le corps, a imprimé sur eux un caractère sacré. Ils ont su vaincre, dompter les penchants
rebelles. Rien n'a pu abattre leur courage, briser leur
énergie. Un ardent travail les a enchaînés à leurs œuvres.
Ils y ont enfermé leur vie, et à mesure que le corps s'é-
puisait en eux, l'âme grandissait. Heureux et fiers de
sentir en eux le règne de la volonté, on ne les a pas vus
reculer devant l'emploi de leur puissance; ils ont sans
cesse cultivé cette aspiration infinie de leur intelligence.
Ils ont toujours combattu, décidés à mourir plutôt que de
ne pas conserver et défendre les plus hautes et les plus
précieuses de leurs facultés : la volonté et la persévérance.

Ainsi, la volonté, force sainte, étincelle divine, est
notre lot ici-bas et notre plus précieux héritage. C'est elle

[1] Nous disons *un noble but ;* « car, à quoi sert une volonté ferme
quand on n'a pas de principes arrêtés? C'est un instrument vigoureux mais qui n'est d'aucun usage. Mettez cet instrument au service d'une conviction stable et profonde, et il produira des miracles de décision, de dévouement et d'héroïsme. » — JOUFFROY.

qui fait que l'homme est grand, qu'il lutte et triomphe. C'est elle qui ranime nos esprits énervés et nous donne le courage de regarder en face l'obstacle, de le mesurer et de le vaincre. C'est elle qui nous grandit en étalant à nos regards ses prodiges magnifiques. L'homme qui ne la possède pas n'est rien ; c'est un être incomplet, une force inutile, une matière sans valeur. Au contraire, celui qui l'a enfermée en soi, est un rude acier trempé dans la fournaise ardente, inaltérable et éprouvé, puisant sans cesse, au besoin, de nouvelles forces, dans un foyer de vigueur inconcevable et d'espérance sublime.

CHAPITRE II.

PREMIÈRE RÈGLE.

S'EXERCER A PARLER.

Qu'est-ce que la supériorité dans les arts et les sciences? C'est la force conquise par le travail, c'est l'utile, le beau ou le vrai réalisé par la puissance de la volonté. Où sont en effet les génies qui ont tout à coup brillé d'un éclat sublime? Cicéron, avant de paraître si magnifique au barreau, n'avait-il pas passé de longues années à méditer dans la solitude? Ne connaît-on pas ses voyages en Grèce, en Asie, pour se fortifier dans l'éloquence? Allez sur les bords de la mer phocéenne, et demandez à la vague éternelle qui les assiège, les luttes de Démosthène pour dompter sa nature ingrate? C'est que la parole n'éclate pas comme une illumination soudaine dans l'homme. Subissant la loi de tout ce qui est du domaine de l'esprit, elle s'apprend, elle s'acquiert par l'emploi libre et régulier de l'intelligence, par cette force en un mot qui a été donnée à la race humaine pour se tirer d'affaire.

Mais comment et de quelle manière? Tout comme vous mettez entre les mains de celui qui veut apprendre un métier, un art, les instruments de ce métier, de cet art, et que vous lui dites de s'exercer, tout de même, il faut armer celui qui veut apprendre l'improvisation, de l'instrument fécond de la parole, et lui dire de parler. La mesure de nos succès est en raison directe de notre constance et de nos efforts. Il impliquerait contradiction que l'homme ne finît pas par découvrir ce qu'il a cherché longtemps avec labeur et patience. La volonté commence un orateur, la persévérance l'achève, et la persévérance ressemble à ces plantes dont la racine est amère, mais dont les fruits sont doux.

Jeune homme qui aspirez à l'éloquence, voici donc un sujet qui entre dans vos études, et qui doit se traiter dans la langue que vous parlez depuis l'enfance : improvisez. L'intelligence refuse d'abord, aiguillonnez-la donc. — Quelques phrases incohérentes, quelques sauts brusques sortent de votre bouche; ce sont les tâtonnements de l'aveugle qui se hasarde pour la première fois sur la route qu'il veut et doit parcourir, alors, vous vous arrêtez interdit, décontenancé, et vous dites : Je n'irai pas plus loin. — Et pourquoi ? — C'est que je ne puis me résoudre à prononcer des mots sans ordre, sans intelligence, et que la simple association des idées n'ose pas avouer[1].

— Que veut dire ceci? Oubliez-vous qu'il s'agit d'un exercice qu'on vous propose? Oubliez-vous que quiconque n'a pas le courage de parler mal ne parlera jamais bien ? Vous n'êtes donc pas homme! Vous ne sentez donc pas votre cœur qui vous dit que vous êtes doué de force, et qu'il est en vous de triompher de cette défaillance de la personnalité! Vous ne pouvez, dites-vous! vous ne pouvez faire ce que vous avez fait si souvent sans vous en douter? Qui vous arrête donc? L'amour-propre, la comparaison que vous faites d'un improvisateur à vous, l'éloignement où vous en êtes! Mais quand vous avez commencé à écrire, que produisiez-vous ? rappelez-vous vos essais. Avez-vous brisé votre plume parce que d'autres plus exercés réussissaient mieux que vous? parce que, comme dit Horace, vous produisiez des marmites après avoir médité des amphores[2]? Continuez : l'intelligence qui d'abord se montre indocile et se laisse distraire, se façonnera peu à peu à cet exercice nouveau, à cette expansion hors d'elle-même. — Je ne sais! — Vous ne savez! mais n'est-ce pas pour apprendre que vous êtes ici, perdant votre temps à exhaler le sentiment de votre impuissance? Courage donc, jeune apprenti, ne connaissez-vous pas dans le monde

---

[1] Je ne puis, dites-vous, parce que.... parce que.... Continuez, dites-moi toutes les raisons qui vous en empêchent.... bien, bien, courage : vous improvisez à merveille.... sans vous en douter.

[2] . . . . *Amphora cœpit*
Institui ; currente rotâ cur urceus exit ?

intellectuel et moral ce qui est bon, ce qui est mauvais ?
Eh bien, si vous trouvez une chose bonne et excellente,
dites-le ; si vous la trouvez mauvaise et funeste, dites-le,
et qu'on vous entende. Ce qu'on exige de vous, ce n'est pas
de bien faire, mais de faire, voilà tout. Donc, assez de
lâcheté ainsi : enfant par la faiblesse de l'âge, soyez
homme par la force de la volonté. Elevez-vous à la grandeur, à la sainteté morales. « La première condition pour
réussir, c'est d'oser, a dit Barnave. »

Mais trop souvent hélas! on recule, on ne veut pas
livrer le combat, on aime mieux imputer son impuissance
à sa nature qu'à son manque de cœur. Alors le découragement s'empare de l'âme, et cet état nous accable.
Abruti, déchu, livré à l'abattement et au désespoir,
l'homme n'a plus de foi dans sa propre intelligence, les
facultés flottent à l'aventure, et, pour ne les avoir pas
exercées, elles se corrompent, se dispersent, s'éparpillent ; et ces horizons de la science que nous avions entre-
vus, inondés de la suave et pure lumière que répand l'astre de la gloire, fuient et disparaissent à jamais de nos
regards.

DEUXIÈME RÈGLE.

TRIOMPHER DE SON AMOUR-PROPRE.

L'homme naît faible : toute sa vie se passe dans l'apprentissage de la force; l'ignorance l'environne comme un épais nuage : il faut qu'il la dissipe, fasse effort et s'en dégage; il faut qu'il perfectionne l'ouvrage brut et sauvage de la nature. La civilisation lui crée des besoins, son intelligence se spiritualise, se déploie; de nobles idées font palpiter son cœur, l'ambition qui l'a envahi opère dans sa personne comme une transfiguration sublime. Il veut agrandir son étroite personnalité, communiquer ses pensées. Pour cela, il faut que son intelligence se replie sur elle-même, qu'il travaille, qu'il souffre, car la souffrance grandit et le génie fertilise l'esprit en ravageant le corps [1].

[1] Il y a, dit Fichte dans son hardi langage, il y a dans l'homme un instinct indestructible, aveugle, qui le pousse à vouloir devenir l'égal de Dieu : « *Gott gleich zu sein;* » c'est-à-dire à embrasser l'infini. Profitons de cette occasion pour combattre une calomnie qui pèse sur la mémoire de Fichte, et que nous avons souvent en-

Pour apprendre à improviser, pour ne pas être effrayé
de cette imperfection qui préside à ses premiers essais,
l'homme a besoin de triompher de son amour-propre, de
son orgueil, ces passions si profondément enracinées
dans son être. Braver la honte, se couvrir dans ses exercices, d'humiliation à ses propres yeux, se mutiler en un
mot de ses propres mains, ce doit être sa force, sa vertu,
sa sagesse, car par là il doit arriver au but vers lequel il
aspire. Agir, agir, voilà pourquoi nous sommes ici-bas.
Or, agir c'est lutter, et le sentier de l'action est semé d'a-
mertumes. Ah! ne nous fâchons pas, réjouissons-nous au
contraire à la vue du vaste champ qui nous reste à cultiver! L'obligation du travail fut un bienfait de la miséricorde infinie. Le travail, c'est quelquefois la douleur,
mais la douleur est une partie essentielle du bonheur de
l'homme.

Qui paralyse notre essor vers l'improvisation? C'est la
crainte de mal parler. Oui, c'est là l'unique distraction
qui entraîne notre esprit et décèle notre faiblesse. Chas-
sez donc cette mauvaise honte. Une ineptie est sur vos lèvres, gardez-vous de la retenir, qu'elle sorte, payez votre
tribut à l'exercice, à l'apprentissage : il suffit que votre
intelligence la remarque pour ne plus y retomber.

Qu'importe que d'abord vous ne réussissiez pas? Peu à

tendu répéter. Un jour, dans une de ses leçons, il annonça qu'il
allait CRÉER DIEU, et l'on fut, avec raison, scandalisé de cette expression... Ce qu'elle signifiait, comme le remarque très bien Mme de
Staël, c'est qu'il allait montrer comment l'idée de la divinité nais-
sait et se développait dans l'âme de l'homme. Fichte est, à notre
avis, le plus grand philosophe de l'Allemagne; par reconnaissance
pour les joies intellectuelles qu'il nous a procurées, nous avons considéré comme un devoir de faire ici cette observation.

peu vous ferez mieux. L'ordre s'établira au milieu de cette confusion première ; il surgira comme la lumière du sein du chaos pour éclairer le monde, et montrer à l'homme étonné les ravissantes beautés de la création. Vous avez manqué le but, recommencez, renouvelez l'ordre à votre volonté, et chaque fois elle l'exécutera avec plus de précision et d'exactitude. Bientôt votre esprit prendra l'habitude de l'obéissance, votre âme s'exhalera chaleureuse et noblement éperdue. Vous saurez improviser, de même qu'après des exercices répétés, vous avez su faire courir vos doigts sur les touches de l'instrument d'abord désobéissant et rebelle.

Qu'on ne s'y trompe pas, en effet, l'improvisation tient à une sorte de mécanisme de l'intelligence, plus encore peut-être qu'à l'intelligence elle-même. Ce qui l'atteste, c'est qu'elle ne demande à l'homme que de faire tout haut ce qu'il fait mentalement et sans rien dire. Or, qui de nous n'est orateur dans le secret de son âme ? Quel est celui qui donne à ses mouvements autant de grâce qu'il y en a dans notre jeu quand nous ne faisons que penser à nos gestes sans en faire ? Quel orateur met plus d'âme dans ses discours que nous dans le silence de la méditation ? Nous imaginons la perfection et nous ne pouvons l'atteindre ! C'est donc l'art qui nous manque et non pas l'intelligence. Oui, l'art est dans l'homme, mais il faut qu'il l'y cherche ; il est dans l'homme comme la statue dans le bloc de marbre, comme le diamant dans la pierre brute qui nous blesse le regard. Viennent le sculpteur et le lapidaire, et, puissants artistes, ils y souffleront la vie et feront sortir, du premier un dieu, du second des étincelles de feu. Il faut donc fouiller en nous pour y découvrir l'art qui s'y cache sous les ailes mystérieuses de la poésie. Quand nous aurons fait ce travail, l'art nous viendra naturellement ; il grandira dans notre sein réchauffé par l'étude, il y creusera de jour en jour de resplendissantes demeures.

Parlez donc, bien ou mal, mais parlez. Laissez là votre amour-propre, vos prétentions à l'esprit. L'homme est malheureusement imbu de ce préjugé, enfant de son orgueil, qu'il doit du premier coup parvenir à la perfection, ce qui est impossible ; il ne parvient à faire bien que ce qu'il a mal fait longtemps, et il n'y eut jamais de fin et de progrès dans les choses humaines qu'après quelque pénible commencement. Croyez-vous donc que l'éloquence soit une chose si simple, qu'il suffise d'avoir atteint l'âge de raison pour la connaître, ou que, par une grâce spéciale, elle se révèle tout à coup à ceux qui s'y consacrent ? Non, non, il n'en est pas ainsi, et s'il nous était donné de pénétrer, qu'on nous passe l'expression, dans ces volcans où les grands orateurs élaborent leurs laves et leurs flammes frémissantes, nous verrions que le génie n'est pas une faveur gratuite de la nature, mais un mérite, mais une vertu, mais le fils glorieux du travail et des longues veilles. C'est le sort de tout ce qui est beau, d'être difficile et rare[1].

---

[1] *Nec putes oratorem subitò nasci, statim ab adolescentiâ inchoanda sunt exercitia.* MÉLANCHTON. — « Lorsqu'on cherche à atteindre les belles choses, dit Platon, il est beau de souffrir tout ce qu'elles coûtent à acquérir. »

TROISIÈME RÈGLE.

DANS SES PREMIERS ESSAIS MÉDITER SA PAROLE.

Un écrivain tâtonne pour trouver ce qu'il doit dire ; un improvisateur s'élance au but, il le manque, mais il ne s'arrête pas. Dans ces deux situations de l'intelligence, qu'est-ce qui refuse d'obéir à l'homme ? Est-ce la pensée ? est-ce l'expression ?

La pensée est une, elle se produit, se complète à l'instant même ; que lui faut-il donc pour se présenter ? Le costume. Mais ce costume se forme de signes distincts, flottants et désunis dans le vaste réservoir de la mémoire ; il faut les rassembler, les associer avec promptitude ; c'est là peut-être la plus grande difficulté, car pour exprimer les convictions spontanées de l'intelligence, il faut le langage et l'analyse ; sans eux, elles restent obscures et indistinctes dans les profondeurs de notre âme.

Le plus souvent, l'orateur a besoin de suspendre le torrent de ses pensées, afin de pouvoir les suivre avec sa parole, qui se traîne avec plus de lenteur, et qui force la pensée à l'attendre. Ainsi, pour l'homme qui a profondément médité ce qu'il veut dire, la pensée est quelquefois un obstacle; elle se présente à lui complexe, tumultueuse; il faut la dégager, la comprimer : c'est là une des grandes difficultés de l'improvisation. Or, pour la vaincre, il ne faut que l'habitude.

Nous avons dit : Ayez un sujet et parlez. Mais souvent notre courage faillit à improviser sur le champ. Cette lutte nouvelle, inusitée, nous effraie; nous craignons de n'en retirer que de la confusion ou de la honte : comment obvier à cette appréhension si naturelle quand on commence son apprentissage? Pourtant il n'y a pas de succès pour ceux que la peur inquiète.

Faites alors un essai préliminaire, méditez votre improvisation, cherchez vos pensées, suivez-en, par la vue de l'esprit, les développements. Recueillez-vous d'abord beaucoup, puis moins, moins encore, jusqu'à ce qu'enfin, d'efforts en efforts, de tentatives en tentatives, vous soyez parvenu à parler de suite, à la première interpellation, avec abondance et éclat.

Mais comment doit se faire cette méditation? Voici quelques règles pratiques bonnes à suivre.

Le travail de l'esprit ne doit pas s'arrêter à l'élaboration des idées et aux premières formes de la diction qui s'y attachent à leur naissance. Il se fera encore sur les détails mêmes de l'élocution, pour le choix des mots et des tours, pour la précision de l'argumentation comme pour le développement des lieux communs et les formes des mouvements. Alors on pourra construire des phrases de mémoire. Pour y mieux réussir, pour que la préparation soit mieux analogue à son sujet, on les parlera dans le cabinet, en les construisant rapidement et sans viser à la perfection des formes, de manière à ce que la parole sorte prompte et bouillonnante. On ne se livrera pas à cet exercice une fois, mais plusieurs.

Après s'être recueilli profondément, on prendra des résolutions avec soi-même, on se dira : J'irai doucement dans tel endroit, plus fort dans tel autre. Dans cette partie de mon discours ; je serai méthodique, discuteur ; dans telle autre pressant, éclatant ; ailleurs, touchant, ému ; en général, et dans tout le discours, je me posséderai ; je ménagerai mon geste, ma voix, de manière à atteindre toujours ce ton de vérité et de beauté qui constitue l'accent oratoire. C'est ainsi que la parole acquiert un haut caractère d'assurance et de pureté.

Ce discours intérieur, si nous pouvons parler ainsi, est le puissant moyen d'arriver au but que l'on se propose, qui est de faciliter l'élocution sans la fixer littéralement dans la mémoire, parce que chaque fois qu'on y revient, il y a nécessairement des variations. Les mots et les tours ne sont pas le lendemain les mêmes que ceux de la veille, et en y revenant avec courage, on fixe tellement dans l'esprit le fond du discours, qu'il y devient comme une matrice qui en engendre avec fécondité le développement nécessaire quand l'heure en est venue[1].

Cette méthode de travailler a d'incontestables avantages, et elle conduit infailliblement à une improvisation pleine de richesses. Après un certain temps, la fatigue des préparations diminue parce que les discours qu'on possède de cette manière se mêlent, se confondent, s'entr'aident avec une étonnante facilité, car on peut dire que si la mémoire grave, la méditation incruste.

_____

[1] Le véritable orateur, dit saint Augustin, ne dépend pas des paroles ; mais les paroles dépendent de lui.

Ainsi procède l'intelligence humaine : paresseuse par
nature, elle veut qu'on la conduise par degrés à ses manifestations les plus belles. Pour rompre cette allure d'indépendance qui lui plaît, elle a besoin de s'avancer d'une
manière progressive, et elle ne tarde pas à acquérir sur
elle-même une puissance prodigieuse d'attention, qui la
fait ensuite se plier sans résistance aux ordres de la volonté. La parole n'est jamais que ce que l'intelligence est
elle-même, de sorte que si l'activité intellectuelle est vague et indéterminée, la parole sera indéterminée et vague ;
si l'action de l'intelligence est claire et précise, on retrouvera dans la parole la précision et la clarté. La vie
de l'esprit est tantôt molle et tantôt vive, et elle marque
aussi la parole de langueur ou d'énergie. La parole, c'est
l'intelligence qui se donne en spectacle à elle-même.

QUATRIÈME RÈGLE.

UNE FOIS PARTI, MARCHER AU BUT SANS HÉSITATION.

Tous ceux qui brillèrent par les talents dans le monde, furent des hommes de volonté. Rien ne les arrêta dans leurs entreprises, rien ne découragea leurs efforts. En face de l'obstacle, quelque grand qu'il fût, jamais ils ne dirent : Je ne puis. Toujours ils essayèrent, hardis, patients, infatigables. Le génie pour eux ne fut qu'une longue persévérance.

L'improvisation est un acte de l'esprit qui exige du courage. Seul, il faut être acteur en présence du flux et du reflux d'une assemblée; seul, il faut élever la voix au milieu d'un auditoire qui, plus il se tait, plus il nous trouble. L'assemblée qui écoute muette, produit sur nous un effet terrible. Ce silence nous déconcerte, ces regards fixés sur nos regards nous effraient, la distraction pénètre dans notre esprit ému; nous avons perdu le génie parce que nous avons perdu le calme, la raison, comme ce chanteur timide qui n'a plus de voix dès qu'on l'écoute, comme cette femme palpitante d'émotion qui marche mal dès qu'on la regarde. Ainsi souvent l'orateur s'élance plein d'enthousiasme, il lui semble qu'il va éclater comme un volcan; mais si la peur le gagne, la lave se fige, et l'inspiration se refroidit.

Pour vaincre ces distractions fatales, il faut, en s'exerçant à parler, faire un tout complet, sans solution de continuité. Vous avez dit les plus belles choses, mais vous avez déjà contracté une mauvaise habitude; la distraction vous a vaincu, et nous avons senti un repos dans votre discours : c'était la paresse triomphant de la volonté. Vous ne savez pas vous vaincre, vous tremblez quand il faudrait marcher au but sans hésitation, aussi vite que possible, sans laisser apercevoir à l'auditeur ces repos fâcheux qui donnent le temps de chercher ce qu'on pourra vous répondre, quand même ils ne fatigueraient pas. Franchissez donc les obstacles que vous présente la parole, renversez tout ce qui s'opposera à votre passage, en un mot, commencez, continuez, finissez : le succès est là.

C'est par l'effort, c'est par l'action de la volonté en lui-même, que l'homme arrive à ce résultat. Quand il est parvenu à rompre ses facultés à l'obéissance, elles cèdent sous sa volonté comme l'instrument sous la main du musicien habile. L'esprit ne laisse plus apercevoir les traces de cette lutte intérieure qui le paralyse, lui ôte la grâce. Un abandon plein de charme préside à toutes ses manifestations. A voir comme l'orateur se déploie, les mouvements rapides et libres de toute entrave, pleins d'une ineffable harmonie, on dirait qu'il n'a jamais connu ni les fatigues de la pensée, ni les tiraillements de l'incertitude. Il veut, et son génie mobile se prête comme par enchantement à tous les mouvements que la volonté lui imprime ; il veut, et toutes ses forces, toutes ses facultés

12

se réunissent pour accomplir leur destination ; il veut, et les pensées accourent, se précipitent, et toutes, elles prennent à l'instant, sous sa parole, les formes qui lui plaisent. Or, c'est ce magnifique spectacle qui nous étonne et nous ravit, et comme nous n'avons pas assisté aux combats de l'intelligence avec l'obstacle, nous laissons à bon droit échapper de notre âme des cris d'admiration, et nous attribuons à tort au génie ce qui n'est qu'un effet de la puissance humaine, de l'habitude.

CINQUIÈME RÈGLE.

La timidité naît le plus souvent d'un sentiment de défiance relatif à l'état de nos moyens et de nos forces. Elle sied à l'orateur, et il n'est pas dangereux de la laisser percer. C'est un mouvement prompt et délicat de notre âme, qui la porte à se replier sur elle-même dès qu'elle est trop exposée aux regards de la foule. Nous n'irons pas proscrire cette sainte pudeur de l'esprit, à Dieu ne plaise ! réprimer au contraire le mouvement le plus impétueux de l'homme, qui est la vanité, envisager avec douceur l'orgueil et les prétentions des autres, leur attribuer une grande supériorité sur nous-mêmes, savoir recourir à propos au prestige de la modestie ou à la magie du silence : ce sont là autant de règles d'art que l'homme qui parle au public aussi bien que l'homme du monde, doivent bien se garder d'oublier.

Ainsi, il y a deux écueils dont il faut que l'orateur se défende avec soin : l'un est la timidité, et l'autre est la présomption. Celui-ci porte partout avec lui la vive idée de son insuffisance; il est dans une perplexité continuelle, il tremble d'entreprendre quoi que ce soit de son propre mouvement; toujours indécis sur ce qu'il doit faire ou vouloir, il abdique en quelque sorte son esprit et sa liberté. Celui-là, au contraire, rien ne l'embarrasse; il est charmé de ce qu'il fait et de ce qu'il dit, de ses projets, de son esprit, de ses manières, de sa conduite. Convaincu sérieusement qu'il n'est rien à quoi il ne soit propre, il aborde tout avec un air de confiance et de triomphe; il jouit de cette illusion parce qu'il ignore complètement ce que c'est qu'échouer et être mécontent de soi.

Fuyez ces deux excès, choisissez un milieu entr'eux; ayez une liberté noble, une assurance raisonnable, fondée sur le talent, l'âge ou le rang. Amassez du mérite pour en faire le solide fondement de votre supériorité, et à sa lumière, vous pourrez ensuite entrer avec une juste confiance dans une joute oratoire, dans une négociation, dans une affaire quelconque, et en sortir avec honneur, habileté et éclat.

Mais cette sorte d'ascendant n'est pas le fruit de la spéculation toute seule; pour y parvenir, il faut travailler de bonne heure à se le donner. La défiance tue les plus belles qualités. Elle produit la crainte, et la crainte nous déconcerte; par elle, les fonctions de l'âme se trouvent en quelque sorte suspendues, l'esprit s'égare, la conception se ferme, la mémoire se trouble, l'imagination se tarit, la langue se glace, tout l'homme devient sans action, sans parole, fût-il d'ailleurs intérieurement un torrent d'éloquence.

Nous voulons donc qu'un orateur ne se laisse pas priver de ses ressources par une timidité puérile et mal entendue. Aussitôt qu'une personne cherche à s'emparer de l'attention générale, elle est tout-à-coup en butte à la réaction d'une foule d'amours-propres[1]. Quelle diversité dans la physionomie de ceux qui l'écoutent! Beaucoup le fixent d'un air distrait et dédaigneux, et très peu l'encouragent d'un regard de franche sympathie. Il faut qu'il résiste à cette défaveur. L'art de la parole émane principalement de la liberté intérieure, qui veut deux choses : être maître de soi et pouvoir se commander, c'est-à-dire, comprimer ses émotions et gouverner ses passions.

Ce n'est pas tout : voici venir vos adversaires, vos ennemis même, car, pitié à celui qui n'a pas d'ennemis ! Au premier mot de votre exorde, ils bâillent, jouent la distraction; ne vous en étonnez pas; on n'attend de vous que des flagellations, et vous cherchez la victoire. Vous vous efforcez de faire tomber la massue de votre parole, de votre conviction sur l'assemblée qui résiste. Cherchera-t-on à vous interrompre d'une manière directe ? Non, on s'en gardera bien. Ce serait réchauffer votre verve, doubler vos forces. Ici, pour vous accabler, tous les artifices oratoires se réduiront à des cris qui, multipliés, se répandront comme une immense contagion, grossiront dans

---

[1] Ceci est vrai partout, mais surtout dans la province. Les Ephésiens disaient : « Si quelqu'un veut exceller ici, qu'il aille exceller ailleurs. » L'envie de province tient le même langage. On s'irrite à la vue d'un homme de mérite comme à celle d'un parvenu, quand on devrait les respecter et les honorer d'avoir conquis leur position par le travail; quand leur exemple, au lieu d'exciter la jalousie, ne devrait exciter que le courage. On en est venu à ce point que la province n'a plus d'hommes de talent à cause des dégoûts dont on les abreuve. Ils vont à Paris, et puis l'on crie à la centralisation. C'est comme si Athènes s'était plaint de ne trouver des hommes justes et austères qu'à Sparte, alors qu'elle proscrivait Aristide et faisait mourir Socrate !

leur cours comme l'avalanche des montagnes, et tombant à l'improviste sur vous, briseront votre élan magnifique.

Qui la retient donc cette noble intelligence? qui arrête son généreux essor? Déserte-t-elle ainsi lâchement le travail et la gloire? Non, mais au moment où il lui faut faire un sublime effort, elle va, palpitante et dévoyée, battre l'air de ses ailes éperdues, et la faiblesse de notre vue obscurcit sa divine lumière.

Il faut donc, dans ces circonstances décisives, appeler à soi tout son courage, et, comme un Spartiate, mourir à son poste plutôt que de céder. C'est à l'intelligence à ne pas défaillir. A qui a-t-on affaire après tout? A une masse d'hommes; décomposez-la, réduisez-la à son expression la plus vraie et la plus simple, et vous arriverez à ce mot de Socrate montrant un à un les Athéniens à Alcibiade. « Voyez, voilà celui qui vous fait peur quand vous montez à la tribune. » Y a-t-il là de quoi s'effrayer? L'insensibilité, considérée comme force factice, est quelquefois une condition nécessaire de la vertu oratoire. Buffon a dit en parlant de l'éloquence, que les hommes passionnés ne peuvent être des orateurs. Il avait raison. Il ne le sera jamais, celui qui se laisse ébranler, émouvoir, troubler à l'aspect d'une assemblée; car alors le sentiment de la beauté lui échappe, l'artiste s'évanouit, et il ne reste plus que l'homme.

Mais, direz-vous, ces choses-là ne s'apprennent pas. Demandez à l'histoire, qui vous répondra par un grand nom : Démosthène; qui vous redira, à travers les âges écoulés, quelques souvenirs de l'orateur couronné par sa patrie. Sans doute, l'homme peut se laisser emporter par le courant du fleuve, mais il peut aussi lutter contre les flots en usant des forces qu'il tient de la nature. Céder à la peur, c'est une indignité aux yeux de la raison; en triompher, cela est bien, cela est grand, cela est beau.

Vous êtes en face d'un auditoire passionné, dont il faut vous faire écouter. Vous montez à la tribune, des murmures, des trépignements se font entendre, des cris *aux voix! * cris sinistres! vous accueillent. Fuirez-vous devant l'orage? Mais on vous accusera de lâcheté; on dira que vous êtes une âme vraiment molle et digne de réprobation puisque vous avez refusé une gloire parce qu'elle vous aurait coûté un peu d'énergie. Ainsi vous serez à la merci du premier venu; on vous fera déraisonner dans les occasions les plus importantes. Un jeu de mots, un éclat de rire vous feront perdre la tête. Oh! alors ne vous jetez pas dans les luttes de la parole, vous y péririez infailliblement; ne vous chargez pas des affaires d'autrui, encore moins de celles de la patrie, qui veut des hommes courageux et forts. La religion, la patrie, l'humanité ont besoin, à toute heure, de pouvoir compter sur leurs orateurs.

Essayez-vous donc à l'audace, vous qui voulez apprendre l'improvisation. On ne l'obtient qu'à ce prix; vous arriverez ainsi à ne pas plus craindre les murmures qui troublent, que les applaudissements qui encouragent. C'est ainsi que la parole acquiert de la force, de l'autorité. Or, les hommes ont besoin qu'on leur impose. S'ils se sentent devinés, pénétrés par un esprit auquel ils ne peuvent refuser une certaine supériorité, les voilà dominés et maintenus. Le caractère qui leur paraît doué d'énergie et de volonté, les frappe et obtient toujours gain de cause en définitive dans leur appréciation.

Voulez-vous donc être orateur? Voulez-vous le triomphe, la conquête? Pratiquez le courage, ou vous risquez de périr au milieu de cette mer agitée de la parole ; la honte vous saisira et vous lutterez incertain comme le matelot dont la tempête a brisé le navire.

CHAPITRE III.

RÉFLEXIONS GÉNÉRALES SUR CE LIVRE.

L'improvisation est une habitude qu'il faut contracter par des actes réitérés ; dès lors elle peut difficilement s'acquérir par des préceptes. La difficulté même d'en donner, de l'emprisonner dans des règles, se fait puissamment sentir. Mais pour passer de la théorie à l'application, du vrai à l'utile, on comprend qu'il faut satisfaire à cette indispensable condition, qui est de s'exercer, de manier l'instrument donné, afin de régulariser les vérités que la théorie préconise. Ainsi, savoir n'est rien, faire est tout. Qu'on ne s'empresse pas de juger de la valeur de nos principes avant de les avoir mis en pratique, ce serait se préparer des mécomptes, ce serait s'exposer à juger sans connaître, et cette présomption vaniteuse est pire que l'ignorance. D'Alembert disait à un de ses amis qui se plaignait des nuages que certaines démonstrations mathématiques laissaient dans son esprit : « Allez en avant, la foi vous viendra. » Telle est aussi notre pensée ; la foi descend toujours dans les âmes qui la cherchent avec sincérité

Exercez-vous donc : vous ferez mal d'abord, mais qu'importe? c'est déjà beaucoup. Le plaisir d'avoir fait augmente et fortifie en nous la pensée de mieux faire désormais. Peu à peu la vue de nos progrès, qui s'accroissent de jour en jour, à mesure que le chaos se débrouille, enflamme notre jeune courage. Ces essais sont autant d'engagements pris avec nous-mêmes, et c'est ici plus que jamais que l'on doit comprendre que l'on recule dès que l'on n'avance pas, et que l'on cesse de vivre dès que l'on cesse de faire des conquêtes.

C'est l'opiniâtreté de la persévérance et du travail qui nous conduit à la perfection, autant du moins qu'il est donné à l'homme d'y parvenir. Le célèbre Lemaistre, préoccupé de l'idée de renoncer au barreau et au monde, n'apportait plus à l'étude la même chaleur, le même entraînement : aussi disait-on de lui, peu de temps après ses plus beaux succès : IL BAISSE. Tant il est vrai que quels que soient les talents que nous ayons acquis, si nous ne les cultivons pas, nous descendons à notre insu au-dessous de nous-mêmes, et nous finissons par manger notre capital au lieu de ne dépenser que notre revenu. La décadence du talent est aussi sensible que sa croissance. L'homme perd par l'inaction le feu sacré qu'il a dérobé au dieu du labeur; il s'élève ou tombe selon qu'il travaille ou ne fait rien; c'est là une loi fatale, inévitable, providentielle [1].

---

[1] VOLTAIRE a dit :
L'âme est un feu qu'il faut nourrir.
Et qui s'éteint s'il ne s'augmente.

L'improvisation est immense, elle a des horizons infinis, et à mesure que nous avançons, ils semblent s'éloigner de nous comme pour se jouer de notre faiblesse. Nous découvrons chaque jour combien notre science est imparfaite et pauvre au prix des rêves qu'enfante l'orgueil de l'homme, qui voudrait escalader le ciel et traiter d'égal à égal avec Dieu. Ne nous décourageons pas cependant, félicitons-nous au contraire, car la plus belle des qualités est de savoir celles qui nous manquent. On augmente sa force en reconnaissant sa faiblesse. D'ailleurs, nous ne devons pas considérer la route qui nous reste à faire, nous devons voir seulement celle que nous avons laissée derrière nous. Partis avec la persévérance et la volonté, nobles compagnes de notre route, nous sommes passés par des épreuves difficiles; nous avons vaincu l'aridité des premiers jours du voyage; notre corps est rompu à la fatigue, préparé à la marche : c'est déjà un notable progrès. Ne considérez pas le but, mais voyez le point d'où vous vous êtes élancé pour l'atteindre, et le chemin que vous avez fait ; continuez à y tendre de toutes les forces de votre volonté. Tout est là.

Il faut bien se garder de croire que l'improvisation consiste seulement dans la facilité d'exprimer ses idées d'une manière abondante, claire, élégante; ce n'en est là que le premier pas, le plus difficile peut-être, mais non le seul qui soit à faire. Ainsi, quand on a appris à parler avec facilité et sans hésitation, il faut apprendre à resserrer ses idées dans des formes vives et précises [1].

[1] *Est brevitate opus ut currat sententia, neu se Impediat verbis lassas onerantibus aures.*

HORACE, sat. 10.

En général, l'improvisation doit être sobre et concise; il ne faut pas qu'elle dégénère en une facilité malheureuse de ne rien dire avec beaucoup de paroles : repoussée alors comme une sensation douloureuse et pénible, elle perdrait tous ses charmes. Exercez-vous donc à renfermer votre pensée dans des bornes convenables; élaguez de votre mémoire une partie de ses richesses, effeuillez, émondez l'arbre. Les mots fatiguent toutes les fois qu'ils cessent d'être le signe nécessaire des idées. Le lion qui va combattre, se raccourcit et se ramasse pour être plus fort. Pour parvenir à cette précision, nous recommandons l'étude de Tacite. C'est l'ouvrage favori de tous les grands orateurs, qui admirent en lui l'art avec lequel il exprime les idées les plus complexes avec une concision presque mathématique. Comme ces accents sont mâles et simples ! L'immortel historien domine les évènements qu'il raconte, et dans sa profonde indignation contre ce siècle corrompu qu'il peint en traits si vigoureux, il trahit en mots brisés la douleur qui a saisi son âme, et s'il dédaigne de s'exprimer avec plus d'ampleur, on voit bien que la brièveté dont il use est l'effet d'un choix délibéré.

Mais toutes ces difficultés de la parole extemporanée peuvent se surmonter par le travail. S'exercer avec constance, triompher de son amour-propre, commander à ses passions, ne pas craindre les orages des assemblées, l'improvisation, cette solide armure qui rend l'orateur invincible, ne s'acquiert qu'à ce prix. Vous le pouvez donc, renoncez à la mollesse, à la vanité, faites un sublime effort sur vous-même. Regardez comme l'improvisation va vous ouvrir des jouissances pures et infinies ! Examinez votre âme, et voyez combien, sortie des mains de Dieu,

elle est belle, jeune, forte! Voulez-vous donc qu'elle s'en
retourne à lui sans avoir rien accompli ici-bas? Ne peut-
elle, entre deux résolutions, choisir la plus noble et la
plus généreuse? Ne vous sentez-vous pas assez de force
pour commander à votre cœur? N'aurez-vous pas là toujours l'ambition, cette sainte ardeur de l'âme, pour relever votre courage, s'il venait à faiblir? Abandonnez-vous
à l'improvisation. Alors, en parlant, vous sentirez le dieu
vous inspirer. Une confiance, une foi miraculeuses des-
cendront en vous : il y aura comme une chaîne magique
entre vous et les hommes, et ce sera un prodige que votre
élan et votre enthousiasme. Ah! vous ne savez pas combien vous serez beau, lorsque vous lèverez vers Dieu vos
mains suppliantes, pour le prendre à témoin de la vérité
de vos paroles; combien votre visage s'animera, combien
vos yeux s'illumineront d'une flamme subite! Ces rayons
du ciel laisseront leur reflet sur votre figure, et elle aura
alors une autre expression, une autre beauté. Votre voix,
changée aussi, retentira magnifiquement, et elle sera
pleine de vibrations et d'harmonie. Vous trouverez en
vous des facultés nouvelles que vous ne vous connais-
siez pas; votre sang coulera dans vos veines plus chaud,
plus généreux et plus riche, et pour comble enfin, jusque, dans l'enivrement du combat, vous serez vous-
même acteur et spectateur de votre génie, peuple et roi.

LIVRE CINQUIÈME.

———

ÉTHIQUE

OU

DES MŒURS, DU CARACTÈRE ET DES NÉCESSITÉS DE L'ART
ORATOIRE.

CHAPITRE PREMIER.

L'ÉCRIVAIN ET L'IMPROVISATEUR.

Dans tous les développements de l'activité humaine en général, et de l'activité oratoire en particulier, apparaissent des degrés distincts, et la source d'où dérive l'inépuisable variété des produits de l'art, tantôt coule lente et pauvre, tantôt s'élance rapide et féconde. Ici, c'est l'Ecriture régulière mais froide, qui ne semble exécuter que par des forces purement mécaniques; là, c'est la Parole incorrecte, mais animée, qui s'abaisse ou s'élève selon que l'idée s'offre à l'esprit plus ou moins nette et vive. D'où il suit dans l'art oratoire, deux grandes divisions correspondantes, fondamentales, ayant, il est vrai, une origine commune, un terme commun, mais spécifiées par des différences réelles, profondes : l'Ecrivain et l'Improvisateur, ou, en d'autres termes, l'homme qui compose de mémoire et l'homme qui compose d'inspiration.

Le divin présent de la mémoire a été fait à l'homme, et

13

c'est là une des causes de sa supériorité sur tout ce qui respire. Semblable à un kaléidoscope que la main agite, la mémoire reproduit et combine les images dont elle est dépositaire. Roi souverain d'un peuple de souvenirs, l'homme les évoque et les appelle selon que ses besoins l'exigent. Sujets parfois insoumis, mais le plus souvent dociles, ces souvenirs sans intelligence et pourtant dévoués, accourent à sa voix, et souvent même, ils obéissent instinctivement avant qu'on ait songé à leur commander.

Mais il y a deux sortes de mémoires : l'une, passive, exécute l'ordre en quelque sorte d'après les lois du mouvement et de la matière, appelant à soi une création antérieure ; celle-ci fait l'orateur qui récite ; l'autre, active, se nourrissant de sa propre sève, créant à mesure qu'elle marche, les mouvements libres de toute entrave, tout échauffée de verve et d'images ; celle-ci fait l'orateur qui improvise, et il y a entre ces deux hommes toute la profondeur d'un abîme.

L'homme qui écrit a, par des méditations patientes et prolongées à son gré, rassemblé ses moyens et ses forces. Il se développe avec précaution, avec mesure. Il é lit, il abstrait, il se renferme dans le calme et la solitude ; il construit un monument avec lenteur, réflexion et amour ; et lorsque sa pensée est rétive, cesse de l'inspirer, il s'arrête et remet au lendemain. Il profite ainsi de ses moments d'enthousiasme et se dérobe aux heures d'affaissement et de fatigue. Il revoit son ébauche, songe aux attitudes qu'il doit prendre, calcule à son aise les effets de la perspective. Il évoque autour de lui le souvenir du passé, purifie ses inspirations, y sème après coup mille perles précieuses, s'agenouille enfin à tous les instants devant le dieu qui préside à son ouvrage. Environné de ressources, il appelle l'expression, l'image qui le fuit, la fatigue, la harcèle et la trouve. Il lit, relit, efface, immole, recompose. Il n'a pas le droit, lui, d'excuser par la précipitation les écarts de son génie. Le temps lui fut largement dispensé pour créer son œuvre, et s'il a osé lancer dans la vie cet enfant de ses veilles, c'est que sans doute il a eu foi en lui-même, et qu'il a pensé pouvoir défier la critique, aiguillon et tourment de la gloire.

L'homme qui parle semble inspiré et recevoir en quelque sorte ce qu'il donne, car il s'établit entre lui et l'assemblée qui l'écoute, comme un courant électrique par où la vie s'échange. Il trouve en lui et hors de lui la source de sa puissance, et il y puise à pleines mains. Sa parole, quoique méditée, a tous les charmes et toutes les audaces de la spontanéité. Sa pensée naît d'elle-même brillante, lucide, choisie par les forces de l'attention et de la volonté au sein de matériaux immenses. Sa mémoire ressuscite les choses ensevelies dans ses mystérieux sanctuaires; elle les fournit aux besoins qu'il éprouve, et nourrit son intelligence de ses puissantes émanations. Il peut sans crainte livrer toute son âme, elle rentrera toujours en lui chargée d'une sève, d'une vie plus abondante. Son imagination se réveille et se déploie; elle répond aux provocations incessantes de la volonté, et à ce banquet divin, elle apporte ses brillantes richesses, son tribut magnifique. C'est ainsi que l'homme tire de lui-même les trésors qu'il y avait enfouis, pour les semer instantanément dans les champs de son avenir et de sa gloire. Immortelle hostie, il se sacrifie, il brûle, il se consume, sur les autels de la religion, de la patrie, de l'humanité!

Telles sont les différences qui séparent l'Écrivain et

l'Improvisateur; telles sont les ressources qu'ils trouvent dans leur position, dans leurs dangers même. Auquel des deux assigner la prééminence? auquel donner le plus d'encouragement et d'éloges? quel est le talent le plus difficile à obtenir et par conséquent le plus digne d'envie? Or, nous n'hésitons pas à le dire, après avoir lutté avec des fortunes diverses sur les deux champs de bataille : Bien écrire nous paraît plus difficile et plus rare que bien improviser.

En effet, l'on n'a pas d'indulgence pour un écrivain, et l'on a raison. On exige de lui la perfection; on le compare aux grands maîtres de l'art, et s'il ne leur ressemble pas, on est sans pitié pour lui, car il a dû bâtir non pour le moment qui passe, non pour ces bruissements laudatifs que le vent emporte sur l'aile de la victoire, mais pour la vérité qui brave l'orage et qui demeure. On veut voir dans son œuvre, brillants et réunis, l'ordre, la méthode, l'élégance, la correction, la profondeur de pensée, la vigueur de raisonnement; on veut qu'il puisse soutenir l'épreuve, la grande et difficile épreuve du temps; que le monument qu'il a élevé puisse contenter le regard de près comme de loin, aujourd'hui comme dans les siècles; on veut enfin que peintre de la nature, il soit beau et varié comme elle, et nous arrache toujours des élans d'enthousiasme et des cris d'admiration.

L'Improvisateur, au contraire, a des franchises illimitées, des libertés sans bornes. Ce n'est pas l'élégance du langage, l'enchaînement calculé des preuves, la construction savante des phrases; ce qu'on veut de lui, c'est de la force, de l'énergie, c'est qu'il vous touche et vous entraîne; ce qu'on veut de lui, ce sont de ces émotions qui vous font avoir chaud et froid, être mal et bien, de ces coups de fusil qui battent désordonnément le rempart, de ces éclairs qui sillonnent le ciel, de ces palpitations violentes qui précipitent le sang du cœur au cerveau, de la tête à la poitrine, puis enfin, au milieu de ce tumulte qui se fait au-dedans et au-dehors de nous, ce qu'on veut de lui, c'est l'explosion de la foudre qui brille et qui tue, c'est la clarté et la conviction qui s'échappent avec éclat du nuage de la tempête expirante.

Telles sont les raisons qui nous portent à penser qu'il ne faut donner que le second rang à l'improvisation malgré sa puissance sur l'homme. Mais de ce que le talent d'écrire présente plus de difficultés et par conséquent plus de mérite, s'ensuit-il qu'il faille le préférer? Non, évidemment, et tout est relatif à l'état auquel on se destine, à la position que l'on aspire à posséder dans le monde. Choisissez donc de manière à mettre dans l'emploi de vos forces discernement et persévérance. Vous que la nature a doués d'imagination et d'enthousiasme, soyez poètes. Vous qui aimez à raconter les grands enseignements du cœur humain et de l'histoire, soyez écrivains. Aimez-vous la justice, la vérité? vous sentez-vous assez de courage pour ne les trahir jamais? Le Barreau vous ouvre un champ immense, tandis que la religion attend des hommes qui puissent restaurer dans la Chaire évangélique la voix des Bossuet et des Massillon. Enfin, la Politique veut des représentants jeunes, ardents, pleins de passions patriotiques et de l'amour de l'étude. Que tous, hommes d'espérance, avocats, prêtres, tribuns, soient esclaves de l'improvisation, qu'ils s'élancent sur cette mer agitée, dans cette région brûlante où éclatent les orages; pour eux, la gloire est là, l'austère et vaste avenir est là.

Ainsi nous apparaissent l'Écrivain et l'Improvisateur.

L'un s'appuyant sur la mémoire, débute au monde de l'art oratoire, l'autre s'appuyant sur l'inspiration, a atteint ce but de toutes les vanités, s'est assis triomphant sur ce trône magnifique. Celui-ci s'élance comme un aigle des cieux, les mouvements rapides et avec un vol splendide, et jouit de son triomphe à l'heure même. Celui-là, chargé de fers, s'avance calme, incertain, et n'attend la justice que de l'avenir? Quoi qu'il en soit, ces deux talents méritent une égale admiration, sont dignes d'ambition, et à ceux qui sauront s'y dévouer appartiendra la gloire. Efforcez-vous donc de les conquérir; vivez dans l'étude, et après un long travail, il vous sera donné de vous nourrir de cette manne délicate et sacrée de l'art. Vous avez de belles et heureuses idées, vous les sentez palpiter dans votre sein et élargir votre poitrine; que vous manque-t-il donc pour les produire? La forme vive, animée, pittoresque. Or, la forme est une science qui s'apprend et qui est toujours au service de celui qui sait appeler à soi toutes les forces de sa volonté. L'art est un don que Dieu n'a refusé à personne; il est à tout homme qui sait fouiller dans son âme et en faire jaillir la flamme divine. Il arrive un moment où les facultés obéissent dans un jeu prompt et facile; la forme à demi voilée, fugitive, que l'homme avait vaguement entrevue comme en un songe, lui apparaît; une clarté divine traverse les ténèbres de son entendement, l'heure d'extase et de révélation a sonné, la crise intellectuelle est arrivée, d'écrivain impuissant et faible qu'il était, il s'est créé orateur, et soit au Barreau, soit à la Tribune, soit à la Chaire, il vient réaliser par son activité l'idéal sublime dont il sent en soi le type sacré, la source inépuisable!

CHAPITRE II.

L'ÉCRIVAIN ET L'IMPROVISATEUR AU BARREAU.

Le but de l'éloquence judiciaire, c'est la conviction : ici, en effet, l'orateur n'a pas pour mission de développer ce qui est utile comme dans les discours politiques, ni de présenter ce qui est beau comme dans le genre religieux [1]; son objet principal est de montrer ce qui est vrai, par conséquent, c'est au jugement, c'est à la raison qu'il doit surtout s'adresser : tel est le caractère primitif et fondamental de l'éloquence judiciaire.

Et ce n'est pas seulement le but que l'on se propose au Barreau, qui doit donner aux discours qu'on y prononce ce caractère dominant. Les convenances locales et extérieures l'indiquent avec autant de force. Si nous jetons en effet nos regards sur les tribunaux, qu'y voyons-nous ?

---

[1] L'objet de la religion, c'est Dieu, et Dieu est la suprême Beauté.

Est-ce une multitude susceptible d'être agitée et entraînée par les passions et l'enthousiasme? Est-ce une discussion dans laquelle l'imagination puisse se donner une libre carrière? Non, car l'on parle seulement devant un nombre choisi d'hommes qui cherchent la vérité, base éternelle et irrécusable de la conviction.

Deux champs sont ouverts à l'éloquence judiciaire: celui de la justice criminelle et celui de la justice civile. Le rôle de l'avocat y est également grand, noble et beau.

Quand la justice poursuit un homme et que l'opinion publique l'accable, au milieu des murmures qui l'accompagnent, des clameurs dont il marche escorté, quel dévouement alors demeure encore fidèle au prisonnier maudit? Qui invoquera-t-il? A qui aura-t-il recours? Sera-ce à l'organe de l'accusation? Mais à cet organe des ma...s-trats, ses supérieurs, on dit : « Voici un homme véhémentement soupçonné d'un crime ; soyez éloquent, incisif, faites-le condamner. » Il se tourne alors vers les juges; mais leur aspect sévère, leur costume solennel l'effraie ; il sent qu'il ne peut y avoir de communication entre leur âme et la sienne, qu'une distance incommensurable le sépare d'eux; il sait d'ailleurs qu'ils ne sont le plus souvent que les applicateurs obligés de la peine, et qu'un code inflexible, ouvert devant eux, leur dicte l'impitoyable sentence. Terrifié, tremblant au fond de sa conscience, il cherche encore. Là devant lui, presque confondus dans la foule, il aperçoit des hommes dont le vêtement ne révèle rien de terrible. Ce sont ses pairs, ce sont les jurés. Alors sa pensée longtemps indécise s'arrête sur eux, il espère. Mais osera-t-il élever la voix? Sa parole n'expirera-t-elle pas sur ses lèvres troublées? Pourra-t-il dissiper les preuves accumulées dans le mystère de l'instruction, afin d'établir l'action qu'on lui reproche, et qui appelle sur sa tête les implacables vengeances de la loi? C'est à peine s'il pourra dire au milieu de cette foule, dont l'aspect l'épouvante et qui semble se repaître de son malheur : « Je suis innocent, ô mes juges, acquittez-moi, rendez-moi à mon père, à ma mère, à mon épouse, à mon enfant chéri. » Vers qui donc voulez-vous maintenant qu'il se tourne, accusateurs, juges et jurés? Si son âme est pure, à qui l'ouvrira-t-il? Si elle est souillée, à qui confiera-t-il ses repentirs?

Alors, le malheureux, dans cette situation où tout le monde l'abandonne, ne trouve plus d'appui que dans son défenseur, qui représente à lui seul sa famille éplorée et recueille ses plaintes, ses remords, ses espérances. S'il est pauvre, et si par là encore son infortune s'aggrave, puisqu'il n'ose pas lui-même se choisir celui qu'il juge propre à faire triompher son innocence, la société, comme une tendre mère sur qui des enfants dénaturés ont levé leurs mains parricides, la société vient encore disputer sa tête au glaive de la loi, et elle lui désigne un protecteur qui, quoique pris au hasard, dans une corporation nombreuse, n'en est pas moins un homme plein de talent, de zèle, de discrétion, et qui accepte avec empressement ce poste de péril et d'honneur [1].

Ainsi, en face d'un ministère d'accusation et de pénalité, l'avocat vient remplir un ministère de défense et de pardon. Il vient de sa parole éloquente et de son intelligence élevée, protéger ceux qui souffrent et pleurent au

[1] Disons cependant que les Présidents d'Assises, et c'est de leur part une chose très belle et très noble, indiquent toujours d'office les meilleurs avocats pour défendre les causes les plus graves.

fond des cachots ; il vient, en soldat vaillant, combattre
pour l'innocence accusée, tremblante et muette de stupeur ; il vient, alors même que tout semble perdu et que
l'on n'attend plus que l'arrêt funèbre, intercéder pour
l'entraînement aveugle qui a conduit au crime, demander grâce, implorer pitié, et faire retentir jusque dans
l'âme du condamné qu'attend l'échafaud, quelques consolantes et généreuses paroles qui le font croire et espérer, jusqu'à sa dernière heure, en la miséricorde de Dieu.

Quand la vie d'un citoyen n'est plus en danger, quand
sa liberté, son honneur, biens plus précieux encore que
la vie, ne sont plus menacés, et qu'il faut seulement le
protéger dans la possession de sa fortune, la mission de
l'avocat n'a plus cette responsabilité terrible qui épouvante ; mais elle n'est pas moins honorable, utile et
grande. Une réunion d'hommes en qui se personnifie la
Justice, c'est-à-dire ce qu'il y a de plus saint au monde,
représente la société constituée en tribunal auguste. Ils
sont là pour juger sans passion et sans haine, et en tenant
dans les mains la balance de l'équité et du droit. Quoi de
plus propre, on le demande, quoi de plus propre à élever la justice dans l'esprit des peuples, que ce combat que
se livrent en sa présence des hommes spécialement chargés de poursuivre la réparation des intérêts et des droits
blessés ? La scène est véritablement belle et le talent de
l'avocat en est comme la décoration magique. Tout l'a-
vertit alors que sa parole doit être en harmonie avec ce
qui l'environne. La gravité austère et attentive des magistrats, l'attitude du public silencieux et calme, tout
donne à cette solennité un appareil imposant et noble,
tout élève l'avocat à la hauteur d'une grande mission et
en fait en quelque manière le soleil de la justice.

Voilà les deux théâtres sur lesquels l'orateur du Barreau doit remplir sa rude et périlleuse tâche, sur lesquels il doit rechercher les succès, les triomphes et la gloire. Mais y paraîtra-t-il armé en écrivain ou en improvisateur ?

Selon nous, l'improvisation est au Barreau un talent nécessaire, indispensable. En effet, à chaque instant, le procès que l'avocat est chargé de soutenir peut changer de face ; il faut être prêt alors à le saisir corps à corps et sous le nouveau point de vue qui tout-à-coup se révèle. Évidemment, l'avocat qui n'aurait pas l'habitude de l'improvisation, plierait sous ce lourd fardeau ; il ne pourrait pas se maintenir dans cet état permanent de guerre acharnée, qui demande des forces toujours renaissantes et des élans pleins de vigueur.

Vous voilà en face de vos juges prêt à en venir aux prises avec votre adversaire. Le public est là qui fait silence et vous attend !.... Vous aussi vous comparaissez en quelque sorte en accusé devant lui. Prenez-y garde, son arrêt aura la force de la chose irrévocablement jugée contre vous. Vous avez là abrité derrière votre parole, un homme qu'il faut arracher à la vindicte sociale. Vaillant tauréador, vous êtes dans un cirque non pas pour immoler, mais pour sauver une victime palpitante qu'on veut offrir en holocauste à la sécurité de tous. Etes-vous prêt à vous précipiter au milieu des périls, comme un intrépide nageur qui s'élance et se sent de force à remonter le courant du fleuve ? Avez-vous appris par l'exercice de l'audace, à affronter cette mer tumultueuse du peuple ? Votre voix cherchant l'éloquence a-t-elle interrompu le silence des nuits ? S'il en est ainsi, levez-vous, et bientôt vous aurez obtenu la plus noble récompense de vos travaux, et vos oreilles vont être caressées par la plus délicieuse des harmonies [1].

Mais si au contraire vous n'avez pas cherché à acquérir le talent de la parole, si vous avez trop compté sur le génie, vous faudra-t-il attendre que Dieu vous envoie un ange, comme à Isaïe, pour toucher d'un charbon embrasé votre lèvre muette ? Demanderez-vous du temps et de la solitude pour préparer un plaidoyer que vous viendrez ensuite déclamer à grands efforts de mémoire ? Comment d'ailleurs auriez-vous de l'assurance ? Vous avez refusé

---

[1] Y a-t-il état ou prééminence au monde qui vous puisse apporter tant d'honneur et de plaisir que le jour où vous vous rencontrez à plaider quelque belle cause ? Vous voyez, lorsqu'on est sur le point de l'appeler, le barreau croître et s'enfler d'un grand nombre de survenants comme d'un reflux de la mer. Quand vous ouvrez la bouche, un silence universel s'engendre parmi la foule avec admiration de ce que vous dites. Quand vous avez achevé de parler, une douce rumeur de personnes qui vous louent vous flatte les oreilles. Sitôt qu'un étranger arrive, la première chose qu'il demande, c'est de vous connaître et de vous chérir. Estimez-vous point que cela passe par-dessus toutes les présidenteries et chancelleries ? Mais pourquoi dis-je cela ? Comme si votre profession n'était pas le degré par où l'on y parvient ; ce que vous pouvez remarquer toutes les fois que vous jetterez les yeux en haut pour contempler ceux qui sont assis sur nos siéges et qui y sont arrivés par la même voie que vous tenez (*Harangue du XVIIe siècle*). — L'association des idées nous conduit à citer ici un de ces succès éclatants dans le domaine de l'art, succès qui est resté dans l'histoire : — en 1804, la *Jeanne d'Arc* de Schiller obtint sur la scène des honneurs bien rares. A Weymar, on s'était délicatement enivré de cette chaste et mélodieuse poésie. A Leipsick, ce fut une explosion, un triomphe populaire. Schiller était là, le visage doucement éclairé par l'attendrissement rêveur. Le premier acte fini, un cri profond, unanime, s'éleva de tous les points de la salle : VIVE SCHILLER ! Et tout aussitôt une musique spontanée, fanfare triomphale, accompagna ce cri. Tel est l'empire du génie !

la veille le combat qu'on vous offrait, vous parlez maintenant devant un auditoire prévenu et indisposé contre vous à cause de votre faiblesse. Que de talent ne vous faudra-t-il pas pour reconquérir cette bienveillance que vous avez perdue par votre lâcheté ! Et si vous allez réciter, pauvre naufragé de la veille, si au lieu de vous abandonner bravement aux périlleux hasards de l'improvisation, vous semblez réciter une oraison péniblement apprise, que pensera-t-on de vous ? Car, ne croyez pas le cacher, vainement vous ne consulterez aucune note, vainement vos yeux levés vers le ciel sembleront lui demander des inspirations et des secours, votre facilité elle-même vous trahira, et il est d'ailleurs un cachet particulier qui s'imprime aux produits instantanés de l'improvisation, et qui permet de dire avec certitude : Ici finit le travail de l'écrivain, là l'improvisation commence.

Apprenez donc à improviser ; il vous est impossible de vous soustraire à cette nécessité. Si ce talent vous manque, la carrière de l'éloquence judiciaire plus que toute autre ne peut vous offrir que défaites sanglantes et dégoûts mortels. On ne permet un discours écrit qu'au début ; et encore conserve-t-on par ce souvenir une idée peu avantageuse de celui qui l'a prononcé. Il faut le racheter, le faire oublier par des succès postérieurs, car qu'est-ce qu'un avocat qui n'improvise pas [1] ?

---

[1] Les craintes qu'éprouve ordinairement une personne qui débute, ne peuvent être appréciées que par ceux qui les ont senties; mais avec quelque sévérité qu'un jeune orateur soit jugé, il a tôt ou tard le succès qu'il mérite, s'il y a en lui un véritable talent. Les sifflets n'étouffent que les ineptes. Démosthène n'eut point de succès dans ses débuts. Cicéron nous apprend que, dans les com-

Un avocat qui n'improvise pas ne mérite pas ce nom. C'est un écrivain, c'est un littérateur qui pourra bien remporter la victoire aux jeux olympiques, mais ce n'est pas l'homme toujours prêt, toujours armé en guerre, à qui vous pouvez confier votre liberté, votre honneur, votre fortune. L'avocat qui écrit, ne marche qu'avec des lisières, l'avocat qui improvise ne connaît pas d'entraves. Tout marque dans les œuvres du premier l'empreinte de ses fers, tout décèle dans les productions du second sa noble indépendance. L'avocat qui improvise a sur l'avocat qui écrit l'avantage qu'a un homme à cheval sur un homme à pied.

Une lutte judiciaire n'est qu'un échange animé d'idées. L'avocat parle : le juge et l'adversaire l'écoutent et suivent les oscillations et les mouvements de sa parole. Tout le monde prend constamment part à l'entretien et en quel-

mencements, il était d'une timidité telle, que chaque fois qu'il lui fallait prendre la parole, il sentait son cœur défaillir, et l'on raconte qu'il donna la liberté à un esclave qui venait de lui annoncer la remise d'une affaire importante. Mais il est malheureusement à remarquer que presque tous les débutants qui promettent le plus, sont ceux qui tiennent le moins; d'ordinaire, plus il y a d'éclat d'abord, moins il y a de succès dans la suite. Cela vient de notre pauvre nature, qui se laisse facilement enthousiasmer de l'accueil qu'elle reçoit. Enivré par le breuvage perfide de l'amour-propre, l'orateur n'étudie plus, n'acquiert plus; il refuse tout conseil, tout avis, et, en peu d'années, c'est un talent perdu. Au lieu de fouler aux pieds la vanité, de ne prendre que pour des encouragements les applaudissements qu'on lui donne; au lieu de saisir avidement tous les reproches qu'on lui fait, de les vérifier sur les principes de l'art, il se laisse éblouir par des succès éphémères et bien vite oubliés! Les Grecs, penchés vers la fleur, la suppliaient de ne pas s'ouvrir trop vite, et ils disaient du rossignol : Il chante tard, mais il chante le mieux.

que sorte pense, médite silencieusement avec lui, prend
conseil de lui, s'instruit par lui, se décide avec lui. Au
lieu de la parole, donnez à l'avocat un discours écrit en
main, et vous détruisez sa puissance. L'art exige qu'on
le cache surtout au Barreau. L'illusion, le *sit venia verbo*
disparaît pour celui qui lit. Sa recherche, son luxe d'em-
prunt nous déplaît. Le juge conserve généralement de
l'ombrage, de la défiance contre celui qui s'inspire d'un
manuscrit aux émotions refroidies. Son attention veut
être enchaînée par les sens. Il veut que l'orateur ait les
yeux sur lui, que ses regards fixent ses regards. Il ne
veut pas voir devant soi une raide machine à lecture,
mais au contraire un homme qui parle vivement à son
cœur et exprime par l'accent, le geste et le regard, la vie
qui l'anime. Or, en sera-t-il ainsi, si l'œil attaché sur le
papier ôte la dignité de l'action, si une attitude courbée
et sans grâce, monotone et froide, est en désaccord avec
le sentiment qui doit dominer l'âme ? Et dans cette situation, n'est-il pas contre nature que la voix de l'orateur
s'émeuve et se passionne ? Et comment parviendra-t-il à
faire pénétrer la passion de son âme dans un discours écrit
longtemps d'avance ? Combien n'est-il pas ridicule de le
voir délibérer avec ses juges, les yeux attachés sur le papier, de le voir parler avec la forme dialogique, interroger, douter, quand son papier est là pour répondre ? Et
qu'arrivera-t-il si un accident vient à le troubler et à lui
faire perdre un endroit qu'il ne puisse plus retrouver ? Supposez qu'il ait oublié, en venant à l'audience, une feuille
de son discours ? Dans quelle affreuse position il va se
trouver ! Et la nature humaine est ainsi faite que peut-
être, hélas ! jusque dans ce lieu solennel, le rire au lieu
de l'indulgence, accueillera son infortune. Malheur donc

à l'orateur du Barreau qui ne fonde ses succès que sur l'écriture, car si le fil de son discours vient à se rompre d'une manière quelconque, une lacune est aussitôt faite dans ses idées : l'intelligence en souffre cruellement ; entravée, paralysée dans son action, elle se dérange et, comme un cheval rétif que l'on a contrarié, se refuse obstinément à marcher.

Et puis supposez l'avocat qui a écrit son discours, en présence d'un adversaire qui improvise le sien ! Oh ! vraiment la partie n'est pas égale ; et c'est à ce dernier que demeurera le plus souvent la victoire. Le Barreau est un champ clos ; l'on y a devant soi un adversaire prêt à s'emparer de tout ce qui tombera de notre bouche inexpérimentée, et qui s'est dit souvent en entrant dans cette enceinte où doit se décider le sort de deux clients alarmés : Le crime ici, c'est de ne pas vaincre. Car hélas ! toi qui devrais n'être revêtue que d'une robe éclatante et pure pour commander en reine au milieu de hommes, de tes deux mains, voile ta noble face, ô Justice ! que de taches sur ta blanche tunique ! que de mensonges dans tes magnifiques palais ! que de ruses dans tes brillants triomphes !

Pourtant dans la vérité seule est la force, est l'avenir, parce qu'elle est le sanctuaire où réside la conviction. On peut vaincre une fois par le stratagème ; mais on se déconsidère, on perd cette auréole de candeur si nécessaire à l'orateur, et l'on finit ensuite par ne plus vaincre, même par la vérité ! La confiance est perdue, le prestige s'est à jamais enfui. Orateurs du Barreau, combattez donc pour la vérité et non pas seulement pour la victoire.

Ainsi vaste est la carrière ouverte à l'éloquence judiciaire, grande est la gloire qu'on y recueille ; mais cette gloire ne peut s'acquérir que par l'improvisation. Car c'est

seulement dans l'improvisation qu'arrivent ces moments
où la parole humaine, en frappant l'esprit comme le fer la
pierre inerte et sombre, en fait sortir cette étincelle électrique qui s'appelle enthousiasme, et qui se produit lorsque le discours étant élevé à la plus haute puissance de
son action, la pensée de l'orateur se révèle avec de vifs
traits de lumière, pénètre l'esprit de l'auditeur et exerce
sur lui sa vertu magique. Alors la parole, sur les ailes de
l'enthousiasme, franchit la distance qui sépare la terre
du ciel, et l'on peut dire d'elle ce qu'en disait un magistrat du seizième siècle, témoin des prodiges qui déjà
révélaient sa puissance : « O divine et plus que divine Eloquence ! N'est-ce donc pas toi qui seule peux donner la
vie, la durée, la force, le fruit et la lumière aux actions de
notre Justice, lesquelles, sans toi, seraient faibles, stériles,
flottantes, obscures, désertes, voire même calomniées
et vilipendées ? N'est-ce pas toi qui, aidée de la renommée,
affermis et cloues dans nos mémoires et au plus profond
de nos cœurs les plus beaux effets de la Justice ? N'est-ce
pas toi qui établis entre les arrêts que tu as dictés et ceux
où tu n'as pas été appelée, une différence aussi grande que
celle qui se pourrait imaginer entre les faits d'armes des
Grecs et des Troyens, si Homère ne les avait pas chantés,
au prix de ce qu'ils paraissent maintenant par le moyen de
sa riche Iliade? Car tout ainsi que ce divin poète, ayant choisi
pour sujet de son œuvre ce fait d'armes assez médiocre, l'a
tellement relevé par ses vers, qu'il l'a doué d'immortalité,
et que s'il n'en avait jamais parlé, il serait enseveli comme
plusieurs autres dans les ténèbres ; de même les arrêts que
toi, Eloquence, dictes, volent éternellement par les bou-
ches des hommes, au lieu que sans la vie que tu leur donnes, ils seraient étouffés sous un obscur silence. »

Voilà le prix que l'on attachait à l'éloquence du Barreau au moment où elle allait fleurir et produire ses plus beaux fruits. Il est vrai qu'alors la Tribune politique n'avait pas encore été ouverte, et que la majestueuse parole des Bossuet et des Massillon n'avait pas encore fait tressaillir le monde. L'Éloquence n'avait pas résumé les plus nobles sentiments de l'humanité tout entière. Elle n'avait pas pris sous son noble patronage la patrie et la civilisation; elle n'avait pas ouvert à l'âme les espaces du ciel, ni modéré par ses saints transports l'infatigable inquiétude de l'homme; elle ne s'était pas levée enfin pour, de tous ses reflets de beauté, rayonner dans les cœurs, comme un astre sublime, comme le soleil des peuples, comme un symbole de régénération et de liberté.

CHAPITRE III.

L'ÉCRIVAIN ET L'IMPROVISATEUR A LA TRIBUNE.

Le monde fait silence autour de l'orateur de la tribune, et lui prête une oreille attentive, car c'est lui qui de sa voix chaleureuse allume l'enthousiasme de la liberté au cœur des peuples; c'est lui dont la parole puissante soutient l'ordre social ébranlé par les passions impies, éveille la nation endormie et l'avertit de courir aux armes pour défendre ses droits; c'est lui qui, attentif aux progrès de l'esprit humain, garde le dépôt inviolable de la civilisation et le fait passer des mœurs dans les lois; c'est lui et qui réside la majesté nationale et qui forge les foudre qui brisent les trônes des despotes et sont l'appui des princes magnanimes; c'est lui qui ouvre dans le péril les feuillets du livre de nos libertés quand nous cherchons dans le texte sacré un remède contre la force brutale; c'est lui qui y trouve le verset protecteur, et le mettant sous les yeux de l'oppresseur, fait de ses mains armées tomber le glaive ; aussi les peuples l'invoquent-ils dans leurs misères, l'exaltent-ils dans leurs joies, et fiers et confiants d'avoir déposé en ses mains leurs inaliénables priviléges, ils s'en remettent à lui de leurs destinées.

C'est que l'orateur de la tribune est comme le soldat sur le champ de bataille : il combat pour son pays, il fait la guerre, il cherche la victoire. S'agit-il pour lui de plaire à tout le monde? Non en vérité, mais bien d'irriter, d'enflammer l'armée qu'il commande, de rallier à son drapeau les voix qui flottent incertaines. Cicéron voyait bien que son éloquence, quelque grande qu'elle fût, ne séduirait pas César qui défendait Catilina; aussi porta-t-il ses vues ailleurs; il poussa par l'effroi les sénateurs indécis à être de son avis, il les domina, obtint ainsi ces suffrages hésitants qui, dans toutes les assemblées délibérantes, forment les majorités, et se fit revêtir du commandement suprême.

Tel est donc l'orateur de la tribune ; il ne peut devenir le maître de l'assemblée à laquelle il s'adresse, qu'à la condition d'en être d'abord l'esclave. Il faut qu'il lui prenne ses passions pour l'émouvoir, ses idées pour la convaincre. Une heure est son présent ou son avenir, sa honte ou sa gloire. Il enlève un décret brusquement, inopinément, comme on emporte une redoute, le fer de la parole à la main ; il triomphe des résistances les plus rebelles par un mot, par un regard, par un geste inattendu.

A la tribune plus que partout ailleurs les passions divisent les hommes, parce qu'elles sont soulevées par de plus graves intérêts. Aussi la parole doit-elle s'y montrer pleine d'autorité et de puissance. Là l'hésitation, c'est la défaite. L'orateur est entouré de rivaux, d'ennemis qui lui contestent sans relâche cette place tant en-

viée qu'il veut conquérir. Harcelé de toutes parts, il lui
faut, pour conserver cette suprématie précaire, de l'audace et l'attitude du commandement. S'il ne paie pas
d'une noble assurance, d'une courageuse fermeté au sein
des périls qui l'environnent, il sera bientôt renversé de
ce trône usurpé. Que doit-il faire? Hélas! trop souvent
son unique ressource est d'opposer les passions aux passions. La raison, qui est calme au milieu de la chute du
monde, la raison est bannie le plus souvent de ces sortes
de combats. Pourquoi ces cris, pourquoi cette sueur qui
inonde ces athlètes haletants qui descendent de la tribune?
C'est que la passion s'est emparée de toutes les issues de
leur âme. Chose étrange! soulevez dans l'homme les passions, et il se montrera à vous sous un singulier aspect!
Ce qu'il y avait en lui de grossier et de sauvage, ce que
l'éducation semblait avoir dissipé sans retour, reparaît
aussitôt, et la raison, qui fut donnée à l'homme comme
un trident divin pour apaiser les flots des passions agitées,
vacille impuissante dans sa main et se refuse à commander à la tempête.

La vie de l'orateur de la tribune comme celle du guerrier, est le combat; sans lui, il languit, il sommeille, il
meurt. Les discussions politiques se terminent par la
victoire d'un parti sur l'autre, et c'est le canon même
qui a tiré sur les vaincus, qui salue le triomphateur éphémère. Le jugement est rendu, la question est décidée. Peu à peu cependant le parti qui a succombé se
soumet, se façonne à l'obéissance. Les transfuges arrivent chaque jour au camp où ils sont attirés par des
chants de victoire. On finit par se débarrasser de toute
honte, on accepte ce qu'on appelle les faits accomplis,
et bientôt on se persuade, à l'exemple de Cicéron, qu'il

est convenable de vanter César après avoir combattu César.

Toutefois, dans ces luttes, l'homme doit s'effacer devant la patrie; c'est elle qui lui ordonne de parler, de monter à la tribune : voilà ce que l'on ne devrait pas oublier. Après le combat, que le vainqueur use de sa victoire, c'est son droit; mais son devoir aussi est de tendre la main au vaincu et non pas de lui mettre le pied sur la tête. C'est à cette condition qu'il pourra espérer d'en être obéi avec zèle, sans inquiétude du lendemain et des vicissitudes de la fortune. Il faut flétrir avec toute l'énergie du cœur les sauvages inimitiés qui se forment à la suite de pareilles discussions. Voyez deux armées dans un armistice : les soldats posent leurs armes meurtrières, se confondent, s'embrassent, fraternisent; mais soudain le tambour bat, ils se séparent, la trompette sonne la charge, ils s'égorgent.

Pourquoi n'en est-il pas ainsi dans les guerres politiques de la parole? Est-ce donc parce que les hommes sont plus élevés dans l'ordre social, qu'ils sont moins raisonnables? Est-ce que la bienveillance, ce sentiment inné du cœur, que l'éducation développe, ne devrait pas se faire entendre au sein de l'orage? Est-ce que sa voix ne devrait pas toujours dominer au milieu de ces éclairs et de ce tonnerre? Mais qu'est-ce donc que cette réunion d'hommes qui, tandis qu'ils se battent de leur aveu pour l'avenir du genre humain, laissent germer dans leurs cœurs le ressentiment personnel et la haine? Sainte image de la patrie, que devenez-vous si chacun est autorisé à s'isoler ainsi dans son centre et à considérer de son étroit point de vue les intérêts les plus vastes? A quoi bon avoir lié dans une grande confédération les provinces avec les provinces, si les hommes demeurent, sans motifs, divisés d'avec les hommes? Après cinquante ans de combats patriotiques, serait-ce là, grand Dieu! notre religion politique [1]?

« Il semble, a dit Montesquieu, que les têtes des plus grands hommes s'étrécissent lorsqu'elles sont assemblées, et que là où il y a plus de sages, il y a moins de sagesse. » Heureusement que le temps ne sanctionne pas les œuvres mauvaises des passions, et qu'un jour arrive où la nation restitue à chacun son véritable caractère. Devant elle, ces entraînements désordonnés qui avaient étincelé un moment, retombent soudain en poussière ou sont proclamés glorieux; alors, ou bien elle efface de ses souvenirs ces fiers tribuns, ou bien elle leur donne une place illustre au panthéon de son histoire.

Nulle part la parole n'exerce plus d'empire qu'à la tribune. La parole, en effet, est la forme claire et brillante destinée à mettre en œuvre, à vulgariser les vérités déjà conquises par la philosophie et la science. Les orateurs ne sont que des Sibylles inspirées, vivant sous l'influence d'une exaltation étrange, qui leur fait sentir vivement la beauté extérieure des choses, et qui savent associer les peuples à leurs nobles enthousiasmes. Mais qu'on ne s'y trompe pas, généralement les orateurs inventent peu : ils prennent les idées dont les grands penseurs ont fécondé le monde, ils arrosent le sol où ils veulent les faire germer; voilà quel est leur partage. Ainsi à chacun sa mis-

---

[1] N'avons-nous pas entendu, il y a un peu plus de quinze ans, Casimir Périer traité de *scélérat* à la tribune, le général Foy de *factieux*, et Benjamin Constant d'*imbécille?* Voilà les passions! Voilà les partis!

sion : les uns sont appelés à améliorer la forme sociale par d'éclatantes paroles, les autres sont réservés à chercher dans le calme et la méditation la solution de ces grands problèmes dont l'humanité est tourmentée.

Ce caractère, ces mœurs, ces nécessités de l'éloquence parlementaire, prouvent qu'à la Tribune, comme au Barreau, c'est dans le talent de l'improvisation que réside principalement la force oratoire. « Seul, dit M. Berville, il tient au service de l'orateur des armes toujours prêtes, des ressources toujours sûres; seul, il poursuit l'erreur de détour en détour, et la fait tomber sous les coups d'une argumentation pressante; seul, il s'empare et profite des circonstances imprévues, des hasards favorables; seul, il fait naître ces illuminations soudaines, ces révélations du génie que la contradiction provoque au milieu de la solennité du drame oratoire. »

Ecouter une discussion publique, soutenue par écrit, est la chose du monde la plus insupportable. L'assemblée évidemment ne peut prendre aucun intérêt à ces combats, où chaque lutteur se pose en face d'un rival fictif, qui viendra ensuite porter à son tour des coups à vide dans le champ de bataille désert. Pendant que l'un s'avance sur une route en preux chevalier, la lance au poing, le cimier en tête, la visière baissée, l'adversaire prend une autre direction et le dépasse sans le rencontrer. C'est la scène des enfants qui jouent aux barres et s'évitent tout en tendant au même but. Il faut donc le dire : ce fut une pensée juste que celle qui inspira celui qui voulait bannir de la tribune ces monotones orateurs bardés de manuscrits, ces Don Quichottes politiques sans cesse aux prises avec des moulins à vent, et l'amendement proposé naguère à notre parlement eût été voté par acclamation dans la sérieuse Angleterre, plus que nous avare du temps.

Quiconque donc prétend à la gloire de la tribune, ne doit pas croire qu'il suffise, pour l'obtenir, de débiter avec grâce et talent un discours récité ou écrit, après avoir longuement médité et élaboré ses idées. Non, la gloire oratoire n'est pas seulement à ce prix. Il faut qu'un orateur puisse connaître non-seulement ce que pense l'assemblée en général, mais encore il doit pouvoir lire sur le visage de tous ceux qui la composent. S'il ne devine pas ce qui se passe dans l'âme de chaque auditeur, il ne peut compter sur rien. Pendant qu'il se complaît dans le sourire approbateur de ceux qui partagent ses convictions, il n'aperçoit pas à l'horizon lointain ce point noir qui recèle la tempête. Il ne voit pas ce sourcil qui se plisse et le menace de sa colère ; il ignore l'art, art délicat et difficile, de comprimer cette passion d'un seul, qui communiquée à une masse, peut tout entraîner avec elle comme l'avalanche des montagnes. Orateur chancelant, il est à la merci du moindre trouble, et dès lors que de forces lui manquent !

Mais s'il sait improviser, s'il reçoit ses inspirations des circonstances autant que de ses méditations, des personnes qui l'environnent plutôt que de sa mémoire, alors il modifie ses paroles suivant l'impression qu'il produit, pour arriver à celle qu'il veut produire. L'interruption, au lieu de lui nuire, double ses forces ; il en profite pour écraser celui qui l'a faite ; il est pour celui-ci sans pitié ni merci, et il l'égorge sur la brèche. L'assemblée s'en souvient et on ne l'interrompt plus. [1]

---

[1] On n'a pas oublié l'interruption qu'éprouva Foy, à qui une voix demanda la définition du mot *aristocratie*. « L'aristocratie,

C'est donc l'improvisation seule qui fait les orateurs parlementaires. Une discussion politique est un combat. L'arme dont on s'y sert doit être la parole et non l'écriture, et il ne faut pas s'y tromper, la parole est fatale et les blessures qu'elle fait sont empoisonnées comme les flèches de Philoctète. Il faut donc pouvoir la manier à son gré; qui n'en est pas le maître ne fait rien que par hasard, et le hasard est une triste ressource en fait d'éloquence parlementaire.

Vous donc qui n'avez pas étudié l'improvisation, ne vous jetez pas dans ces batailles, vous courriez le risque d'y perdre l'honneur et la vie. L'assurance vous manquerait, et vous ne pourriez pas y tenir tête à l'orage qui fondrait sur vous de toutes parts. Mais si, au contraire, vous avez acquis ce merveilleux talent, si, au milieu de la tempête oratoire, vous pouvez être maître de vous comme César dans la barque agitée qui portait sa fortune, oh! alors, ne craignez rien, élancez-vous au sein même du danger: le génie de l'improvisation non seulement vous

---

répondit-il sans s'émouvoir, l'aristocratie au dix-neuvième siècle, c'est la ligue, la coalition de ceux qui veulent consommer sans produire, vivre sans travailler, occuper toutes les places sans être en état de les remplir, envahir tous les honneurs sans les avoir mérités; voilà l'aristocratie. » La voix se tut et la nation applaudit.

On trouve quelque chose d'aussi beau dans l'antiquité. L'orateur Hypéride interrompit Phocion par cette question: « Quand seras-tu donc d'avis de faire la guerre? » — « Ce sera, répondit le sage Athénien, quand les vieillards sauront commander et les jeunes gens obéir; quand les riches seront disposés à contribuer de leurs biens et les pauvres de leurs bras; quand les orateurs ne chercheront plus à faire briller leur esprit et leurs talents aux dépens des véritables intérêts de la république. » Voilà des traits sublimes et qui présentent à la fois tous les maux et tous les remèdes!

couvrira de ses ailes puissantes, non seulement vous soulagera dans votre essor, disons mieux, il vous portera. Une mesure désastreuse était proposée ; de funestes passions allaient prévaloir ; vous n'avez pas pris le temps de polir vos armes, vous vous êtes dévoué... Bien, noble Décius, bien, généreux athlète ! vous avez triomphé de vos craintes puériles, vous avez surmonté ces pruderies de langage qui auraient été fatales au pays : le pays vous remercie !

Nous dirons donc, avant toutes choses, à l'orateur de la tribune : Apprenez à improviser dans la langue politique; sachez d'abord parler avec agrément et élégance ; soyez disert d'abord, puis vous deviendrez éloquent. Lorsque vous aurez acquis le talent, l'art de bien dire, l'intelligence vous fournira des torrents, vous pourrez répandre avec profusion les richesses que vous auront apportées la méditation et l'étude, ces deux puissances de l'homme. Vous choisirez dans l'infinie variété de vos pensées celles que vous devrez présenter; on cédera à l'ascendant de votre parole triomphante, et alors vous aurez conquis la gloire et la plus enviée de toutes les gloires.

CHAPITRE IV.

L'ÉCRIVAIN ET L'IMPROVISATEUR A LA CHAIRE.

L'éloquence est principalement le fruit du travail quand elle agit pour les intérêts de la terre, quand elle combat pour la patrie, l'honneur et la fortune ; mais elle est principalement la fille du ciel quand, par la voix du prêtre, elle s'adresse aux hommes pour les élever vers Dieu. En effet, ce n'est pas seulement l'orateur qui, du haut de la Chaire, nous menace ou nous rassure, c'est Dieu en quelque sorte qui nous parle par une bouche humaine, qui nous révèle sa loi et nous prescrit nos devoirs. L'éloquence alors, c'est la conviction ; or, cette conviction, c'est la foi, c'est Dieu qui la donne. De là la puissance sur les âmes de l'éloquence religieuse. Aussi voyez quel calme solennel accueille les paroles du ministre sacré ! Comme on s'incline ! Comme l'égalité passe son niveau de plomb sur les têtes et se réalise devant Dieu ! Qui que vous soyez, laissez là vos prétentions et vos priviléges, descendez de vos gloires mondaines, courbez-vous : voici l'heure de la prière ; la présence de Dieu éclipse tout et remplit toutes les âmes.

Levez-vous maintenant, orateur sacré, votre force vient d'en-haut ; la foi vous anime ; Dieu vous a jugé digne d'être son interprète par la puissance dont il a daigné vous revêtir. Parlez, tous les cœurs sont à vous ! La bienveillance vous est acquise, et ce peuple qui vous écoute sera tout entier dans votre personne quand vous proscrirez les vices et que, pour en purger la terre, vous lèverez au ciel vos mains suppliantes.

Telle est, en effet, la faveur qui s'attache à l'orateur de la Chaire. Il parle au nom du Très-Haut, et à ce nom l'homme est forcé d'être attentif et d'avouer sa misère. Ce ne sont pas des intérêts vulgaires qu'il vient débattre, c'est la parole de celui qui tient dans ses mains les destinées humaines, de celui qui laisse, à son gré, tomber sur nous les joies et les afflictions qu'il vient annoncer. Alors les passions et les vanités se taisent, les cœurs s'ouvrent et se disposent à applaudir tout à la fois le talent et la conviction. Quel spectacle ! un homme est là, seul, sans armes, sans cortège, sans puissance ! Il s'avoue pécheur et mortel, il frappe sa poitrine, il se dit pélerin et voyageur comme nous dans cette vallée de larmes et on l'écoute ; il enseigne et on le croit ; il ordonne et on se soumet. L'ange rebelle lui-même rougirait de le troubler ; il est là, il vit et règne dans bien des âmes, mais il se sent foudroyé, il abaisse son front superbe ; c'est que, ô transfiguration sublime ! il voit un reflet de Dieu répandu sur la personne du prêtre ; et c'est là qu'il faut chercher la cause de cet empire incontesté qu'un homme exerce sur tant d'hommes.

Ce n'est pas tout. La majesté du lieu fournit encore à l'orateur sacré son prestige. C'est du sein des lévites qu'il sort ; il traverse la foule qui, devant lui, s'ouvre avec une déférence instinctive qui semble tenir de la crainte, pour se diriger vers le trône où, image de Dieu, il va régner sans opposition comme sans partage. Le respect le devance, la vénération l'environne, la vertu le couvre tout entier de son égide et resplendit en lui ; elle est son cortége et sa pompe. Le calme, symbole de sainte frayeur, plane sur l'assemblée, et seul, tout seul parmi tous, au milieu de l'universel silence, il est donné au prêtre de faire retentir, de sa voix pénétrante et austère, ces voûtes imprégnées d'humides parfums, palpitantes d'harmonies sacrées. Il nous domine d'une grande hauteur, et si nous portons nos regards vers lui, nous sommes frappés de la sainteté de ses vêtements, qui diffèrent des nôtres, et de la gravité de son maintien tout rayonnant de l'esprit du Seigneur. Tout nous avertit de sa supériorité sur nous, tout parle puissamment à notre âme émue et tremblante et nous annonce que c'est une mission céleste, une mission toute de miséricorde et de salut que le prêtre, mandataire de Dieu, vient accomplir sur la terre.

Au Barreau et à la Tribune, il s'agit de donner son opinion à des juges qui vont prononcer ou à des hommes assemblés qui délibèrent. Quand l'orateur y est parvenu, c'est le triomphe le plus éclatant de son art. L'éloquence religieuse ne peut pas se signaler par ces sortes de victoires ; mais on peut dire que ses succès, quoique moins brillants, ont un effet plus étendu, plus solide, et qui appartient davantage au bien général de l'humanité. Le genre de la Chaire, celui qui consiste dans l'éloge des grands hommes et le développement des grandes vérités, en même temps qu'il est susceptible des beautés les plus sublimes, est encore recommandable par son utilité générale et le bien qu'il peut répandre. Il a contribué à propager la morale, les principes de la religion, l'amour du bien, l'enthousiasme. Croit-on que cette espèce de succès n'ait pas aussi son éclat et sa gloire réelle? Il ne s'agit pas pour l'orateur de soulever la Grèce contre Philippe, ou Rome contre Antoine; il s'agit d'adoucir les âmes et d'éclairer les esprits, et ce genre d'éloquence a aussi parmi nous ses Démosthène et ses Cicéron aussi grands que ceux d'Athènes et de Rome.

De nos jours, il faut en convenir, des obligations immenses sont imposées à l'orateur sacré. « Nous ne pouvons plus être des apôtres, disait l'abbé Poulle, on nous force d'être des orateurs. » Tel est le monde : il fait souvent passer la gloire des talents avant la morale et la religion; la vertu ne le frappe et ne lui paraît aimable qu'autant qu'elle est peinte avec art et pratiquée avec éclat. En toutes choses, il veut des pompes : ici, celles du luxe, là, celles de l'éloquence. Ce sont autant de décorations devenues nécessaires par l'usage et érigées en lois. Il faut parler aux regards et à l'intelligence de l'homme. L'éloquence est devenue indispensable pour les pasteurs des âmes. Il leur faut se monter au ton de leur siècle. Ce n'est qu'à la condition de se conformer aux conventions reçues, qu'on leur permet de tenter d'inspirer les vertus et de réformer les mœurs. Ils doivent s'attendre à être jugés avant tout avec le compas littéraire.

Soyez donc éloquents. Dès que les apologistes du vice sont lettrés, il faut que les apôtres de la vertu le deviennent. Il faut, pour combattre les premiers avec succès, que ceux-ci remontent aux sources où ceux-là vont

puiser. Parlez, écrivez, séduisez comme eux, et comme
eux vous aurez des disciples, vous en aurez infiniment
davantage, puisque vous annoncez le vrai.

Ce fut le secret des Chrysostôme, des Léon et de cet
évêque d'Hippone, non moins instruit que Cicéron, plus
éclairé que lui, et auquel il n'a manqué, pour être aussi
éloquent, que de naître dans les beaux jours de la littérature romaine. Ce fut celui de ce Bossuet dont l'érudition
étonne, dont l'élocution entraîne, et qui ne laissait à son
auditoire ni la volonté ni le pouvoir de lui résister. Ce
fut celui de ce Fénélon qui semble avoir dérobé à Homère la ceinture des Grâces, pour en parer la vérité, les
mœurs, la vertu, et leur soumettre tous les cœurs. Ce fut
surtout celui de ce Massillon si doux, si élégant, qui
nous dérobe sous des fleurs, les chaînes de la persuasion,
et qui sait si bien émouvoir et toucher, en paraissant ne
chercher qu'à plaire.

Mais ici se présente une question. L'orateur de la Chaire
doit-il réciter son discours, ou doit-il improviser ?

Louis XIV ayant demandé à Bourdaloue ce qu'il pen-
sait du père Honoré, capucin qui prêchait avec peu d'éloquence et beaucoup d'onction, en reçut cette réponse :
« Sire, le père Honoré écorche les oreilles et déchire les
cœurs; on rend à ses sermons les bourses que l'on a vo-
lées aux miens. » On ne peut mieux caractériser la différence qui sépare l'orateur qui récite, de l'orateur qui improvise. Les sermons du père Honoré étaient faits pour
être écoutés, tandis que ceux de Bourdaloue étaient faits
pour être lus, et destinés à la postérité. L'un vit par la
tradition, l'autre par ses ouvrages. Mais en compensation,
que de force, que de puissance donne l'improvisation !
Tout l'aide et la rend sublime! C'est dans la Chaire sur-

tout qu'elle produit ses merveilleux effets sur les cœurs!
Le geste, l'accent, le regard, les attitudes de l'orateur
ont alors une puissance irrésistible qui domine; sa parole
facile reproduit la pensée d'une manière nette et vive,
la rend présente, pétrit la matière inerte, grave, dessine, colore. La récitation, au contraire, comprime l'inspiration. Armé de ses souvenirs, enchaîné par sa mémoire, l'orateur ne laisse voir en lui ni grâce, ni liberté.
On sent ses efforts à son assurance comme à ses hésitations. Ainsi qu'une machine montée pour un certain nombre d'heures, il va jusqu'à ce qu'un ressort se dérange.
Il lui est impossible de ne pas répéter exactement ce qu'il
s'est prescrit à lui-même, et si, imprudent, il laisse échapper les rênes, il cherche en vain à les ressaisir. Aussi sa
parole est-elle froide, régulière et sans chaleur; la vie ne
circule pas dans son discours pâle et monotone. Dominé
par sa mémoire, il n'est pas libre; on aperçoit les fers
qui l'attachent au rocher.

Et puis quel travail que celui qui consiste à fixer imperturbablement de longs discours dans sa mémoire!
Qui peut être sûr d'en avoir toujours le temps? Car chose
certaine, on perd plus de temps à apprendre par cœur ses
discours qu'on n'en emploierait dans les exercices nécessaires pour arriver à l'improvisation! Il faut satisfaire à
tant de besoins sociaux et consacrer tant d'heures aux
affaires! Et puis, cette habitude d'écrire et d'apprendre
ensuite par cœur doit finir à la longue par anéantir tout-
à-fait la mémoire. Il y a plus : le cœur doit se dessécher,
le sentiment se perdre dans cette existence d'un homme
ainsi consumée dans un exercice incessant de la mémoire
et du rappel des mots. Car ce rappel des signes, cet effort
contre nature oblige, à chaque fois que l'on veut se met-

tre dans la mémoire de nouvelles idées, à rejeter les anciennes dans la nuit de l'intelligence. Sans doute, cet inconvénient se présente également dans la parole improvisée; mais ici la chose est plus facile parce que les idées n'ont pas été aussi profondément ensevelies dans la mémoire, et que venues momentanément, elles s'éclipsent aussi momentanément, au besoin, pour faire place à d'autres [1].

C'est surtout par l'improvisation que l'orateur de la Chaire atteint ce qu'on appelle l'ONCTION, c'est-à-dire cette manière touchante et persuasive avec laque.. on communique à ses auditeurs la pureté de sa foi et la ferveur de son zèle. L'onction a en effet des attraits particuliers, et elle tient même de plus près aux sources sacrées de la parole divine. C'est le *sermo Dei vivus et efficax* dont parle saint Paul. Elle donne au ministère évangélique un caractère de tendresse et de supplication qui le rend maître des esprits les plus prévenus; elle prend la forme des sentiments les plus animés, les plus doux de la nature: c'est l'autorité d'un père, l'amour d'une mère, l'affection d'un ami [2].

---

[1] Bourdaloue et Massillon, nés l'un et l'autre avec une mémoire ingrate, étaient obligés d'avoir recours à leur manuscrit presque toutes les fois qu'ils exerçaient le ministère de la parole. Ils sentaient alors, avec une espèce d'humiliation, combien ils diminuaient le plaisir qu'on avait à les entendre. Massillon en conçut un tel dégoût pour la chaire, qu'il ne voulut plus y monter pendant les vingt-cinq dernières années de sa vie. Pressé un jour de déclarer auquel de ses sermons il donnait la préférence : « A celui que je sais le mieux » répondit-il.

[2] Substituer l'écriture à l'improvisation dans l'éloquence de la Chaire, c'est, à notre avis, faire rétrograder l'art. Un coup-d'œil ra-

L'orateur de la Chaire a besoin surtout de paraître neuf. Le champ qu'il parcourt a déjà été moissonné par

pide sur l'histoire de la religion le prouverait victorieusement. Le poëme de Job, qui est le plus ancien monument de l'antiquité, fait dire à Eliù : « Je parlerai aussi à mon tour et je ferai voir quelle est ma science, car je suis plein des choses que j'ai à dire, et mon esprit est comme en travail, voulant enfanter toutes les pensées qu'il a conçues. Ma poitrine est comme un vin qui n'a point d'air, et qui rompt les vaisseaux neufs où on le renferme. Je veux parler pour respirer un peu. Je veux ouvrir mes lèvres et répondre. » Ne sont-ce pas là tous les caractères de l'inspiration oratoire et extemporanée ? Les discours que les Livres Saints nous ont conservés, soit en entier, soit en fragments, paraissaient être évidemment le fruit du moment, et sont néanmoins remplis de sublimes beautés. Tels sont les discours de Josué au peuple : « Cette pierre que vous voyez, lui dit-il, vous servira de témoignage qu'elle a entendu toutes les paroles que le Seigneur vous a dites, de peur qu'à l'avenir vous ne vouliez les nier, et mentir au Seigneur votre Dieu ; » de Samuel rendant compte de sa conduite : « Le Seigneur m'est donc témoin aujourd'hui contre vous, et son Christ aussi, que vous n'avez rien trouvé dans mes mains qui vous appartînt. » Le peuple lui répondit : « Oui, il en est témoin. » Alors Samuel reprit : « Le Seigneur qui a fait Moïse et Aaron et qui a tiré nos pères de la terre d'Egypte, est donc mon témoin ! Venez donc maintenant en sa présence, afin que je vous appelle en jugement devant lui, touchant les miséricordes que le Seigneur a faites et à vous et à vos pères. » Ne trouve-t-on pas là tous les caractères de l'improvisation ? Les prophètes furent principalement des improvisateurs. Abraham et Aaron furent appelés des prophètes, « parce que, dit Moïse, ils furent les confidents de Dieu et qu'ils parlaient en son nom, d'après l'inspiration du moment. » Et un auteur du moyen-âge caractérise ainsi la prophétie : « *Facultas perspicuè et ad intelligentiam vel rudium auditorum accommodatè loquendi, in primis lingua illis vernacula, non alia aut pluribus aliis, quæ cognitæ essent atque perspectæ iis, qui litteris eruditi essent et variarum gentium dialectis audiendo usurpandoque assueti.* » Saint Jean est représenté comme un *torrent d'eau vive.* L'Esprit-Saint, en descendant sur les apôtres, leur

des faucheurs si magnifiques et si sublimes! Il lui faut se
tracer à travers leurs exemples une route vers de nou-

assura principalement cette éloquence d'inspiration qui avait pour
résultat de chasser de leurs cœurs l'hésitation et la crainte : « *Ut*, dit
un auteur, *remoto omni metu ac hæsitatione, acriter se impulsos
sentirent ad illa, quibus inflammatus esset animus, liberè confi-
denterque edicenda.* » Ce sont clairement des improvisations que les
chants de grâce de Marie, de Zacharie, de Simon, rapportés par
saint Luc. C'est sans doute une éloquence dépourvue d'élégance et
d'artifices oratoires, mais qui sort d'un cœur plein et profond, descend dans les âmes pour les émouvoir et les entraîner. Mais y a-t-
il rien de plus naturel, de plus populaire et cependant de plus riche, de plus profond, de plus puissant, que les discours de Jésus,
discours toujours improvisés et inspirés par la situation même ?
Ainsi la Prédication sur la montagne n'était pas le résultat d'une méditation antérieure, encore moins d'un effort de mémoire, et pourtant n'est-ce pas un chef-d'œuvre d'art et de connaissance du cœur
humain ? Et il n'y a qu'un moyen d'expliquer l'admiration qu'il inspire, c'est de dire qu'il est l'œuvre d'un Dieu. Que ceux qui vou-
dront se faire une idée de l'éloquence inspirée de saint Pierre, laquelle coule de sa bouche comme un fleuve de vie et de lumière, que
ceux-là lisent son admirable épître au peuple, quand il lui recom-
mande la soumission aux puissances de la terre. Que dire de ce St-
Paul que les habitants de Lystra prirent pour le dieu de l'éloquence, lui apportant du lait et du miel comme symbole de la
douce persuasion qui coulait de ses lèvres ? Bien que dans sa modestie il s'écria : « Si je suis grossier et peu instruit pour la parole,
il n'en est pas de même pour la science, » nul n'osera lui ravir sa
couronne d'orateur, car c'était évidemment des improvisations que
ses discours à la synagogue d'Antioche, à l'Aréopage, sa défense
devant Agrippa, pendant laquelle ce prince dit à Paul : « Il ne s'en
faut de guère que vous ne me persuadiez d'être chrétien. » Les
discours des pères de l'église primitive furent en général le fruit de
la spontanéité. Origène, Polycarpe, d'après Eusèbe, « prêchaient
partout où ils allaient, fortifiant la foi naissante des fidèles par des
paroles pleines d'effusion. » — « Ignorants que nous sommes, disait
Athanase, nous n'avons pourtant besoin que de peu de mots pour

velles idées! « De toutes les magies de l'art, dit un écrivain, la plus difficile est de répandre sur ce qui est généralement connu, les grâces et les attraits de la nou-
veauté; il n'y a point de sujet qui exige autant d'habileté
que celui où il ne s'agit ni de donner aux hommes une
instruction nouvelle, ni de les convaincre d'une vérité
qu'ils ignorent, mais de leur présenter des choses dont
ils sont déjà instruits et convaincus, sous des couleurs capables de faire sur leur esprit et sur leur cœur une impression profonde. C'est par cette raison sans doute que
quoiqu'il y ait un grand nombre de prédicateurs passa-
bles, on en voit si peu atteindre à un certain degré de
perfection. Que leur manque-t-il? Cet art de bien dire,
qui rajeunit les vérités les plus rebattues, qui donne une
couleur agréable aux choses les plus triviales, et qui jette
de l'intérêt sur les choses les plus simples. » Or, nous
croyons que le moyen le plus sûr d'atteindre ce but,

renverser vos idoles, et en prêchant l'ignominie de la croix, nous
avons détruit vos temples superbes. » — « La vérité n'a pas besoin
d'ornements, s'écriait Ambroise. » Alors on parlait toujours d'abondance, et Lactance se vantait de rendre avec quelques paroles un
homme méchant, doux comme une brebis; un avare, généreux; un
lâche, capable de braver le martyre et la mort. Alors, il est vrai,
on songeait beaucoup plus à convaincre qu'à plaire; on avait un
profond dédain pour les artifices de l'éloquence, et les orateurs se
considéraient comme les voix de l'Esprit-Saint ayant reçu la mission de révéler aux hommes la connaissance des choses divines et
humaines. Ce fut véritablement le règne de la parole, ce fut l'époque de splendeur de l'improvisation. Reviennent donc ces beaux
temps! et, à défaut de cette foi vive, ardente, passionnée, qui suffisait, pour faire en toutes choses des miracles, que l'art, l'exercice,
l'habitude, apportent à nos jeunes lévites cette parole à laquelle il
est donné de ressusciter les morts et de transporter les montagnes!

c'est l'improvisation. Elle donne cette vivacité de débit qui ajoute beaucoup à l'intérêt de la diction publique. Cette rapidité tient l'auditeur plus vigilant et plus attentif. Le discours a une allure plus libre et plus franche; il revêt une candeur, une ingénuité qui lui donne toutes sortes de charmes. On dirait que la parole extemporanée a des routes secrètes pour arriver au fond des cœurs et pour y surmonter les obstacles qu'elle rencontre, et il ne faut attendre que d'elle des triomphes; elle seule peut aujourd'hui, dans la carrière oratoire, nous ouvrir des sources de puissance et de gloire.

Le but de l'orateur sacré doit être, en éclairant, de toucher et d'émouvoir; il doit dès lors avoir recours au moyen le plus propre de s'assurer ce succès. Son style doit être impétueux et chaud; il lui faut de ces expressions originales dont quelquefois une seule représente à l'esprit une masse d'idées. Qu'il s'abandonne, qu'il ait de ces mouvements qui annoncent qu'il s'oublie et prend parti dans ce qu'il dit ou raconte; qu'il n'écrive donc pas, mais qu'il parle. Pour lui, le triomphe est là.

Lorsque le divin fondateur du christianisme promulgua sa loi, quel fut le principe qu'il plaça tout d'abord en tête de son code impérissable? Quelle fut la base qu'il donna à sa religion, base que les siècles n'ont pas ébranlée et n'ébranleront jamais? EUNTES, DOCETE GENTES, leur dit-il. ALLEZ, ENSEIGNEZ LES NATIONS. Il ne leur dit pas : ECRIVEZ. C'est sur la parole et non sur l'écriture que furent posées les premières assises de cette foi qui devait un jour renouveler la face du monde.

L'improvisation est le berceau des grandes pensées; elle entretient toujours en activité le sève de l'âme et lui fait produire ses plus beaux fruits. Sur ses ailes puis-

santes, il n'est pas de régions où l'homme ne puisse s'é-
lever. Or, qui mieux que ceux qui, par état, doivent se
garantir de la fange sociale et vivre dans l'étude, peut
parvenir à l'éloquence? Qui mieux qu'eux peut réaliser
l'idéal que nous portons tous dans nos âmes? Nul plus
que le prêtre ne veut, ne sait, ne croit; et de quoi ne
triomphe-t-on pas quand on marche au combat revêtu de
cette triple armure : la puissance de la volonté, la lumière de la science, la force de la conviction?

Montez, montez sur vos trépieds, Sibylles, Sibylles
chrétiennes, au cœur toujours docile à la voix divine,
lyres prophétiques, instruments mélodieux du sein desquels s'échappent de si célestes concerts; quand l'enthousiasme vous remplit et que l'indignation de la vertu vous
dévore, quand l'ange de l'inspiration souffle sur votre
front et le bat de ses grandes ailes, quand le génie agite
votre sein puissant et que les délires de la révélation vous
déchirent, oh! alors, en proie à une émotion vaste et
sainte, à un frémissement indicible, qui ne s'est senti
ravir dans d'autres sphères, dans ces régions éthérées où
l'âme nage, se dilate et se perd dans un océan de lumière? O éloquence, éloquence sacrée, pour te trouver,
quels prodiges de volonté n'a pas manifestés l'homme!
Il s'est enfermé dans le silence des nuits, s'est consumé
à la clarté des lampes fécondes, dans les sanctuaires
mystérieux de l'intelligence; il a usé son corps, tué la
matière, meurtri sa poitrine, résisté à toutes les passions;
oui, tu es grande, tu es impérissable, toi qui excites des
désirs si ardents, si sublimes ; tu es un reflet de l'éternelle Beauté, un rayon de la splendeur de Dieu.

LIVRE SIXIÈME.

MÉTHODOLOGIE

ou

DE LA MÉTHODE SPÉCIALE A CHAQUE GENRE D'ART
ORATOIRE.

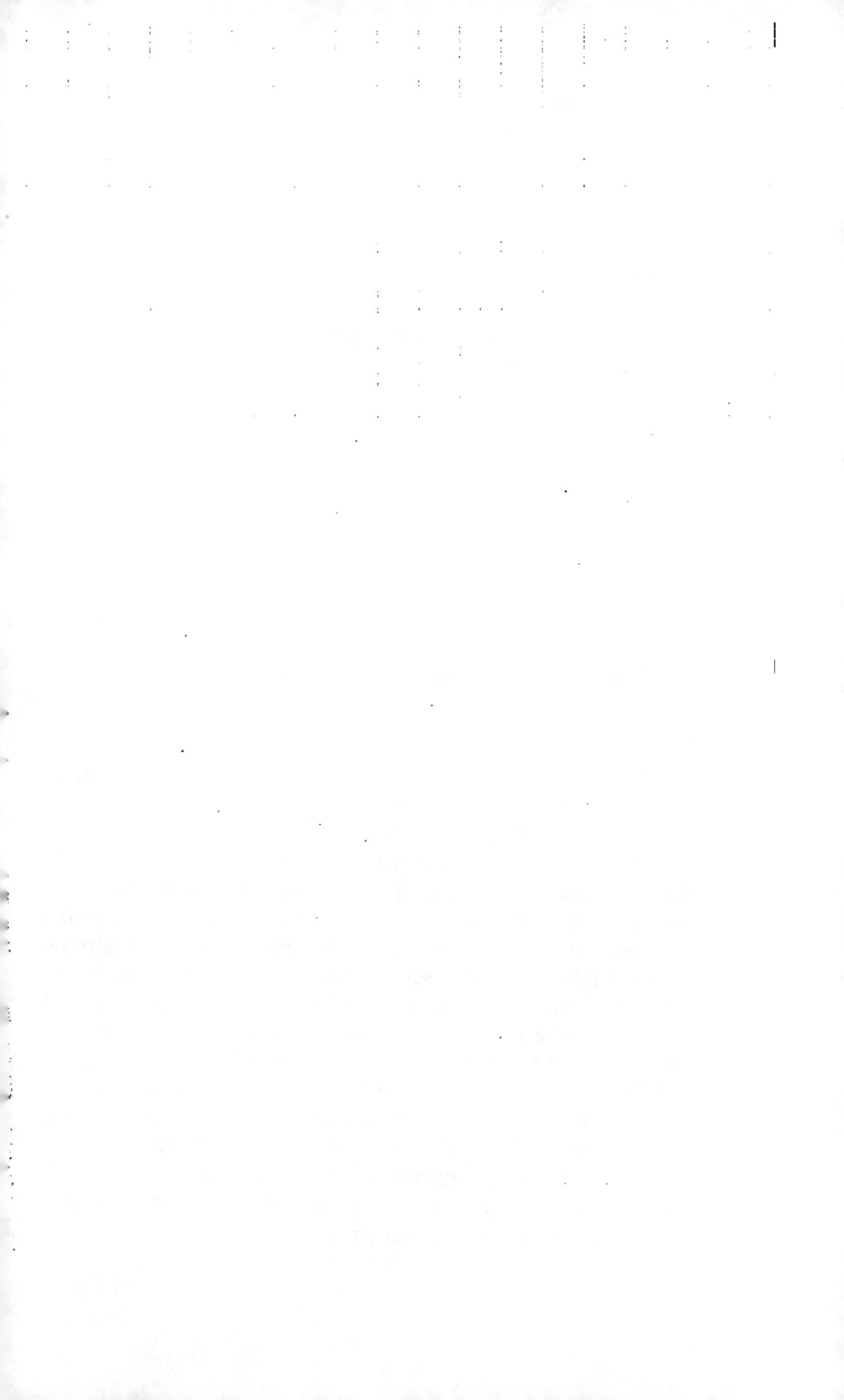

CHAPITRE PREMIER.

D'UN MODÈLE IDÉAL [1].

L'influence du génie d'autrui sur l'homme n'est pas

[1] On verra par les idées développées dans le livre qui va suivre, que notre but a été d'indiquer comme faisant partie de notre méthode, le choix d'un modèle dans chaque genre, au Barreau, à la Tribune, à la Chaire. Pour que l'on ne pût pas nous accuser de flatterie, nous avons proposé pour l'éloquence parlementaire et pour l'éloquence religieuse, des orateurs qui ne sont plus. Quant à l'éloquence judiciaire, il nous était impossible de ne pas prendre un contemporain, car cette sorte d'éloquence est toute moderne, toute de ces temps. Nous avons donc indiqué comme exemple, sauf à chacun à faire acte d'indépendance intellectuelle, M. Dupin aîné, qui nous paraît résumer les qualités les plus éminentes et être le talent le plus universel qui ait paru au Barreau. Mais qu'on nous permette de dire que nous ne connaissons M. Dupin que par ses œuvres, par sa biographie, et que notre choix est libre de toute influence, pur de tout intérêt. « Heureux les morts, dit l'Ecclésiaste. » On n'est pas suspect en rendant justice à leur tombe. « *Pascitur in vivis livor, post fata quiescit.* »

une chimère, c'est une vérité démontrée par l'histoire de
l'esprit humain. Alexandre, au milieu de ses victoires,
s'arrête sur un tombeau pour rendre hommage à la gloire
d'Achille, et parmi les émotions de son noble cœur, se
mêle une secrète ambition, c'est d'être, comme lui, chanté
par un autre Homère. Quand, à Cadix, César se voit en
présence de la statue d'Alexandre, dans le temple d'Hercule, il éprouve la douleur de se trouver, au même âge,
si loin du héros macédonien. Ne sait-on pas que c'est
Homère qui a fait Virgile? L'éloquence ne doit-elle pas
Cicéron à Démosthène? Pourquoi les trophées de Mil-
tiade empêchaient-ils Thémistocle de dormir? Alexandre, César, Virgile, Cicéron, Thémistocle, natures
enthousiastes, dont le premier acte fut de déposer un noble type dans leur pensée et de l'étudier sans cesse, afin
de l'égaler un jour et de remplir, eux aussi, le monde de
leur gloire [1] !

L'homme est imitateur de sa nature. Vit-il au milieu
des citoyens honnêtes, il le devient comme eux, il cède
à la force irrésistible que doit avoir l'exemple universel

---

[1] Cette noble pensée d'Alexandre rendant hommage à la puissance donnée à la poésie de perpétuer la gloire, a été exprimée en
vers dignes de Corneille, par un de nos rois, Charles IX, dans
une épitre adressée à son favori Ronsard :

> L'art de faire des vers, dût-on s'en indigner,
> Doit être à plus haut prix que celui de régner.
> Tous deux également nous portons des couronnes :
> Mais roi, je les reçois ; poète, tu les donnes ;
> Ta lyre qui ravit par de si doux accords,
> T'asservit les esprits dont je n'ai que les corps :
> Elle t'en rend le maître et te sait introduire
> Où le plus fier tyran ne peut avoir d'empire.

et continuel de la vertu. Démades à qui l'on demandait qui lui avait appris l'éloquence, répondit : « Le Barreau d'Athènes. » Cicéron compare ceux qui fréquentent les gens savants à ceux qui se promènent au soleil; ils se colorent sans y penser. Homère appelle la vertu une félicité qui va de l'un à l'autre et s'apprend à fréquenter les hommes vertueux. Rousseau écrivait à Voltaire : « Tout ce qui vous approche doit apprendre de vous le chemin de la gloire et de l'immortalité. »

Le siècle de Louis XIV fut pour l'Europe un faisceau de lumières qui éclaira tous les arts et toutes les sciences, se répandit sur tous les objets, et vivifia en quelque sorte la masse de l'esprit humain. Le seul talent de Corneille en enfanta mille autres sur lesquels se refléta plus ou moins sa splendeur magnifique. C'est ainsi qu'un grand homme donne l'impulsion à son époque en même temps qu'il la reçoit, et qu'il influe sur ce qui l'environne en versant dans les âmes cette rivalité, cette émulation créatrice qui produisent dans tous les genres des efforts et par suite des succès. Il semblait qu'il se fît alors comme une noble conspiration de tous les talents pour former le plus beau des siècles, sous un monarque qui savait allumer un instinct de grandeur et d'enthousiasme dans le cœur de ses peuples, et qui, s'il méconnut les droits de la liberté, respecta toujours les droits de l'intelligence.

Quintilien disait du Jupiter de Phidias, que cette statue avait ajouté à la religion des peuples. La maison du Voltaire de l'Allemagne, de l'immortel Goëthe, était remplie des chefs-d'œuvre des arts; il ne recherchait pas seulement le plaisir que peut causer la vue des statues et des tableaux des grands maîtres; il croyait que le génie et l'âme devaient s'en ressentir. « J'en deviendrais meilleur,

disait-il, si j'avais sous les yeux la tête du Jupiter Olympien, que les anciens ont tant admiré [1]. »

« Ce sont les grands génies, a dit Rousseau, qu'il faut
s'accoutumer à sentir et à voir, afin de s'ôter tout pré-
texte de ne pas les imiter. L'âme s'élève, le cœur s'enflamme à la contemplation de ces divins modèles. A force
de les considérer, on cherche à leur devenir semblable,
et l'on ne souffre plus rien de médiocre sans un dégoût
mortel. — Prends le Métastase et travaille, dit le même
écrivain à l'artiste; son génie échauffera le tien, tu
créeras à son exemple. »

Bacon qui a si profondément creusé les mystères de
l'intelligence humaine, n'avait-il pas dit déjà : « Il y a
une action possible d'une personne sur une autre, par la
force de l'imagination de ces deux personnes, car comme
le corps reçoit l'action d'un corps, l'esprit est apte à recevoir l'action d'un autre esprit [1]. »

Dans l'empire de la science, ôtez aux anciens les Socrate, les Platon, les Archimède, les Euclide; ôtez aux
modernes les Bacon, les Newton, les Leibnitz, les Kant,
les Linné, les Haller, les Lavoisier; dans l'empire de l'art,
aux uns, ôtez les Homère, les Sophocle, les Euripide, les
Menandre, les Appelle, les Phidias; aux autres, ôtez les
Corneille, les Rousseau, les Voltaire, les Shakspeare,

---

[1] « Ich wurde vollkommener werden, wenn ich den Kopf des
Olympischen Jupiter, den die Alten so sehr bewundert haben, vor
Augen hätte. »

[2] « Fascinatio est vis et actus imaginationis intensivus in cor-
pus alterius per impressionem, delationem et communicationem
spiritûs in spiritum... Est enim spiritus præ rebus omnibus et ad
agendum strenuus et ad patiendum tener et mollis. » De aug-
mentis scientiarum, IV. 3.   (Traduction libre de M. Cousin.)

les Milton, les Goëthe, les Raphaël, les Michel-Ange, et vous retarderez les progrès de l'esprit humain pendant des siècles. Empêchez Alexandre, empêchez César de conquérir l'ancien monde; supprimez les victoires de Gustave-Adolphe, de Charles XII, de Frédéric, de Napoléon dans le monde moderne, et quelle face différente n'aura pas la civilisation! Placez à chaque époque, au lieu de ces noms éclatants qui sont la parure et l'orgueil des peuples, placez des noms communs, des âmes médiocres, et les époques elles-mêmes ne sont plus.

L'idée des choses grandes et sublimes se conçoit d'une manière plus distincte, plus claire quand, après avoir été saisie par la raison, vivifiée par l'imagination, elle se personnifie et se présente à l'âme sous la forme sensible de l'idéal accompli. Si l'image rêvée par la pensée vient à se réaliser, alors l'esprit embrasse sa beauté d'une manière plus intime et plus profonde que si elle lui était apparue sous la sombre enveloppe de l'abstraction. Mais, dira-t-on, ne se découragera-t-il pas de voir toujours l'idéal par la pensée et de ne pouvoir l'atteindre? Non, car si l'enfant dont les sens n'ont pas encore été redressés par ses erreurs même, veut s'emparer des rayons de l'astre des nuits qu'il voit jouer devant lui, devenu homme, il sait que le but de ses efforts est borné par ses facultés et restreint aux choses de la terre. Presque tous les grands hommes des temps anciens et des temps modernes se sont préoccupés d'un idéal dont ils ont sans cesse cherché à suivre les traces resplendissantes, quoiqu'ils comprissent bien que finalement ils ne l'obtiendraient pas, et qu'au moment où ils croiraient le tenir, il leur échapperait pour voler sur une rive inabordable. Mais ils savaient aussi qu'en suivant ses traces, ils découvriraient des chomins qu'autrement ils n'auraient jamais soupçonnés; ils savaient que fatiguer ses forces à poursuivre un noble but, cela est mieux que de les dissiper dans un lâche repos.

Saisir la haute pureté d'un idéal et le réaliser, c'est là sans doute ce qui ne peut être essayé que par quelques hommes. Du moins, peu manifestent cet effort dans leurs actes et dans leurs œuvres, et pour les excuser, on met leur impuissance sur le compte de leur nature, qui ne comporte pas, dit-on, cette divine perfection. Mais ignore-t-on la puissance sur nous d'un modèle accompli? Ignore-t-on l'émulation qu'il excite dans l'esprit de l'homme? Alexandre était l'idéal guerrier de Charles XII, et si le héros du Nord ne fut pas aussi grand que son modèle, c'est qu'Alexandre l'avait précédé et que la reproduction des mêmes exemples leur fait perdre de leur originalité et de leur grandeur. Il aurait fallu le surpasser pour pouvoir paraître grand au même degré. Mais c'est toujours avoir fait un pas immense que d'avoir la conception de l'idéal, conception qui éveille la pensée de le réaliser, raffermit le courage, nourrit l'âme de nobles espérances.

Presque sur chacun des chemins qui se présentent à nos regards brillent des mérites éminents et s'offrent des hommes propres à nous servir de modèles. De ces chemins, lequel prendre? lequel suivre? Celui qui s'adresse ces questions, dans cet âge de la vie où les premiers pas sont si importants et si décisifs, celui-là a déjà fait un grand progrès, et on le voit, semblable à Hercule, se retirer dans la solitude, pour essayer la mesure de ses forces et se préparer à sa destinée par de grands travaux.

La société est ainsi faite, que deux sortes d'hommes

sortent de ses creusets : les uns, elle les prend au milieu des raffinements de la civilisation ; ils ont grandi au sein du luxe et d'une oisiveté douce. On leur a enseigné dès le berceau à fuir le soleil qui brûle, le vent qui hâle, la fatigue qui accable. On a habitué leurs membres délicats à ne pouvoir supporter toute tâche pénible et doulou-reuse. Ils ignorent ce que le vulgaire appelle la souf-france, la douleur, la résignation. Ils ne savent pas l'à-preté des privations et les amères contrariétés de la vie. Ils n'ont jamais essayé leur courage, et nul prophète de malheur n'est venu et ne leur a dit : « La vie est rude et périlleuse ; vivre de gloire dans ce monde, c'est souffrir. » Ceux-ci, sauf quelques exceptions fort rares, ne parvien-nent à sortir de leur obscurité que par le hasard des cir-constances, le manège ou la brigue : la postérité ne les connaît pas, et Dieu les isole et les châtie pour n'avoir pas pris leur part des vicissitudes communes.

Les autres ont eu pour mère la douleur, pour sœur la privation, pour compagnon de route, le besoin. Ils ont vécu au milieu des luttes et des combats, et leur éducation morale s'est épurée au feu du sacrifice. On leur a dit dès la plus tendre enfance : « L'homme est fait pour triom-pher de la mauvaise fortune ; voici le travail, voici la lut-te, mais voici le triomphe, voici la victoire. Le travail tue, la lutte abat, le triomphe aveugle, la victoire enivre. Quelquefois même la popularité acquise à la sueur du front, la popularité ingrate vous bafoue et vous honnit. Quelquefois, à force d'affronter le danger, on y succombe. Voyageur courageux, travailleur persévérant, allez main-tenant, si bon vous semble, à travers les périls tenter la conquête. » Ceux-là, colosses de volonté, géants de la vertu, fils sublimes de leur intelligence, parviennent aux

succès et à la gloire; la postérité sait leurs noms : ils
s'appellent et s'appelleront jusqu'à la fin des siècles
Homère, Lucrèce, Démosthène, Cicéron, Tacite, Dante,
Tasse, Milton, Shakespeare, Camoëns, Descartes, Gali-
lée, Mirabeau.

Inexplicable effet du génie! Il semble se complaire de
préférence dans les âmes qui ont reçu le terrible baptême
du malheur. C'est elles qu'il choisit pour en faire sa demeure resplendissante. L'Eloquence, la Poésie sont en
quelque sorte un privilége magnifique de l'infortune.
Compensation divine ! Oui, il en devait être ainsi. Est-ce
en effet que ces hommes qui vivent au sein des joies bru-
tales des sens, engourdis dans les vains plaisirs du
monde, peuvent jamais éprouver cette sensibilité touchante, mine féconde de tant de trésors d'éloquence et
de poésie, et qui se blesse aux contacts les plus légers ?
Non, à leurs natures grossières, à leurs âmes sans émotions et sans profondeur, il n'est pas donné de percevoir
ces spirituelles jouissances, ces sensations délicates, lot
des organisations impressionnables. Ne faut-il pas d'ailleurs à chacun sa moisson sur la terre ? Ainsi le veut la
justice de Dieu. Il a réservé la force pour ceux qui com-
battent, car de quelle utilité serait-elle à ceux qui vivent asservis ? Il a dit aux orateurs, aux poètes : « Vous
serez puissants ; vous aurez cette intelligence trempée de
larmes, dont les hommes se montrent si fiers et si jaloux ; vous aurez ce talent, ce génie d'où naissent les
grandes pensées, et qui font briller les vertus; mais vous
souffrirez ; la foudre sillonnera vos fronts [1] ! »

---

[1] Sait-on rien de plus touchant et de plus mélancolique que ces
paroles de Démosthène exilé : « Si dès l'origine, disait-il aux jeunes

Fouillez donc dans les biographies et choisissez celle de l'homme dont le talent, dont la vie publique exaltera davantage votre imagination, votre ambition généreuse. Poète, prenez un poète; écrivain, prenez un écrivain; orateur, prenez un orateur. Initiez-vous à son caractère, à ses travaux, à sa manière; cherchez dans son style l'homme même, et puis l'ayant toujours dans votre souvenir et de votre esprit compagnon fidèle, élevez-vous ensuite comme à l'ombre de ses ailes; il vous soutiendra dans votre essor, et vous puiserez dans la familiarité de ce commerce mystérieux et intime, une force secrète qui vous protègera au milieu des périls et des difficultés de votre art. Platon disait que la vertu visible et personnifiée exciterait dans le cœur de l'homme des transports d'admiration et d'amour; pourquoi ce qui est vrai dans l'ordre moral ne serait-il pas vrai aussi dans l'ordre de l'intelligence?

C'est à cette exaltation morale, si facile à imprimer à notre âme quand nous avons choisi un modèle, que sont dus les succès éclatants. Ne conçoit-on pas en effet que le moyen d'élever notre intelligence est d'étudier, d'imiter les grands génies, de s'imprégner des lois qui les ont formés, de s'élancer au foyer resplendissant de toute vérité et de toute lumière qu'ils ont ouvert? Nous sentons

gens qui le venaient voir et qu'il cherchait à détourner des affaires publiques, si dès l'origine on m'eût présenté deux chemins, celui de la tribune ou celui d'une mort certaine, et que j'eusse pu prévoir tous les maux qui m'attendaient dans le gouvernement, les jalousies, les calomnies, les attaques, je me serais jeté tête baissée dans le chemin de la mort. » Hélas! ajoute un biographe, quel grand homme n'a prononcé au moins une fois dans sa vie de semblables paroles?

alors je ne sais quelles inspirations enthousiastes, qui nous font enfanter les beautés les plus inespérées. Cette conquête de la méditation profonde nous guide, nous illumine dans les régions les plus vastes, et jaloux de les égaler en travaux, en succès, nous sommes entraînés malgré nous à suivre ces voies d'unité, d'harmonie et de beauté, dont nous avons dérobé le secret à une grande intelligence devenue plus grande encore par les prestiges de l'art, cette étude, cet ouvrage, ce splendide apanage de l'homme.

Souvent même, à ce contact, soudain notre vocation se révèle. Il est en effet, dans la vie, des époques de crise intellectuelle qui opèrent une grande transformation dans tout notre être. Ainsi, un livre que le hasard nous fait quelquefois tomber sous la main, un homme qu'une occasion toute fortuite nous fait voir, nous révèlent un avenir nouveau. Une clarté subite, inattendue, est venue tout-à-coup traverser les ténèbres de notre entendement et ouvrir à nos regards un monde jusque là tout-à-fait inconnu, et qui n'était pas même soupçonné. C'est là une grande phase de notre destinée, une intuition merveilleuse qui se grave dans notre mémoire, y demeure aussi longtemps que la vie, donne l'impulsion à notre avenir.

Démosthène s'était levé un matin sans aucun des tourments ni des rêves d'un glorieux rôle à remplir. Il alla, entraîné par la foule, entendre Callistrate qui plaidait pour la ville d'Oropus. Toute la Grèce, avide de ces sortes de combats, était venue écouter l'orateur qui, sa cause gagnée, fut reconduit chez lui au milieu d'applaudissements enthousiastes, comme après une victoire. Démosthène ravi, transporté, sentit s'éveiller en lui, au contact de cette parole brûlante et au spectacle de ces dis-

tinctions magnifiques, une flamme longtemps endormie
de génie et d'ambition, et il se coucha méditatif et plein
de l'image des triomphes qu'il voulait conquérir. Après
cela, ce que fit Démosthène, demandez-le à l'histoire[1].

Choisissez donc avec discernement le modèle qui doit
vous guider dans les champs de la gloire, choisissez le regard vers Dieu, afin qu'il vous inspire. Dites-vous sans
cesse : Tout homme qui veut parvenir à la supériorité le
peut, lorsque les maximes et les exemples qu'il a sous les
yeux, concourent également à allumer en lui le désir des
talents et de la gloire ; lorsqu'il a le travail en amour,
l'ignorance en mépris ; lorsque l'idée du mérite s'associe
dans son esprit à l'idée d'indépendance et à la pratique
des mâles vertus. Maintenant, que nous voyions les honneurs accumulés sur sa tête, nous ne nous étonnerons
pas, parce qu'il aura été toute sa vie citoyen utile et courageux, parce que de sa bouche ne seront jamais sortis
que des discours où se traduisaient les sentiments les plus
élevés de l'âme. Hélas! dans notre génération efféminée,
combien peu voudraient de la gloire de ces grands hommes s'il fallait l'acheter au prix de toutes leurs insom-
nies, de tous leurs rudes travaux? Pourraient-ils la leur
reprocher cette gloire, ceux qui ont vu à l'œuvre ces natures énergiques, persévéramment attachées à un noble
but, fortement appuyées sur une inébranlable volonté,
fidèles à de longs efforts, dominées par une seule passion,

[1] Callistrate, orateur athénien, exerçait par son éloquence un
tel empire, que le peuple ombrageux le bannit à perpétuité, appliquant ainsi le conseil de ce vieillard qui, après avoir entendu
Périclès, disait : « O mes amis! défiez-vous de celui-ci ; il a la voix,
les accents, le langage de Pisistrate. »

préoccupées d'un bien exclusif, consumant au service de
cette passion, à la conquête de ce bien toute leur activité, toute leur vie, résistant, combattant, souffrant
avec une admirable persévérance? Ah! quand on a passé
sa vie dans la tente et sur les champs de bataille, à vivre
comme le soldat, à partager ses fatigues, à braver les
dangers, on a bien le droit, lorsque l'hiver souffle sur la
tête et blanchit les cheveux, de se parer avec un noble
orgueil, des grades qu'au péril de sa vie on a bravement
conquis [1]. A qui donnez-vous donc la gloire, si vous n'en
faites le prix des labeurs persévérants, désintéressés et
utiles? A qui seront les honneurs d'une renommée impérissable, s'ils n'appartiennent pas aux hommes nourris
dans le culte de la vertu? O gloire, soleil de l'âme, source
de labeur pour le genre humain, gloire, la plus noble
récompense de la vie, quelle est donc ta puissance? Ce

---

[1] « Si j'étais parti comme simple soldat, a dit avec sa parole incisive et pittoresque M. Dupin aîné, dans une réunion d'électeurs,
qui oserait me reprocher d'être revenu avec les épaulettes de général? Eh bien! chaque partie a son bâton de maréchal; je compte
trente années de service actif (1855), et dans ce nombre, il y en a
qui pourraient me compter double, ne fussent que celles où j'ai
défendu tant d'ingrats. » On peut dire de celui qui prononçait ces
paroles ce qu'il disait lui-même dans sa défense du major-général
Wilson, lorsqu'il expliquait *les hiéroglyphes d'honneur que son
client portait sur son sein : « Ce n'est pas un de ces possesseurs de
mauvaise foi, qui, interrogés sur la cause de leur possession, ne
peuvent rien répondre, sinon : Je possède parce que je possède,
Possideo quia possideo. Il peut rendre compte de toutes ses récompenses, parce qu'il peut rendre compte de tous ses services. »
Admirable modèle à offrir à la jeunesse! Quelle noble vie! Trente
années de service actif en 1855! Trente années de combats au profit de la science et de son pays! Y a-t-il en France une existence
mieux remplie?

fut toujours l'heureux destin des grands hommes de souffrir pour toi les plus rudes épreuves, car tu fais germer et
mûrir dans nos cœurs un fruit immortel qui nous captive,
un fruit meilleur que l'or et qui nous élève et nous transporte! Pour toi, pour tes enivrements, l'homme se précipite à travers tout un monde ennemi; épris de ton amour,
il sacrifie sa vie, il entretient en lui le feu sacré qui le
brûle et le consume, et, largement reconnaissante, pour
couronne à sa vertu, tu lui donnes un nom illustre et impérissable! Salut à l'homme de génie dont l'urne ciné-
raire, couronnée de gloire, arrête les regards de la postérité, et dont l'esprit toujours vivant, traverse les ombres de
la mort pour se répandre en clartés sublimes sur le
monde!

Voilà le travail qu'il faut faire avec les grands hommes,
voilà comment il faut vivre avec eux par les sublimes relations de l'intelligence; qu'ils nous apparaissent voués à
l'étude, au culte de l'idéal, tandis que les rivaux qu'ils
ont laissés bien loin derrière eux ne l'étaient qu'aux folles
joies de la terre, nous sentirons frémir en nous le besoin
impérieux de les imiter et de les suivre! Et puis, quand
nous les trouverons victimes des injustices du sort et des
partis, il nous prendra envie de maudire le siècle ingrat,
d'aller vers eux par un entraînement spontané et magna-
nime, d'essayer de les consoler en leur offrant l'hommage de nos sympathies silencieuses et de notre généreux
enthousiasme.

Nous répèterons donc : Prenez un modèle du genre auquel vous vous destinez. L'homme aime à admirer son
propre type réalisé pour ainsi dire, et agrandi tout ensemble dans un de ces individus d'élite, qui enorgueillissent
notre nature. Les exemples vivants et les tableaux par-

lants de la vertu sont plus utiles que les dissertations morales et métaphysiques. Horace a appelé à tort troupeau d'esclaves ceux qui entraînés par une haute admiration, se sont prosternés devant les génies éclatants. Cet hommage n'honore pas seulement l'individu, mais bien la race humaine, car il nous fait voir dans ces génies l'idéal de l'humanité, et par là l'honore elle-même dans son image. C'est l'épanchement de ce sentiment du beau donné à tous, que tous sentent obscurément, et qui n'est qu'une étincelle de cet immuable soleil qui éclaire le monde des esprits, comme le soleil éclaire le monde des corps; de ce sentiment qui, porté à un degré supérieur, ouvre à Platon les divins portiques de la Sagesse, révèle à Thucydide les grandeurs de l'Histoire, découvre à Homère cet Olympe merveilleux plein d'éblouissantes figures, et qui, par la bouche de quelques élus, dévoile à l'humanité ce magnifique idéal qui palpite et frémit dans sa vie et dans son âme.

Tous les hommes ont ou se font plus ou moins dans la vie, de tels maîtres, car elles sont rares ces natures fortes qui osent davantage et qui marchent seules, désespérant ceux qui veulent les suivre. « Je ne connais point de grands hommes, dit Vauvenargues, qui n'aient adopté des modèles. Rousseau a imité Marot; Corneille, Lucain et Sénèque; Bossuet, les prophètes; Racine, les Grecs et Virgile; et Montaigne dit quelque part, qu'il y a en nous une condition aucunement singeresse et imitatrice. » En général, nous avons donc besoin de guides et de soutiens pour nous attacher et nous appuyer, autrement, nous nous découragerions, nous péririons à terre; il nous faut trouver un support propre à nous aider dans nos défaillances et à nous élever sur ses ailes au ciel de l'art. Alors nous épousons quelque âme illustre et nous nous asservissons à sa gloire. A ce soleil, toutes nos facultés compréhensives se dilatent: nous suivons, nous écoutons, en pensée et avec délices, notre modèle comme des disciples dociles, et nous sentons, à son vivifiant aspect, tout notre sang s'embraser des feux du génie et de la gloire. Les hommes sur lesquels les nobles exemples n'agissent pas, sont des natures basses et perverties.

Et puis, si l'on voit que tous ceux qui se sont illustrés dans les différentes carrières offertes comme un libre espace à l'esprit humain, le doivent à leur constante volonté; que souvent, s'il y a inégalité entre eux, elle est due moins à leur supériorité naturelle qu'au hasard qui, en leur présentant des objets de la comparaison desquels il est résulté plus d'idées fécondes, en les plaçant sur des théâtres plus élevés, a décidé de leur prééminence; si l'on étudie l'homme que l'on s'est proposé pour modèle dans tous ses ouvrages et, à leur source même, dans sa vie; si l'on se convainc que c'est à la possession de la considération et de la science qu'il a concentré tout son bonheur, toutes ses forces; si chaque jour l'on peut se dire en songeant à ce type de beauté et de vérité qu'il s'est choisi : Voilà ce qu'il a fait pour atteindre le but, voilà par conséquent ce qui me reste à faire ! nous osons affirmer que cet homme, cet émule trouvera dans ces pensées une source d'activité et de puissance. L'émulation en effet fortifie les facultés de l'âme, elle rallie toutes ses puissances; sentiment généreux et fécond, elle dirige l'homme vers un but glorieux, et les esprits qu'elle subjugue, s'élèvent avec une spontanéité qui produit les grands résultats.

Non, non, ces belles et imposantes natures devant lesquelles notre âme étonnée s'arrête et admire, ne sont pas nées telles qu'elles nous apparaissent ; elles se sont faites et façonnées elles-mêmes, et leur vie entière a été consacrée à arriver à la perfection dans l'art qu'elles ont cultivé ; ce qu'elles ont voulu être, elles le sont devenues en vivant fidèles à l'idéal qu'elles avaient rêvé ; en un mot, elles se sont créées grandes et immortelles par leur propre volonté.

Oui, c'est un spectacle admirable pour une intelligence, que de contempler ces nobles intelligences qui jettent dans le monde de si vives lumières. Ornement de la terre, ces grands modèles semblent avoir reçu le noble privilége de sentir et de comprendre le beau, le vrai et le bien, et ils portent une âme pleine de sublimes harmonies. Dès leur jeunesse, ils ont eu une soif insatiable de science, une ardeur invincible à détruire les obstacles, une liberté d'âme impatiente du joug, une imagination inspiratrice qui leur a servi à découvrir mille idées inconnues, un cœur héroïque qui les a rendus capables de grandes choses. Par le développement et la culture de leur intelligence au moyen de la science, de la méditation, de la connaissance du monde, de l'expérience dirigée par la réflexion, ils sont arrivés à cette pénétration d'esprit, à cette vigueur d'âme qui les ont élevés au-dessus des hommes ordinaires. Le cercle où ils doivent agir est nécessairement vaste : ils sont législateurs, maîtres et chefs de la race humaine ; ils sont poètes, orateurs, écrivains. C'est d'eux que viennent ces grandes résolutions qui sauvent les peuples. Et par cela même que les obstacles qui s'opposent à leur marche sont plus redoutables, ils déploient pour les vaincre plus d'énergie, de perspicacité, d'enthousiasme, et portent à l'action les hommes faibles, quoique bien intentionnés, qui se seraient bornés à faire des vœux stériles. Ils sont égaux à ces anges tutélaires, qui, selon de pieuses croyances, veillent sur le monde, gouvernent les sphères célestes, et sont chargés d'exécuter les ordres de Dieu.

Vous donc qui aspirez à bien faire, et qui aspirez toujours, vous qui osez prétendre à l'éloquence, ce grand sentiment nourri par la vertu, cultivez avec empressement, avec amour ces hommes glorieux qui, une étoile au front, marchent devant vous dans cette noble carrière. Le sillon qu'ils tracent s'illumine sous leurs pas. C'est à l'aspect des chefs-d'œuvre des Raphaël et des Michel-Ange, que les jeunes artistes tressaillent d'admiration, qu'en eux le génie se réveille, et qu'ils jettent le cri sublime du Corrège : « Et moi aussi, je suis peintre ! » Buffon, dans son cabinet de Montbar, avant de se mettre au travail, contemplait respectueusement le buste de Newton. Ainsi, en contemplant les modèles que l'éloquence vous présente, en vous réchauffant aux purs rayons de leur gloire, vous sentirez votre cœur palpiter d'une sainte émulation. L'émulation ! force mystérieuse, souffle de Dieu qui jette des encouragements sur toutes les voies humaines, déroule nos facultés intelligentes en présence des beautés magnifiques de l'art, et nous porte ensuite à prendre notre vol comme un jeune aiglon qui ne fait que suivre l'exemple et l'instinct de sa mère.

CHAPITRE II.

MÉTHODE D'IMPROVISATION POUR LE BARREAU [1].

Secourir les suppliants, relever ceux qui sont abattus, sentir à leur aspect ses entrailles remuer, ses lèvres trembler, écarter d'eux les périls, protéger leurs personnes, leur honneur, leur fortune, voilà le devoir imposé par la nature et auquel on ne résiste qu'avec douleur. « Les hommes, disait un ancien magistrat en s'adressant aux avocats, étant nés de deux sortes, les uns forts, les autres faibles, les forts enclins à fouler les faibles, les faibles sujets à être foulés, Dieu, pour obvier aux grands désor-

---

[1] MODÈLE IDÉAL. — M. DUPIN AÎNÉ.

Les préceptes que nous allons donner dans les trois chapitres qui suivent, ne doivent pas être pris isolément; pour faire un tout complet, il faut les combiner avec le livre IV (*suprà*), où nous avons donné les règles générales de l'improvisation, et avec le livre VII (*infrà*), où nous donnons les règles particulières de l'improvisation : les unes et les autres applicables à tous les genres.

dres qui adviendraient si cela avait lieu, a mis la justice entre deux pour servir comme d'une barrière. Mais parce qu'elle est toujours combattue par la calomnie et le mensonge, il vous a établis en ce monde pour la défendre incessamment. » L'homme trouva d'ailleurs, dans l'exercice de la parole, de nobles plaisirs ; ses idées se spiritualisèrent, s'étendirent : il chercha à fixer l'attention des hommes assemblés, à les passionner, à les attendrir, à gouverner leurs volontés, à les incliner sous sa puissance. Ensuite, il s'essaya à se donner un organe flatteur et sonore, une pose noble, une physionomie vive et animée ; il s'essaya à ces emportements heureux, à ces élans du cœur, à ces traits d'imagination, à ces tours vifs qui entraînent. Il créa au profit de l'infortune un art, art pénible et précieux, qui demande beaucoup de travail, de longues et fortes études, une patience et une assiduité merveilleuses. Il fut la voix de celui qui souffre, le tuteur de celui qu'on opprime ; il brisa les chaînes de l'innocent, essuya les larmes du coupable ; il fut enfin l'œil et le soleil de la justice[1].

Quelle position difficile nos mœurs judiciaires ont faite à l'avocat, et à quoi la comparer ? On raconte qu'un ambassadeur romain, fatigué des incertitudes d'un diplomate, le renferma dans un cercle qu'il traça autour de lui, et lui imposa l'obligation de ne pas en sortir avant d'avoir résolu les questions qu'il lui soumettait. On ne peut donner une idée plus exacte des luttes judiciaires, qu'en évoquant ce trait de l'histoire. Le Barreau, en effet, est un

---

[1] D'un avocat, on peut dire ce que l'on disait du docteur Origène : *Ubi benè, nemo meliùs ; ubi malè, nemo pejùs.*

champ clos; la devise qui y règne est celle-ci : vaincre ou mourir. A la Tribune, on peut fuir, pourvu toutefois qu'on ne soit pas ministre ; on peut présenter la question sous la face qui nous a frappé dans le cabinet ; on peut se replier, attendre des secours, en demander à ceux qui partagent nos convictions et nos principes ; mais au Barreau, c'est tout autre chose : l'avocat est seul, livré à ses propres forces ; il parle à ses supérieurs, qui le rappellent à la question quand il s'en écarte, à des juges dont il est obligé de connaître l'intelligence pour y conformer la sienne. Il a devant lui un adversaire disposé à s'emparer de toutes ses concessions; une foule de dangers l'environnent. Il faut qu'il y tienne tête. Athlète qu'il est, il ne peut sortir de l'arène que couronné ou vaincu. Il doit être disposé à l'attaque comme à la défense. En même temps qu'il frappe, il doit savoir parer, ne pas se déployer sur un trop grand front de peur de s'affaiblir, s'avancer en colonne, ne présenter que les points principaux, les appuyer, les soutenir, et, pour couronner sa défense, garder des forces inconnues à l'ennemi [1].

Mais comment devra-t-on se présenter devant les juges ? Quelle préparation devra-t-on y apporter? Quelle méthode emploiera-t-on de préférence ? Voilà ce que nous nous proposons d'examiner.

---

[1] Je connais, dit Bayle, un homme d'esprit qui employa la raison suivante pour détourner son fils de l'étude de la jurisprudence, et pour l'encourager à l'étude de la théologie : « Quoi de plus commode, lui disait-il, que de parler devant des gens qui ne vous contredisent pas ! C'est l'avantage des prédicateurs. Et quoi de plus incommode que d'être obligé à entendre, dès que vous avez cessé de parler, un homme qui vous réfute, et qui vous fait rendre compte, sans quartier, de tout ce que vous avez dit. C'est la condition d'un avocat. »

Une première réflexion se présente : quand on a accepté une cause, il importe de la faire triompher, et pour cela, de joindre à la volonté la confiance ; volonté et confiance, facultés magnifiques qui viennent agrandir jusqu'à l'infini les bornes de l'entendement! Alors qu'on ne se préoccupe point de la recherche de la vérité absolue, qui se cache d'une manière si profonde dans l'océan des opinions humaines. En effet, la vérité absolue serait-elle dans la loi? mais les lois varient. Serait-elle dans les commentateurs? mais les commentateurs se disputent. Serait-elle dans les arrêts? mais les arrêts se contredisent. Où donc la chercher? Dans les faits dont l'intelligence vérifie l'exactitude ; puis, autour d'eux, elle groupe des opinions, comme autour du fait de la guerre on groupe des soldats.

Il est donc essentiel, dans les luttes de la parole, de se débarrasser de ce préjugé qu'on a ou qu'on n'a pas pour soi la vérité. La vérité n'a pas besoin d'avocats : elle saisit et s'impose ; elle est à la portée de tous les esprits. Sa notion est si transcendentalement claire, que nul ne peut en prétendre cause d'ignorance. Elle s'allume, qu'on nous passe l'expression, au flambeau des faits. Hors de là, il y a guerre, et guerre interminable. La science marche de conquêtes en conquêtes ; chaque jour ajoute au domaine d 'a vérité ; mais il faut pour cela l'empire du génie. (nd l'opinion d'un savant se vérifie, se prouve comme une proposition mathématique, alors une vérité de plus est acquise au genre humain. Jusque là, semblables à ces âmes que de pieuses croyances nous représentent errantes autour des demeures célestes, les vérités, encore inconnues, flottent dans les régions un peu nébuleuses des découvertes, en attendant que la main du génie aille les saisir et les transporte au milieu de nous pour les faire resplendir de leurs divines clartés [1].

Nous dirons donc à l'orateur du Barreau : Étudiez les faits, apprenez-les, coordonnez-les, jetez-les dans la fournaise ardente où doit se couler votre œuvre ; méditez, méditez encore, méditez toujours, c'est là qu'est le secret de la force oratoire. Les opinions, les déductions, les raisonnements tirés du droit, ne viennent qu'après, ne sont qu'un corollaire, que la chair qui enveloppe l'âme. Ils sont au discours ce que les ornements sont au tableau. Quand vous connaîtrez les faits, le droit viendra s'y adapter de lui-même, par des liaisons naturelles et faciles ; votre intelligence vous fournira des torrents, et l'improvisation embrasant tout-à-coup cette matière fermentée, vous révèlera les prodiges de la puissance oratoire.

Plein de votre sujet, vous partez pour l'audience. Mais comment y apparaîtrez-vous ?

Il y a deux sortes d'improvisateurs. Se jouant avec leur parole et variant leur ton et leur manière avec un admirable bonheur, les uns posent les jalons de leur discours

[1] M. Dupin aîné a dit : « La loi punit le duel. » C'était là une opinion qu'il a soutenue d'arguments et de science. Aussi, quelque grande qu'ait été la puissance de sa parole, il ne manque pas d'adversaires. Mais il a ajouté : « Si vous déclarez le duel un crime, votre décision aura pour résultat d'empêcher ces combats singuliers, dignes de l'état sauvage, qui substituent la force au droit, l'insolence à la raison, et affligent profondément la morale publique. » C'était là encore une opinion ; mais cette *opinion* devient *fait*, *vérité*, dès que l'on constate qu'en effet, les duels, frappés par la loi, disparaissent peu à peu de nos mœurs. Le savant procureur-général a donc fondé un progrès : l'idée théorique, l'opinion a passé dans les faits. Une vérité a été conquise pas à pas par la conquête lente et successive de ses différents éléments.

sur une feuille légère, les autres, pleins du démon qui les obsède, s'élancent libres et affranchis de toute entrave.

Quel mode devra être préféré ?

Nous avons remarqué que, sans notes, le génie est plus libre, les mouvements sont plus spontanés, l'action se montre plus saisissante et plus vive. L'orateur qui tient des notes porte en quelque sorte des chaînes, et, quoi qu'il fasse, leur poids se fait toujours sentir. Les notes sont une sujétion ; par cela même qu'elles sont préparées d'avance, elles deviennent une entrave. De plus, elles accoutument la mémoire à la lenteur, à la paresse. Dès que les impressions qu'elle doit reproduire sont fixées par des mots, elle se repose. Le papier est dépositaire, et l'esprit libéré, tranquille, ne travaille plus. C'est là un inconvénient grave [1].

A notre sens, on devrait toujours exclure les notes des affaires criminelles, dans lesquelles on doit puiser ses impressions à mesure que ses arguments produisent effet sur les juges. Cette sorte d'éloquence a des nuances dis-

---

[1] Theuth, qui passe chez les Egyptiens pour l'inventeur de l'écriture, alla trouver le roi Thamus et lui dit : « Voici une découverte qui rendra les Egyptiens plus savants et leur donnera plus de facilité à retenir, car j'ai découvert un moyen d'acquérir la science et la mémoire. » — « Ingénieux Theuth, lui dit le roi, les uns sont capables de découvrir les arts, les autres savent juger les avantages et les inconvénients qu'ils doivent avoir pour ceux qui s'en serviront. Père de l'écriture, par amour pour ta découverte, tu lui attribues des effets qu'elle n'a pas, car ceux qui sauront cet art négligeront leur mémoire, et feront naître l'oubli dans leurs âmes, parce que, se reposant sur la fidélité de l'écriture, ils chercheront à se rappeler les choses extérieurement, à l'aide de caractères étrangers, et non intérieurement, par leurs propres efforts. — PLATON : *Phèdre*.

tinctes et qui lui sont particulières. L'ordre rigoureux, la symétrie absolue n'est pas toujours son fait. Il faut que parfois elle s'égare avec art, soit inégale et ait l'air de se perdre. Quoiqu'elle soit le fruit de la méditation et d'une méditation profonde, il est essentiel qu'elle paraisse être de verve et sans aucun souvenir de la mémoire. Là l'intelligence doit être délivrée de toute espèce de joug. Que l'inspiration semble nous entraîner comme une force irrésistible; que le génie du moment préside à cette lutte, à cet enfantement sacré où l'on dirait que l'orateur ne fait que céder à ses fantaisies éloquentes, à une inspiration d'en-haut, où sa parole va, vient, revient, se replie sur elle-même, disparaît pour ainsi dire à nos regards pour se laisser apercevoir à quelques pas en avant plus bouillonnante et plus impétueuse.

En matière civile, le travail de l'imagination est plus comprimé; les pas de l'avocat sont plus mesurés, plus tranquilles. Il lui faut plus d'accord, plus d'ensemble, plus de but; il est plus son maître. On comprend mieux alors qu'il s'aide de notes pour corriger ou rectifier les erreurs de sa mémoire, erreurs si faciles à commettre quand il s'agit de parcourir les sentiers arides du droit civil, de narrer des faits dont un seul oublié pourrait mettre en péril la cause tout entière. Nous admettons donc plus facilement, dans ce cas, le secours des notes.

Mais comment faut-il disposer ses notes? Ici nous allons laisser parler M. Dupin aîné; c'est la parole du maître, elle ne sera pas contestée, au contraire: comme toujours, on l'applaudira :

« Venons à un exemple, dit-il. Supposez qu'un homme s'est emparé avec violence de la propriété d'autrui; vous avez à prouver que cet acte est illégal, illicite, et que la propriété doit être rendue à son maitre. Quel sera le travail de votre esprit ?

« Un mouvement d'indignation !

« Comprimez-le pour un instant : la colère est un mauvais conseiller; des injures ne sont pas des raisons; soyons d'abord de sang-froid et analysons le discours.

« J'affirme que Paul doit être réintégré dans la maison dont il a été injustement dépouillé par Pierre.

« Pour cela, il faut prouver ce fait que Pierre a réellement dépossédé Paul.

« Et prouver par la loi que ce fait est répréhensible et ne peut être toléré.

« Vous mettez donc sur votre note :

« 1° La proposition que vous voulez démontrer;

« 2° Le récit des faits avec ses circonstances; s'il y a eu violence, coups portés, meubles brisés.

« Je vous suppose bien instruit du fait; vous n'avez besoin de notes que pour jalonner votre discours, pour ne rien omettre d'essentiel et tout dire dans un ordre convenable : un mot suffit par conséquent pour rappeler toutes les circonstances qui s'y rattachent.

« En lisant le mot *coups*, vous savez quels coups, leur degré de violence, leurs suites funestes. S'il y a eu maladie, incapacité de travail, traitement long et dispendieux, le mot *médecin* suffira pour rappeler tout cela; de même pour tous les accidents du récit.

« Arrivant au point de droit, vous avez trois moyens à employer :

« Le droit naturel qui défend de nuire à autrui;

« L'article de la Charte qui déclare les propriétés inviolables;

« Ajoutez-y des considérations d'ordre public sur le

danger de se faire justice à soi-même ; animez-vous alors, si vous le jugez nécessaire ; la preuve est faite ; on s'indignera avec vous, et concluez.

« On peut parler là-dessus une demi-heure ; mais, pour régler l'improvisation, quelques notes suffiront, et voici l'extrait sur lequel je porterais la parole :

MOTIF D'EXORDE. — Nécessité de protéger la propriété.

PROPOSITION.... . — Celui qui a été injustement dépouillé doit être remis en possession.

FAIT............... — Pierre a dépouillé Paul. — Préméditation. — Venu avec armes. — Comment est-il entré ? — Porte enfoncée ! — Coups portés.... — Blessures. — Médecin. — Paul réduit à se loger ailleurs.... !!

POINT DE DROIT... — Droit naturel. — Charte, art. 8. — Code pénal, art. 379 et 184. — Ordre public blessé. — Justice à soi-même.

PÉRORAISON....... — Quelle indignité ! — Violation de domicile !

CONCLUSION....... — Paul doit être réintégré et Pierre condamné à des dommages-intérêts, sans préjudice de la peine portée par la loi.

« On remplira ce cadre avec plus ou moins de bonheur

et de facilité d'expression ; mais, avec ces notes, il est impossible de ne pas faire un discours raisonnable, et c'est l'essentiel ; il faut être vrai avant d'être beau.

« Ainsi, rassuré sur le fond, pourquoi s'inquiéter des termes? Ne cherchez point de tournures alambiquées, rendez vos idées, parlez naturellement comme vous serez affecté, et si tout-à-coup vous vous sentez animé par un mouvement qui imprime à votre discours plus de chaleur et de rapidité, allez!... Mais ne perdez pas de vue votre sujet, autrement ce serait divaguer, et les plus belles choses ne valent plus rien dès qu'elles sont déplacées : *Non erat his locus.* [1] »

Nous aurions mauvaise grâce d'ajouter quelque chose à des principes si pleins de vérité et de clarté; ce serait nous exposer à gâter une œuvre qui satisfait si bien l'esprit et la raison.

Tel peut être l'usage des notes en matière civile, parce que là il faut qu'une volonté froide et supérieure dirige l'attention, l'arrête à temps, l'appesantisse sur des points médités, la suspende pour la faire glisser sur des détails moindres. Mais au criminel, au contraire, ce sont de brusques invasions, des accroissements irrésistibles qui vous pressent dans leurs enchaînements, qui vous précipitent, vous entraînent, et semblent ôter à la volonté son frein. L'avocat d'une affaire civile va dans tous les

[1] C'était là aussi la méthode de Barnave, alors qu'il exerçait comme avocat au parlement de Grenoble; dans ses notes on lit : « Travailler, mûrir davantage mes causes, et puis les traiter d'abondance ou avec des extraits fort courts, en homme rompu..., exercer ce genre dans ma chambre..., m'attacher essentiellement à la netteté, à la brièveté, c'est la passion des juges. »

sens comme après une proie ; l'avocat d'une affaire criminelle subit une direction impérieuse et ne se la donne
pas ; c'est lui qui est la proie [1].

[1] On peut citer, en matière criminelle, comme modèle d'exorde
dérivé du capricieux courant de l'improvisation, celui de M. Dupin
aîné, dans sa défense pour Béranger ; le voici :

« Un homme d'esprit a dit de l'ancien gouvernement de la France,
que c'était *une monarchie absolue tempérée par des chansons*.

« Liberté entière était du moins laissée sur ce point.

« Cette liberté était tellement inhérente au caractère national,
que les historiens l'ont remarquée. — « Les Français, dit Claude
« de Seyssel, ont toujours eu licence et liberté de parler à leur vo-
« lonté de toute sorte de gens, *et même de leurs princes,* non pas
« après leur mort tant seulement, mais encore de leur vivant et en
« leur présence. »

« Chaque peuple a sa manière d'exprimer ses vœux, sa pensée,
ses mécontentements.

« L'opposition du taureau anglais éclate par des mugissements.

« Le peuple de Constantinople présente ses pétitions la torche
à la main.

« Les plaintes du Français s'exhalent en couplets terminés par de
joyeux refrains.

« Cet esprit national n'a pas échappé à nos meilleurs ministres ;
pas même à ceux qui, d'origine étrangère, ne s'étaient pas crus dis-
pensés d'étudier le naturel français.

« Mazarin demandait : Eh bien ! que dit le peuple des nouveaux
édits ? — Monseigneur, le peuple chante. — *Le peuple cante*, re-
prenait l'Italien, *il payera* : et satisfait d'obtenir son budget, le
Mazarin laissait chanter.

« Cette habitude de faire des chansons sur tous les évènements,
même les plus sérieux, était si forte et s'était tellement soutenue,
qu'elle a fait passer en proverbe qu'en France, *tout finit par des
chansons.*

« La Ligue n'a pas fini autrement : ce que n'eût pu faire la force
seule, la satire Ménippée l'exécuta.

Aussi voyez-le, cet orateur à qui l'un de ses semblables a confié son honneur ou sa vie, comme il s'élance noble

« Que de couplets vit éclore la Fronde ! les baïonnettes n'y pouvaient rien.

> Au qui vive d'ordonnance
> Alors prompte à s'avancer,
> La chanson répondait, *France !*
> Les gardes laissaient passer.

« Aujourd'hui qu'il n'y a plus de *monarchie absolue*, mais un de ces gouvernements nommés *constitutionnels,* les ministres ne peuvent pas supporter la plus légère opposition; ils ne veulent pas que leur pouvoir soit tempéré, *même par des chansons !*

« Leur susceptibilité est sans égale... Ils n'entendent pas la plaisanterie... et sous leur domination, il n'est plus vrai de dire : *tout finit par des chansons,* mais tout finit par des procès.

« Nous allons donc plaider. »

Quelle grâce inimitable ! quelle admirable et brillante témérité de penser et de dire !

En matière civile, il est quelquefois des considérations générales préméditées, que l'on peut faire entrer dans le discours, et qui ont des charmes infinis ; telle est, par exemple, dans un plaidoyer de M. Chaix d'Est-Ange, sa définition des professions libérales :

« Ici j'éprouverais le besoin de vous dire ce que sont, à mon avis du moins, les professions dites libérales, quelles sont leurs obligations, quels sont leurs devoirs, devoirs très rigoureux, mais quels sont en même temps leurs droits. C'est une chose que presque tout le monde comprend, mais qui n'en est pas moins difficile à exprimer. Ainsi le médecin qui pratique l'art de guérir, cet art admirable qui exige tant de soins et tant de dévouement, tant de connaissances diverses, il exerce une profession libérale ; mais, Messieurs, s'il y assure son avenir, il doit y assurer en même temps l'avenir, la fortune médiocre ou brillante de ses enfants. Au fond de tout cela, de ce temps qu'il donne, de cette science qu'il emploie, de ces efforts qu'il prodigue ; au fond de tout cela, il cherche à s'assurer, quoi donc ?.... la considération publique, sans doute, la reconnaissance de ceux qu'il sauve ; mais aussi la rétribution convenable de ses soins, et si j'ose, hélas ! me servir de cette expression, le salaire qu'il a mérité.

et fier ! La confiance rayonne de sa face ; la flamme scintille dans ses yeux ; le génie siége sur son front. Il commence : silence ! silence ! écoutez ! écoutez ! D'une hauteur sublime, inaccessible à nos faibles regards, comme un fleuve débordé, il descend, il roule, il se précipite. Quels brûlants transports l'agitent ! Troublé, attendri, passionné, il nous émeut, nous entraîne ; nous vivons de sa vie, nous pleurons de ses larmes. Planant majestueusement au-dessus de nos têtes, il s'enivre du bruit de sa voix, de son geste noble, du balancement de sa parole so-

« Ah ! sans doute, le médecin qui voudrait appliquer cette maxime à tous les cas, qui fermerait sa porte au pauvre, qui se montrerait impitoyable pour lui, serait un misérable médecin. C'est pour cela que les professions que nous avons l'honneur d'exercer ont été appelées libérales. Elles doivent être indulgentes et faciles au pauvre. C'est pour cela qu'elles sont placées haut dans l'opinion publique.

« Mais en même temps, s'il arrive chez un médecin un homme d'une immense fortune, est-ce que ce médecin n'a pas le droit, je ne dis pas d'exiger, mais d'attendre, mais d'espérer une rémunération des soins qu'il a gratuitement prodigués au pauvre ? Je ne connais pas au monde de conscience si sévère, si impitoyable, qui puisse dire qu'il faille prodiguer gratuitement ses soins au riche, lui rendre la santé, qu'il faille rappeler à la vie sa mère, sa femme, son enfant chéri, et puis qu'il garde sa fortune, ses trois millions de rente [1]. Non, Messieurs, je ne connais pas de conscience si scrupuleuse qui puisse tenir un pareil langage.

« Ainsi, à mon avis, et on m'accordera sans doute que j'ai le droit de parler ainsi, voilà comment les professions libérales peuvent espérer de se voir entourées de l'estime et de la considération publiques. Il faut qu'elles se montrent indulgentes et faciles aux malheureux, mais enfin qu'elles attendent, qu'elles espèrent des honoraires convenables pour les soins donnés aux riches. » — *Plaidoyer pour le docteur* WOLOWSKI.

Qui n'a deviné, à ces paroles, un cœur plein de noblesse, de sensibilité et d'indépendance?

[1] Allusion à l'adversaire, M. le duc Hamilton, pair d'Angleterre.

nore, de la grandeur imprévue de son inspiration. Il sait
que, par rapport à lui, nous sommes dans les ténèbres, et
que le soleil qui l'éblouit ne brille pas encore sur notre
horizon ; alors il secoue sur nous l'orage et nous illumine
de ses éclairs. Quelquefois il est inégal, on dirait qu'il
s'égare, il nous échappe ; nous l'avions cru perdu sans
ressource ; mais le voilà qui reparaît tout-à-coup. C'était
l'art, c'était l'inspiration, c'était un noble délire qui l'avait
poussé hors des routes connues, et qui le ramène par des
sentiers inespérés dont il ne se doutait pas lui-même. A
ce moment, l'orateur est arrivé à l'apogée de sa puissance ; il était laid tout-à-l'heure, maintenant il est beau ;
un rayon divin éclaire son visage subitement transfiguré.
Il ne ressemble point aux autres hommes : son action est
extraordinaire ; il ne se possède plus, il ne pense plus, il
ne parle plus par lui-même ; la vie vulgaire est absente pour
lui. Il est le ministre du dieu qui l'obsède, qui le poursuit, qui le tourmente, qui en arrache des voix, qui vit
en lui, qui s'est emparé de ses mains, de ses yeux, de sa
bouche, et qui le tient élevé au-dessus de la nature humaine. Alors, ses désirs, ses volontés, ses passions, pénètrent dans notre âme dont il a sollicité à la fois toutes
les puissances ; sa tâche est remplie, son ouvrage est fini,
nous sommes à lui et nous applaudissons à sa victoire.
Oh ! devant un aussi magnifique spectacle, n'est-ce pas
le cas de s'écrier avec Sénèque : « Oui, il habite un dieu
dans la poitrine de l'homme ; je ne sais à la vérité quel
dieu, mais certainement il habite un dieu. »

CHAPITRE III.

MÉTHODE D'IMPROVISATION POUR LA TRIBUNE [1].

Elles ne sont pas de faible importance les qualités que doit posséder l'orateur pour commander aux hommes du haut de la tribune, et il a une immense instruction à acquérir.

Littérateur, philosophe, financier, jurisconsulte, il faut en outre qu'il ait une connaissance profonde de l'histoire, non pas cette connaissance vulgaire qui sait à quel an, à quel jour, à quelle heure un peuple a gagné telle bataille ou a subi telle défaite, à quel an, à quel jour, à quelle heure il s'est élancé vers la liberté ou est tombé dans la servitude, mais cette connaissance philosophique, pleine d'idées et riche d'aperçus, qui lui découvre les intérêts et le caractère des nations, leurs mœurs, leurs institutions,

[1] MODÈLE IDÉAL. — LE GÉNÉRAL FOY.

leur industrie, les causes de leur grandeur et de leur décadence. Il faut qu'il ait sondé le cœur humain jusque
dans ses replis les plus cachés, car dans les assemblées
où tous les amours-propres sont à découvert, les individualités sont plus sensibles, plus irritables qu'ailleurs, et
le talent de les manier d'une main délicate et ferme fut
toujours la partie la plus importante de l'art des orateurs.

A toutes ces connaissances supérieures, l'homme de
tribune doit ajouter les connaissances moins élevées, mais
éminemment nécessaires de l'administration ; il lui faut
l'esprit d'ordre, de détail, de modération, le rare et difficile esprit des affaires. Car ce n'est pas tout que d'indiquer le mal à l'aide de théories brillantes, il faut descendre de ces hauteurs souvent nuageuses pour chercher le
remède dans la pratique, dans l'application. Ce n'est
pas tout que de remuer les passions, il faut encore avoir
entre les mains le divin trident qui les apaise ; ce n'est pas
tout que de semer des ruines, il faut encore réédifier.

Et tout ce savoir si vaste, si profond, il faut le déployer à la fois dans les circonstances les plus difficiles. A
chaque parole que l'on prononce, il faut songer à l'effet
que l'on produit, calculer à la fois l'impression du moment et la situation morale et atmosphérique de l'assemblée. Et tous ces éléments, si divers, si mobiles, qui
changent, se compliquent sans cesse, il faut les combiner
au milieu de la tempête, de l'ébranlement des passions.
Tandis que vous pensez à tant de choses, l'orage gronde
autour de vous, votre tête est menacée, une fatale résolution va être prise, et là, là, derrière vous, dans une douloureuse anxiété, est la patrie avec des chants de triomphe
ou des cris de défaite, des couronnes ou des emblèmes de
deuil ; et toutes ces images qui viennent émouvoir l'âme.

troubler le mouvement de la parole, déconcerter la raison, il faut les chasser; il faut penser, penser vite, car
une minute de plus, un seul moment de lâcheté, d'irréso-
lution, et la plus belle combinaison a perdu son à-pro-
pos; la victoire était assurée, la défaite est infaillible, et
au lieu de la gloire, c'est la honte qui vous attend.

Après la science, la plus grande force de l'orateur de
la tribune est la présence d'esprit. Ses succès sont l'ouvrage du moment. Le temps, le lieu, la passion l'inspirent. Il ne recherche ni la longueur des phrases, ni l'é-
légance, ni les qualités du style. Un mot, un geste, un
accent suffisent pour lui donner la victoire. Manlius
montre le Capitole et ce geste le sauve. Scipion rappelle
son triomphe et il est justifié. Phocion jette une phrase et
Démosthène se trouble.

Voyez en effet les grands orateurs quand ils ont vaincu. Ce n'est pas par des discours péniblement médités,
élaborés dans le silence du cabinet, mais c'est un mot
souvent lancé avec bonheur, un mot de soudaine inspiration, qui en a fait des gagneurs de batailles. Le plus
mince antagoniste opposera périodes à périodes, développements à développements; mais ce ne sera pas là l'orateur
dans sa plus haute puissance. L'orateur, c'est celui qui
a prononcé la phrase décisive, qui a trouvé dans son âme
l'étincelle électrique, le mot qui a fait pencher la balance
incertaine. C'est dans cet acte important que la théorie a
moins de certitude, parce qu'elle est tout-à-fait insuffisante
et bien inférieure à un coup d'œil instinctif. Cet acte suprême consiste, en dernière analyse, à employer, au moment voulu, la plus grande force oratoire possible. Toutes choses égales, la victoire n'appartient pas à celui qui
a le plus de troupes, mais à celui qui sait mettre en ac-

tion, à l'endroit fatal, le levier qui bouleverse l'assemblée.

Mirabeau avait compris cette vérité, lui, l'empereur de la tribune, le fondateur de la puissante dynastie des orateurs politiques en France. Il dirigeait les mouvements, il commandait le repos par phrases et par mots; on lui répondait en trois points; il répliquait, il discutait même longuement pour changer peu à peu la disposition des esprits, puis il sortait tout-à-coup des habitudes parlementaires et fermait la discussion d'un seul mot qui assurait son triomphe. Ainsi, sa terrible évocation de la banqueroute, sa magnifique allusion au tribun romain, et son serment plus magnifique encore, attestent impérissablement cette vérité [1].

[1] Laissons M. Thiers raconter avec son brillant talent d'analyse un de ces moments sublimes :

« On l'applaudit (Mirabeau), mais on discute encore : on fait mille propositions et le temps s'écoule en vaines subtilités. Fatigué de tant de contradictions, frappé de l'urgence des besoins, il remonte une dernière fois à la tribune, s'en empare, fixe de nouveau la question avec une admirable netteté, et montre l'impossibilité de se soustraire à la nécessité du moment. Son génie s'enflammant alors, il peint les horreurs de la banqueroute, il la présente comme un impôt désastreux, qui, au lieu de peser légèrement sur tous, ne pèse que sur quelques-uns qu'elle écrase ; il la montre comme un gouffre où l'on précipite des victimes vivantes, et qui ne se referme pas même après les avoir dévorées, car on n'en doit pas moins même après avoir refusé de payer. Remplissant alors l'assemblée de terreur : « L'autre jour, dit-il, à propos d'une ridicule motion du Palais-Royal, on s'est écrié : Catilina est aux portes de Rome et vous délibérez ! Et certes, il n'y avait là ni Catilina, ni périls, ni Rome ; et aujourd'hui la hideuse banqueroute est là : elle menace de consumer, vous, votre honneur, vos fortunes, et vous délibérez ! »

« A ces mots, l'assemblée transportée se lève en poussant des cris d'enthousiasme. Un député veut répondre, il s'avance, mais

Cette puissance mystérieuse d'un mot, d'où vient-elle ?
Elle vient de ce qu'il s'agit d'une assemblée qu'on peut

effrayé de sa tâche, il demeure immobile et sans voix ! Alors l'assemblée déclare que ouï le rapport du comité, elle adopte de confiance le plan du ministre des finances. C'était là un bonheur d'é-
loquence ; mais il ne pouvait arriver qu'à celui qui avait tout à la
fois la raison et les passions de Mirabeau. »

Une autre fois, répondant à Maury :

« On a demandé, dit Mirabeau, comment nous nous étions
tout-à-coup transformés en convention nationale. Je répondrai
nettement. Les députés du peuple sont devenus convention nationale le jour où trouvant le lieu de l'assemblée des représentants
du peuple hérissé de bayonnettes, ils se sont rassemblés, ils ont
juré de périr plutôt que d'abandonner les intérêts du peuple ; le
jour où on a voulu, par un acte de démence, les empêcher de remplir
une mission sacrée, ils sont devenus convention nationale pour
renverser l'ordre de choses où la violence attaquait les droits de la
nation. Je ne demande pas si les pouvoirs qui nous appelaient à ré-
générer la France n'étaient point altérés, si le roi n'avait pas prononcé le mot régénération, si, dans des circonstances révolution-
naires, nous pouvions consulter nos commettants : je dis que quels
que fussent alors nos pouvoirs, ils ont été changés ce jour-là ; que
s'ils avaient besoin d'extension, ils en ont acquis ce jour-là ; nos
efforts, nos travaux les ont assurés ; nos succès les ont consacrés ;
les adhésions tant de fois répétées de la nation, les ont sanctifiés.
Pourquoi chercher la généalogie de ce mot *convention ?* quel
étrange reproche ! Pouvait-on ne pas se servir d'un mot nouveau
pour exprimer des sentiments nouveaux, pour des opérations et
des institutions nouvelles ?...

« Vous vous rappelez tous le trait de ce grand homme, qui, pour
sauver sa patrie d'une conspiration, avait été obligé de se décider
contre les lois de son pays avec cette rapidité que l'invincible tocsin
de la nécessité justifie. On lui demandait s'il n'avait pas contrevenu
à son serment, et le tribun captieux qui l'interrogeait croyait le
mettre dans l'alternative dangereuse ou d'un parjure, ou d'un aveu
embarrassant ; il répondit : Je jure que j'ai sauvé la République.

passionner, entraîner, parce qu'elle sent, qu'on peut tromper parce qu'elle n'a pas le temps de se recueillir, de raison-
ner. Une assemblée politique va sans cesse, comme par un
mouvement d'oscillation, d'un orateur à un autre, flottante, incertaine, sans se reposer de longtemps, sans se
fixer à aucun avis. C'est la lutte des libertés et des volontés individuelles qui produit cet air d'indécision et de
balancement machinal dans la masse. Ces chocs involon-
taires qui ont leur source dans les passions intimes de
l'homme, produisent des mouvements qu'on ne peut prévoir, mais dont on peut profiter. Les forces co-existent et
se neutralisent longtemps : leur intensité, leur concours,
leur point d'application varient à chaque instant; et
la résultante, c'est-à-dire la direction que prendra le
corps mu, ne peut être connue de personne. Celui-là est
donc le plus sûr de réussir qui sait le mieux, par un trait
qui saisit, couper court aux indécisions de l'assemblée,
pourvu toutefois qu'il ne parle pas pour Milon devant le tribunal de Pompée, ou pour Louis XVI devant la Convention.

N'allez pas pourtant induire de tout ceci qu'on peut se
dispenser d'étude et de travail, et attendre du hasard ces
inspirations heureuses et soudaines; non, non, ne croyez
pas que l'art vous vienne ainsi sans que vous le cherchiez
avec labeur, que la connaissance du cœur humain vous
soit donnée sans que vous méditiez longuement sur les
passions et l'histoire. Il faut d'ardentes veilles pour arriver à saisir le sceptre de l'éloquence; il faut pouvoir gra-

---

Messieurs, s'écrie Mirabeau en s'adressant aux députés des communes, je jure que vous avez sauvé la France. »
Ce magnifique serment décide de tout, et Mirabeau gagne encore
la bataille.

vir la tribune, s'y inspirer pour attendre ce mot magnifique, cette détonation terrible qui doit entraîner une assemblée entière, et cette puissance ne vous viendra pas, croyez-le bien, dans les fêtes joyeuses, au sein des vains plaisirs du monde.

Mirabeau fut grand, son nom vivra dans les siècles, mais peut être était-il le seul qui eût reçu des circontances une éducation, une position convenable au rôle providentiel qu'il était appelé à remplir. Si son père n'eût pas été pour lui un tyran cruel et barbare, si les préventions, les mépris, les rigueurs longtemps accumulés sur sa tête n'avaient pas allumé dans son cœur une profonde horreur de l'injustice, de l'arbitraire; si la captivité ne lui avait pas donné le temps d'amasser des trésors de science, de colère et de vengeance, il est probable que ses vertus publiques auraient eu moins d'énergie, de grandeur et d'éclat; mais on révolta, on ulcéra son cœur sensible, et ce fut à la Bastille peut-être que se forma le terrible ouragan qui devait un jour balayer de la terre de France ce vieil arbre de la monarchie dont les branches autrefois chargées de si beaux fruits, se desséchaient déracinées et flétries. Le malheur a cela de bon qu'il donne à certaines âmes une supériorité si ce n'est d'intelligence, du moins de caractère. Les talents se forment dans le calme, les caractères dans l'orage!

Ces principes posés, cherchons maintenant quelle sera la méthode la plus propre à nous conduire à la parole tribunitienne. Ici nous allons laisser parler un homme qui a pénétré le secret des beaux discours du général Foy, de glorieuse mémoire.

« Acquérir sans cesse pour dépenser avec libéralité, dit M. Tissot, voilà sa vie. Mais avant de distribuer les

richesses qu'il avait acquises, il en faisait sa propriété
particulière et leur donnait une empreinte générale en les
transformant. Voulait-il traiter un sujet? Sa tête fermentait pendant huit jours dans un travail plein de fatigue et
de constance. La délibération de son esprit était orageuse; peu à peu l'ordre s'établissait dans cette lutte des divers éléments de sa conviction. Il arrêtait les principes,
classait dans sa mémoire les faits et les déductions, et jetait enfin sur le papier les divisions de son discours. Cette
première opération achevée, il s'occupait de remplir les intervalles entre les diverses divisions du sujet, semblables à
des jalons placés sur sa route, et c'était en dictant quelquefois pendant deux jours un grand nombre de phrases bien
enchaînées qui coulaient comme de source, et qu'il ne re-
voyait plus. Libre alors du démon qui l'avait obsédé, il attendait l'époque de la discussion. Voici comment il s'y présentait : c'est lui-même qui nous a révélé le secret de ces inspirations que l'on rabaissait en les attribuant aux prodiges
d'une mémoire exempte de la plus légère infidélité : « Je
« monte à la tribune, disait-il, sans même relire ce que
« j'avais dicté ; mais plein de mon sujet, fort de ma dis-
« position, n'étant pas persécuté par le souvenir des mots,
« parce que je ne les sais pas, retrouvant néanmoins tous
« les traits heureux, je répands, grâce au mouvement que
« la parole communique à la pensée, des idées et des images
« sur lesquelles j'étais loin de compter lorsque le sujet
« s'était d'abord présenté à mes premières méditations. »
    « Ainsi donc, Foy apportait à la chambre des com-
munes les fruits d'un grand savoir et d'une longue réflexion, les brûlantes inspirations de la solitude, les élans
heureux d'une éloquence qui déborde du cœur, avec l'é-
tonnante faculté de les resserrer dans de justes limites au

moment du combat, et le don plus rare encore des soudaines illuminations de la tribune. »

Voilà par quels pénibles travaux furent produits ces
brillants discours qui faisaient tressaillir la France comme
une heureuse mère à la vue des prodiges de ses enfants.
Cette méthode était en partie celle de Démosthène. « Ce
grand orateur, au rapport d'Amiot, traducteur de Plutarque, ne rédigeait pas toujours au long par écrit tout ce
qu'il avait à dire, ni aussi ne se présentait pas à parler
qu'il n'en eût premièrement fait quelques mémoires; et
soutenait que cela était un signe d'homme populaire de
bien penser à ce que l'on prononce devant le peuple; car
cette préparation-là montre qu'on l'honore et le révère. »
Le discours préparé ne messied pas en effet à la tribune.
Il y a même quelque bienséance à dérober de si hauts intérêts aux caprices de l'inspiration.

Sans doute cette méthode n'aura pas pour effet de vous
faire produire des œuvres irréprochables quant à la forme, et vos discours, comme ceux du général Foy et ceux
de presque tous les improvisateurs même les plus grands,
pourront périr. « Vous relirez ce discours, dit M. Dupin [1],
vous relirez ce discours si heurté en le prononçant et

[1] *Discours de réception à l'Académie française.* — M. Dupin
aîné a traité ce sujet avec plus d'étendue dans un opuscule intitulé
de l'Improvisation, composé en 1829 pour le duc de Chartres, depuis duc d'Orléans, noble enfant, non loin de là fauché si fatalement et si vite, rêvant déjà toutes les gloires et s'essayant alors, sous
un grand orateur, à cet art magnifique dont il connaissait tous les
prodiges. Spectacle intéressant que celui d'un prince par le droit de
la naissance, recevant humblement les leçons d'un prince par le droit
de la parole! Le maître dut être fier de son élève, lorsque plus tard
il le vit, jeune encore, monter spontanément à la tribune pour y
défendre la liberté de conscience (Chambre des Pairs, *séance du*

quelquefois si imparfaitement reproduit ; vous y cher-
cherez en vain la symétrie d'une composition conforme à
toutes les règles de l'art, l'invention, la disposition, l'é-
locution : il eût fallu du temps ; mais pendant ce temps aussi,
une question vitale eût été décidée à contre-sens, et le beau
discours fût arrivé comme la seconde édition de la Milo-
nienne, après la cause perdue.

« C'est ainsi qu'à l'attaque imprévue d'un camp mal
gardé, le premier qui s'aperçoit du péril jette un cri, saisit ses armes et s'élance à l'encontre des assaillants ; d'autres le suivent et se pressent jusqu'à ce que cette résistance tumultueuse ait permis à la troupe entière de
prendre ses rangs.

« Invoquons de grands souvenirs et de grands exemples ! Nos orateurs politiques les plus renommés, Mirabeau, Barnave, de Serre, le général Foy n'ont-ils pas
prouvé que celui qui s'abandonne, au milieu de ces circonstances ardentes, à tous les hasards de l'improvisation,
trouve quelquefois, dans l'embarras même de sa situation,
des secours inespérés ?

« Quoique non préparé sur les mots, s'il connaît bien
les choses, s'il sent vivement, s'il est soutenu par la conscience du bien ; au milieu même de tant d'isolement, dans
ce trouble incessamment apporté au développement de la
pensée par les interruptions les plus vives et les clameurs
parfois les plus insensées ; dans ce tourment de toutes ses
facultés, il lui arrivera de rencontrer des tours, des expressions, des hardiesses qui ne viendraient pas trouver
un homme moins fortement excité !

5 *janvier* 1838), et répondre, l'année suivante, avec une élocution si
facile, si ornée et si pure, aux organes des sciences, des arts et de
l'industrie. (*Voyage du duc d'Orléans en France.* 1839.)

« Ce que perdront le style et la belle ordonnance du
plan, l'orateur le regnagnera du côté de l'action, de cette
action oratoire à laquelle les anciens accordaient les trois
premiers rangs. Sa main ne tiendra pas un cahier, son
œil ne sera pas fixé sur son écriture; il retrouvera l'arme
du regard; son esprit ne sera pas livré aux incertitudes de
la mémoire. Libre dans son allure comme ces cavaliers
numides qui montaient à cru et sans frein, il luttera
corps à corps avec son auditoire, maître de resserrer ou de
laisser aller son discours, de glisser sur ce qui commence-
rait à déplaire, comme d'insister sur ce qui aura fait sensation; et s'il est bien inspiré, son succès dépassera l'effet des discours les plus étudiés! Alors éclateront ces vives
sympathies, ces retours électriques de l'assemblée sur
l'orateur, qui l'avertiront qu'il a conquis les votes, et que
la majorité vient à lui. »

Ainsi, les irrégularités de la forme seront largement
compensées par les avantages de l'action oratoire. Après
avoir formulé, distribué dans sa mémoire l'ensemble et les
proportions de son discours, « l'orateur, dit Timon,
aborde la tribune, et maître de son sujet, fécondé par l'é-
tude et l'inspiration, il s'abandonne au courant de sa
pensée. Sa tête bout, son discours s'échauffe, se détend,
s'allonge, se pétrit, se colore. Il sait ce qu'il va dire, mais
il ne sait pas comment il va le dire. Il voit le but, mais il
ne sait point par quels chemins il y arrivera. Il a les
mains pleines d'arguments, d'images et de fleurs, et à mesure qu'ils se présentent, il les prend, il les choisit, il les
entrelace pour en assortir le bouquet de son éloquence.
Ce n'est ni le froid de la lecture, ni la psalmodie de la récitation. C'est un procédé mixte, à l'aide duquel l'orateur, à la fois solitaire et illuminé, improvisateur et écri-

vain, s'enchaîne lui-même sans cesser d'être libre, oublie et se souvient, rompt le fil de son oraison, et le renoue pour le rompre encore et le retrouver sans s'égarer jamais; mêle les saillies, les incidents, les soudainetés et le pittoresque du verbe avec la réflexion, la suite et la pensée, et tire ses ressources et sa puissance, de l'apprêt et de l'imprévu, de la précision rigoureuse de l'art et des grâces de la nature. »

Du reste, on sent à merveille, sans qu'il soit besoin de le dire, que l'éloquence politique variant selon les temps et les assemblées, les préparations qui doivent y conduire, doivent aussi subir des modifications considérables. Ainsi l'éloquence de la Convention républicaine ne doit pas ressembler à l'éloquence de l'époque impériale, pas plus que celle-ci ne ressemblera à l'éloquence de la monarchie représentative.

Ici, la parole se montre ardente, effrénée, car dans les clubs comme sur les places publiques, l'art oratoire est destiné à agir sur les esprits, et à ces mots sublimes : LA PATRIE EST EN DANGER ! la France se lève unanime et enflammée jusqu'à l'enthousiasme du saint amour de la liberté. Alors elle jette la flamme comme un astre échevelé hors de son orbite, et donnant au monde ébranlé le signal d'une ère nouvelle, elle déclare solennellement et à la face des peuples, sa résolution de vaincre ou de s'ensevelir dans le tombeau de l'honneur et de l'indépendance. Enfantée au milieu de la tempête, sur un sol balayé par les rafales des partis, la parole se ressentira de son origine et se révélera pleine d'éclairs et de foudres [1].

___

[1] Ecoutons Vergnaud dans la Convention, la hache du bourreau déjà suspendue sur sa tête : « Lorsque Guillaume Tell ajustait la flèche

Là, la vie politique est morte; plus de ces convulsions,
plus de ces délires qui témoignent de l'énergie de la nation. La représentation nationale n'est qu'un vain simu-
lacre ; elle n'exerce aucune influence sur l'opinion publique, qui a été absorbée par la gloire. Le peuple applaudit
par ses acclamations au fils heureux de la victoire, quand,
sur son char de triomphe, il revient dans sa grande cité,
chargé des dépouilles opimes des nations vaincues. Où
trouver place pour les passions? Où trouver des combats
à livrer? Tout le monde est d'accord. Il n'y aura donc
pas là d'orateurs, mais seulement des littérateurs. On dis-
putera devant César sur les qualités de César. Car qui
oserait, lorsqu'elle est toute puissante, se mettre en insur-
rection contre la gloire ¹ ?

qui devait abattre la pomme fatale qu'un monstre avait placée sur la
tête de son fils, il s'écriait : Périssent mon nom et ma mémoire,
pourvu que la Suisse soit libre! Et nous aussi, nous dirons : Périssent l'Assemblée nationale et sa mémoire, pourvu que la France soit
libre ! (Les députés se lèvent par un mouvement unanime, en criant :
Oui, oui, périsse notre mémoire, pourvu que la France soit libre!
Les tribunes se lèvent en même temps, et répondent par des applaudissements réitérés au mouvement de l'assemblée.) Vergniaud continue : Périssent l'Assemblée nationale et sa mémoire, si elle épargne
un crime qui imprimerait une tache au nom français! si sa vigueur
apprend aux nations de l'Europe que, malgré les calomnies dont on
cherche à flétrir la France, il est encore, et au sein même de l'anarchie momentanée où des brigands nous ont plongés, il est encore
dans notre patrie quelques vertus publiques, et qu'on y respecte
l'humanité ! Périssent l'Assemblée nationale et sa mémoire, si sur
nos cendres nos successeurs peuvent établir l'édifice d'une constitution qui assure le bonheur de la France et consolide le règne de
la liberté ! »

¹ Écoutons de Fontanes parlant à Napoléon au nom du Corps
Législatif, après la rupture de la courte paix d'Amiens : « La France,
dit-il, est prête encore à se couvrir de ces armes qui ont vaincu

De nos jours, le pouvoir du corps délibérant n'est plus que moral, la force exécutive n'est pas en lui. Le sénat ne commande plus. Par une fiction, menteuse il est vrai, il paraît en suppliant devant la royauté. Cet équilibre factice est le pivot sur lequel roule l'ordre. Supprimez-le, et il y a menace de révolution. Dans ces assemblées, l'éloquence devient purement délibérative. Elle doit être calme et grave comme les intérêts qui sont en discussion. La majesté royale plane sur elle, impose à l'orateur une marche mesurée, et lui commande de réprimer l'explosion désordonnée des passions. L'assemblée n'a de véritable puissance que par l'autorité de la raison [1].

l'Europe. Malheur au gouvernement ambitieux qui voudrait nous rappeler sur le champ de bataille, et qui, enviant à l'humanité un si court intervalle de repos, la replongerait dans les calamités d'où elle est à peine sortie!.... L'Angleterre ne pourrait plus dire qu'elle défend les principes conservateurs de la société, menacée dans ses fondements; c'est nous qui pourrions tenir ce langage, si la guerre se rallume; c'est nous qui vengerions alors les droits des peuples et la cause de l'humanité en repoussant l'injuste attaque d'une nation qui négocie pour tromper, qui demande la paix pour recommencer la guerre, et ne signe des traités que pour les rompre..... N'en doutons pas, si le signal est une fois donné, la France se ralliera autour du héros qu'elle admire. Tous les partis, qu'il tient en silence autour de lui, ne disputeront plus que de zèle et de courage. Tous sentent qu'ils ont besoin de son génie, et que seul il peut porter le poids et la grandeur de nos nouvelles destinées..... L'Angleterre, qui se croit si bien protégée par l'Océan, ne sait-elle pas que le monde voit quelquefois paraître des hommes rares, dont le génie exécute ce qui, avant eux, paraissait impossible? Et si l'un de ces hommes avait paru, devrait-elle le provoquer imprudemment et le forcer à obtenir de sa fortune tout ce qu'il a droit d'en attendre? Un grand peuple est capable de tout avec un grand homme, dont il ne peut jamais séparer sa gloire, ses intérêts et son bonheur. »

[1] Ecoutons Foy dans son discours sur la liberté individuelle, qu'on voulait immoler aux mânes du duc de Berry : « Un petit-fils de

Sur ces divers théâtres , il y a , dans la préparation des discours, plus que des nuances à saisir , il y a des diffé-rences profondes qui se sentent d'elles-mêmes et qu'il se-rait superflu de constater. On a dû se borner à tracer ici la méthode qui paraît le mieux s'adapter à nos mœurs parlementaires d'à présent , et celle suivie par le général Foy nous semble d'une merveilleuse fécondité.

Vos pères ne vous ont-ils pas dit quelques souvenirs de cette admirable éloquence ? Ne vous ont-ils pas ra-conté l'émotion qu'elle excitait dans les âmes patrioti-ques ? Car , qui , de ceux qui l'ont vu , a pu oublier Foy

Henri IV nous a été enlevé, qui lui ressemblait d'inclination et de cœur. Comme son immortel aïeul, il a reçu le coup de mort de la main d'un fanatique. Aussitôt ont retenti des cris de vengeance, que la douleur n'avait pas inspirés. Des factieux répudiés par les hom-mes de toutes les opinions qui ont le cœur français, ont voulu rendre la nation complice d'un crime solitaire. N'en a-t-on pas entendu qui s'efforçaient de déverser le soupçon jusque sur les vieux défenseurs de la patrie? Ils ne savent donc pas, les insensés, que du cœur d'un soldat peut jaillir la colère, mais jamais la traîtrise. Ils ne savent pas que les braves s'entendent et se devinent, et que c'était particuliè-rement sur le plus jeune des fils de notre roi que nous comptions pour les jours du danger, comme lui-même avait compté sur nous. Il appartient à la sagesse des chambres de défendre contre la rage des partis un trône que le malheur a rendu plus auguste et plus cher à la fidélité. Craignons, en faisant une loi odieuse sans être utile, de remplacer la douleur publique par d'autres douleurs qui feraient oublier la première. Le prince que nous pleurons pardonnait en mourant à son infâme assassin. Oh! comme son âme généreuse se fût indignée s'il eût pu prévoir les angoisses de l'innocent! Faisons que le profit d'une mort sublime ne soit pas perdu pour la maison royale et pour la morale publique. Que la postérité ne puisse pas nous reprocher qu'aux funérailles d'un Bourbon la liberté des ci-toyens fut immolée pour servir d'hécatombe. La raison d'état le défend, l'honneur français s'en irrite, la justice en frémit. »

lorsque debout, à la tribune, les yeux étincelants, l'air victorieux, grand, passionné, sublime, il se faisait le vengeur terrible de nos libertés outragées? Qui ne se l'est imaginé, à de certaines heures, quand passait sur son front le souffle brûlant de l'inspiration divine? Hélas! pourquoi faut-il que nous soyons réduits à chercher le secret de ces prodigieux effets oratoires à l'aide desquels il soulevait de bienfaisants orages, dans quelques misérables fragments arrachés par un art précieux à l'oubli de la tombe? Voici ses discours, trophées éclatants de ses victoires parlementaires! Mais où est le cratère embrasé? Où est le visage où respirait la vie, où se peignaient les passions les plus énergiques de l'âme? Où sont ces gestes plus éloquents que la parole, ces attitudes puissantes? Où sont ces éclairs qui brillant soudain au sein de la tempête, illuminèrent tant de nobles esprits? Qui ôtera ces scories que l'incendie nous cachait? Qui donnera à cette lettre morte son entraînement, son charme irrésistible? Ah! au souvenir de tant de beautés perdues, qui ne s'est dit souvent que le seul temple digne de l'orateur était la mémoire reconnaissante de la postérité?

CHAPITRE IV.

MÉTHODE D'IMPROVISATION POUR LA CHAIRE [1].

« Les religions anciennes, a dit un écrivain, n'é-
taient, à proprement parler, que des spectacles érigés en
faveur de la Divinité; elles n'imposaient aucun devoir;
elles ne demandaient que des respects extérieurs; elles ne
servaient à la morale qu'en ce qu'elles recevaient les serments des hommes. Comme il leur suffisait que l'homme
pliât sous la crainte des puissances célestes, elles n'étaient
point jalouses de régner exclusivement sur son esprit, et
elles vivaient entre elles dans toute la paix de l'indifférence. Leurs ministres, qui ne s'occupaient pas de gagner
les cœurs, qui n'entraient pas dans l'examen des actions
et des sentiments, se taisaient dans leurs temples, satisfaits de subjuguer l'imagination par la pompe de leurs cérémonies.

[1] MODÈLE IDÉAL. — L'ABBÉ POULLE.

« Il n'en pouvait être de même d'une religion donnée par le Dieu unique pour le salut de l'humanité. Contenant des objets de foi qui ne demandent pas seulement la soumission du cœur, mais l'anéantissement de la raison; révélant toute la destinée de l'homme; lui apportant une parole aussi inflexible que sublime; le détachant de la terre pour le placer entre les espérances et les menaces éternelles d'une autre vie, elle était appelée par la charité qui fait son essence, à la conquête de l'univers, conquête dont elle portait la promesse dans ses lois. A peine les mystères qui devaient la former sont-ils consommés, qu'elle s'arme de l'instruction pour marcher à sa fin; et son plus solennel miracle est le don de la Parole communiquée aux élus pour la répandre. Aussi, on les voit bientôt se disperser dans toutes les nations, et tantôt embraser une assemblée immense de l'esprit qui les animait, fortifier jusqu'au martyre ces hommes à peine initiés dans des vérités si grandes et si nouvelles, tantôt les assembler dans les cavernes malgré les menaces et la vigilance des tyrans, et là, trahir le secret des ténèbres qu'ils venaient chercher, par les saints transports de la prédication. Soit qu'elle cherche de nouveaux prosélytes, soit qu'elle n'ait plus qu'à retenir dans la fidélité les âmes déjà soumises, cette religion s'appuie toujours sur le secours de la Parole; elle la représente sous les images les plus imposantes, elle la nomme le PAIN qu'elle distribue, le GLAIVE qui la défend.»

L'éloquence de la chaire a des exigences particulières, et il faut, quelque talent de parole qu'on ait, des études préliminaires, spéciales de ce genre avant de l'aborder. Là, la soumission aux règles est une loi sacrée; l'usage est un devoir, celui qui le violerait troublerait l'assemblée par cette tentative hardie; il faut, pour le changer, une autorisation supérieure, l'ordre d'un chef reconnu en pareil cas, d'un Bossuet ou d'un Massillon. On ne peut se permettre une modification même insensible qu'avec tremblement, qu'avec effroi. Le genre de la chaire est, nous le croyons du moins, fixé, et il ne peut être permis d'y apporter d'autres changements que ceux nécessités par les progrès de la langue et des signes employés pour exprimer nos idées. Jusqu'à ce que la gloire des grands maîtres soit éclipsée, il est prudent, il est modeste, il est sage de respecter les traditions glorieuses qu'ils ont laissées aux émules généreux qui veulent parcourir la même carrière.

A notre sens, les discours de la chaire doivent être généralement plus préparés que tous les autres, parce que, par leur destination, ils appellent une plus grande solennité. Et c'est sans doute et principalement l'orateur de la chaire que Fénélon avait en vue lorsqu'il disait : « C'est un triste sort que celui d'un orateur qui hésite : dans la nécessité de penser toujours à ce qu'il va dire, il ne pense jamais à ce qu'il dit. » Aussi, nous voulons que les mots et les tours convenables lui arrivent et se placent à volonté dans sa bouche, sans que pour cela il ait recours aux incertitudes de la mémoire ou à la psalmodie de la récitation. L'hésitation, en effet, peut jusqu'à un certain point être permise au Barreau et à la Tribune; mais elle est intolérable à la Chaire où l'orateur doit toujours paraître céder à une sorte d'inspiration divine.

Quelle sera donc la première et fondamentale préparation d'un discours de la chaire? Comment l'orateur arrive-t-il à ce degré d'élaboration d'idées qui lui permet non seulement de les former, mais de les retenir, mais de se les rendre usuelles? A l'aide de quel genre de méditation parvient-il à les envisager sous toutes les faces, à les remanier, à les ressasser, à les approfondir de telle sorte que l'entendement, la mémoire et l'imagination en soient imbus et puissent les reproduire au premier signal, à la première interpellation? Voilà ce que nous nous proposons de rechercher.

Fidèle à la marche que nous avons suivie, prenons un orateur illustre et demandons-lui les secrets de son talent. Voici comment travaillait l'abbé Poulle :

Une fois déterminé sur le choix de son sujet, il en établissait le plan dans sa tête, et y traçait les premiers linéaments de son discours. Il s'occupait ensuite à remplir les intervalles au milieu des vaines distractions de la société comme dans l'heureux silence de la retraite, laissant ensuite à la réflexion le soin d'avancer et de perfectionner l'édifice ébauché.

Cette manière de créer ses sermons autorisait l'abbé Poulle à répondre aux personnes qui le pressaient de les achever, QU'IL FALLAIT QU'ILS SE FISSENT ET QU'IL NE LES FAISAIT PAS. C'est là un de ces mots souvent révélateurs du génie, et à l'aide desquels nous allons essayer de pénétrer par la pensée le travail auquel se livrait cet orateur célèbre.

D'abord, il nous semble qu'il devait s'abandonner à une attention forte, à une méditation profonde et continuelle sur toutes les idées de son discours, jusqu'au moment où il devait le prononcer. Son esprit en était préoccupé, son âme en était possédée. Cette méditation s'éveillait avec lui, s'attachait à ses pas, le suivait à travers la ville, s'asseyait à ses cotés, le poursuivait aux champs, et cédait la dernière au besoin du repos. Au milieu de ce travail, dans la fermentation de son esprit et de son cœur, sa sensibilité n'était pas moins exercée que sa raison. Les émotions naissaient des opinions, et les figures, les images, les ornements et les mouvements s'offraient d'eux-mêmes à sa pensée. Ensuite, il disposait paisiblement son exorde, classait les faits et les idées, élaborait les arguments et les preuves, ébauchait ses péroraisons si touchantes et si nobles à l'aide desquelles, poète et orateur inspiré, il faisait vibrer les âmes d'un religieux enthousiasme [1].

Telle était la marche de la méthode de l'abbé Poulle, méthode qui a produit de si beaux fruits.

Cette méthode, qui n'est pas assez connue, est le secret de toutes les compositions que l'art sanctionne et avoue. En effet, les facultés de l'esprit sont capricieuses ; elles s'éteignent ou s'échauffent suivant les différents états de

[1] C'est un fait connu et attesté, que l'abbé Poulle garda quarante ans ses sermons dans sa mémoire, et ce fut pour céder aux instances de son neveu qu'il consentit enfin à les lui dicter trois ans avant sa mort, étant octogénaire. C'est aussi ce procédé qu'employait Crébillon pour composer ses tragédies qu'il ne confiait au papier qu'au moment de l'impression. On doit s'étonner, après cela, de voir La Harpe, qui raconte ce fait, juger l'abbé Poulle avec tant de sévérité. Il lui impute étroitement de manquer à la liaison naturelle des idées et d'avoir d'autres défauts qui, dit-il, devaient être peu sensibles dans la chaleur du débit. Poulle était orateur et non écrivain, et La Harpe, dont l'autorité est assez grave en critique pour être relevée avec énergie, oublie qu'il faut écouter les orateurs et non les lire. N'ont-ils donc pas le droit de demander qu'on leur tienne compte du geste, du regard, des silences même ? Est-ce que le passage, la transition d'un sentiment, d'une idée à une autre, ne s'indiquent pas suffisamment par le muet et éloquent langage de l'action ? Comprendrait-on les discours de Bridaine s'ils étaient reproduits tels qu'ils furent prononcés ? D'ailleurs, un prédicateur doit moins songer à sa gloire qu'aux succès, et ceux de Poulle furent immenses; on accourait de partout pour l'entendre. On revenait de ses sermons touché, gagné à Dieu. Qu'importent maintenant les critiques mesquines de La Harpe ?

l'âme et du corps. Tous, nous avons nos heures de bonne chance et de mauvais sort, nos alternatives d'infirmité et de force, de courage et de désespoir. L'intelligence s'arrête, se renouvelle et défaille ; elle a ses suspensions, ses relâchements, ses degrés divers d'intensité et d'énergie. Vous vous couchez quelquefois dans l'enthousiasme, ayant au cœur un élan impétueux vers l'action et la gloire, relevant la tête avec orgueil, et vous vous réveillez glacé comme un matin d'hiver, pliant sous le découragement, n'osant pas conjurer les menaces de l'avenir. La cause de ce changement est la chose du monde la plus légère ; souvent elle nous est inconnue à nous-même ; que faire alors ? Il faut s'arrêter ou faire bien moins qu'on ne voulait et qu'on ne pouvait. Cette inconstance dans les facultés jette une sorte de désordre dans les plans des gens de lettres, les accable d'un lâche et indéfinissable malaise qui les fait doublement souffrir. Si l'on appréciait mieux ce malheur, il obtiendrait plus d'indulgence. Mais il faut avouer que la plupart des hommes de talent, par leur facilité à céder à ces dégoûts, à ces moments de défaillance de la personnalité, augmentent comme à plaisir leurs souffrances. Ils ne savent ou ne veulent rien faire pour rappeler leur génie un moment éclipsé ou voilé ; ils se hâtent imprudemment d'obéir à toutes ces bizarreries qu'ils auraient pu vaincre par la résistance. Votre talent semble vous fuir, courez après lui, réveillez-le, replacez-le sous votre domination ; c'est comme un cheval indocile, domptez-le ; que si cependant il continue de vous résister, ne le forcez pas, faites une diversion habile, attendez qu'il revienne. L'inspiration que vous aviez crue morte dans un jour de détresse, reparaîtra blanche et sereine comme le soleil après l'orage, et il vous sera donné de jouir du plus magnifique spectacle qu'il soit accordé à l'esprit humain de contempler : la volonté victorieuse [1].

Le mode de préparation que nous venons d'indiquer est laborieux, mais il est surtout propre aux orateurs de la chaire. Ils peuvent méditer leurs discours de longue main; ils savent à quelle époque ils devront les prononcer, lorsque eux-mêmes n'en choisissent pas le moment. Ajoutons toutefois que tous leurs discours ne présentent pas une égale difficulté. Dans les instructions religieuses, par exemple, les grands moyens de l'élocution seraient hors de propos, et la netteté des idées, la simplicité et l'onction de la parole produisent seules toute la facilité nécessaire au ministre sacré, formé d'ailleurs par les études et les préparations générales. C'est là surtout qu'est le triomphe de l'improvisation. Ainsi, dans une instruction simple, vous touchez une vérité comme en passant; le regard, l'attention de l'auditeur réveillés tout à coup de leur sommeil, vous avertissent assez haut que cette vérité

---

[1] Aurions-nous tant de grands orateurs s'ils n'avaient pas opposé une volonté forte à leurs défaillances? Presque tous furent timides et tremblants au moment de parler. On connaît la timidité de Cicéron, qui s'écriait : « *Magnum quoddam est onus atque munus, suscipere atque profitere, se esse, omnibus silentibus, unum maximis de rebus, magno in conventu hominum audiendum.* » Pline raconte de lui-même que toutes les fois qu'il allait au Forum pour y plaider, il souhaitait une remise de la cause pour se préparer davantage, et il ajoutait : « *Quod Cicero de stylo, ego de metu sentio, timor, emendator asperrimus.* » Luther, qui, jeune encore, montra tant d'audace devant la diète de Worms, a dit ces paroles : « *Etsi jam senex et in concionando exercitus sum, tamen timeo quoties suggestum conscendo.* » Toutes les fois que l'on veut vaincre, il faut lutter contre sa nature, car la défaite est plus naturelle que la victoire.

inattendue les a directement frappés ; alors vous revenez
sur l'idée émise, de telle sorte que la chose accessoire devient la chose principale ; et puis, sans vous en douter,
sans l'avoir cherché, vous atteignez au beau qui est toujours le simple. De telle sorte encore que chacun de vos
auditeurs, sentant pénétrer en lui les vérités qui vous animent, se dit en vous écoutant : « **Et moi aussi , je pour-
rais ainsi parler** [1].»

Lorsqu'il s'agit de discours élevés, solennels, qui demandent plus de soin, il est certaines considérations mé·
taphysiques et morales destinées à frapper les esprits, que
l'on rédige définitivement dans sa mémoire. Il ne faut pas
en effet trop se fier à l'improvisation impréparée quand
on se propose de remuer les grandes idées de Dieu et de
l'Infini. Si déjà, dans la composition d'un discours écrit
et fait à tête reposée, c'est un travail qui exige une
grande attention que de donner aux parties un rapport
régulier avec l'ensemble, combien , à plus forte raison ,
cela ne devient-il pas difficile lorsqu'il s'agit d'un discours improvisé ! On court le risque de s'éloigner du sujet
principal et de s'attacher à une pensée que l'association
des idées nous offre, et qui, étrangère à notre sujet, nous
égare, nous fait perdre cette unité, cette harmonie d'où
résulte la beauté.

Mais, règle générale, et alors même qu'il s'agirait pour
vous de discours solennels , ne les écrivez point. Fixez-les

---

[1] On a dit depuis longtemps que l'oreille était le chemin du cœur.
Rien donc de plus important, pour un ministre sacré, que de bien
parler. Un prêtre représentant à Malherbe mourant le bonheur de
l'autre vie en termes peu choisis, le vieux puriste s'écria : « Ne m'en
parlez plus, votre mauvais style m'en dégoûterait. »

par la méditation large et libre dans vos souvenirs, sans
pourtant vous faire une loi inviolable de n'y rien changer.
Au contraire, si dans la chaire, au moment fatal, le mot
préparé ou la phrase arrêtée n'arrivaient pas, improvisateur
maladroit, gardez-vous de courir après, livrez-vous,
quelquefois vous trouverez mieux ; mais point d'hésitation, point de repos, ou tout est perdu, et l'effet de vos
plus beaux passages est détruit.

Il est vrai que l'on pourra vous reprocher quelquefois
une impropriété d'expression inséparable d'une pareille
méthode. Mais rassurez-vous : ce défaut se trouvera ra-
cheté par des qualités réelles, et la grâce, la force, toutes
les séductions enfin de l'improvisation viendront effacer
ces taches légères et même leur donner des charmes.

Résumons. Commencez par faire votre plan, créez votre ensemble, distribuez-en ensuite les proportions dans
votre mémoire. Cela fait, vous avez déjà votre matière aveugle et enveloppée. Maintenant tournez-la, cherchez, méditez, attendez, bientôt à l'aide de la lumière intérieure,
vous la contemplerez éclose, puis les ailes d'or viendront,
et après une fermentation plus ou moins longue, au moment où vous n'y viserez guère, la nuit peut-être, dans
quelque court réveil, l'étincelle inaperçue jusque là jail-
lira, prendra flamme et déterminera la vie [1].

---

[1] Lorsqu'un artiste entend grouder dans l'insomnie
    Le volcan de sa tête en travail du génie ;
    Lorsqu'il sent le chef-d'œuvre orageux, enflammé,
    Tourmenter la prison qui le tient renfermé,
    Sous la lutte féconde un moment il chancelle,
    Une ardente sueur de ses pores ruisselle,
    Son sein bat..... il s'élance, il irrite, en courant,
    De ses esprits de feu l'électrique torrent.....

Oh! c'est là sans doute un grand et immense travail, et cette méthode, si elle est féconde, est pénible. Mais quel que soit le travail, avocats de la religion, hors de là, point de salut. Voici deux routes : l'une est couverte de ronces et d'épines, mais elle conduit à la gloire; l'autre est semée de joies et de fleurs, mais elle conduit à l'obscurité; choisissez! Quoi! c'est vous qui pourriez vouloir les triomphes oratoires sans les préparations qui y mènent, les conquêtes des âmes, les délices de la victoire sans les douleurs du combat! Non, non, aux grandes préparations les grands succès! C'est à ce prix que ces orateurs tant admirés ont acheté leurs triomphes [1].

Quand il s'agit d'un tableau de peintre, vous exigez une longue étude préalable pour faire le mélange des couleurs et ménager les effets de la perspective, et quand il s'agirait d'un tableau de moraliste qui a un but bien plus élevé que celui de plaire aux sens, vous vous croiriez dispensé de travail et vous voudriez abandonner votre composition aux hasards de l'inspiration! Mais tous les deux ne sont-ils pas des œuvres d'art, des enfants de l'imagination? A l'occasion de l'un, vous voulez démontrer qu'il a été par vous entrepris et exécuté avec amour; et vous choisissez la plus belle toile pour y faire jouer vos couleurs les

Pour s'approcher des cieux, pour étonner la terre,
Son âme sulfureuse entr'ouvre son cratère,
Eclate, et le présent ne peut plus contenir
L'ouvrage olympien lancé dans l'avenir.
                    SOUMET. — Divine Epopée.

[1] Lâche que tu es, tu voudrais être couronné avant la victoire; mais cela est-il raisonnable? Sache que c'est dans la variété des travaux et des combats qu'est le principe légitime des mérites et des récompenses. — MALEBRANCHE. — Méditations.

plus belles ; à l'occasion de l'autre, vous ne répugneriez pas
de laisser voir le peu de soin que vous y avez porté pour
en faire un monument durable, et vous le contruiriez avec
quelques misérables oripeaux ramassés çà et là et jetés
pêle-mêle et sans ordre ! Vous méconnaissez donc la
haute dignité de l'art et cette aspiration toujours crois-
sante de l'esprit humain s'élevant vers la sublime harmonie des choses ! Faut-il donc que l'humanité retourne à la
simplicité de l'âge d'or et demeure immobile devant le
progrès ? Les exigences de l'art oratoire ont augmenté
avec les exigences de tous les autres arts, et il est impossible, sans une longue méditation antérieure, de créer un
ensemble beau, orné, harmonique [1].

[1] Citons ici, comme exemple de tableau magnifique, une des
plus admirables improvisations de l'abbé Poulle : c'est la définition
du chrétien. Citons-la tout entière ; ce qui est si beau ne peut paraître long :

« Le chrétien, considéré sous ce point de vue, est un être d'une
espèce toute singulière, qu'il est difficile de définir. Il n'appartient
ni au temps, puisqu'il travaille sans cesse à s'en détacher, ni à l'éternité, puisqu'il n'en jouit pas encore, et il participe cependant de
tous les deux.

« Homme du temps, il remplit exactement tous ses devoirs. Monarque bienfaisant, il veille sans relâche à la félicité des peuples
soumis à son empire ; en rendant ses sujets heureux, il a trouvé le
vrai, l'unique moyen de les multiplier : citoyen zélé, il consacre ses
travaux, ses talents, et, s'il le faut, ses jours même à l'avantage de
la patrie. Époux fidèle, il respecte religieusement les saints nœuds
qui l'enchaînent ; père, doublement père, s'il ne gravait de bonne
heure ses vertus dans le cœur de ses enfants, il regarderait le jour
qu'il leur a donné comme le présent le plus funeste ; ainsi passe,
d'âge en âge, l'héritage précieux de sa justice. Protecteur généreux,
il est le défenseur de l'innocent, l'appui du faible, le refuge de la
veuve et de l'orphelin, l'arbitre des différends, le rémunérateur du

Mais la véritable source oratoire, la source inépuisable, c'est le cœur humain, c'est la méditation obstinée sur les mystères qu'il renferme dans ses secrètes profondeurs.

mérite. Riche, compatissant et libéral, il répare les malheurs des temps; il soulage l'indigence, il borne la mendicité; il aide le travail, il vivifie les asiles de la miséricorde. Homme de l'éternité, il relève toutes ses actions par la sublimité des motifs qui l'animent et de la fin qu'il se propose; il voit Dieu dans tout et partout, et il ne voit que Dieu. Homme du temps, des tentations sans nombre l'assiégent; des scandales offensent la pureté de ses regards; des exemples éclatants alarment sa vertu; l'impiété lui fait entendre des blasphèmes; mille objets séducteurs dressent sous ses pas des embûches secrètes; l'ange des ténèbres, ce lion rugissant, le poursuit comme une proie qu'il est avide de dévorer; et, sans sortir de lui-même, ses passions lui déclarent une guerre intestine et persévérante. Homme de l'éternité, il lève les yeux vers la montagne sainte, d'où lui viennent les grâces et les secours; il se couvre du bouclier impénétrable de la foi; il se soutient, il se défend par ses prières et ses espérances. Homme du temps, des persécutions troublent la sérénité de ses jours; la calomnie se fait un jeu cruel de noircir sa réputation; l'injustice lui dispute ses biens, et quelquefois l'en dépouille; des disgrâces inattendues renversent de fond en comble l'édifice de sa fortune. Heureux, il avait des envieux; malheureux, il n'a plus d'amis : il languirait abandonné dans le creuset des tribulations, s'il n'était accompagné de sa vertu. Homme de l'éternité, qu'aurait-il à redouter de cette conspiration générale? Ses ennemis sont sur la terre, il est presque dans le ciel. Il voit sans émotion se former sous ses pieds ces orages impuissants. Il sait d'ailleurs que les épreuves sont nécessaires; il contemple la couronne de justice qui l'attend après le saint combat de la foi, ce grand combat de toute la vie. Homme du temps, il passe tristement à travers l'inépuisable mensonge du monde, ce séjour fabuleux et variable où tout est inconstant ou faux : promesses, engagements, biens, gloire, titres, paroles, serments, joies, larmes, vertu même; où l'on ne trouve de réel, de stable que la haine, l'intérêt, l'ambition, la volupté, l'orgueil, passions perpétuelles et souveraines, qui, se reproduisant sous toutes sortes de formes, hormis leur forme naturelle, varient à l'in-

C'est là que la parole chrétienne va s'imprégner d'onction
et de puissance « soit qu'elle fasse palpiter nos âmes des
plus vives et des plus tendres émotions, soit qu'elle aille
saisir les passions qui fuient en vain dans les détours de
l'homme, les dépouille de leurs voiles et les jette nues
devant l'auditoire effrayé [1]. » Orateurs sublimes, vous
qui éclatiez si magnifiquement dans la chaire sacrée, joie
et orgueil de votre pays, organes devenus trop rares de la
chrétienté, vous aviez compris cette grande vérité puisque vous nous avez si bien initiés aux secrets intimes, aux
tempêtes du cœur de l'homme. Le monde de nos jours est
tenté de vous croire surnaturels et divins ; et quand il
vous interroge et vous tire du majestueux silence où vous
dormez, tout brillants des reflets du génie, de votre no -

fini la scène changeante du monde, résistent à l'effort des lois humaines, des siècles, de la religion, réunissent et divisent les hommes
et font de la société un composé monstrueux de palais et de pri-
sons, d'églises et de théâtres, de réjouissances et de calamités, de
politesses et de perfidies, de mariages et de divorces, de luxe et d'indigence, d'une enveloppe d'agréments superficiels et d'un abîme de
misères profondes. Quelle demeure pour un citoyen du ciel !
Homme de l'éternité, il soupire avec saint Paul après la destruction
de ce vase d'argile, qui l'attache à tant de vanités et de misères ; il
dit avec le prophète : Qui me donnera les ailes de la colombe ? Ah !
comme je sortirais de cette terre de malédiction, de ce pays des apparences ! J'irais, je m'élèverais, et je me reposerais dans le sein de
la paix et de la vérité. Homme du temps et de l'éternité tout ensemble, comme ces anges que Jacob vit en songe, lesquels montaient
sans cesse sur l'échelle mystérieuse et sans cesse en descendaient, il
vole au ciel pour jouir ; il revient sur la terre pour mériter ; il revole
au ciel par toute son âme ; il retourne sur la terre lentement, à re-
gret, et entraîné par le fardeau des besoins et des nécessités. » *Sermon sur la Foi*.

[1] LAMENNAIS. — Esquisses d'une Philosophie.

ble poussière, vous lui faites encore de ces révélations à faire pâlir d'admiration et de surprise. Vous, hommes simples et purs, calmes dès votre jeunesse, qui n'avez jamais touché les écueils du monde, vous savez peindre pourtant et scruter, tout comme si vous les aviez éprouvées, ces grandes passions, ces puissants ressorts, mobiles éternels de l'humanité. Le plus vicieux et le plus corrompu des enfants du siècle n'en sait pas tant sur les moindres replis de l'âme, sur l'orgueil, la haine, la convoitise, que vous, athlètes de vertu, que vous, droits et humbles. Bossuet, Bourdaloue, Massillon, Fénélon, Poulle, dites, qui vous a appris l'orage ? L'orage est-il donc dans l'esprit de l'homme ? Ou n'est-il pas vrai plutôt qu'il est donné aux grands génies de le connaître et de le contempler du haut des plages salutaires de la foi, sans être salis de son écume, ébranlés par ses vents, ni battus de ses flots ?

LIVRE SEPTIÈME.

——————

ANALYTIQUE

ou

DES PROCÉDÉS PARTICULIERS PROPRES A CONDUIRE A L'ART ORATOIRE.

CHAPITRE PREMIER.

C'est une loi incontestable qu'après un long et douloureux exercice, l'homme arrive à pratiquer comme par
nature les actes qui répugnaient le plus à sa faiblesse. Sa
force, en s'élevant, s'agrandit et s'épure ; sa volonté, d'a-
bord chargée de chaînes, se dégage et développe les puissances virtuelles, indéfiniment progressives, qui reposent
latentes dans les profondeurs de l'âme.

Mais quelque efficace qu'elle soit, la volonté seule ne
peut suffire à l'intelligence ; elle a encore besoin d'une
règle pour diriger sa marche, d'un mode d'action qui la
maintienne dans le cercle qu'elle s'est tracé, et l'aide à
briser les obstacles qui s'opposent à la recherche de l'art.
noble attribut de l'homme. Cette règle, c'est la méthode.

La méthode fait deux choses : d'abord, observant ce
qui se passe en nous, elle comprend que toutes ces ten-
dances qui s'y développent veulent être régularisées, et

qu'il faut les dérober à l'impulsion mécanique qui les pousse; ensuite, elle remarque qu'abandonnée à elle-même, notre nature tiraillée en sens contraires, s'y prend fort mal, et ne persévère pas assez dans les efforts qu'elle a tentés. Frappée de ces faits, elle introduit en nous une règle de conduite de nos facultés, et prend leur direction en fixant leur fin suprême; de telle sorte que l'intelligence ne se laisse plus aller au flot des idées, des images qui la traversent, s'y succèdent et meurent; elle concentre toutes ses forces sur le point qui résiste, elle examine, elle analyse, elle distingue et s'élève d'elle-même à ce firmament de la science si resplendissant de clartés.

« Le bon sens, a dit un philosophe à jamais illustre[1], est la chose du monde la mieux partagée, car chacun pense en être si bien pourvu que ceux même qui sont les plus difficiles à contenter en toute autre chose, n'ont point coutume d'en désirer plus qu'ils n'en ont; en quoi, il n'est pas vraisemblable que tous se trompent; mais plutôt cela témoigne que la puissance de bien juger et de distinguer le vrai d'avec le faux, ce qui est proprement ce qu'on appelle le bon sens ou la raison, est naturellement égal en tous les hommes; et ainsi que la diversité d'opinions ne vient pas de ce que les uns sont plus raisonnables que les autres, mais seulement de ce que nous conduisons nos pensées par diverses voies et ne considérons pas les mêmes choses, CAR CE N'EST PAS ASSEZ D'AVOIR L'ESPRIT BON, MAIS LE PRINCIPAL EST DE L'APPLIQUER BIEN. Les plus grandes âmes sont capables des plus grands vices, aussi bien que des plus grandes vertus; et ceux qui ne marchent

[1] DESCARTES. — Discours sur la Méthode.

que très lentement, peuvent avancer beaucoup plus, s'ils suivent toujours le droit chemin, que ne font ceux qui courent et qui s'en éloignent. »

Ainsi s'explique le fondateur de la méthode en France. Une bonne méthode doit nous conduire, par des routes simples et faciles, à la réalisation de notre but, à la conquête de l'art. Or, il nous semble que la méthode qui, au lieu de précipiter aveuglément et d'égarer nos forces dans le dédale des recherches générales qui éblouissent et déconcertent l'attention la plus ferme et la plus opiniâtre, ramènerait toutes ces recherches à un certain nombre de faits, les rattacherait à un centre commun sur lequel se porteraient les forces réunies de l'intelligence, remplirait parfaitement les indications proposées. L'ordre est éminemment propre à rappeler les objets à notre souvenir, et la promptitude avec laquelle un homme est frappé d'un fait quelconque, tient à l'analogie de ce fait avec les objets qu'il a habituellement présents à la mémoire. C'est ce qui explique pourquoi tant de gens sont insensibles à l'exposition de certains faits, lesquels n'en affectent vivement d'autres, que parce qu'ils ébranlent toute la chaîne de leurs idées et en réveillent un grand nombre d'analogues dans leur esprit. C'est alors un éclair qui jette un jour rapide sur l'horizon de leurs pensées.

Si donc, voulant apprendre les secrets de l'art oratoire, nous concentrons toutes nos facultés, toute notre intelligence sur un chef-d'œuvre, et si nous lui comparons tous les ouvrages du même genre, nous aurons ainsi donné à notre esprit un emploi régulier, rationnel, et il n'ira pas sans ordre, sans appui, à l'aventure. Ne concevez-vous pas, en effet, quelle puissance cet exercice doit donner à l'esprit ? À chaque pas, il fait des réflexions nouvelles. Il se forme ainsi entre ses idées des liaisons perpétuelles ; mais leur ordre ne saurait nuire à leur clarté ; tout se touche sans se confondre. L'on amasse sans cesse et l'on n'est point écrasé par une mémoire qui succombe sous le poids. Au contraire, il se forme entre toutes nos acquisitions intellectuelles comme une chaîne dont on retrouve à volonté tous les anneaux qui se tiennent sans aucune solution de continuité. Nos idées deviennent intimes ; elles s'entr'aident, se développent, s'éclaircissent l'une par l'autre. La plus parfaite unité règne au milieu de cette variété infinie, comme au sein d'une famille, on voit une foule de sœurs liées entre elles d'une affection inépuisable, indestructible.

Ceci n'est autre chose que l'usage de l'analyse, de cet admirable instrument de l'intelligence, faculté si féconde qu'un ancien disait d'elle : « Bien analyser, c'est être presque dieu. » « Voulez-vous acquérir de vraies connaissances ? a écrit un grand psychologiste, que tout soit détaillé, compté, pesé. C'est ne rien voir que de voir des masses. Divisez votre objet ; étudiez successivement toutes ses propriétés ; donnez votre attention aux moindres circonstances. Les faits ainsi longtemps observés et bien reconnus, laissent apercevoir enfin leurs vrais rapports, non pas seulement les rapports de simultanéité, ou de contiguité, ou de succession, ou même de causalité, mais les rapports de génération, les rapports qui les unissent par les liens d'une origine commune ; alors vous aurez un système et l'esprit sera satisfait... Cette manière de procéder, cette méthode, la seule qui puisse garantir l'exactitude du raisonnement, prend le nom d'analyse. C'est elle qui ramenant à l'unité les idées qui semblaient les plus diverses et qu'elle-même nous a données, fait produire à la faiblesse les effets de la force ; c'est l'analyse qui sans cesse ajoute à l'intelligence, ou plutôt l'intelligence est son ouvrage, et la méthode est trouvée... Sans doute, il serait plus commode, plus expéditif, de suivre en toute liberté les mouvements de l'imagination, et d'ordonner au gré du caprice les êtres qu'elle crée en se jouant, que de se traîner péniblement d'observation en observation, d'expérience en expérience ; que de revenir, sans jamais se lasser, sur ce qu'on a vu mille fois, jusqu'à ce qu'on rencontre quelqu'une de ces vérités qui appellent d'autres vérités, et autour desquelles tout vient se ranger. Mais comme ces vains systèmes ne s'appuient pas sur la nature, rien ne peut les soutenir ; et le moment qui les voit s'élever, touche au moment qui les verra tomber pour toujours... Cette avidité de tout savoir, cette impatience qui veut donner des ailes à l'esprit, nous expose à ne recevoir que des impressions fugitives : on effleure tout, on n'approfondit rien, on vole sur la sommité des objets d'où la vue ne saurait rien saisir d'une manière distincte ; tandis qu'en se bornant à une seule pensée, en la serrant étroitement, on s'en rend le maître, on en dispose à son gré, on la fait servir à l'acquisition de nouvelles connaissances[1]. »

C'est là la marche qui a été suivie par tous ceux qui se sont fait un nom dans les arts et les sciences. Ils ont appris et fait fructifier leurs idées par l'analyse, la comparaison, la répétition continues. Ils ont compris que l'universalité des connaissances humaines était un rêve, une chimère de l'orgueil, et que la nature avare de ses dons se plaît à les répartir et ne les accumule pas sur une seule tête ;

[1] LAROMIGUIÈRE. — Leçons de Philosophie.

ils ont su se condamner à l'ignorance de certaines choses qui n'entraient pas nécessairement dans le but auquel tendaient leurs efforts et leur avenir. On les a vus doués d'une volonté forte, armés d'une méthode solide, résolus de briser l'obstacle, ou de se faire briser par lui, se précipiter, tête baissée, dans l'étude, vouer leur jeunesse à un travail dur, opiniâtre, suivre avec fidélité une méthode qui régularisait leur travail, facilitait leur tâche, éclairait leur marche à travers les écueils de la science, et se créer ainsi une noble place dans l'histoire de l'esprit humain.

A ce travail, l'intelligence manquerait-elle? Une race d'hommes serait-elle condamnée à ne jamais se réchauffer aux rayons de la divine lumière de la science et de l'art? Question souvent agitée.

Voici ce que dit Quintilien, qui fut si longtemps chargé de l'instruction de la jeunesse : « C'est une erreur de croire qu'il y a peu d'hommes qui naissent avec la faculté de bien saisir les idées qu'on leur présente et d'imaginer que la plupart perdent leur temps et leur peine à vaincre la paresse innée dans leur esprit. Le grand nombre au contraire paraît également organisé pour penser et retenir avec promptitude et facilité. C'est un talent aussi naturel à l'homme que le vol aux oiseaux, la course aux chevaux, et la férocité aux bêtes farouches. La vie de l'âme est dans son activité, son industrie, ce qui lui a fait donner une origine céleste. Les esprits lourds et inhabiles aux sciences ne sont pas plus dans l'ordre de la nature que les monstres et les phénomènes extraordinaires. Ces derniers sont rares, d'où je conclus qu'il se trouve chez les enfants des ressources qu'on laisse échapper avec l'âge. Alors, il est évident que ce n'est point à la nature, mais à notre négligence qu'on doit s'en prendre. Donnez-moi un enfant que la louange excite, que la gloire échauffe, qui pleure quand il se voit vaincu ; il ne faudra qu'entretenir en lui ces sentiments nobles ; un reproche, une réprimande le piqueront jusqu'au vif ; l'honneur lui fera tout faire : je ne craindrai jamais pour celui-là la pauvreté d'esprit [1]. »

Certes, voilà une opinion énoncée avec assurance ; et en présence d'une autorité aussi grave, il serait sage de mettre un peu plus de réserve dans l'opinion que l'on se fait quelquefois des dons naturels et des talents privilégiés. « On suppose toujours, a dit Rousseau, que cette diversité d'esprits et de génies qui distingue les individus, est l'ouvrage de la nature ; et cela n'est rien moins qu'évident. Car enfin, si les esprits sont différents, ils sont inégaux ; et si la nature les a rendus inégaux, c'est en douant les uns préférablement aux autres d'un peu plus de finesse de sens, de mémoire ou de capacité d'attention. Or, quant aux sens et à la mémoire, il est prouvé par l'expérience que leurs divers degrés d'étendue et de perfection ne sont point la mesure de l'esprit des hommes ; et quant à la capacité d'attention, elle dépend uniquement de la force des passions qui nous animent ; et il est encore prouvé que tous les hommes sont, par leur nature, susceptibles de passions assez fortes pour les douer du degré d'attention auquel est attachée la supériorité d'esprit. »

Ainsi s'exprime un homme de génie, une de ces intelligences d'élite dont s'honorent à la fois les arts et les sciences. Aussi un contemporain illustre n'hésite-t-il pas

[1] De Institutione Oratoriâ, lib. 1, Cap. I et III.

à reconnaître « que tous les hommes ont dans leurs sentiments une source également intarissable de connaissances; mais les uns, dit-il, possesseurs indolents d'un
bien qu'ils négligent, laissent leur intelligence dans un
état de pauvreté et de dénûment, tandis que les autres
plus actifs et plus industrieux, s'enrichissent tous les jours
de nouvelles acquisitions. Cette différence est la mesure
de la différence des esprits ¹. »

Au lieu donc de décourager l'intelligence en déposant
en elle dès le jeune âge la défiance et le doute, ne vaudrait-il pas mieux faire tous ses efforts pour l'élever à une
foi ferme et sûre en elle-même? Ne vaudrait-il par mieux
donner à chaque homme cette conviction qu'il n'est aucune limite posée par la nature à l'amélioration de son
être, et qu'il peut à son tour entreprendre une œuvre semblable à celle des grands modèles qui ont été l'objet constant de ses études? La volonté et la méthode, voilà les
deux leviers de l'intelligence humaine ; puissances insai-
sissables mais fécondes, un vase fragile les contient et
elles remuent le monde. Que l'homme donc, fort de ces
dons magnifiques qui lui ont été octroyés d'en-haut, s'é-
lève au sentiment de sa puissance, qu'il reconnaisse la
force qui habite en lui. L'esprit humain est un champ où
des moissons diverses sont faites pour germer et mûrir,
et pour germer et mûrir, il ne leur faut que du soleil, il ne
leur faut que l'amour de la gloire.

---

¹ LAROMIGUIÈRE. — Appuyé sur tant et de si graves autorités,
M. Jacotot s'est hasardé à dire : « Les intelligences sont égales. »
Cette proposition ne méritait peut-être pas de soulever tant les es-
prits, car c'était un hommage magnifique rendu à l'humanité !

CHAPITRE II.

PREMIÈRE SÉRIE DE RÈGLES. — EXERCICES DE MÉMOIRE ET DE MÉDITATION.

PREMIÈRE RÈGLE.

ON CHOISIT UN CHEF-D'ŒUVRE DU GENRE AUQUEL ON SE DESTINE, ON LE LIT D'ABORD PLUSIEURS FOIS POUR EN PRENDRE UNE IDÉE GÉNÉRALE, PUIS ON LE RACONTE PAGE PAR PAGE, JUSQU'A CE QU'IL SOIT INDÉLÉBILEMENT GRAVÉ DANS LA MÉMOIRE : ON LE RÉPÈTE ENSUITE SANS CESSE POUR NE PAS L'OUBLIER.

Le choix du chef-d'œuvre appartient à chaque esprit. Mais prenez un modèle empreint d'art et de génie, parce

---

[1] Après avoir donné les règles générales de l'Improvisation, nous allons en exposer les règles particulières. Leur place se présentait logiquement ici à la suite des mœurs et de la méthode propre au Barreau, à la Tribune, à la Chaire.

que le premier mouvement de l'homme qui entre dans la
vie est d'imiter ce qu'il admire, de l'égaler dans ses efforts,
de le surpasser même s'il peut dans ce qu'il entreprend,
de diriger ses actions d'après ce qu'il voit faire, de chercher à atteindre les mêmes résultats.

Pour lire avec fruit, il faut lire avec attention, songer
à la signification des mots, à la valeur et à la vérité des
pensées, à l'énergie et à la beauté des expressions, à la
fraîcheur et à la vivacité des images. C'est là le moyen de
fixer dans notre esprit nos sensations fugitives.

Comme le but, la fin de toute étude est d'enrichir sa
mémoire, on se demande, après chaque lecture, ce qu'on
a retenu, et on le reproduit à haute voix. S'il s'agit d'un
plaidoyer, on discute; d'un sermon, on démontre; d'un
discours de tribune, on délibère. De la sorte, l'intelligence
est active, elle évoque les trésors de la mémoire, et les
fixe d'une manière utile et durable. On apprend ainsi
sans efforts, l'esprit s'anime, se passionne, s'encourage.

L'esprit obéit à la volonté; mais la mémoire inerte est
une faculté indépendante de la volonté : elle ne conserve
que ce que nous lui avons confié, et l'on aurait beau lui
commander d'apprendre et d'agir, instrument passif par
elle-même, elle refuserait d'exécuter l'ordre. La mémoire
vit, meurt, revit par l'exercice ou l'inattention; il faut
donc l'enchaîner par des répétitions fréquentes. « La mémoire, dit Locke, est une table d'airain remplie de caractères que le temps efface insensiblement, si l'on n'y
repasse souvent le burin. » De là, la nécessité de revenir
souvent sur le chef-d'œuvre appris, pour ne pas l'oublier.

Mais savoir! qu'est-ce que savoir? Comprend-on bien la
puissance et la valeur de ce mot : JE SAIS? Non, car le
plus souvent, on s'imagine qu'il suffit, pour pouvoir se le

dire, d'avoir placé une chose en dépôt dans sa mémoire ; on ne réfléchit pas que la mémoire est un serviteur oublieux et infidèle, qui veut qu'on lui rappelle sans cesse ses devoirs. La mémoire ne reproduit que ce qu'elle a retenu, et elle ne retient que ce qui a été gravé en elle par la réflexion intelligente et féconde. Qui se rappelle, en effet, les choses apprises dans l'enfance ?

Savoir ! c'est se souvenir imperturbablement de l'objet appris ; c'est l'avoir étudié sous tous les rapports qui s'offrent à la pensée ; c'est avoir reconnu tout ce qu'il renferme par des vérifications suivies et variées, s'en être approprié les idées, les formes, les expressions ; c'est pouvoir le combiner, le commenter, travail immense, travail de plusieurs années pour un seul discours, mais travail digne de l'homme !

Voilà la base de nos acquisitions ultérieures. C'est en quelque sorte la pierre angulaire de l'édifice, le terrain solide sur lequel il faut s'établir. Sans doute, et nous ne le dissimulerons pas, ce premier travail est fastidieux, aride ; sans doute, il n'amuse pas, mais il instruit, il est possible, et certes ce serait un beau titre à la reconnaissance du genre humain, que de lui apprendre à arriver sans fatigue à la science, à la gloire. Qu'arriverait-il alors ? Que tout le monde voudrait y parvenir, et la rareté du génie, rareté qui en fait le prix, disparaissant, nous n'éprouverions plus devant lui ces élans inexprimables d'enthousiasme et d'ivresse.

Non, non, il n'en peut être ainsi : ce n'est pas à si bon marché que s'acquiert la science. Rappelons-nous les longues et persévérantes études de Démosthène et sa lutte contre une nature en apparence si rebelle à cet art oratoire qu'il porta ensuite si haut ! Rappelons-nous le bas-

sin d'airain qu'Aristote employait pour vaincre le sommeil! Rappelons-nous la patience de l'immortel Buffon,
recopiant vingt fois ses ouvrages pour enfanter sa prose
sublime! « Les supériorités intellectuelles, a dit un brillant
écrivain [1], ne sont quelque chose que par le secours des

---

[1] M. DE SALVANDY. — Nous ne pouvons résister au désir de citer
cette belle page d'étude sur le grand génie qui a mérité de donner
son nom à son siècle ; elle vient d'ailleurs complètement en aide
à notre système, qui tend à établir qu'il faut tout demander au
travail :

« Car c'est un des caractères de cet homme, si on ose dire, coulé
en bronze à sa naissance, que ses premières sensations, que ses
premiers jugements ont dominé le cours entier de sa carrière. Avec
une mobilité singulière de projets et d'idées, il avait une inconcevable fixité de sentiments et d'impressions. Ce qui venait de l'âme
chez lui ne changeait plus, c'était la lave convertie en granit. Les
aperçus, les désirs, les desseins aussi bien que les évènements passent et repassent sur le roc sans l'ébranler. Il n'a pas, au faîte des
grandeurs ou à celui des adversités, un préjugé, une affection, une
inimitié dont on ne puisse discerner le principe dans les choses de
son enfance ou de sa jeunesse, et même, c'est une étude à laquelle il
faut se livrer, si l'on veut bien pénétrer le secret de son caractère
et des actes qui en émanent. Il y avait dans son esprit une faculté
douée aussi de ce don de fixité inconcevable : c'était sa mémoire immense. Ce qu'il apprenait, ce qu'il avait lu, s'incorporait en lui
comme ce qu'il avait senti. Et ainsi se justifie un des phénomènes de sa grandeur. Si ses productions littéraires se trouvèrent oubliées de tout le monde, parce que les palmes guerrières de Lodi,
d'Arcole et de Marengo effacèrent aisément les palmes académiques
de Lyon, cet emploi si étrange, si studieux, si habile des années
que le désœuvrement orageux de la jeunesse dévore chez le commun des hommes, explique la masse extraordinaire de connaissances positives, de réminiscences judicieuses, de données acquises, de théories réfutées et conçues, de plans tout faits enfin, qui
plus tard émerveillèrent le monde, lorsque le jeune guerrier, déposant l'épée, se trouva dans les conseils le plus profond des légis-

supériorités acquises. On n'est grand homme qu'à la sueur de son front. »

teurs et le plus éclairé. On crut que cette science lui tombait d'en-haut ; que c'étaient des inspirations du moment, des éclairs venant après la foudre. Non, non ! Dieu ne fait point de ces miracles. Une lumière si vive et si soutenue ne jaillit que des profondeurs de la réflexion et de l'étude. Les supériorités naturelles ne sont quelque chose que par le secours des supériorités acquises. On n'est un grand homme qu'à la sueur de son front. Bonaparte voua sa jeunesse ignorée à faire de la maturité avec la réflexion, de l'expérience avec l'histoire ; et de là vient qu'au gouvernail, le plus jeune des pilotes se montra le plus sage. Comment une pensée aussi puissante n'eût-elle pas vite vieilli dans le travail de l'obscurité, de la médita-tion, de l'étude, de la souffrance ! »

DEUXIÈME RÈGLE.

ON RECHERCHE LE PLAN GÉNÉRAL ET LES PLANS PARTICULIERS DU CHEF-D'ŒUVRE, OBJET DE NOTRE ÉTUDE.

La première difficulté qui se présente à l'homme qui veut improviser un discours, est celle-ci : QUE DIRAI-JE? Or, elle est résolue pour lui si l'invention lui a ouvert ses larges routes, si les matériaux sont là tout prêts, rassemblés par la méditation et l'étude. On sait alors ce que l'on doit laisser de côté ou faire valoir, par où l'on doit passer, quelles observations on doit faire, les obstacles qu'il faut renverser, et comment enfin il faut terminer et conclure.

Mais il est une autre difficulté non moins grave et dont il faut triompher, c'est celle qui peut se traduire par ces mots : COMMENT DIRAI-JE?

Ici se présentent le plan et l'ordre des idées.

Le plan est au discours ce que la lumière est au monde. C'est lui qui débrouille le chaos confus des matériaux rassemblés par l'intelligence créatrice. Il nous fait voir les objets séparés entre eux par leur nature même, et nous inspire la pensée de placer chaque chose dans son ordre. Ce qui fait le discours, c'est le plan. Aussi un orateur devant qui l'on s'inquiétait d'un discours qu'il devait prononcer et auquel il ne paraissait pas encore avoir mis la main, répondit : « Il est prêt, j'ai fait le plan, je n'ai plus à faire que les mots. »

Le plan doit être net, simple, fécond. Que l'orateur embrasse son sujet dans toute son étendue, dans toute sa magnificence. Qu'il le circonscrive dans ses limites naturelles. Séparer les parties sans les isoler, les grouper sans les confondre, rendre sa marche unie, dégagée, pure ; appeler à soi les idées générales qui font ressembler le discours à ces fleuves qui, riches dès leur origine, grossissent dans leur cours, fertilisent les contrées qu'ils traversent, cachent leur marche comme le Nil ses sources, voilà ce que doit présenter le plan à l'esprit.

Mais les idées nous arrivent complexes, tumultueuses ; nous n'avons pas pris l'habitude de les diviser, de les séparer, et c'est de là que vient pour nous la difficulté de les exprimer. L'ordre des idées est donc un signe qu'il faut apprendre par des exercices répétés, afin de l'employer à propos. C'est à cela que sert surtout l'analyse qui dégage les faits pour en créer un ensemble où toutes les parties viennent s'encadrer et prendre la place qui leur appartient. Alors se produit l'unité, règle essentielle du beau, et de laquelle toute perfection émane dans ce monde.

Redire la même chose et ne se répéter jamais, voilà le problème. Mais qu'avons-nous fait pour le résoudre ? Comment sont dirigées nos études ? Nous lisons un discours, que nous présente-il ? Des faits, des détails qui nous séduisent. Ce grand nombre de sensations domine notre attention, l'absorbe, l'épuise. Par l'analyse, nous craindrions de flétrir cette beauté intellectuelle si ravissante, de lui enlever cette chaleur qui vivifie ses veines, d'éteindre ces rayons d'intelligence et de génie qui nous éblouissent. L'émotion nous entraîne; nous ne prenons pas le temps d'observer, et il ne nous reste de ce que nous avons lu de cette manière, de toutes ces impressions, de toutes ces images, que des souvenirs vagues du plan, des réminiscences tronquées, qui ne font que jeter dans nos idées la confusion et le désordre. Pourtant, ou cette œuvre qui nous a séduits est incomplète et fautive, ou il y a là une unité cachée sous un voile épais. Il faut retenir les entrelacements, les points de rebroussement de cette courbe à plusieurs branches, dont les lignes successives, isolées, sont toutes déterminées par une relation unique, toutes comprises dans une composition régulière. Il faut s'arracher à cette admiration qui nous charme, et comme Raphael crucifier son modèle, comme le Guide déchirer la beauté.

Un discours ne se compose pas seulement d'un plan général; il a encore des plans particuliers en aussi grand nombre que les idées qu'il est destiné à développer. Ce sont ces combinaisons artistiques, ces veines cachées qu'il faut poursuivre pour se les rendre familières, car le plan, c'est l'ordre, et sans l'ordre, on s'égare, on se heurte, on tombe dans l'anarchie. L'ordre, c'est l'harmonie; toute beauté dans l'ordre matériel et moral, vient de lui et le reflète essentiellement.

Étudiez donc tous les plans de votre discours-modèle de manière à l'imiter ensuite sans efforts et à maintenir toutes vos idées dans leur sphère, sous la loi de l'unité.

Semblables à ces familles où les grâces se perpétuent,
sont héréditaires, que vos idées aient le même air sans
avoir les mêmes traits[1]. Que celles qui précèdent, ébau-
chent ou fassent deviner celles qui suivent, que toutes se
tiennent, s'embellissent et se fortifient sans s'envahir!
« Ce qui fait le beau, dit un écrivain souvent cité, c'est
l'unité de pensée, c'est le travail organique qui de tant
d'éléments divers fait un seul tout, de tant de formes diverses une seule forme, dont les innombrables parties
s'enchaînent, s'appellent, s'engendrent l'une l'autre, concourent harmonieusement à un but commun, se fondent
en un corps unique et vivant. »

[1] .... *Facies non omnibus una*
Nec diversa tamen, qualem decet esse sororum

TROISIÈME RÈGLE.

ON ÉTUDIE LES FORMULES ORATOIRES EN RECHERCHANT AVEC SOIN LES
SENTIMENTS QU'ELLES EXPRIMENT.

Les mathématiques, la législation, la médecine, la diplomatie, presque toutes les sciences ont eu recours aux formules pour se vulgariser et se produire; pourquoi l'éloquence n'en aurait-elle pas, elle qui est si dépendante de la forme et qui s'en montre l'esclave? L'algèbre a simplifié les opérations du calcul, et à quoi a-t-elle eu recours pour cela? A la formule que l'on définit un résultat général qui renferme une infinité de cas, en sorte qu'on n'a plus à substituer que des lettres aux chiffres pour trouver le résultat particulier que l'on cherche.

L'éloquence, l'art de bien dire, indépendamment de la pensée, ne serait-elle pas comprise dans certains tours oratoires propres à rendre une foule de sentiments? On peut le soutenir. En effet, ne sait-on pas que la pensée la plus commune peut se revêtir dans une bouche habile des couleurs les plus séduisantes? Quand nous entendons un orateur et que nous sentons, au contact de sa parole, se remuer dans notre âme les plus vives émotions, qu'est-ce qui nous charme, qu'est-ce qui nous touche? L'invention, l'élocution? oui, sans doute; mais n'est-ce pas encore la disposition, dont les formes vives et attachantes nous saisissent et nous entraînent?

L'éloquence a pour but de convaincre, de persuader, d'assurer enfin un succès; mais elle rencontre des obstacles qu'il faut détruire. Alors, elle doit, suivant les besoins, parler avec rapidité, avec force, afin d'exercer son empire, d'imprimer profondément dans les âmes les sentiments qu'elle veut communiquer. Tantôt ses débuts sont vifs et animés, tantôt ils sont calmes et tranquilles.

Où prend sa source l'émotion que l'orateur excite en nous? Elle naît évidemment des signes qu'il nous présente; c'est là ce qui nous émeut et nous fascine. Quand nous écoutons un homme éloquent, pourquoi sommes-nous touchés, alors même que ses principes nous choquent, que ses opinions nous paraissent fausses et inacceptables? C'est que la forme agit sur nous et nous séduit. Ainsi s'explique l'empire de la beauté. La forme est au discours ce que la fleur est à l'arbre.

On conçoit donc, par ces réflexions, quelle sera la puissance des formules oratoires, et quand nous parlons de la nécessité d'apprendre un discours et de le répéter sans cesse, c'est pour qu'elles se gravent dans notre mémoire et qu'elles entrent ensuite sans efforts et d'elles-mêmes dans notre langue d'improvisation.

L'étude des formules oratoires a un autre avantage: elle rend plus facile l'expression de nos idées et de nos sentiments; elle favorise l'improvisation d'une façon merveilleuse. En effet, la nature dit tout à la fois : le même objet produit sur nous une foule de sensations, et lorsque nous voulons le peindre, notre esprit est souvent arrêté par l'impuissance de trouver son début. Or, dans l'improvisation, c'est là l'essentiel ; ce qui nous fait hésiter, ce n'est pas la difficulté de finir nos phrases, mais bien celle de les commencer. Eh bien ! nous serions beaucoup moins embarrassés, si nous avions à l'instant même des formules propres à rendre les émotions que nous éprouvons et devant lesquelles notre sensibilité qui tressaille devient un obstacle.

Etudiez donc les cadres des pensées, des sentiments, des développements oratoires, et ils se présenteront ensuite à vous lorsque vous vous trouverez dans des circonstances analogues. Que si vous voulez frapper, toucher, émouvoir, vous trouverez gravées dans vos souvenirs, ces exclamations, ces tournures, ces interrogations, ces interjections brisées, douloureuses, pathétiques. Que si vous voulez narrer, prouver, la marche propre au récit, à l'argumentation se présentera d'elle-même à votre esprit; vous n'aurez qu'à choisir. Il ne s'agira plus que de rattacher aux objets réels ces ÉTIQUETTES familières, de sorte qu'en vertu des habitudes acquises par le travail isolé, les opérations du raisonnement seront et demeureront en quelque sorte mécaniques, et se produiront sans que l'on ait besoin d'y penser, avec cette assurance, cette rapidité que l'habitude donne aux procédés de l'analyse algébrique. C'est la substitution d'un mécanisme assuré à la représentation lente et souvent incertaine des mots et des idées.

Ainsi, attachons-nous à la forme autant qu'à la pensée ; tant de choses dépendent de la forme dans ce monde ! La forme et la pensée, c'est l'éloquence; mais sans la forme, il n'y a plus d'éloquence, il n'y a plus de dieu, il n'y a plus rien.

QUATRIÈME RÈGLE

ON S'APPLIQUE A DÉCOUVRIR L'ART DES TRANSITIONS DANS LE DISCOURS
CHOISI POUR MODÈLE.

Les transitions sont les éclairs du discours; ce sont
elles qui font la grâce de l'éloquence : elles ont des tons,
des nuances, des repos dont il faut se rendre compte.
Tous les préceptes que l'on donne pour apprendre l'art
des transitions, pour les placer à propos, pour les varier
avec goût, sont autant de préceptes frivoles et décevants. Il
faut que toutes les parties du discours soient unies, semblent naturelles, ne sentent ni la gêne, ni l'effort. Que votre
improvisation soit frappée d'un seul coup de génie, créée
plutôt que construite. Or, qui peut apprendre ces secrets?
Nul, si ce n'est le commerce avec les orateurs célèbres.
Qu'on s'enferme donc avec eux! Qu'on les étudie sans cesse,
et l'on verra comme leurs idées se développent franche-
ment et d'elles-mêmes, comme tout se suit, s'enchaîne et a
cette simplicité, cet air de bonne foi qui saisit et qui plaît.

C'est une chose très importante que de s'attacher à observer la manière dont les idées se développent et sortent de l'âme de celui qui parle, et de se les représenter d'après leur caractère intelligible. Par ce spectacle, nous n'apercevons pas seulement un ensemble d'idées, mais nous voyons encore comment elles découlent d'une tête pensante, et nous assistons en quelque sorte au travail intérieur de l'esprit, dont nous saisissons les opérations intimes et saintes.

Cette représentation commence en même temps que la naissance de la pensée. Une pensée vient-elle à tomber tout-à-coup comme un éclair dans l'âme, soudain l'âme en est frappée et s'illumine à son contact. L'éclipse d'une pensée est l'aurore d'une pensée nouvelle, et c'est ce que ne doit jamais perdre de vue celui qui parle en public.

Le développement des idées dans l'âme de celui qui parle, s'observe : 1° par l'espace de temps employé à suivre les périodes. Toutes les périodes ne sortent pas avec la même rapidité de l'âme. La période qui renferme un sens nouveau se développe plus lentement que celle qui est la suite immédiate de la précédente; 2° par le mouvement de l'organe de la pensée correspondant à l'action de l'âme. L'homme pense! Quelle mystérieuse puissance! Il doute, il rejette, il choisit, il comprend, il interroge, il répond. Tous ces mouvements sont des productions de son esprit. Toutes ces modifications diverses de la pensée, modifient aussi son expression. La conviction s'exprime avec une voix ferme, comme si l'âme voulait donner plus de poids à ce qui la tourmente. L'incertitude dans la pensée rend la voix lâche et hésitante; les pensées vacillantes, intimidées, n'osent se produire hautement. Cette expression de l'activité intérieure de l'esprit par la voix, repose principalement sur la sympathie du corps et de l'âme, sympathie par la puissance de laquelle tous les mouvements de l'âme produisent des mouvements analogues du corps.

Les modifications de cette expression de la pensée déterminent les transitions et en donnent la cause psychologique. C'est par l'analyse, l'analyse obstinée que l'on parvient à en découvrir le secret. Le premier coup d'œil que nous jetons sur un discours, ne nous découvre que des masses ; tout est confondu, tous les éléments se mêlent, se combinent en un seul résultat infiniment complexe ; c'est comme un vaste cercle dont on ne distingue pas les poin‘s : on s'aperçoit seulement qu'il roule, et la pensée erre dans cet océan immense. Ce n'est que lorsque la réflexion a divisé, détaché les parties, qu'alors l'art apparaît, et que librement placé en sa présence, on peut l'interroger, recueillir ses réponses et constater des lois dont l'existence nous était tout d'abord dérobée.

Etudiez donc l'art des transitions, non pas dans les théories trompeuses des rhéteurs, mais dans les chefs-d'œuvre des orateurs, dans votre discours de choix, et vous arriverez à obtenir pour votre usage cet art qui fait que chaque partie du discours découle de celle qui précède et se lie avec celle qui suit, et place l'auditeur comme sur une pente où l'on glisse sans s'en apercevoir, sans y songer.

CINQUIÈME RÈGLE.

ON RECHERCHE L'ORDRE ET LA GRADATION DES PREUVES DÉVELOPPÉES DANS LE CHEF-D'ŒUVRE APPRIS.

Lorsque nous lisons un discours, s'il y a sympathie, échange entre l'orateur et nous, on se sent entraîné comme par un torrent rapide. Mais alors on perd de vue les preuves et les raisonnements, et l'on ne se souvient plus de leur solidité que vaguement et par la conviction qui nous reste et nous pénètre. Calmons notre élan, arrêtons-nous, si nous voulons que notre travail nous profite. Plus la nature est riante, plus les sites sont beaux, et plus il faut aller lentement pour en jouir. Fixons donc notre attention sur un point unique, négligeant pour le moment tous les détails. Voyons comment l'orateur a employé son génie pour établir tel moyen et réfuter telle objection de l'adversaire; cherchons avec constance comment il est parvenu à remplir le but qu'il s'était proposé. Ainsi l'intelligence discernera des circonstances que d'abord elle n'avait pas

aperçues. Un grand nombre de faits qu'elle n'avait pas
soupçonnés, se révèleront à elle, et elle verra dans un
monde ignoré, où le commun des hommes ne distingue
que des phénomènes indistincts, s'ouvrir des perspectives
immenses, peuplées de faits sans nombre, dans lesquels
viennent naturellement se résoudre les plus hautes questions que l'art humain puisse agiter.

Ainsi tout se découvre, tout s'explique lor qu'on est
docile aux leçons de la nature et de l'analogie; ce n'est
que par l'expérience, point de départ de la science, que
l'on arrive au but. « Le génie, dit Condillac, est un esprit simple qui trouve ce que personne n'a su trouver
avant lui. La nature, qui nous met tous dans le chemin
des découvertes, semble veiller sur lui, pour qu'il ne
s'en écarte jamais ; il commence par le commencement,
et il va devant lui : voilà tout son art. » Or, ce commencement, c'est l'attention et la comparaison, qui sont à
l'esprit ce que les leviers et les télescopes sont à la science.

SIXIÈME RÈGLE.

ON VÉRIFIE LE RAISONNEMENT, ON SUIT SUCCESSIVEMENT CHACUNE DES IDÉES PRINCIPALES ET SECONDAIRES DU DISCOURS-MODÈLE.

L'observation est la base fondamentale de toutes les connaissances humaines. C'est un regard réfléchi que l'âme porte sur les objets qui l'occupent pour acquérir une connaissance exacte de leurs qualités, de leurs effets, de leurs rapports et de leurs causes. Mais cette faculté veut être provoquée sans cesse; elle a besoin d'objets qui l'appellent, qui la sollicitent; c'est pour cela que nous avons proposé un discours, un seul du genre auquel on se destine, qui toujours présent à notre esprit, devienne le principe de nos découvertes, et soit, si nous pouvons nous exprimer ainsi, le point de ralliement de nos études. Sur cette unité choisie, nous exerçons notre intelligence avide de lumière.

L'analyse et la synthèse, la synthèse et l'analyse, telles sont les deux puissances sur lesquelles roule l'esprit humain. Qu'elles soient donc sans cesse votre guide et votre appui. Les ouvrages de l'art se présentent à nous avec des détails séduisants et poétiques, et en nous enivrant, la poésie ne nous dit pas toujours que c'est pour nous tromper : elle se fait belle, simple, sévère comme la vérité ; elle nous éblouit par ses créations, nous berce de ses rêves ; ange et démon, protée mystérieux, elle se présente à nous sous mille faces diverses pour nous conquérir. Si vous vous bornez à l'admirer, à vous prosterner à genoux devant elle, esclave toujours et jamais maître, vous n'apprendrez pas cette poésie. Mais armez-vous du scalpel, que cette fugitive parure tombe en lambeaux sous les coups de l'analyse ; flétrissez-la, dispersez-la, comme l'anatomiste qui, pour étudier le corps humain, le dépouille des chairs palpitantes ; réduisez-la enfin aux simples proportions de la réalité froide et austère. Puis, après ce travail, reconstruisez cet édifice renversé, que vous aviez dépouillé de ses ornements enchanteurs ; rassemblez par la synthèse ces haillons dispersés par l'analyse, et abandonnez-vous ensuite, vous en avez le droit, à toute votre admiration. Ce double travail est comme la clef de voûte de toute architecture intellectuelle.

Etudiez donc la logique dans votre discours au lieu d'aller vous dessécher l'imagination dans les traités de dialectique. La synthèse et l'analyse vous feront voir qu'il y a de ces pensées choisies qui se développent d'elles-mêmes, sans aucun effort de la part de l'intelligence. Quelles que soient les misères de notre nature, les distractions de notre esprit, il est des idées élues entre toutes qui, se font jour, prennent place dans notre style, s'y posent et l'illuminent de leurs clartés.

SEPTIÈME RÈGLE.

ON RECHERCHE L'ART DU DISCOURS CHOISI POUR MODÈLE DANS LE STYLE, DANS LE CHOIX DES IDÉES, DES PREUVES, DU PLAN, DU RAISONNEMENT, DES TRANSITIONS, DES FORMULES.

L'art est la réalisation de la beauté idéale; où donc devons-nous le chercher, si ce n'est dans les œuvres qu'il sanctionne et avoue? Demandez donc aux orateurs de vous initier à leurs mystères, de souffler dans votre âme, car un des plus intéressants spectacles qu'il soit donné d'admirer, c'est l'empire du génie d'autrui sur l'homme. Il y a en nous une étonnante richesse de moyens et de forces; une foule de sentiments se mêlent dans notre cœur. Livrons-nous donc aux grands modèles; ayons avec eux des relations continuelles; nous les quitterons ensuite chargés d'une vie plus abondante; nous nous enrichirons, c'est notre droit, d'une part de leur substance, et quand ensuite le besoin s'en fera sentir, nous les évoquerons autour de nous comme des appuis sublimes.

Toutes ces existences intellectuelles auxquelles nous nous serons comme entrelacés, nous bercerons dans leurs flots de lumière, et à ces heures où le dieu nous possède et nous remplit, où nous sentons en nous rouler l'orage, nous ferons jaillir hors de nous l'éclat du céleste rayon qui enveloppera notre âme.

L'art renferme deux éléments: le fond et la forme, l'idée et sa représentation sensible, l'un qui est exprimé, l'autre qui exprime; le but de l'artiste est de réunir ces deux termes dans une harmonieuse unité. Pour cela, il a à vaincre d'abord les difficultés de son sujet, qu'il a besoin de féconder, d'enrichir; il lui faut ensuite triompher de la langue dont la résistance est semblable à celle qu'oppose le métal à la main de l'ouvrier qui le travaille. Examinez comment l'orateur que vous étudiez a surmonté ces obstacles, comment se plaçant par la réflexion en face de son sujet, en contemplant l'infinité, il se l'est assimilé dans le calme de la pensée; comment le pénétrant de sa sensibilité vive, de son imagination féconde, des situations diverses qu'il a voulu peindre, il est parvenu à donner la vie et l'intérêt à son œuvre. Examinez comment l'élément matériel, sensible, s'est plié sous la main de l'orateur, a dépouillé son âpreté indocile et rebelle, comment la partie extérieure, mécanique s'est transformée sous sa volonté et a revêtu la forme artistique.

C'est là le chemin des enfants: ils voient faire et ils font!

HUITIÈME RÈGLE.

ON CHERCHE L'UNITÉ DE PENSÉE ET DE SENTIMENT DANS TOUT LE DISCOURS, DANS LES PARAGRAPHES, LES PHRASES ET LES MOTS.

L'écueil à éviter dans toute composition oratoire, ce sont les divagations hors du sujet. Que faut-il, en effet, pour plaire, pour émouvoir, pour convaincre? Il faut ne s'écarter jamais de l'unité de pensée et de sentiment. Or, comment peut-on se promettre d'y rester fidèle? C'est encore votre discours-modèle qui vous initiera à cette branche si importante de l'art [1].

[1] L'unité est partout, même dans la nature, pourtant si variée et si riche. « La paix et la discorde, l'harmonie et la dissonnance, qu'un lien secret unit, sont les premières lois de la nature; et soit qu'elle se montre redoutable ou charmante, l'unité sublime qui la caractérise se fait toujours reconnaître. La flamme se précipite en vagues comme les torrents; les nuages qui parcourent les airs prennent quelquefois la forme des montagnes et des vallées, et semblent

Quand nous voulons apprendre un art, une science, quel est le procédé de notre esprit ? C'est celui de Newton : CHERCHER PATIEMMENT ET TOUJOURS les secrets de cet art, de cette science. Nous vérifions comment elle opère en nous, et nous nous rendons ainsi aptes à profiter des ressources qu'elle nous ouvre. Attachons-nous donc à découvrir l'unité dans l'ouvrage que nous avons choisi pour modèle. Demandons-nous quelle est l'idée principale que l'orateur a voulu développer, et puis interrogeant les plans particuliers, voyons s'ils en découlent naturellement et comme de source. Descendons des idées principales aux idées secondaires, et que notre intelligence se fasse les mêmes questions scrutatrices. Passons ensuite aux détails qui ont tous des unités particulières comprises dans l'unité générale, et voyons si tout se suit, se lie, s'enchaîne et dérive du même principe [1].

---

imiter, en se jouant, l'image de la terre. Il est dit dans la Genèse, que « le Tout-Puissant sépara les eaux de la terre des eaux du Ciel, et les suspendit dans les airs. » Le Ciel est, en effet, un noble allié de l'Océan ; l'azur du firmament se fait voir dans les ondes, et les vagues se peignent dans les nues. Quelquefois, quand l'orage se prépare dans l'atmosphère, la mer frémit au loin, et l'on dirait qu'elle répond, par le trouble de ses flots, au mystérieux signal qu'elle a reçu de la tempête. » — Mme DE STAEL. — *De l'Allemagne.*

[1] Ainsi, par exemple, le plaidoyer de Cochin pour Rapally, se trouve tout entier dans cette proposition : Des allégations ne sont pas des preuves. Celui de M. Dupin pour M. Mérilhou dans l'affaire de la souscription nationale, dans celle-ci : Ce ne peut jamais être un crime ni un délit de venir au secours du malheur, quel qu'il soit. Celui de M. Chaix d'Est-Ange pour Emile de La Roncière dans cette idée : Les préventions sont la cause de ce procès. L'idée principale étant donnée, vérifier si ces orateurs sont restés fidèles à la grande règle de l'unité.

Sans doute que l'on va se récrier et nous dire : D'où savez-vous que ces orateurs dont vous parlez ont pensé à toutes ces chimères de votre imagination? A quoi peuvent servir des règles qui reposent sur d'aussi gratuites suppositions? Les orateurs que vous indiquez pour modèles avaient un plan créé par leur génie, et ils n'ont certainement pas songé, au milieu du feu de la parole, à ces puériles remarques ; ils n'ont fait que s'abandonner à leur génie, à leur force libre.

Nous ne disons certes pas que ces orateurs aient sciemment employé dans la composition de leurs discours tout l'art que nous y apercevons. A Dieu ne plaise que nous voyions toujours, même dans les plus habiles d'entre eux, des hommes tout entiers à l'effet de leurs phrases dans les moments même où leur cœur seul doit les inspirer! Mais ce qu'on nous accordera, c'est que le talent cultivé a une logique secrète et lumineuse, qui le guide à son insu, qui enchaîne les beautés, les pensées et les transitions heureuses, et possède enfin à son service ce fil secret qui fait que l'esprit suit l'esprit dans sa route invisible. Et à force de travail, on finit, si nous pouvons nous exprimer ainsi, par rendre l'art inhérent à sa nature, à son intelligence, et quoiqu'il arrive un moment où tout se fasse en l'absence de la réflexion, pourtant, l'ordre, la parfaite harmonie des parties existe. Or, nous pensons que les exercices nécessaires forment cette habitude, et qu'elle est le résultat d'un travail opiniâtre.

Plus vous regarderez, plus vous découvrirez. Les beautés de l'œuvre que vous n'aviez d'abord qu'obscurément senties dans leur passage rapide, se laisseront plus distinctement apprécier. Chaque détail de l'ouvrage vous fera faire des réflexions utiles, et cette manière d'étudier vous

apprendra à observer dans vos compositions oratoires
cette grande règle de l'unité qui doit être votre étoile
polaire au milieu des orages de la parole oratoire. « Pour
qu'un ouvrage d'éloquence ou de poésie soit véritablement
beau, selon le P. André, il ne suffit pas qu'il ait de beaux
traits, il faut qu'on y découvre une espèce d'unité qui en
fasse un tout bien assorti : unité de rapport entre toutes
les parties qui le composent; unité de proportion entre le
style et la matière qu'on y traite; unité de bienséance
entre la personne qui parle, les choses qu'elle dit et le
ton qu'elle prend pour les dire [1] .»

---

[1] *Omnis porrò pulchritudinis forma unitas est*, dit saint Augustin. C'est l'unité qui est la vraie forme du beau en tout genre de
beauté. » C'est le fameux précepte d'Horace ou plutôt de la nature :
  Denique sit quodvis simplex duntaxat, et unum.

DEUXIÈME SÉRIE DE RÈGLES. — EXERCICES DE PAROLE ET DE COMPARAISON.

PREMIÈRE RÈGLE.

ON COMPARE SOUS TOUTES SES FACES LE DISCOURS QUE L'ON CONNAÎT ET LES OUVRAGES DE MÊME OU DE DIVERSE NATURE.

Apprendre et comparer, tel est notre système. Et comme, pour comparer, il faut avoir un objet de comparaison, nous avons indiqué la nécessité de savoir un discours-modèle, et c'est sur lui que nous avons concentré notre attention.

Maintenant, il s'agit d'en sortir et de pousser plus loin nos recherches. Car si l'esprit en restait là, s'il ne s'ingéniait, tout serait dit. Impuissant à de nouveaux

progrès, il ne serait qu'une pâle copie d'un original sublime ; son style oratoire serait dépourvu de variété et d'originalité ; il reviendrait sans cesse sur ses pas, et parvenu,
pour ainsi dire, au vestibule de l'art, il circulerait autour
du sanctuaire sans jamais y pénétrer.

Vous avez choisi une unité, qu'elle devienne le centre
de vos études ; à cette unité arbitraire, comparez, rapportez tous les ouvrages de l'homme que vous croirez
propres à vous enrichir de nouveaux aperçus. Ainsi, après
avoir conquis, vous organiserez vos conquêtes, vous vous
les assimilerez. L'homme en effet est entouré de rapports ;
par un instinct involontaire, il est porté à en trouver entre tous les objets qui frappent ses regards. Tout d'ailleurs, dans les œuvres de l'intelligence, a des rapports de
différence et de similitude. Ainsi, législations civile, com-
merciale, criminelle, tout cela est de la même science,
et cependant ne se ressemble pas. Vérifiez, comparez,
parlez, parlez surtout, et vous verrez que la matière est
intarissable, et bientôt vous serez vous-même étonné de
votre fécondité, et vous vous direz comme Mascarille :
« Où diable mon esprit prend-il toutes ces gentilles-
« ses-là ? »

On conçoit l'importance de cet exercice ; il est fécond
en résultats. Par lui, l'homme qui posséderait l'éloquence du barreau, pourrait promptement parvenir à l'é-
loquence de la tribune et de la chaire en comparant l'art
de bien dire qu'il sait à celui qu'il veut apprendre, en
s'attachant aux nuances qui les séparent, afin de les saisir.
Par la comparaison, il constaterait les ressemblances et
les différences, et ce travail de son esprit graverait dans sa
mémoire les formules et les caractères de ces diverses
manifestations de l'intelligence.

C'est, peut-être, pour n'avoir pas compris cette vérité, que tant d'aigles du barreau sont venus échouer tristement à la tribune nationale. Ils n'ont pas vu que l'éloquence est un protée qui se transforme selon les mœurs et les personnes, et qu'elle doit se plier à toutes les situations au sein desquelles elle est placée. Sans doute, il est à la tribune une foule de questions qui doivent être traitées avec le même art qu'au palais; mais le ton et la manière sont essentiellement différents, et il y a une multitude de nuances fines et délicates qu'il faut avoir apprises afin de savoir les respecter. Que les hommes donc qui sont assez heureux pour passer du barreau à la tribune, ne se flattent pas, s'ils ne se sont livrés à des études spéciales, de cueillir de plein saut les palmes parlementaires! Dans cette tentative, les plus grands talents ont échoué. Mais malheureusement, de nos jours, on veut aller trop vite; si la gloire refuse de se donner, on la viole. A peine a-t-on entrevu les horizons de l'éloquence judiciaire, qu'on aspire déjà à la tribune politique où l'on a pour auditoire le monde entier. On veut tout embrasser à la fois et se mettre d'emblée en possession de toutes les admirations, et l'on se refuse à voir qu'un modérateur suprême dirige la marche de l'esprit humain dans la carrière de la science.

L'orateur sacré profitera aussi de ces réflexions et les appliquera à ses travaux. Il comprendra sans peine qu'il ne lui suffit pas de connaître les procédés que l'intelligence emploie pour faire des sermons, qu'il faut encore distinguer avec soin la différence qui existe entr'eux et les instructions familières. Nous avons vu de jeunes prédicateurs qui se montraient supérieurs dans le discours simple, être impuissants lorsqu'il fallait parler dans des circonstances solennelles qui exigeaient toutes les pompes oratoires.

Nous dirons donc : Comparez sans cesse, la moisson
est là .

<hr>

[1] Comparez tout , rapportez tout à votre modèle , même les mauvais discours. Un jeune abbé de condition, qui avait du talent pour
la chaire , demandait à Boileau des conseils pour se perfectionner
dans la prédication. Boileau lui conseilla d'aller entendre le père
Bourdaloue et l'abbé Cottin. Le jeune abbé surpris de ce qu'un homme d'un goût aussi exquis mettait en parallèle Cottin et Bourdaloue,
s'écria : « Mais, monsieur, comment l'entendez-vous, et quel fruit
puis-je retirer en voyant prêcher Cottin ? — Il faut pourtant que
vous l'étudiiez, répliqua Boileau : le père Bourdaloue vous apprendra ce qu'il faut faire, et l'abbé Cottin ce qu'il faut éviter. »

DEUXIÈME RÈGLE.

ON TRADUIT D'AUTRES DISCOURS DONT ON PREND LES FAITS EN LES TRANS-
PORTANT DANS LES CADRES DU CHEF-D'ŒUVRE QUE L'ON CONNAÎT.

L'exercice de la traduction est d'une puissance merveilleuse. Voyez-vous un rapport de ressemblance ou de
dissemblance entre le sujet que vous avez à traiter et celui qui a occupé l'auteur du chef-d'œuvre appris? Imitez-
en le développement oratoire, placez vos faits dans ce
moule que la répétition a gravé à jamais dans votre mémoire, calquez, employez les formules oratoires. Est-ce
la joie, la colère, la tendresse, l'indignation que vous
voulez exprimer? Cherchez dans votre discours la joie, la
colère, la tendresse, l'indignation. Vous y trouverez tous
ces sentiments, n'en doutez pas; car un discours que l'on
possède et que l'on sait, c'est un tout complet, fécond,
qui répond à tous nos besoins; c'est la formule d'une al-

gèbre mystérieuse qui renferme des cas infinis; en sorte
qu'il n'y a plus que des faits à changer [1].

[1] Donnons ici quelques exemples de formules oratoires tirés de
l'admirable plaidoyer de M. Chaix-d'Est-Ange pour Emile de La
Roncière : nous mettrons en italiques tout ce qui fait partie de la
formule, tout ce qui est cadre de la pensée, et peut être transporté
à tous les discours :

FORMULE DE L'INDIGNATION. — « *Quoi,* monsieur ! *parce que* vous
êtes honnête homme, *vous vous croyez* le droit d'accuser sans rien
expliquer; *parce que vous êtes* un homme plein de conscience, *et
que* vous accusez, *il ne vous faudra rien* prouver ! *Et* retranché derrière votre conscience, *trop* pure *sans doute pour* concevoir de pareils crimes, *vous vous bornerez à* dire : Croyez-en ma parole ! *En
vain je vous demanderai d*'expliquer votre accusation, *de* fournir
vos preuves, *de* combattre toutes *ces* invraisemblances, *ces* impos-
sibilités morales ou matérielles. *Non, non, que vous importent
à vous ces* misérables nécessités d'une accusation vulgaire ! *Pour
vous, c'est assez de répondre : Je* suis homme de bien, *voilà* le
coupable ; *croyez-en* ma parole, *voilà* le coupable, condamnez.

« *Non pas, non pas !* La justice, *qui veut* le salut des innocents
comme le salut de la société, *la justice ne doit pas* s'arrêter à ces
artifices de langage. *Arrière! arrière ces* émotions, *ces* entraînements, *ces* douleurs ! *Arrivons aux* débats; *voyons les* preuves, *les*
preuves, *entendez-vous! Les* preuves... *voilà ce que demandent*
les jurés : *ce ne sont pas des* larmes, *ce ne sont pas de* ces larmes
que vous m'avez arrachées à moi-même, *mais des* preuves ; *voilà
ce qu'il faut avant de* flétrir, *avant de* déshonorer, *avant d*'anéantir un malheureux, *avant de* dresser pour lui l'échafaud. *Oui, des*
preuves, *voilà ce qu'il faut, voilà ce qu'on* vous demande. »

FORMULE DE L'EXEMPLE ORATOIRE. « *Est-ce donc la première fois
que* des accusations ainsi enfantées par une imagination malade ont
tenté d'égarer la justice ? *Nos enceintes judiciaires n'ont-elles
donc pas déjà* cent fois retenti *de ces* faits romanesques, *de ces* récits
de femmes exaltées, *qui n'ont pu* s'expliquer *que par* de semblables
hallucinations ?

« *Quel était donc l'esprit qui* agitait, *il y a* vingt ans environ,
cette femme, *qui venait dire* à la justice : *On m'a* empoisonnée,
c'est une servante qui m'a empoisonnée, *c'est* mon mari..., *c'est* sa

tante...? *Vous rappelez-vous* l'intérêt de tout Paris soulevé à ces immenses débats, *ces* femmes accourant passionnées à l'audience *et* prenant parti pour la victime. *Hélas!* la justice égarée condamna la servante à mort. *Vous rappelez-vous que* l'arrêt de cette fille ayant été cassé par un bienfait de la Providence, *un autre* débat apporta la preuve de son innocence, *et que* la malheureuse vouée déjà à l'échafaud, fut acquittée par une décision unanime.

« *Qui donc* jetait ainsi cette dame avec son titre, avec sa haute position, dans tous ces mensonges? *Qui donc* l'avait attachée sur son lit, *qui avait* versé le poison qui noircissait encore sa poitrine et ses lèvres? *Qui avait* accumulé ces preuves? *C'était* elle-même ! *un* effroyable amour du merveilleux *l'avait* seul poussée à ces mensonges. »

Voilà ce que nous appelons formules oratoires, cadres de pensées ; ils sont de toutes les causes, parce qu'ils sont le fonds commun de toutes les intelligences ; il n'y a plus qu'à y mettre les faits particuliers du discours. Vérifiez-les dans les grands orateurs du barreau, de la tribune, de la chaire. Chaque genre a ses formules spéciales. — (*Voir la belle formule oratoire de Bossuet dans la péroraison de l'oraison funèbre de* MADAME . DUCHESSE D'ORLÉANS.

TROISIÈME RÈGLE.

ON OUVRE LES OUVRAGES DES RHÉTEURS POUR VÉRIFIER LES RÈGLES DE L'ÉLOQUENCE D'APRÈS LE DISCOURS QUE L'ON CONNAÎT.

Le moment est venu d'ouvrir les ouvrages des rhéteurs et de vérifier la vérité ou la fausseté des principes oratoires qu'ils ont formulés. Pour cela, il faut puiser aux sources primitives, consulter ceux qui, après avoir longtemps donné l'exemple, l'ont éclairé du précepte, et non ces eunuques de l'art oratoire, qui donnent des règles qu'ils seraient impuissants à appliquer. Ouvrez Cicéron, arrêtez-vous sur les conditions qu'il exige pour la véritable éloquence, et cherchez ensuite l'application de vos préceptes oratoires dans le discours, objet de vos constantes études. Quand vous les y aurez trouvées et vérifiées par des faits, vous aurez la certitude de les retenir, puisque votre livre ne sort pas de votre mémoire, et que chaque règle, reposant sur un fait, se transforme dans votre esprit en idée clairement perçue. C'est ainsi que notre instruction se fait avec sûreté et rapidité.

QUATRIÈME RÈGLE.

ON JUSTIFIE LES EXPRESSIONS DES OUVRAGES QU'ON LIT PAR LES
FAITS QU'ILS CONTIENNENT OU QU'ILS SUPPOSENT :
ON LES APPROUVE OU ON LES REJETTE.

Qu'on remarque la manière dont, encore enfants, nous apprenons la langue : le fait se trouve toujours placé à côté du signe destiné à le rendre, à le peindre. Nous nous promenons dans un jardin ; l'enfant entend dire : Cueillez cette fleur, et en même temps, il voit qu'on se baisse et qu'on exécute l'ordre ; alors ces mots, il les retient, il ne les oublie plus. Mais s'il les avait entendus prononcer isolément, son esprit n'eût été frappé par rien, et l'oreille de l'enfant n'aurait saisi qu'un vain son, qui n'eût fait sur lui qu'une impression éphémère et fugitive.

N'apprenez donc jamais un signe sans vous représenter par la pensée le fait qu'il sert à exprimer. Matérialisez les objets en quelque sorte ; arrêtez votre attention sur les expressions qui font image, sur les circonstances dans

lesquelles elles sont employées, et vous les retrouverez ensuite quand votre esprit sera placé dans des situations
analogues. En un mot, si vous voulez acquérir une instruction solide, assurée, ne vous contentez pas de voir
la chose dont on parle, REGARDEZ-LA. « Imaginer n'est
autre chose que se souvenir, a dit La Harpe, qui en cela
n'était que le plagiaire de Socrate, qui lui-même l'était
probablement de quelqu'un des sept sages de la Grèce, »
ainsi de suite : il n'y a rien de nouveau sous le soleil. Ce
proverbe est dans toutes les langues [1].

---

[1] « Presque tout est imitation, a dit l'esprit le plus inventif du
XVIII⁰ siècle, Voltaire. Le Boïardo a imité le Pulci, l'Arioste a imité
le Boïardo. Les esprits les plus originaux empruntent les uns des
autres. Métastase a pris la plupart de ses opéras dans nos tragédies
françaises. Plusieurs auteurs anglais nous ont copiés, et n'en ont
rien dit. Il en est des livres comme du feu de nos foyers : on va prendre ce feu chez son voisin, on l'allume chez soi, on le communique
à d'autres, et il appartient à tous. »

Hélas ! nous vivons de réminiscences, et l'on doit toujours faire
une part très large au rôle que joue la mémoire. Il est difficile à un
homme qui a beaucoup lu et par conséquent beaucoup retenu, de se
séparer entièrement de ses souvenirs. Un grammairien célèbre en-
trait dans des colères violentes lorsqu'il retrouvait chez des écrivains antérieurs, des choses qu'il croyait bien lui appartenir en
propre. « *Pereant illi,* s'écriait-il, *pereant illi qui, antè nos, nos-
tra dixerunt.* »

Et ces jolis vers d'Alfred de Musset :

« Rien n'appartient à rien, tout appartient à tous.
Il faut être ignorant comme un maître d'école
Pour se flatter de dire une seule parole
Que personne ici-bas n'ait pu dire avant vous.
C'est imiter quelqu'un que de planter des choux. »

CINQUIÈME RÈGLE.

ON RÉFUTE LE DISCOURS-MODÈLE, D'ABORD DANS SON ENSEMBLE,
PUIS PAGE PAR PAGE, IDÉE PAR IDÉE.

C'est là un puissant exercice : il a formé les plus grands orateurs ; il leur a donné cet ascendant, cette confiance qui en impose et contribue tant au succès. Réfutez donc : il ne s'agit pas d'avoir tort ou raison, il s'agit de parler, d'improviser, voilà tout. Tout cela ne doit avoir d'autre intérêt pour vous que comme une matière de plus à votre talent oratoire et une utile préparation au beau langage. C'est de là que résultait la préférence de Cicéron pour la nouvelle académie fondée de son temps à Rome ; il déclare en mille endroits que cette secte lui plaît, parce que sa méthode, consistant à traiter le pour et le contre sur chaque sujet, ouvre un vaste champ pour se déployer à toutes les ressources de l'esprit et du style. On comprend

en effet quelle importance doit avoir pour nous un semblable travail[1].

Cet exercice ne doit pas seulement se faire sur un discours, mais sur tout livre qui nous tombe sous la main.
N'oubliez pas qu'il est question là d'opinions humaines
qui sont variables comme les tempéraments, et qu'en pareille matière, on ne permet guère à un homme de venir
trancher de l'ambassadeur romain et de dire : Voici un
cercle, vous n'en sortirez pas. Il faudrait alors donner des
signes certains à l'aide desquels on pût s'écrier : Ici est la
vérité, là l'erreur commence. La vérité! l'erreur! hors
du domaine de la révélation, c'est le secret de Dieu[2].

[1] Se préparer à la réfutation d'après le mode indiqué à la règle
générale III, page 170.

[2] Dans le cours de ce livre, on s'aperçoit que nous avons compté
sur l'intelligence de nos lecteurs pour éclairer nos préceptes par
des exemples ; nous avons compris en effet que nous adressant à
des hommes dont les études sont déjà faites, il serait ridicule de
leur fournir les matériaux qu'ils peuvent trouver en eux-mêmes.
Mais ici, pour faire bien saisir l'exercice important de la réfutation,
nous croyons devoir sortir de notre réserve en donnant quelques
exemples généraux à développer :

LES PAROLES DE LA LOI. — *Thèse.* — S'écarter de la lettre de la loi,
ce n'est plus interpréter, mais c'est vouloir deviner. Le juge qui
s'écarte de la lettre, devient législateur.

Antithèse. — C'est de l'ensemble des mots qu'il faut tirer le sens
qui, une fois bien saisi, servira ensuite à les interpréter. La pire
tyrannie est celle qui met la loi sur le chevalet, sur le lit de Pro-
custe.

L'OPINION PUBLIQUE. — *Thèse.* — L'opinion publique est plus que
jamais le pouvoir dominant dans le monde politique ; elle est l'astre
qui doit éclairer et guider les gouvernements. Il faut la consulter,
la prendre en considération dans toutes les affaires politiques et
principalement dans la législation.

Antithèse. — L'opinion publique est une croyance erronée.

chancelante, passagère, un pouvoir usurpé. Bien loin d'être le principe fondamental des gouvernements, elle ne peut leur donner que de fausses directions, et leur susciter de continuels obstacles.

LES RÉVOLUTIONS. — *Thèse*. — Les revolutions politiques sont, dans certaines époques, aussi inévitables et aussi nécessaires que les grandes révolutions de la nature.

Antithèse. — Les révolutions ne sont jamais nécessaires : elles sont toujours contingentes. Elles ne sont jamais le résultat des causes générales, mais le crime d'individus isolés.

LA LIBERTÉ DE LA PRESSE. — *Thèse*. — La liberté de la presse est le véritable abri contre les erreurs et les abus du gouvernement.

Antithèse. — La liberté de la presse est le principe destructeur des gouvernements, la source du mécontentement et de la désobéissance des peuples.

LES RICHESSES. — *Thèse*. — Si certaines gens méprisent les richesses, c'est qu'ils désespèrent de s'enrichir. Tandis que les philosophes perdent le temps à douter s'il faut tout rapporter à la vertu ou à la volupté, tâchez de vous procurer des instruments pour l'une et pour l'autre. C'est par les richesses que la vertu tourne au bien commun ; elles gouvernent tout.

Antithèse. — Voici tout le fruit des richesses : la peine de les garder, le soin de les dépenser et le plaisir de les étaler; mais d'utilité, point. Ne voyez-vous pas qu'on a été obligé d'imaginer un prix à certains cailloux brillants, afin que les richesses fussent bonnes à quelque chose ? Bien des gens, en se flattant qu'avec leurs richesses ils pourraient tout acheter, se sont eux-mêmes mis en vente.

UNE ÉPOUSE ET DES ENFANTS. — *Thèse*. — L'amour de la patrie commence à la famille. La tendresse qu'inspirent une épouse et des enfants est une leçon continuelle d'humanité; les célibataires sont durs et austères. Le célibat et la viduité ne sont bons qu'à éviter. Celui qui n'engendre point sacrifie à la mort. Si les gens mariés, heureux à tout autre égard, sont si souvent malheureux par leurs enfants, c'est de peur que le lot d'un mortel n'approche trop du partage des anges.

Antithèse. — L'intérêt de la famille ruine presque toujours l'intérêt public. Engendrer, avoir des enfants, sont des œuvres purement humaines; mais créer, agir, voilà des œuvres vraiment divines. Se perpétuer par ses enfants, c'est l'éternité des brutes; un grand nom, des services éclatants, d'utiles institutions, de beaux livres : telle est la seule éternité digne de l'homme.

SIXIÈME RÈGLE.

ON RACONTE SES LECTURES.

Si vous voulez que l'expression oratoire vous vienne facile et abondante, choisissez des ouvrages qui se recommandent par la richesse du style, et racontez-les. Plaidoyers, discours, sermons, harangues, réquisitoires, lisez-les, chacun selon votre spécialité, et parlez. Reproduisez-les d'abord page par page, puis en leur entier, et abandonnez-vous ensuite, en improvisant, à des liaisons d'idées nouvelles. Cet exercice grave dans le souvenir les expressions et les formules oratoires du discours-modèle que la mémoire possède et qu'elle fait servir comme une puissante ressource aux besoins que la situation révèle.

Par cet exercice, l'on arrive surtout à se soustraire à l'imitation servile, destructive du vrai talent. Car lorsque nous donnons un orateur à étudier, ce n'est pas pour copier passivement ses accents et sa manière, non, l'homme doit se servir d'abord des talents que la nature lui a donnés, et l'on perdrait ce que l'on a de génie en voulant prendre celui d'un autre. Avant tout, il faut être soi ; mais notre but, en indiquant un seul discours, est de donner un point de comparaison auquel on rattache tout par la pensée. Quand nous avons la clef d'un discours, nous le combinons avec les idées que nous acquérons. De la sorte, chaque objet nouvellement aperçu ou autrement modifié, nous indique, nous inspire naturellement une manière particulière de le produire et de le développer ; nous moissonnons ainsi de nouvelles idées, notre âme subit de nouvelles impressions, et notre discours, revêtu des expressions et d'une parure qui lui sont propres, devient une œuvre créée, originale. « Car, ainsi que l'a dit un contemporain plein d'originalité et d'imagination [1], ce sont les hommes et non pas l'homme, qui inventent ; chacun arrive à son tour et à son heure, s'empare des choses connues de ses pères, les met en œuvre par des combinaisons nouvelles, puis meurt après avoir ajouté à la somme des connaissances humaines qu'il lègue à ses fils : une étoile à la voie lactée. Quant à la création complète d'une chose, je la crois impossible. »

Racontez, et vous deviendrez à votre tour un arrangeur original et sublime.

---

[1] ALEXANDRE DUMAS.

SEPTIÈME RÈGLE.

ON ANALYSE LES IDÉES QUI PARAISSENT LES PLUS PROFONDES DANS LES OUVRAGES HUMAINS, ET ON LES CHERCHE DANS SA PROPRE INTELLIGENCE.

Un Dieu est venu sur la terre et a dit aux hommes : Vous êtes tous égaux devant moi. La civilisation les a fait tous égaux devant la loi; un homme d'une audace sublime[1], les a tous rêvés égaux par l'intelligence. Trinité sainte, indivisible, mystérieuse, qui repose sur Dieu, la Civilisation, la Science,... s'il était vrai!!!.... Cependant abstenons-nous, attendons de plus puissantes révélations de l'esprit céleste à l'esprit humain; les temps sans doute ne sont pas venus; mais si la force n'est pas en nous, nous avons du moins l'intelligence et la volonté dont les limites mystérieuses nous sont inconnues.

[1] J. Jacotot.

Si la distance qui sépare les intelligences est inégale, il faut en convenir cependant, il n'y a pas entre elles un abîme d'infériorité, et il est des points de contact qui font que tous les hommes se rapprochent, ne serait-ce que par les faiblesses inhérentes à leur nature. Cherchons ces ressemblances et ces différences, analysons leurs œuvres, rapportons-les à nos propres idées, à nos sentiments. Ainsi, notre attention est vivifiée, nos observations sont étayées, et nous pénétrons le secret de ces créations magnifiques qui élèvent notre âme à l'enthousiasme. Ainsi, agrandissant de jour en jour notre puissance intellectuelle, excitant notre esprit investigateur, le répandant sans mesure sur tout ce qui s'offre à son étude, jetant toute la force de nos pensées autour de nous, nous arriverons, autant du moins que cela nous est donné, à cette plénitude de facultés qui distingue les hommes éminents. Nous n'atteindrons pas, sans doute, au sommet, parce qu'il est infini et sublime, parce que Dieu a voulu que nous ne fussions jamais satisfaits de nos œuvres, parce qu'il a mis en nous des idéalités mystérieuses, types éternels et insatiables que Platon croyait être des souvenirs flottants d'une première vie, et qui pourraient bien être aussi des pressentiments d'une vie future.

HUITIÈME RÈGLE.

ON PARLE, ON IMPROVISE SUR L'ART EN GÉNÉRAL DE L'ÉLOQUENCE,
EN SE RAPPELANT LES OBSERVATIONS QUE L'ON A FAITES
SUR LE CHEF-D'ŒUVRE APPRIS ET COMPARÉ.

Riche de toutes ces observations particulières, généralisez-les maintenant. Si vous avez suivi fidèlement la route que nous venons de vous tracer, vous savez l'art humain s'appliquant au genre auquel vous vous destinez. Résumez-vous alors ; faites-vous une rhétorique dont les règles se rattachant à une œuvre que vous ne pouvez plus oublier, se transformeront d'elles-mêmes en idées claires, distinctes, et vous dirigeront ensuite dans les champs sacrés de l'art. Fixez votre attention sur tout, rendez-vous compte de tout, pénétrez dans la pensée intime de l'orateur que vous étudiez ; surtout retenez bien les formules oratoires : « Les résultats faits, les formules, dit Barnave, sont pour l'homme de génie comme une monnaie vile, mais courante, qu'il emploie sans cesse, mais qu'il affecte de dédaigner. La paresse, la pratique, la mémoire mécanique les demandent à tout moment. Elles sont au nombre de ces emprunts que la brièveté du temps, la multitude des objets, la faiblesse de l'esprit et de la mémoire nous forcent à faire sans cesse sur l'intelligence des autres hommes. » C'est ainsi que vous vous ouvrirez à votre insu des horizons inconnus à ces papillons littéraires qui vont de livres en livres promener leur stérilité, effleurant tout et n'approfondissant rien. N'avez-vous pas senti la joie qu'excite dans l'âme la découverte des beautés intellectuelles? Ne savez-vous pas les plaisirs purs et sans mélange qu'elles nous procurent? Eh bien! c'est de ces patients exercices de l'intelligence que naît l'agrément de ces pensées fines et profondes qui, semblables à la bergère de Virgile, se cachent autant qu'il le faut pour que l'on ait le délicieux plaisir de les trouver.

CHAPITRE III.

RÉFLEXIONS GÉNÉRALES SUR CE LIVRE.

Au point où nous sommes arrivés, l'improvisation ne doit plus paraître une chose vague et indécise; les procédés pour y parvenir ne doivent plus sembler incertains, et nous croyons que l'esprit a pu les saisir sans peine. Que si cependant l'on sentait s'élever encore quelques doutes sur l'efficacité de la marche que nous avons prescrite, nous répéterions que l'expérience seule peut les dissiper. Ah! surtout, ne doutez pas de la puissance de l'intelligence humaine, ce serait blasphémer Dieu, qui l'a faite à son image. Elle est infinie, nul ne lui posera des limites; elle voudrait tout faire, même de la vie; elle voudrait, Prométhée déchaîné, étouffer le vautour qui lui ronge les entrailles, et s'écrier avec l'accent de la victoire : J'ai enfin triomphé de la mort, j'ai escaladé les cieux !

Il y a dans l'intelligence humaine deux procédés complètement distincts l'un de l'autre; c'est la raison et la réflexion, en d'autres termes, la synthèse et l'analyse. Ces procédés s'appliquent à tous les arts et à toutes les sciences.

La raison ou la synthèse, faculté primordiale et spontanée, entre tout de suite en exercice, saisit la vérité avec toutes les puissances qui lui sont propres, l'embrasse dans toute sa simultanéité; mais bientôt elle s'aperçoit que cette opération primitive est complexe, confuse; alors elle appelle la réflexion ou l'analyse, force volontaire et factice qui décompose la totalité perçue, se résigne à l'étudier partiellement et à en faire sortir l'art, la vérité. La réflexion vient donc mettre un frein à l'impétuosité naturelle de la pensée, et l'oblige à se rendre, de tout ce qu'elle voit, un compte sévère. C'est de la combinaison de cette faculté et de cette force que résulte la conquête de l'art.

Or, la méthode que nous venons d'exposer n'a-t-elle pas pour but de faire marcher ensemble, dans une union intime, ces deux puissances ?

Cependant, il faut en convenir, cette méthode a un inconvénient : elle restreint la liberté de l'homme. En le ⸱rçant à fixer, à concentrer son attention, sa constance un objet, elle le prive pendant quelque temps de la variété, cette souriante compagne de nos études. C'est là une nécessité qu'il faut subir. Le domaine de la science est infini; comme elle émane de Dieu, d'elle aussi on peut dire que son centre est partout et sa circonférence nulle part. Et si vous voulez parcourir tous les rayons de l'immense spirale des sciences, vous tomberez au milieu de la route, agonisant et épuisé.

« Dans l'état de pure rêverie, a dit un penseur profond ¹, nous laissons aller notre esprit à son gré ; il part de l'idée qui l'occupait au moment où nous lâchons les rênes, et celle-là lui en rappelant une autre, celle-ci une troisième, et ainsi de suite, il voyage ainsi à l'aventure et parcourt une série de pensées qui n'ont entr'elles d'autres liens que les capricieuses associations qui les ont amenées à la file dans la mémoire. C'est là, pour notre esprit, sa manière de se reposer. Ce qui le fatigue, ce n'est pas l'activité : l'activité est son essence ; l'absence de l'activité ne serait pas pour lui le repos, mais la mort. Ce qui le fatigue, c'est la direction de son activité, c'est la concentration de ses facultés sur un sujet. Cette concentration n'est pas de son essence. Sa nature est de connaître à la première vue. S'il suivait son penchant naturel, il ne se fixerait pas ; il ne se fixe, il ne se concentre que parce qu'il ne discerne pas du premier coup ; et s'il ne discerne pas du premier coup, ce n'est pas la faute de sa nature, c'est la faute de ses organes, misérables instruments qui lui ont été imposés, et qui sont comme les vitres sales de sa prison. Cette concentration qu'on appelle attention, le fatigue, parce qu'elle est un effort étranger à son allure naturelle. C'est ainsi que nous nous fatiguons lorsque nous marchons sur la pointe de nos pieds. Aussi lui est-il doux de retourner à son allure naturelle, et il y resterait éternellement si la nécessité, la passion ou l'amour de la gloire ne l'en arrachaient. Mais dans la condition humaine qu'il subit, il ne peut rien que par l'attention. Il est obligé de gagner la vérité, comme toute chose, à la sueur de son front. »

---

¹ JOUFFROY. — Mélanges.

Il fallait donc réfréner cette effervescence de l'esprit en l'arrêtant court, en le fixant pendant longtemps sur un point unique, en le forçant à se replier sur lui-même, à faire trève aux espérances téméraires, aux entreprises prématurées, et sans plus regarder au but, à concentrer sur les moyens tout ce qu'il a de ressources et d'énergie. Il fallait forcer cette intelligence qui aime tant à vagabonder de branche en branche sur l'arbre encyclopédique des connaissances humaines; il fallait la forcer à s'attacher exclusivement à un petit nombre de faits, à les recueillir, à les classer avec cette exactitude qui n'omet rien, avec cette précision qui les dégage, les circonscrit, les signale sous leurs vrais caractères, avançant ainsi pas à pas, et tenant compte des moindres détails, de manière à triompher des obstacles, à forcer le passage et à se frayer dans le champ sans limites de la nature et de la vérité, des routes où il ne courrait plus risque de s'égarer. Telle a été, du moins pour un temps, la tâche aride que nous lui avons prescrite; tel a été le partage que nous lui avons fait, malgré ses murmures et ses cris de rébellion.

Comme Prométhée à son rocher, nous avons attaché l'élève à un chef-d'œuvre, à l'un des grands modèles de l'art. Nous lui avons dit : Voici un foyer resplendissant de lumière; artiste, échauffes-y ton âme, élève-toi, au contact de ses flammes, au ciel de l'art. C'est ainsi que se sont formés tous les grands génies; ils ont imité d'abord, ils ont créé ensuite. Interrogez-les, ils vous diront qu'ils eurent tous un modèle, un type, fruit de leur étude et de leur imagination. Ecoutez un grand écrivain du dix-huitième siècle, nous révélant les mystères intellectuels d'une des célébrités théâtrales de son époque[1] « Elle a sans doute, dit-il, elle a sans doute dans sa tête un modèle auquel elle s'est d'abord étudiée à se conformer. Sans doute, elle a conçu ce modèle le plus haut, le plus grand, le plus parfait qu'elle a pu ; mais ce modèle, ce n'est pas elle ; si ce modèle était elle-même, que son imitation serait faible et petite ! Quand, à force de travail, elle a approché ce modèle idéal le plus près qu'il lui a été possible, tout est fait. Je ne doute pas qu'elle n'éprouve en elle un grand tourment dans les premiers moments de ses études, mais ces premiers moments passés, son âme est calme ; elle se possède, elle se répète sans presque aucune émotion intérieure : ses essais ont tout fixé, tout arrêté dans sa tête. Nonchalamment étendue sur sa chaise longue, les yeux fermés, elle peut, en suivant en silence son rôle de mémoire, s'entendre, se voir sur la scène, se juger et juger les impressions qu'elle excitera »

Qu'on ne dise pas que ces idées inspirées par l'acteur ne peuvent s'appliquer à l'orateur, nous répondrions qu'il n'est pas de talents qui se rapprochent le plus. Démosthène en est la preuve, lui qui, interrogé sur les parties les plus importantes de l'art oratoire, nomma trois fois la déclamation. Ils exigent presque les mêmes travaux, les mêmes études ; tous deux ont pour but, à force d'art, de faire oublier l'art et d'élever à l'enthousiasme. D'ailleurs, l'esprit humain n'a pas deux routes, et, quel que soit le but que poursuive l'intelligence humaine, à quelque objet qu'elle applique la puissance, l'étendue, la diversité des facultés dont elle est douée, elle est une et la même au fond. La loi du progrès est uniforme pour tou-

---

[1] DIDEROT. — Etude sur Mlle Clairon.

tes les sciences ; leur histoire offre des époques distinctes et qui correspondent à des phases diverses qui se succèdent dans un ordre naturel et presque invariable.

Ainsi, analyser, synthétiser, un grand modèle en main, voilà notre méthode. Par elle, se produisent dans l'esprit, l'unité et la variété, la certitude et le progrès. Sans doute, la marche est lente, mais elle est sûre ; et l'on nous dira peut-être : En nous réduisant à faire sortir péniblement les idées de l'attention, de la comparaison continues, que deviennent les inspirations sublimes qui ont produit ces chefs-d'œuvre qui ont traversé les siècles comme les éclairs éblouissants du génie ? « Les inspirations ! répond un grand penseur, les inspirations ! Je crois beaucoup aux dispositions naturelles ; je crois surtout au travail, à la patience, aux longues veilles, aux longues méditations. Voilà les muses inspiratrices que reconnaît la philosophie. » Travaillez, ayez une haute opinion de vos facultés, et vous triplerez leur force.

On a vu l'immensité des observations que l'on pouvait faire sur un seul discours. Pour avoir une idée du fruit que cette étude doit porter, une simple réflexion suffit : que l'on s'imagine suivant la marche contraire, s'avançant sans guide au milieu des livres dont les nombreux détails se présentant à la fois, se disputent notre attention et s'éparpillent. Qu'arrivera-t-il ? Entraîné par une ambition de science sans règle et sans frein, on épuisera son intelligence dans des travaux sans profit et sans gloire ; on marchera tout haletant dans la carrière, et quand l'esprit affaibli voudra se reconnaître et rassembler les notes du voyage, il se perdra dans l'anarchie de ses souvenirs. Voilà où l'aura conduit une mauvaise direction de ses riches facultés et le dérèglement de son intelligence. « La talent, a dit un philosophe illustre [1], c'est la passion sous la discipline de la raison. » Si donc la passion reste la passion et ne devient pas disciplinée et raisonnable, l'attention disparaît et ne sait plus où se prendre ; et après avoir tout vu, on se trouve n'avoir rien REGARDÉ. Il faut donc savoir s'arrêter ; on s'égare, on se perd, quand on veut aller trop vite, et une tardive expérience, l'inanité des résultats obtenus dans une course trop rapide, finissent par ramener à ce seul précepte : Arrêtez-vous donc ! Si l'on sait s'arrêter, la moisson se fait peu à peu ; on l'enferme avec soin, on se l'assimile ; par des répétitions incessantes, quotidiennes, on la met à l'abri des orages de la mémoire, qui emportent nos acquisitions comme s'en va une feuille sèche sous le souffle des vents.

Suivez la marche que nous venons de vous tracer, non pas comme absolue, mais comme un jalon jeté dans les champs de l'éloquence, et qui attend le moment d'être replanté par des ouvriers plus intelligents, plus habiles. Mais gardez-vous bien de croire que vous devez adopter les procédés que nous indiquons, avec cette ponctualité sévère qui repousse tout acte d'indépendance intellectuelle ; non, n'ayez pas cette idée abrutissante, émancipez votre esprit ; faites tous les exercices dont vous croirez pouvoir retirer un fruit quelconque ; ouvrez-vous des voies nouvelles, car, nous le répétons, l'intelligence est infinie comme Dieu, dont elle descend.

Bientôt, l'expérience vous dira que celui qui sait regarder et comprendre un ouvrage de l'art, apprend à l'imiter en l'admirant. Un moment arrive où il finit par

[1] M. Cousin.

s'écrier, avec l'accent de l'enthousiasme : Moi aussi, JE SUIS ORATEUR : c'est-à-dire, je comprends mon modèle, je vois les moyens qu'il a employés, je devine les mystères de sa puissance. Et moi aussi, j'ai une âme, j'ai des sentiments à communiquer aux hommes. Et moi aussi, JE SUIS ORATEUR : oui, l'art, ce fruit divin d'un travail sacré, l'art est en moi ; cet art que j'admire dans ce discours splendide, je le sens, je le comprends, je sais le parler. JE SUIS ORATEUR !

LIVRE HUITIÈME.

———

PLASTIQUE

ou

DES MANIFESTATIONS DE LA FORME DANS L'ART ORATOIRE.

CHAPITRE PREMIER.

DES IDÉES ET DES SIGNES.

Le discours oratoire est la manifestation, sur un sujet donné, de la nature intime de l'homme, la réalisation plus ou moins complète par des signes finis de cet infini captif qui se remue incessamment dans l'âme. La forme, par elle-même, n'a pas d'existence propre, absolue; elle ne fait que représenter le type idéal, que le refléter d'une manière concrète, sous les conditions de la limite. Au sein de chaque pensée, au sein de chaque expression, doit, à peine d'inconséquence, reluire l'art, vague rayon de la splendeur divine, produit de la liberté. Le discours n'en est que l'image plastique, la reproduction sensible, monumentale [1]. C'est un centre où est venue se réfugier la

[1] Les beautés du discours ressemblent à celles de l'architecture. Les ouvrages les plus hardis et les plus façonnés du gothique ne sont pas les meilleurs. Il ne faut admettre dans un édifice aucune

lumière intérieure pour s'élancer ensuite et rayonner au dehors, à travers la magnificence de la structure extérieure. La forme n'a donc de valeur que tout autant qu'elle correspond à l'exemplaire invisible.

D'où dérive la beauté matérielle du discours? De la réalisation des lois géométriques de la forme, ou des relations harmoniques des lignes. Plastique de la pensée, il ne fait, sous les rapports de la forme, que revêtir d'un corps harmonieux et extrinsèquement beau l'idée immatérielle. Symbole de l'intelligence, il s'exhausse et s'élève; ses colonnes montent, ses ornements se multiplient, ses proportions deviennent nobles et gracieuses; il étale aux yeux éblouis la grandeur de ses masses, la largeur de ses bases, ou bien des lignes harmonieuses, une structure élégante et simple. Quand, par les prestiges de l'action, il s'incarne dans un homme, alors, vous le voyez, en lui le sang circule, les muscles palpitent, le marbre s'anime et parle. Le geste, l'accent, le regard, l'allure, tout contribue à annoncer le monde idéal, à faire ressortir la pensée, et à l'élever à son plus haut degré de puissance.

Suivons la manifestation spéciale de l'intelligence dans l'édification du discours, dans cette merveilleuse combinaison de la pensée et de la parole, du type invisible avec le signe, du fond immatériel et de la forme plastique. Deux faits divers, distincts, se correspondent. Pendant que la mémoire obéissante exécute les mouvements que la volonté lui imprime, l'esprit attentif juge l'œuvre, en

partie destinée au seul ornement. Mais visant toujours aux belles proportions, on doit tourner en ornement toutes les parties nécessaires à soutenir un édifice. — FÉNÉLON. — *Discours de réception à l'Académie Française.*

perçoit les effets, en recueille les produits. Vivifiée par cette lumière, l'intelligence verse à grands flots les richesses qu'elle a amassées dans ses méditations solitaires; elle se replie sur elle-même d'une manière continue et intime; elle voit l'ordre qu'il faut observer entre les signes, et calcule leur valeur intrinsèque. La force impulsive se déploie en même temps sur chaque terme et sur tous les termes ensemble. Alors, les signes se rapprochent, se présentent d'eux-mêmes en quelque sorte dans leurs formes homologues; leur intervalle se comble; ils sont déjà dans ce point de vue, dans ce juste degré de proximité qui permettent de les comparer, de les encadrer dans le même tableau, à l'aide des ressources éblouissantes de l'art. Bientôt ils se pénètrent, rentrent les uns dans les autres : ce n'est plus une série ou un ensemble de termes distincts, mais un seul tout, une masse concrète dont les éléments, étroitement agrégés, sembleront ensuite réfractaires à l'analyse; c'est en un mot une belle harmonie, une splendide architecture, un discours, c'est-à-dire la plus haute expression de l'intelligence [1].

----

[1] Nous empruntons ici plusieurs des expressions d'un profond métaphysicien, Maine de Biran, dans son mémoire intitulé : *De l'Influence de l'Habitude sur la Faculté de Penser*. « Lorsque nous exécutons une opération, ou que nous voulons suivre un raisonnement pour la première fois, notre mémoire mal assurée ne s'exerce d'abord qu'avec peine et lenteur, préoccupée en même temps du rappel des signes et de l'ordre à observer entr'eux, et de leur valeur intrinsèque, elle se trouble et s'égare dans ce simple travail : comme la force motrice se déploie trop sur chaque terme, il ne lui reste pas assez d'énergie pour les saisir ensemble et les envelopper dans une action commune; ou bien les termes étant séparés par de trop grands intervalles, l'un est déjà loin de la pensée lorsque l'autre l'occupe et la remplit. Dans ces deux cas, il peut bien y avoir des

Quelle est la grande règle qui régit le monde de l'art ?
C'est l'unité. Il faut qu'elle soit dans le discours comme
dans l'édifice; ôtez-la, et soudain la beauté disparaît. Et
le fond veut être un aussi bien que la forme. L'intelligence trouve et réunit tous les matériaux de l'œuvre
qu'elle médite. Elle cherche tous les moyens pour arriver
au but heureux de ses efforts. Mais chaque chose se trouve
confondue avec d'autres choses innombrables. Il en est
qui sont plus immédiatement et plus essentiellement
liées les unes que les autres; il en est dont la ressemblance est plus grande ou plus petite; il en est qui s'atti-
rent comme il en est qui se fuient. Il faut que l'esprit
pénètre au milieu de cette confusion. Comment s'y pren-
dra-t-il ? Par la contemplation infinie de l'idée finie. C'est
là ce qui doit précéder toute action, toute réalisation de
la pensée; c'est là la base fondamentale sur laquelle il
doit s'appuyer. Ainsi, d'une matière sensible, la raison
tire une forme finie; elle sépare, distingue l'idéal et le
réel, et en fait sortir un idéal nouveau. Une fois qu'elle
l'a obtenu, elle le compare avec les types immuables éma-

termes isolément distincts, mais point de rapports perçus, point de
suite de jugements liés entr'eux, point de déductions. En répétant
plusieurs fois la même opération, le jeu de la mémoire s'affermit
et s'accélère, le simple rappel des signes n'est plus un travail.....
et après une répétition fréquente, le *principe* et la *conclusion* semblent se toucher et tenir immédiatement l'un à l'autre, tant la
chaîne intermédiaire est devenue mobile, tant sont grandes la
promptitude, la facilité dont elle est parcourue ! » Et puis, généra-
lisant son observation : « Tout ceci, ajoute de Biran, s'applique de
même à la manière dont nous apprenons à PARLER, à lire, à écrire ;
c'est toujours le même instrument, la même force en action ; l'habitude la développe, la modifie de la même manière, dans tous les systèmes possibles d'opérations, de mouvements les plus simples comme
les plus composés. »

nés de la révélation divine faite à notre raison primitive, et qui doivent être pris comme condition fondamentale de toute connaissance; elle les juge d'après les sentiments religieux et moraux écrits dans le cœur de chaque homme comme ses guides immédiats vers le salut éternel, puis elle s'efforce de les réaliser avec sa force libre. Dans la variété, l'esprit cherche l'unité; dans l'obscur, dans le troublé, dans le chaotique, il cherche l'ordre, la lumière et la règle. Par l'abstraction, il pénètre ce qui est divers; par la synthèse, il crée un tout, une harmonie systématiquement divisée, non simplement un fragment ou quelques excellentes parties répandues dans un tout. Il produit tout ce qu'il a en lui de plus riche : la profondeur, l'élégance, la beauté du plan et de l'ordre, la virtualité des moyens choisis; l'importance et la facilité de liaison, la belle subordination des parties avec l'ensemble; l'union intime du nécessaire et du contingent, du relatif et de l'absolu : de telle sorte qu'il arrive à donner à son œuvre cette noble simplicité qui rejette tout ce qui est superflu et emploie peu de moyens pour produire de grands effets, ainsi que nous en offrent des exemples quelques-unes des œuvres des grands génies de l'antiquité.

En effet, le caractère fondamental de toute œuvre d'art véritablement digne de ce nom, c'est le simple. Le simple doit apparaître dans le fond comme dans la forme. Lorsque Keppler, Newton, Euler, Lavoisier, pénètrent dans la profondeur de la nature et nous ouvrent ces perspectives immenses que nul regard humain n'avait, jusque-là, pu embrasser, ils s'appuient préalablement sur les lois les plus simples. Sainte nature, tu caches dans ton sein maternel la force divine de ces grands génies dont il est donné à la race humaine de contempler les admira-

bles découvertes, sans pouvoir pénétrer les mystères de
leur intelligence ; mais pourtant, en cherchant avec calme,
on aperçoit bientôt qu'ils durent leur puissance à la prodigieuse activité de leur âme, toujours excitée par de
grands objets ! Le grand génie qui est aux prises avec un
sujet abstrait et difficile, ne dirige pas autrement sa pensée qu'une tête médiocre ; mais son attention, portée de
tous côtés, lui fait découvrir des circonstances qui échappent à un autre, et alors il est plus heureux dans ses recherches, bien qu'au fond il ne possède pas d'autre logique que celle que nous avons tous. De là vient que les
découvertes les plus difficiles, aussitôt qu'elles sont faites, paraissent si faciles et si simples. « Les décisions des
hommes de génie, dit Schiller, sont comme l'œuf de Co-
lomb. Cent envieux s'écrièrent : Et moi aussi, j'en eusse
fait autant ; et cependant personne ne l'avait osé[1]. » On l'a
dit avec raison : « Il y a dans tous les arts, le brillant,
le cherché, l'habile ; mais le beau, le grand, le vrai, c'est
le simple. »

Pour la composition de votre œuvre oratoire, choisissez toujours les idées les plus naturelles, ces idées qui
viennent sans effort du fond de l'âme, et portent avec
elles un parfum de vérité qui séduit et attire. Quand vous
aurez l'idée, l'expression viendra toute seule, ou plutôt
l'une et l'autre marcheront ensemble, se prêteront une
assistance réciproque ; car si la pensée crée l'expression,
l'expression crée la pensée. Les mots sont des coquillages

[1] *Der Ausspruch des Genie's steht wie das Ey des Kolumbus da.
Hunderte mochten ausrufen, das hatte ich auch gekonnt, und
doch war es keinem beschieden, es auszusprechen.* »

dans lesquels se trouvent quelquefois les idées comme des perles précieuses, et c'est pour cela qu'il ne faut pas les mépriser. L'orateur riche diffère de l'orateur pauvre seulement en ce que le premier est doué d'une plus grande faculté d'appropriation et sait s'emparer des idées déjà existantes, ou dont l'existence n'était pas remarquée, les mettre au jour et les faire passer dans la sphère de son activité. Il n'y a que la physionomie de changée. Mais on doit s'attacher beaucoup plus à bien penser qu'à bien dire ; ou plutôt alors, ne s'inquiétant pas de la forme, la sacrifiant au naturel, croire que pour bien dire, il suffit de bien penser. Une pensée forte, lumineuse, vive, porte avec elle son expression comme une jeune fille sa parure, et une pensée commune ne doit jamais être présentée que telle qu'elle est, c'est-à-dire avec un costume simple. Ne faites donc pas l'expression plus belle que ne la comporte la pensée.

Ainsi, les matériaux du discours étant rassemblés, il s'agit de les rapprocher au moyen de l'art, de les mettre en contact, de déterminer l'affinité, la force d'agrégation qui leur est propre. Partant de ces éléments acquis par une méditation laborieuse, l'esprit les enveloppe de son activité, les soumet à de nouvelles opérations, à une espèce de chimie intellectuelle, les élabore, les groupe, les sépare d'une infinité de manières. Qui pourrait borner sa puissance? Il a le mouvement en lui-même, il est immortel. Il prend les idées et les signes qui les représentent, et il crée... Non, il ne crée pas, car l'esprit humain, quelque puissant qu'il soit, ne possède pas la force de faire quelque chose de rien, mais seulement de s'approprier une matière donnée et de lui imprimer la forme qui lui convient. Il arrange, il combine : architecte habile, il construit et réalise son monde idéal sous des formes matérielles et sensibles; car ce n'est pas tout que d'être fixé sur la valeur des matériaux, il faut de plus savoir les disposer convenablement entr'eux et de manière à produire la beauté, la grâce, l'harmonie.

Alors sagesse dans les tours, sobriété dans les figures, précision et clarté dans l'expression, variété dans l'ordre des constructions, saillies ni trop rudes, ni trop douces, adéquates à l'idée qu'il s'agit de rendre, lignes nettement arrêtées, accessoires intellectuels se déroulant selon leur rang, réfléchissant la lumière sans l'absorber, voilà le tableau que doit présenter la parole, et de cet ensemble des conditions de fond et de forme résulte la perfection du discours, sa beauté, la magnificence de son développement accompli.

CHAPITRE II.

DU STYLE DANS L'ÉLOQUENCE.

Parmi les moyens dont la science se sert pour rendre ses trésors sensibles et en conserver la trace, se trouvent les œuvres des écrivains qui semblables aux fruits que produit la nature, font connaître le degré d'excellence de l'arbre qui les porte. Sans cette possibilité de transmettre leurs œuvres, bien des mérites éminents disparaîtraient, et s'ils n'avaient pas ce moyen précieux de propagation, il serait impossible d'apprécier et de juger des talents si divers ; car c'est à l'œuvre qu'on connaît l'ouvrier : tous les autres moyens de juger sont des signes faillibles et peu sûrs, sur lesquels il serait difficile de baser un jugement solide.

Toutes les œuvres d'art ont deux côtés sous lesquels on peut les considérer : le fond et la forme, l'essence et la représentation. En ce qui concerne les productions scientifiques, il ne peut en être ici question, puisqu'il est évi-

dent que leur mérite dépend uniquement de la richesse
de leur fond et en est la condition indispensable. La
forme en tant qu'écrite ou parlée, est appelée style et
marque le mode d'expression de la pensée par des mots.

La vérité sous ses faces diverses, tel est l'objet immuable des recherches de l'esprit humain. Mais les sens et
l'imagination qui fondent l'individualité de l'homme en
agissant sur le côté extérieur de la vérité, en modifient
puissamment la qualité extérieure. De même que la rosée des cieux tombant sur les plantes et absorbée par elles
produit dans chaque espèce une sève diversement colorée,
ainsi la vérité, en passant à travers les âmes, y revêt une
expression diversement brillante. Et c'est cette variété
dans l'expression de la vérité, qui sert à distinguer le
style des écrivains. C'est alors un homme qui développe
à son point de vue la vérité. Et selon que sa lumière vient
à s'obscurcir dans la sensation ou à se colorer dans l'imagination, les objets en sont éclairés différemment, de
même que dans la nature ils reçoivent un aspect différent
selon qu'ils sont frappés par la clarté douteuse de la lune,
ou par celle du soleil à son midi[1]. Le style est donc le
reflet des forces de l'âme en tant qu'elles réunissent leur
activité pour parler, par le fond d'un livre, non-seulement

[1] *Hark, his hands the lyre explore!*
Bright ey'd Fancy hovering o'er.
Scatters from her pictur'd urn,
Thoughts that breathe and words that burn. — GRAY.
Écoutez, ses mains se promènent sur la lyre! L'imagination aux
yeux brillants se penche sur elle, et de son urne aux couleurs écla-
tantes, elle répand des pensées qui respirent et des mots qui
brûlent.

à la raison, mais encore à tout l'homme. Aussi l'on dit le style d'un livre, d'un monument, d'un discours, d'une partition, d'un tableau, enfin de toute œuvre d'art.

L'éloquence a son style comme la poésie et la prose. La poésie a pour but d'agir sur le sentiment et l'imagination au moyen de la beauté et de l'harmonie de la forme, et elle a sa source dans l'âme; la prose au contraire n'aspire qu'à convaincre la raison et à lui faire adopter les idées qu'elle exprime, et elle a sa source dans l'esprit. La langue de l'éloquence diffère de ces deux formes, et tient, en quelque sorte, un milieu entr'elles. Elle ne cherche pas d'une manière exclusive à parler au cœur et à le toucher comme la poésie, ni seulement à entraîner par la raison et à persuader comme la prose, elle cherche encore à rendre sensibles par des images les choses dont elle veut pénétrer les esprits, elle puise dans les sentiments élevés de l'âme et s'efforce de faire partager aux autres les convictions qui l'animent. L'orateur a pour but d'agir immédiatement, par la forme esthétique de ses discours, sur la volonté, et puis, à l'aide de la volonté de son auditeur dont il s'est emparé, à pénétrer dans le sentiment et la raison, à cause de la liaison intime de ces trois puissances de l'esprit.

La langue de l'éloquence, avons-nous dit, tient une sorte de milieu entre le langage de la prose et le langage de la poésie. Cependant elle a un domaine exclusif et qui lui est propre. Elle se rapproche sans doute de la prose en ce qu'elle n'admet ni le rhythme, ni la mesure; mais elle en diffère essentiellement en ce qu'elle a principalement recours aux formes esthétiques pour marquer ses mouvements avec plus de grandeur, de vivacité et d'éclat. Elle se rapproche de la poésie en ce qu'elle renferme en elle l'expression des sentiments les plus animés; mais elle en diffère essentiellement en ce qu'elle ne se sert de ces sentiments que pour atteindre le but qu'elle s'est proposé.

L'orateur est donc complètement différent du prosateur et du poète.

Dès lors aussi la théorie de l'éloquence est tout autre que la théorie du style : la première renferme le développement systématique du mode que l'on doit employer pour présenter d'une manière belle et noble les sentiments au moyen du langage. la seconde renferme les lois au moyen desquelles l'expression des représentations et des idées conçues par l'âme sont ramenées à l'unité du style. Il y a entre ces deux théories le rapport de la particularité et de la généralité.

Plus sont puissants les efforts et les désirs qui se développent dans l'âme, plus aussi seront vivants et énergiques les accents de l'éloquence destinés à les traduire. Et selon que, dans un esprit cultivé, ces mouvements divers entreront en équilibre, la représentation esthétique apparaîtra plus ou moins achevée et laissera voir le degré de noblesse et de maturité de l'intelligence. La langue de l'éloquence est destinée immédiatement à produire les mouvements qui se sont élevés dans l'âme de l'homme, à les présenter de manière à les faire partager à d'autres esprits. On comprend dès lors que, dès qu'on l'abaisse au service des sentiments bas et honteux, dès qu'on la fait servir à soulever la flamme des passions fangeuses, elle dégénère, elle perd sa noblesse et sa beauté, de même que la peinture qui exciterait, par des images licencieuses, les mauvais penchants de l'âme. C'est prostituer l'éloquence que de la mettre en contact avec des impuretés. Elle ne doit servir qu'à élever les esprits vers le beau, le vrai et l'utile, et ce n'est que sur ce terrain que l'orateur peut briller.

Le style de l'éloquence a donc un caractère qui lui est propre; il n'est pas seulement l'œuvre de l'inspiration. C'est l'art et l'habitude de se prêter aux exigences internes de la matière, que l'orateur met en œuvre pour représenter ses conceptions; et chaque art a des modes particuliers de représentation. La vérité, la richesse de la matière ne suffisent pas à faire une œuvre d'art; ce n'en est là que l'élément interne. Ce qui la complète et consacre son mérite, sa valeur externe, c'est la forme en qui réside la lumière et l'expression de la beauté.

« Nous ne saisissons jamais l'âme indépendamment de ses apparences artificielles ou naturelles, dit Jouffroy. Comment les descriptions poétiques mêmes parviennent-elles à nous émouvoir? N'est-ce pas en provoquant chez nous la reproduction des réalités que la poésie décrit? Il faut absolument, dans l'état actuel, pour nous émouvoir, l'alliance de la forme et du fond. Or, s'il est vrai que l'invisible, le fond de l'âme dépouillée de la forme, ne puisse pas actuellement nous procurer le plaisir esthétique, de ce principe il suit une foule de conséquences importantes qui concernent l'art. Il suit, par exemple, que l'art doit s'occuper non moins de la forme que du fond. L'artiste ne doit pas tant faire comprendre l'invisible que le montrer, et le montrer, c'est le revêtir des formes matérielles. Vainement un homme distinguera profondément les replis du cœur humain, ses mouvements les plus cachés, ses passions les plus secrètes; si cet homme ignore de quelles manières les passions s'expriment par les traits, par les attitudes, par les yeux, par tous les signes ou symboles qui traduisent et trahissent l'invisible, par les gestes, par les actions, par les intonations de la voix, s'il ne connaît pas le cœur humain complet, s'il ne connaît que le cœur humain de la métaphysique, cet homme n'est pas artiste; il analysera philosophiquement l'invisible sans jamais le réaliser, le perfectionner; et c'est l'invisible réalisé, perfectionné, qui seul nous touche esthétiquement. »

Quelques grandes donc et diverses que soient les prééminences d'une riche nature, une œuvre d'art ne peut obtenir que par sa forme l'admiration et la gloire; c'est là ce qui assure son succès. Sans la forme, elle n'ira pas à l'âme, elle ne passera pas à la postérité. Le fond ne peut pas toucher sans la forme, l'invisible sans le visible. L'artiste, le véritable artiste, est celui qui sait combiner ensemble l'idéal et le réel, l'image et sa représentation au moyen du bois, de la toile, de la pierre, des mots; c'est celui qui, après avoir considéré sous toutes ses faces une matière prise pour objet de développement, l'avoir longtemps portée dans son cœur et sa conscience, s'émeut, se passionne, s'inspire de l'idéal et en fait sortir une réalité concrète et sensible. Il y a dans l'art deux éléments : l'un interne qui est exprimé, l'autre externe qui exprime. C'est par l'alliance de ces deux éléments que se produit l'œuvre d'art dans sa plus haute perfection, et que se révèle à l'âme cet Infini, soleil éternel du royaume des esprits, se cachant dans l'éclat même de sa resplendissante lumière, se manifestant néanmoins à toutes les intelligences dont il est la racine invisible.

CHAPITRE III.

DES SOURCES ORATOIRES. DE L'ÉLÉMENT PHILOSOPHIQUE.

Jeune encore, riche de science et de génie, Cicéron parcourait la Grèce; et les orateurs helléniques, étonnés de son talent déjà immense, le voyant passer, disaient tristement : « Voilà un homme qui nous ravit les derniers biens que nous avait laissés la conquête : le Savoir et l'E-loquence. »

Qu'allait donc chercher Cicéron dans ce pays qu'il devait plus tard proclamer le berceau de la civilisation[1]? Lui déjà si grand et qui avait tant de fois triomphé au Forum, pourquoi s'arrachait-il à ses victoires populaires pour un si lointain voyage? Il allait étudier la dialectique dans la patrie d'Aristote, la philosophie dans les ouvrages de Platon. C'étaient là les sources sacrées où il allait puiser

---

[1] *Undè humanitas, doctrina, religio, fruges, leges ortæ, atque in omnes terras distributæ.* —Orat. pro L. Flacco, 26.

l'éloquence qui devait donner l'éternité d'ici-bas à son nom.
Aussi Cicéron écrivait-il plus tard, au début des Tuscula-
nes : « La philosophie a langui, dédaignée jusqu'à ce siècle ;
je prétends la ressusciter et la mettre en lumière. Si mes
talents ont ajouté quelque chose à la gloire de l'éloquence
romaine, c'est une raison pour moi de découvrir à mes
concitoyens les sources de la philosophie où j'ai puisé ces
talents mêmes. J'ai toujours regardé comme la perfection
de la philosophie, le talent de parler avec abondance et
avec éclat sur les grandes questions dont elle s'occupe. »

L'orateur en effet doit posséder un haut degré de culture intellectuelle, et avoir une connaissance riche et
variée des diverses parties de la science humaine, s'il
veut saisir avec force et énergie les objets nombreux dont
il veut pénétrer les âmes. La pauvreté d'esprit ne peut
être remplacée par aucune autre prééminence oratoire.
Il ne doit pas être un simple savant de chaire ; il faut qu'il
connaisse les hommes en général et principalement le
cercle des auditeurs auxquels il s'adresse. S'il n'a en vue
leurs préjugés, leurs besoins, leurs penchants, leurs directions, il manque son but. Il ne lui suffit pas de les frapper
pendant quelques moments, il doit aspirer à faire une
impression durable sur leurs volontés, et les traces de
son influence puissante doivent se montrer dans leur vie
et dans leurs actions. La logique et la philosophie seront
donc les pierres fondamentales sur lesquelles il fondera
l'édifice de son autorité.

L'orateur doit être philosophe pour embrasser dans
toute leur étendue les rapports variés des idées, les combiner avec justesse, les poursuivre dans leurs conséquences les plus lointaines, les saisir avec facilité, les
marquer avec certitude, et en général, les communiquer

d'une manière claire, lucide et naturelle, et mettre de son côté la raison de ses auditeurs. Il doit aussi être en état de présenter avec originalité ses vues sur les objets qu'il traite, de manière à leur imprimer son individualité propre, et une forme à lui. Il doit arriver à l'âme de ses auditeurs par le chemin de la raison, de la grâce et de l'harmonie, et pour cela, il faut que son imagination comme celle du poète soit assez cultivée, assez riche, assez féconde pour présenter les objets de telle sorte que l'attention soit saisie et animée par le discours de l'orateur, déroulant devant son auditoire un tableau plein de lumière qui remue la volonté, l'ébranle et la porte à l'action. S'il veut s'assurer ce succès, il faut qu'il cultive son imagination au plus haut degré. Mais il faut aussi qu'il puisse apaiser à son gré l'ardeur de ses idées et commander à ses passions enflammées; il faut qu'il les tienne sous la discipline de la raison, afin de ne pas rendre sensible ce qu'elle rejette, blâme ou réprouve. Car l'imagination ne doit pas être une simple servante des puissances spirituelles de l'orateur, elle doit bien plutôt marcher d'accord avec la raison pour imprimer à ses paroles la force, l'élégance et la beauté. Mais ce n'est que lorsque l'orateur traverse le domaine de l'imagination dirigée par la raison, qu'il laisse échapper de précieux traits de lumière, et que l'éclat étincelant de sa parole communique la vie.

Le premier talent de l'orateur, dit un grand philosophe[1], est de savoir marquer d'une manière distincte tous les pas qu'il a faits lui-même pour parvenir à la vérité qu'il se propose d'inculquer. L'étude et la pratique

[1] DUGALD-STEWART. — Philosophie de l'Esprit humain.

peuvent beaucoup à cet égard. Dans les cas même où la vérité d'une proposition semble nous frapper d'une manière soudaine et instantanée, et où, au premier moment, les moyens de preuve nous échappent, une recherche persévérante ne manque point de nous les faire découvrir. Rien n'est plus propre à développer ce talent que l'étude de la métaphysique, non celle de l'ancienne école, mais celle qui a pour objet les diverses opérations de l'esprit humain. En nous accoutumant à réfléchir sur ce que nous sentons se passer en nous, cette étude nous apprend à retarder le cours de nos pensées, à arrêter les idées fugitives, à faire en sorte que les arguments que nous employons pour convaincre les autres, soient une copie exacte de la suite des pensées et des raisonnements qui ont servi à fonder nos propres opinions. »

« D'où sont sortis, dit un magistrat illustre[1], ces effets surprenants d'une éloquence plus qu'humaine? Quelle est la source de tant de prodiges dont le simple récit fait encore, après tant de siècles, l'objet de notre admiration ? Ce n'étaient point des armes préparées dans l'école d'un vain déclamateur! Ces foudres, ces éclairs qui faisaient trembler les rois sur leurs trônes, étaient formés dans une région supérieure; c'est dans le sein de la sagesse qu'ils avaient puisé cette politique hardie et généreuse, cette liberté constante et intrépide, cet amour invincible de la patrie; c'est dans l'étude de la morale qu'ils avaient reçu des mains de la raison même cet empire absolu, cette puissance souveraine sur l'âme de leurs auditeurs. Il a fallu un Platon pour former un Démosthène, afin que le

_____
[1] D'AGUESSEAU.

plus grand des orateurs fit hommage de toute sa gloire au plus grand des philosophes. »

La philosophie, qu'est-ce autre chose que l'éternelle raison se manifestant dans l'espace et le temps? Il est donc de son essence de prendre part à toutes les choses de ce monde, et il y a au fond de tous les systèmes politiques ou sociaux une idée philosophique qui les crée et les vivifie. En vain protesterait-on, la philosophie est un des plus puissants ressorts de la civilisation, elle supplée souvent l'expérience, et c'est elle qui fait selon une belle expression : «Qu'au gouvernail, le plus jeune des pilotes se montre souvent le plus sage[1]. » Ce n'était pas un rêveur oisif, c'est un grand homme d'affaires qui, après avoir gouverné le monde, disait, la main encore appuyée sur les faisceaux consulaires : « O philosophie, ô guide de « l'homme, ô toi qui cherches la vertu et bannis les vices, « que serions-nous sans toi? Sans toi que serait la vie hu- « maine? C'est toi qui as créé les villes; c'est toi qui as « convoqué en société les mortels épars; c'est toi qui les « a réunis par le rapprochement des habitations, par les « lois du mariage, par la communauté du langage et « de l'écriture. C'est toi qui as inventé les lois, formé les « mœurs, réglé la société. Je me réfugie dans ton sein, « j'implore ton secours; jusqu'ici je t'appartenais en par- « tie, aujourd'hui je suis à toi tout entier. »

« Nous n'irons pas aussi loin que Cicéron ; nous n'ose- rions faire de la philosophie le génie tutélaire de la so- ciété, encore moins accuser de *parricide* ceux qui l'atta- quent ou la négligent ; mais nous nous bornerons à

---

[1] M. DE SALVANDY.

revendiquer sa valeur pratique, et à la montrer présente et active dans toute révolution.

« Elle n'influe pas, il est vrai, immédiatement sur les masses. Pour être bien entendue par elles, il faut qu'elle modifie et sa forme et son langage. Elle ne s'adresse en effet qu'au petit nombre ; elle a des initiés ; mais par l'entremise des esprits qu'elle s'est consacrée, elle réagit sur la littérature, sur l'enseignement, sur la conversation, et bientôt sur les croyances et sur les mœurs nationales. Elle pénètre les esprits à leur insu, et souvent nie des opinions communes ; elle les appuie et les propage à son tour. Elle rend au public ce qu'il lui a prêté, et l'inspire en secret, quelquefois en se cachant de lui. Comme science de la raison même, n'est-elle pas la caution de toutes les sciences ? Comme science de la pure pensée, ne contient-elle pas toutes les pensées humaines ? Sa couleur se reflète dans tous les systèmes, et teint de ses nuances le verre changeant à travers lequel l'esprit observe tous les objets. Souvent cette démocratie turbulente des opinions d'un temps, n'est que l'aveugle instrument d'une grande idée qu'elles ne savent pas [1]. »

La philosophie n'étant étrangère à aucun des grands sentiments qui font battre le cœur humain, ne pouvait dès lors être étrangère à l'éloquence soit du barreau, soit de la tribune, soit de la chaire. Convaincre, plaire, toucher, voilà l'éloquence. Ce célèbre Athénien qui le premier, porta *la foudre de Jupiter sur sa langue*, ne sur-

[1] M. CHARLES DE RÉMUSAT. — *Essais de Philosophie,* beau livre où l'auteur a su revêtir les plus arides problèmes de la science de tous les charmes, de tous les prestiges de la forme, et a mis comme du miel sur les bords de la coupe.

passa, selon le témoignage de Platon, tous les orateurs de son temps que parce qu'il fut disciple d'Anaxagore. Il avait appris de ce grand philosophe, non seulement à définir, à diviser, à sentir la liaison des conséquences avec leurs principes, à découvrir les contradictions et les équivoques, mais encore à exciter ou à calmer à propos les passions des hommes. C'est là le triomphe de l'orateur ; c'est aussi tout le sublime de la morale, de cette partie si importante de la philosophie qui présente le spectacle continuel de l'homme à l'homme, et que Socrate estimait comme le plus puissant mobile de l'éloquence.

Vous que le sort ou bien un libre choix destine à l'éloquence profane, attendez que la philosophie vous y conduise à pas lents ; attendez qu'elle vous ait démontré que l'art de la parole, obligé de convaincre avant de persuader, doit tirer sa principale force de l'art du raisonnement ; qu'elle vous ait appris à n'avoir que des idées saines et choisies entre toutes, à ne les exprimer que d'une manière claire et méthodique, à saisir tous les rapports de ressemblance et de différence entre les objets, à connaître et à faire connaître aux autres ce que chaque chose est en elle-même, les divers modes de gouvernements et de lois, les intérêts des nations, la nature de l'homme et le jeu de ses passions mobiles.

Vous qui avez tourné vos regards vers l'éloquence sacrée, comment pourriez-vous émouvoir les cœurs, vaincre les volontés rebelles, si la philosophie ne vous avait appris les mœurs des hommes, leurs penchants, leurs intérêts divers, leurs devoirs envers Dieu et la société ? Comment pourriez-vous lutter avec les passions si vous ne pouviez leur opposer une logique saine et vigoureuse, les prestiges de la vertu, la connaissance profonde du cœur humain, les mystères de ses résolutions, l'empire des préjugés, l'attrait des jouissances, des honneurs et de la gloire?

L'éloquence n'est que l'idéal exprimé, rendu sensible au moyen de la forme, du langage qui vient donner un corps au fond, à l'idée pure; et si elle a tant de puissance, c'est qu'elle va remuer, au moyen de la philosophie, les plus nobles forces de l'esprit de l'homme. L'intelligence s'empare des idées qui vivent ensevelies dans ses mystérieux arcanes, et les fait passer du néant à la vie. C'est par elle que se forme l'éloquence, fruit, émanation splendide de cette force que nous sommes. Demandez donc vos inspirations à la philosophie, qui vous révèlera les misères et les splendeurs de la nature humaine, et en éveillant en vous le sentiment de l'ordre, de l'harmonie, de la beauté, en vous donnant ces idées de haute lignée, apanage des grands caractères, vous fera éprouver un profond dégoût de tout ce qui est commun et petit dans les actions comme dans les pensées.

CHAPITRE IV.

CONTINUATION DU MÊME SUJET. DE L'ÉLÉMENT POÉTIQUE.

La poésie est un magnifique débris de la langue de la céleste patrie. Rayon de votre intelligence, elle émane de vous, ô mon Dieu! et c'est pour chanter votre gloire que vous l'aviez révélée aux hommes. Mais, ô divine poésie! le génie du mal t'a fait dévier de ta destination primitive; il t'a profanée au contact du monde. Toutes les fois que le ciel, ou l'amour qui en descend, ou la patrie t'inspirent, tu nous émeus et tu nous touches; mais lorsque, vierge sainte! on te transforme en bacchante échevelée, lorsqu'on te roule dans les images licencieuses, ton prestige s'efface, la candeur de ton noble front s'évanouit, et tu ne nous laisses plus voir qu'un visage vulgaire, dépouillé de sa beauté ineffable, et flétri par les passions aux rafales corrosives.

La poésie et la prose sont deux sœurs vivant dans une union étroite, intime. L'une est l'imitation de la belle

nature par le discours mesuré ; l'autre est l'imitation de
la nature toute nue par le discours libre. Elles se prêtent
mutuellement tantôt le fond qui leur est propre, tantôt
la forme qui les distingue. Mais la prose a souvent besoin
de se parer de tous les charmes de l'harmonie, et elle demande alors des secours et des inspirations à la poésie. Ce n'est
alors ni pure prose, ni poésie pure. C'est quelque chose qui
n'a pas de nom, un mélange des deux natures que la définition ne peut saisir ; ce sont des caprices d'artiste qu'il
serait dangereux d'emprisonner dans des règles.

La poésie ne consiste pas seulement dans le rhythme
symétrique, car la poésie, c'est l'idée autant que la couleur ; elle est dans les choses et non pas seulement dans la
forme. Aussi reste-t-elle toujours. On a beau renverser
l'ordre, déranger les mots, rompre la mesure, on ne dé-
truira point la poésie, on ne lui fera point perdre son essence divine. Vous la retrouverez dans les membres dispersés du poète, comme vous retrouvez le génie de Phidias dans le morceau de marbre, rare et précieux débris,
recueilli d'une main avide et pieuse au milieu des ruines
du Parthénon.

Le plus souvent, ce ne sont pas les pensées qui manquent, mais les expressions, mais la riche robe du langage, pour les parer et les revêtir ; car il s'agit, quand on
compose, de rendre la nature avec ses charmes infinis,
car la nature est une grande et sainte et magnifique poésie, « la poésie éternelle de Dieu. » Alors on a recours
aux comparaisons éclatantes, aux répétitions vives, aux
apostrophes terribles. Avez-vous senti l'image de feu se
présenter tout-à-coup à votre âme et y laisser ses traces
brûlantes ? Reconnaissez cette empreinte sacrée, c'est
celle de la poésie.

La poésie, c'est la parole animée par les nobles pensées, les vives images, les grandes figures, par la vivacité des sentiments, le transport des passions, le charme de l'harmonie. Or, tout ceci existe aussi bien dans la prose que dans les vers. S'il en était autrement, si elle consistait absolument dans la mesure, elle ne serait plus qu'un jeu d'enfant, qu'un frivole arrangement de mots, et la moindre transposition la détruirait. Mais il n'en est pas ainsi : la poésie a une existence par elle-même, et c'est une révélation de Dieu à l'esprit humain. Aussi les degrés par lesquels on monte aux sommets où elle repose entourée d'une éblouissante lumière, sont-ils difficiles à franchir, et il faut un immense travail et de longues années pour établir ce rapport mystérieux entre elle et l'homme. On ne déchiffre pas du premier coup son admirable solfège, on ne découvre pas du premier coup ses ressources et ses caprices, ses horizons bleus.

Faites donc entrer la poésie mélodieuse dans vos discours. « Le discours oratoire, dit un illustre écrivain [1], se distingue de la poésie en ce que la pensée pure et les procédés logiques y tiennent une plus grande place. Il cherche à convaincre par le raisonnement, il expose, prouve, démontre selon les méthodes de la science ; voilà ce qu'il a de propre. Mais il doit encore persuader, émouvoir, entraîner ; c'est sa partie poétique, et la poésie est un des éléments de l'éloquence. Sans cela l'éloquence n'appartiendrait pas à l'art, elle ne serait pas l'expression du

---

[1] M. LAMENNAIS. — Esquisse d'une Philosophie : — O grand poète, plus poète en prose que tant d'autres en vers, ô lyre si ravissante et si pure, quand achèverez-vous ce magnifique ouvrage qui vous donnera le droit de dire avec ce noble orgueil permis aux hommes de génie : *Exegi monumentum œre perennius.*

Beau, le Vrai n'y reluirait pas sous la forme sensible qui en reproduit la splendide image. »

De cette manière, non-seulement vous serez sûr de plaire et d'émouvoir, mais vous sentirez votre propre cœur se remuer au milieu des images du langage. Et alors une nouvelle corde, la corde poétique étant ébranlée au fond de votre âme, votre accent, votre geste, votre voix, s'imprègneront avec force des sentiments que vous voudrez communiqner, et commanderont la conviction et les larmes.

Voyez les grands poètes en vers et en prose, comme ils vous associent aux impressions qu'ils veulent décrire! Comme ils savent, à l'aide de mille accidents de style et de lumière, dérouler sous vos yeux des tableaux variés, palpitants! Leurs idées se mêlent, s'entrelacent, fuient, reviennent, quelquefois soupirent solitaires, quelquefois éclatent toutes ensemble, selon le mouvement d'une mélodie, expression de l'homme et des impressions qu'il reçoit de la nature.

Un jeune homme a frappé de mort son ami; que s'est-il passé pendant ce combat terrible ? N'apercevez-vous pas le meurtrier couvert de sang? N'entendez-vous pas les cris étouffés de la victime épuisée et expirante? Poète, broyez vos couleurs, étendez-les sur cette toile vide et sans prix; faites refléter sur elle les richesses de votre imagination féconde. Que nous entendions cette harmonie plaintive, ces soupirs faibles et lents qui expirent dans cette poitrine brisée! Que vos phrases, vos expressions, vos mots s'élèvent, se courbent, se dressent, se brisent, se hâtent, se raidissent, s'allongent comme celui dont ils représentent les mouvements et l'agonie. Prodiguez les images, puisez à pleines mains dans cette langue magnifique, pour remuer ce que recèlent de plus secret les mystérieux replis de l'homme [1].

[1] Quoi de plus poétique que ce passage de l'un des plaidoyers de M. Chaix-d'Est-Ange, où il raconte cette horrible scène d'assassinat à laquelle nous venons de faire allusion : jamais orateur du barreau ne s'est élevé à une plus grande hauteur; voici ces magnifiques paroles :

« Eh bien ! cette scène, je la connais et vais vous la redire. Ecoutez-moi, vous dis-je, et, si vous niez encore, que votre voix s'élève donc pour démentir ce sang qui a tout raconté; car, dans cet étroit espace, dans cette chambre encore empreinte du carnage, on a retrouvé tous les détails du crime, on a vu et les efforts inouis de la victime et la rage persévérante du meurtrier. — C'est par cette porte qu'ils sont entrés : sur ce lit encore affaissé s'est couché l'assassin. En face de vous, sur ce canapé s'est reposée la victime ; et quand le sommeil, un sommeil encore appesanti par les fatigues de cette nuit, eut fermé ses yeux, l'assassin ouvre les siens alors...... il écoute...... il se dresse. Tout est favorable autour d'eux. Il saisit donc les instruments de mort. Sur ce lit, d'où il se lève, vous retrouvez encore le papier qui servit à les envelopper. Il s'avance alors vers le malheureux qui lui tend la gorge, et, tout-à-coup, d'un même et rapide mouvement, tandis que son genou, fortement appuyé, le presse et le maintient, de sa main gauche, il lui saisit la tête, et de la droite, il lui fait une effroyable blessure. Oh !... le coup est mortel, sans doute, et pourtant la vie, cette vie si pleine de force et de jeunesse, elle résiste encore et la victime se débat. Pauvre enfant !... peut-être qu'au matin, sous cette fenêtre, des rires ou des chants de joie se font entendre; peut-être, au fond de ce couloir, les pas d'un voyageur dont le bruit parvient jusqu'à toi. Tu veux appeler, appeler du secours. Ah ! malheureux, n'épuise pas ainsi tes forces ; ta voix n'a plus de passage, et tes cris, tes cris de désespoir, ils s'éteignent dans ton sang... Il lutte cependant, il s'élance vers cette porte qui leur servit d'entrée ; mais, sur le seuil de cette porte fermée, il retrouve l'assassin, et le sang que vous voyez là, indique que là s'est prolongée la lutte. Une autre porte a frappé ses regards; elle s'ouvrira peut-être !... Il y court ou plutôt il s'y traîne ; une main plus puissante l'arrête encore. Voyez-vous?... horreur !!.. Voyez-vous, sur cette table de nuit, ce sang qui l'inonde et ces cheveux que le rasoir a coupés?... Eh bien ! c'est ici qu'ont eu lieu ses derniers combats ; ici qu'il a reçu les dix-sept

La poésie est partout autour de l'homme , dans la nature. Voyez ce site qui excite en vous une émotion si profonde. Tout y respire en effet une délicieuse fraîcheur,

blessures qui ont suivi sa première blessure. Alors sa résistance fut
moins vive, ses efforts moins puissants, car enfin la vie s'échap-
pait ; et bientôt épuisé, sans secours, sans espoir, près de la trace
qui indique sa chute, au pied de cette porte qui n'a pas voulu s'ouvrir pour lui, le voilà qui tombe ; il s'agite ; il expire...

Vous frémissez, vous tous qui m'entendez; vous, ses parents,
qui, aujourd'hui, pour la première fois, veillez sur lui ; vous, ses
amis, si le misérable peut encore avoir un ami; vous enfin, qui
l'aviez cru innocent, puisque vous avez consenti à le défendre, vous
frémissez, à ce récit, de terreur et de pitié... vous êtes émus jusqu'au
fond de vos entrailles; et pourtant ce n'est là qu'un récit. Ce jeune
homme, il n'était pas votre ami; cette lutte, vous ne l'avez pas
soutenue, ce sang, vous ne l'avez pas versé. Mais, lui, l'assassin,
que va-t-il devenir ? Jusqu'ici l'ardeur du combat, la nécessité de
vaincre, de tuer sa victime, d'étouffer son secret, tout cela le soutenait. Mais quel réveil maintenant ! quand il se retrouve seul, seul
dans cette horrible chambre. Oh ! sa tête s'égare, il se penche
vers le malheureux qui n'est plus; il lui prodigue les noms qu'il lui
donnait autrefois ; il cherche dans ce cadavre à retrouver quelque
reste de vie ; il appelle sur sa propre tête les malédictions et les vengeances. Arrête ! malheureux ! tes cris te trahissent... malheureux !
tu vas te perdre... Non, non ; rassurez-vous ; il est calme alors et
de sang froid ; il regarde autour de lui et le voilà content ; sa be-
sogne est faite.... il n'a plus qu'à préparer sa fuite, qu'à assurer
son salut. De quelles précautions il s'entoure ! comme sa prudence a
soin de tout prévoir ! ses mains sont dégoûtantes de sang, il faut les
laver ; mais dans cette chambre il cherche vainement ; il n'y a pas
d'eau..... Vous savez le moyen qu'il imagine, et, dans un tel moment, la nature ne se refuse pas à ce qu'il lui demande. Il défait
le lit pour essuyer avec la couverture ses bottes qui ont marché dans
le sang. Enfin un dernier soin l'arrête : il se penche sur le corps ;
partout il le fouille, car il ne faut pas laisser sur lui un renseigne-
ment qui puisse éclairer la justice. Tout est donc prévu, tout est
fini ; alors il remet le vêtement qui l'enveloppe, et poussant du pied
ce cadavre qui garde la porte et gêne son passage, il referme cette

la végétation y est vigoureuse et riante; des groupes d'arbres touffus semblent inviter à se reposer sous leur ombrage. Mais au sein de ces groupes si pleins de vie, n'apercevez-vous pas les derniers restes d'un arbre mort, un tronc sans écorce? D'énormes racines l'attachent encore un peu à la terre, mais il languit tristement, il se dessèche, il va mourir de vieillesse près des fleurs fraîchement écloses qui l'environnent, au milieu de la nature indifférente. Partout, quelle source limpide et profonde de poésie, et comme il est doux à notre propre rêverie d'y mêler ses flots !

La poésie, émanation de la nature qui n'est elle-même qu'une émanation de Dieu, est donc partout par fragments; c'est le fond réel de tous les arts, qu'ils s'appellent architecture, sculpture, peinture, musique ou éloquence. Et si l'on a donné plus spécialement ce nom aux ravis-

porte et il s'enfuit. Il s'enfuit!... Je me trompe; et pourquoi fuirait-il ? Est-on à sa poursuite ?... non; d'un pas tranquille et lent, il descend l'escalier; prêt à sortir, il rencontre la portière, et il s'arrête, et il cause tranquillement avec elle, et sur ce jeune visage, aucun trouble, aucune émotion ne trahit le crime qu'il vient de commettre... »

Cela n'est-il pas plus beau que des vers?

Il y a d'ailleurs des choses qui ne peuvent bien s'exprimer qu'en prose. Telle est la lettre de Fernand Cortès à Philippe II : « Je m'appelle Fernand Cortès, j'ai conquis plus de terres à Votre Majesté qu'elle n'en a hérité de l'empereur Charles-Quint, son père, et je meurs de faim. »

Telle est encore la réponse de ce chef des Canadiens à qui une nation européenne demandait son patrimoine : « Nous sommes nés dans cette terre, nos pères y sont ensevelis : dirons-nous aux ossements de nos pères : Levez-vous, et venez avec nous sur la terre étrangère? »

Voilà de la poésie ! voilà de l'éloquence!

santes combinaisons du langage articulé, c'est que ce
moyen est plus propre à reproduire l'idée dans sa pleine
splendeur, à faire rayonner l'imparfaite image de ce modèle idéal caché dans les profondeurs de l'esprit. Pour
briller de son vif éclat, la poésie s'enveloppe d'un vêtement sensible, symétrique ; elle prend une longue robe
flottante, aux contours harmoniques, et cette forme lui
donne une étonnante grandeur de pensée, une puissante
vertu plastique ; et s'inondant d'une vague et pure lumière,
elle se déploie avec l'éclat et la magnificence de la nature.
Alors, si la langue est sonore, accentuée, mélodieuse,
les nuances varient à l'infini, la parole devient rapide,
majestueuse, sombre, radieuse, heurtée, suave, et l'homme nous est révélé avec cette richesse de facultés qui en
fait le roi de la création et la plus belle œuvre de Dieu.

CHAPITRE V.

DE L'IMPROVISATION COMME FORME.

L'art d'improviser a subi comme tous les autres arts, sa révolution. Cet esprit exact et philosophique qui, comme une sève nouvelle, a circulé dans toutes les branches de la littérature, est venu soumettre à sa justesse, à sa sévérité le délire brûlant de la parole antique. Moins ingénieuse et plus libre, plus rigoureuse et moins parée, elle mesure la carrière où elle s'élançait autrefois frémissante d'audace. Elle nous rend en grâces ses anciens transports; elle nous offre des tableaux d'un dessin moins correct peut-être, mais d'un coloris plus sage, plus naturel, plus réfléchi. Et si nous ne trouvons plus dans l'orateur vivement pénétré cette fougue orageuse, cet involontaire oubli de soi-même, il nous reste au plus haut degré cette inspiration capricieuse de l'artiste, cette expansion attractive avec laquelle on ramène à soi toutes les volontés rebelles.

L'improvisateur d'autrefois était plus l'homme de l'avenir, l'improvisateur de nos jours est plus l'homme du moment. Le premier tenait beaucoup de l'art, le second tient davantage de la nature. Tandis que l'un se développait avec majesté et profondeur, l'autre plus simple semble quitter la solennité de son rôle pour se prêter à notre vie intime.

Cette différence a nécessairement influé sur les préparations qui conduisent à l'art. A ce point de vue, il importe de se faire une idée plus exacte et plus vraie de l'improvisation. Car ce serait une erreur de croire que l'improvisation consiste à parler sur le champ, sans avoir médité ses idées. Expliquons-nous. Qu'un débat s'engage à la tribune, qu'il s'agisse d'un point de législation à éclaircir, nous concevons fort bien qu'un de ces jurisconsultes vieillis dans la carrière du droit, se lève, et sans avoir eu le temps d'une méditation spéciale, s'exprime, *ex improviso,* avec talent et verve. On ne peut s'en étonner, car l'orateur s'est rendu apte par de longues études, par les études de toute sa vie, à traiter toutes les questions de ce genre. Et sa fécondité vient de ce que, semblable aux grands fleuves, il a attendu pour couler que sa source fût pleine. Qu'un avocat, au moment de la réplique, se lève, et soit tout à coup entraîné par inspiration, par le torrent de ses idées, avec une rapidité qui l'étonne lui-même, rien de plus ordinaire; mais cette facilité n'est qu'apparente; elle est le fait d'un long travail antérieur, c'est une urne remplie avec soin dans le calme de la solitude; le moment est venu, la fermentation la fait bouillonner, elle déborde et s'épanche. Tout cela est de l'improvisation et mérite ce nom, car apparemment on ne peut entendre par ce mot qu'il faille, au premier signe, à la première interpellation, se lever, et sans savoir le premier mot d'une discussion, deviner, et le point véritable de la difficulté, et les objections que l'on peut faire, et la solution qu'on doit leur donner. S'il y avait dans le monde des gens organisés de la sorte, ce seraient, à notre sens, des phénomènes qui concevraient sans germe, enfanteraient sans travail; il faudrait alors les brûler comme sorciers, et peut-être l'aspect et la flamme des bûchers les forceraient, au grand avantage de l'humanité, à révéler le secret de leur magique puissance.

« Tous les contemporains de Mirabeau, dit un orateur éminent[1], nous ont parlé de son étrange manière de concevoir et de produire. En joignant à ces renseignements ce que nous voyons tous les jours chez les hommes d'un même tempérament, et surtout en méditant ses œuvres, il est facile de se former une idée de ce grand orateur. Il avait beaucoup vu, beaucoup appris, et surtout beaucoup haï et beaucoup aimé. Ses connaissances étaient immenses, mais confuses; ses passions violentes. C'était un vrai chaos, et un chaos orageux. Le travail assidu est peu facile à ces êtres indomptables. Ils dévorent les connaissances nouvelles par un besoin extraordinaire de connaître; mais produire ce qu'ils savent, la plume à la main, et par effort d'analyse, leur est impossible. Tout le monde, en effet, sait que Mirabeau n'est pas l'auteur de la plupart de ses ouvrages. Mais quand une révolution s'ouvrit, quand Mirabeau, appelé à la tribune, eut en présence, d'un côté le pouvoir armé de subtilités et de mensonges, de l'autre une démagogie qui commençait à délirer, toutes ses facultés s'ébranlèrent, et il produisit

[1] M. THIERS.

dans ses improvisations, dans ses mille boutades si courtes, mais si décisives, tout ce qu'il avait dans sa tête, de
justesse, de profondeur, de véritable science sur l'organisation politique des sociétés.

« Ses vastes lectures avaient mis tous les faits dans son
vaste cerveau; mais sa paresse ne les avait point ordon-
nés. Une première opposition l'obligeait à y jeter un premier coup d'œil; une seconde le forçait à les envisager
de nouveau et mieux que la précédente fois. Cependant
il n'avait encore qu'une vue confuse de la vérité; mais il
en avait le sentiment profond; il grondait de colère, en
la voyant méconnue; ses chairs palpitaient, ses paroles
étaient entrecoupées; il lui arrivait même de bégayer,
comme c'est assez l'usage chez les hommes les plus vio-
lents. Mais enfin le travail s'achevait. Alors tout était
découverte, expression vive et soudaine. Son intelligence
faisait en un moment le travail des années; il analysait
tout ce qu'il avait jadis à peine envisagé. Mille comparaisons soudaines venaient aider son idée et la rendre
plus frappante et plus claire. Tel est l'effet de la première
vue; tel est l'immense avantage de ceux qui n'ont pas
besoin d'envisager les sujets d'avance, et de se refroidir
pour eux, en les analysant. C'est avec la joie et la vivacité de la découverte qu'ils rendent toutes choses. Mais,
je l'ai dit, le travail peut conduire à posséder un sujet;
il ne peut conduire à le rendre avec un langage enflammé;
il ne peut pas faire d'un géomètre un poète, de d'Alembert
un Diderot; mais il peut les mettre tous deux dans le cas
de faire oralement ce qu'ils auraient fait par écrit. Voyez
aussi quelle élévation, quelle beauté de ton, cette plénitude de la conviction instantanée produisait chez Mirabeau! Voyez dans sa réplique sur la question de la ban-

queroute, quelle puissance respirent ses paroles! De
quelle familiarité noble elles sont empreintes! C'est la familiarité de la force elle-même. « Mes amis, leur dit-il,
mes amis, un mot encore, un mot. » Il ne s'irrite plus,
il les appelle ses amis; car la vérité qu'il tient, qu'il a
dans les mains, il est sûr de la leur communiquer et de
se les soumettre. Une autre fois, il prend la parole; on
l'accueille par un sourire : « Attendez, je vous en prie,
s'écrie-t-il, attendez, et je vous l'assure, vous ne rirez
plus; » et dès ce moment même on cessa de rire. J'en
conviens, c'est là le génie dans toute son aisance, dans
toute la liberté de son action. Je ne prétends pas que
celui qui, comme Barnave, comme Chapelier, comme
Target, sait son sujet d'avance, puisse avoir tout ce naturel, toute cette grâce; mais, je le répète, on ne se donne
pas ce singulier génie qui ne peut produire qu'à la tribune;
et c'est beaucoup de pouvoir, par le travail, conserver à la
tribune une partie de celui qu'on avait dans le cabinet. »

Concluons donc sans hésiter qu'il n'y a rien sans préparation. Méditez donc vos idées et vos faits; approfon-
dissez-les, envisagez-les sous tous les rapports qui peuvent s'offrir à la pensée, songez quelquefois au style dont
vous devrez les parer; préparez-vous enfin aux combats de
l'intelligence avec le soin que les athlètes de l'antiquité
mettaient à se préparer aux combats du corps. Quand vous
aurez fait ce travail imposé à tout orateur qui veut briller,
c'est alors que vous pourrez vous promettre les prodiges
de l'improvisation et que l'on verra éclater en vous le
triple caractère dont nous avons déjà parlé : le génie qui
crée, la parole qui exécute, la grâce qui embellit [1].

---

[1] Pline raconte qu'il vient d'entendre Isée, fameux rhéteur grec :
«Jamais, dit-il, Isée ne se prépare, et il parle toujours en homme

Chose singulière! plus vous préparerez un discours, plus
vous arriverez à cacher votre travail, à voiler votre marche et à prendre ce ton de laisser-aller, de négligence qui
sied à l'improvisation et lui donne les mouvements de la
simple nature et les grâces nobles de la liberté. C'est en
effet un défaut que l'on doit soigneusement éviter, de parler en improvisant comme on fait en écrivant, et d'avoir
ce qu'on pourrait appeler une improvisation bien écrite.
Une improvisation ne doit pas plus être un livre qu'un livre ne doit être une improvisation. Il faut quelquefois y
paraître avec ce négligé voulu, ce beau désordre dont
parle le poète, cette simplicité élégante qui sied mieux
qu'un air plus arrangé, s'y montrer comme le génie,
abrupte, escarpé, sauvage. Il faut, en un mot, laisser
aller son esprit en liberté, comme il veut ou plutôt comme
il peut. « Combien il faut d'art, dit La Bruyère, pour
rentrer dans la nature! combien de temps, de règles,
d'attention et de travail pour parler et s'exprimer comme
l'on pense; pour jeter autant de force, de vivacité, de

préparé. Son langage est grec et attique; ses débuts faciles, élégants, harmonieux, quelquefois graves et pleins de force; il demande un sujet, il laisse le choix à ses auditeurs, et prend tel côté
de la question qu'il leur plaît; puis il se lève, s'enveloppe de sa robe
et commence. Les mots, les idées lui arrivent, tout lui obéit; les
paroles se pressent en foule, et quelles paroles! élégantes, pures.
On aperçoit dans ses discours soudains une grande lecture, un
grand exercice de style. Il débute avec convenance, il raconte
avec clarté, il discute vivement, résume avec force, il instruit, il
plaît, il touche. » Isée ne se prépare pas, parce qu'il s'est préparé
toute sa vie *par une grande lecture, un grand exercice de style.*
Tels étaient ceux que l'on appelle dédaigneusement aujourd'hui des
rhéteurs, tels étaient Isée, Isocrate, Gorgias, autour desquels se
pressait, pour les entendre, le peuple le plus spirituel du monde.
Qui ne voudrait être rhéteur à ce prix?

passion, de persuasion dans un discours étudié et que l'on prononce en public, qu'on en a quelquefois naturellement et sans préparation dans les entretiens les plus familiers. »

L'improvisation doit produire avec rapidité, économiser sur le nombre des paroles, supprimer toutes celles qui ne sont pas absolument nécessaires pour la clarté du discours, toutes celles qui peuvent se suppléer par l'ensemble ; souvent même elle met deux ou trois mots en un seul pour aller plus vite, souvent elle se passe des mots eux-mêmes, un geste lui suffit pour lui assurer la victoire. De là naissent quelquefois chez l'improvisateur des manières de parler dont on ne peut pas toujours grammaticalement rendre raison, et qui résistent à l'analyse ; c'est l'ellipse vive et rapide qui vient satisfaire à ce besoin qu'éprouvent les hommes de peindre les objets à l'esprit, tous à la fois et d'un clin-d'œil ; car réunis en société, et liés les uns avec les autres, ils ont une multitude d'idées à se communiquer ; ils sont impatients de savoir ce qu'on veut leur dire ; tout ce qui allonge la phrase sans ajouter à la clarté, leur paraît un ornement frivole et pesant.

Écoutez un homme si habile lui-même dans l'art de l'improvisation, soit littéraire, soit politique [1].

« Vous savez, il est vrai, dit-il, ce que pensaient les anciens de ces infidèles reproductions de la parole. *Aliud est bona actio, aliud bona oratio.* « Autre chose, un bon discours parlé, autre chose, un bon discours écrit. » Les défauts du discours écrit sont presque les mérites de la parole improvisée. Que de fois le vice de l'expression

soudaine est corrigé par la vérité de l'accent ! Que de fois
les répétitions, les superfluités de langage accidentel paraissent naturelles, heureuses, nécessaires ! Et puis, quand
cela tombe sur le papier, rien n'est plus froid. Aussi
Fox, abordé par un homme qui se félicitait d'avoir recueilli son discours sans omettre un seul mot, répondit :
« Si vous avez écrit tout ce que j'ai dit, tant pis ; cela
doit faire un mauvais discours à lire. »

Et qu'on ne dise pas qu'un orateur peut se relire et
se corriger ! Sans doute, il pourra bien corriger des contre-sens, des fautes lourdes (les sténographes ne les épar-
gnent pas); mais en supposant qu'il veuille se livrer à ce
labeur, il lui sera impossible de se retrouver dans les plus
beaux endroits, dans ceux qui auront produit le plus d'effet. Un véritable orateur ne s'écoute pas; plus il est
animé, livré à son auditoire, moins il garde par-devers
lui ces traits qu'il lance sans esprit de retour. Aussi,
Shéridan s'était-il toujours refusé à ce travail. « Il savait, dit l'éloquent professeur, que retoucher des paroles
dites, corriger à froid la vive inspiration du moment, est
un travail difficile, obscur, ingrat, qui donne autant
d'impatience que l'on avait eu de verve : il l'abandonna.
Peut-être fit-il bien. Il aurait eu beau raccommoder,
embellir son discours accidentel, il n'aurait pu retrouver
cette séduction immédiate, cette vive fascination que produit la parole, cet éblouissement volontaire, cette association des auditeurs au triomphe de l'orateur improvisant, ce partage de ses émotions, cette création commune, pour ainsi dire, qui met une sorte d'égoïsme dans
leur enthousiasme. Tout cela meurt, disparaît sur le papier, il reste des beautés éteintes et des fautes visibles. »

CHAPITRE VI.

CONTINUATION DU MÊME SUJET.

Il parle comme un livre, dit-on quelquefois d'une personne dont on veut faire l'éloge. Il nous semble à nous que c'est un grand défaut de parler ainsi : c'est une marque presque certaine que l'on est dépourvu de chaleur et d'imagination. Tant pis pour celui qui ne fait jamais de solécismes en parlant, celui-là lit toujours et ne parle jamais, par conséquent il nous fatigue et manque de grâce. Il a l'air de vouloir toujours nous montrer sa supériorité : c'est un pédagogue dans sa chaire, qui le plus souvent ne fait que débiter des paroles vides et des déclamations sonores où le cœur et l'esprit cherchent en vain un rayon de chaleur et de lumière, et qui pourtant semble exiger qu'on l'écoute et qu'on l'applaudisse. Or, les hommes ne veulent pas être menés ainsi, ils consentent bien à accorder une supériorité au mérite, mais à condition qu'on ne cherchera pas à la faire paraître et à en tirer avantage.

Pour eux, celui-là seul est digne de régner qui règne sans le faire sentir.

Voilà pourquoi les discours écrits, qui visent toujours, quoi qu'on fasse, à la prétention, n'obtiennent pas avec leurs élagages et leurs ménagements la même faveur que les discours improvisés avec leurs veines brillantes et irrégulières, et pourtant ils diffèrent autant par la composition que par la conviction qu'ils portent avec eux. L'improvisateur peint, l'écrivain sculpte.

« L'art d'écrire, a dit un homme dont les œuvres offrent du style des modèles achevés, diffère de l'art de parler, et rarement se rencontre-t-il des hommes qui possèdent dans l'un et dans l'autre une égale supériorité. Pour atteindre le même but, pour éclairer, convaincre, persuader, entraîner, souvent l'orateur et l'écrivain procèdent, à certains égards, d'une manière inverse. L'orateur se répète, s'arrête sur une idée, la montre sous plusieurs faces, la tourne et retourne en tous sens pour en faciliter l'intelligence aux esprits peu ouverts et inattentifs. Cette méthode serait d'ordinaire insupportable dans l'écrivain. A-t-il exprimé clairement une pensée, il doit passer outre, sans quoi il fatigue, et provoque l'ennui. Si le lecteur n'a pas saisi le sens, il peut revenir sur ses pas, relire encore, jusqu'à ce qu'il soit assuré de comprendre. De cette différence entre les procédés de l'orateur et de l'écrivain, il en résulte une analogue dans les habitudes des écrivains mêmes. Aussi longtemps que, par une suite de la nature du gouvernement, la parole exerce dans les affaires publiques une influence principale, le langage écrit prend le caractère du discours parlé; il est abondant, périodique; la phrase ne se hâte jamais, elle se déploie avec ampleur, elle se plaît, en quelque manière, à étaler ses larges plis. Que l'influence politique de la parole vienne, au contraire, à cesser, le style devient bref, concis, la pensée se resserre, et ne veut pour vêtement que les seuls mots indispensables. Cela est visible, quand on compare Tite-Live et Cicéron à Salluste, Sénèque, Tacite. Les orateurs de la chaire, de la tribune et du barreau pourraient, parmi nous, donner lieu à une observation semblable.

« L'orateur, en outre, agit sur les auditeurs, fait pénétrer en eux ses sentiments et sa pensée par la voix, le geste, le regard, le jeu de la physionomie, par cette espèce d'effusion de vie qui établit entre les âmes une communication directe. La correction grammaticale, l'arrangement et le choix des mots, n'ont pas pour lui, à beaucoup près, la même importance que pour l'écrivain; il a d'autres moyens d'expression, et l'irrégularité s'efface dans le rapide mouvement de la parole, tandis que, rien ne détournant l'attention de celui qui lit, elle est immédiatement aperçue dans l'écrivain. Pour exprimer ce qu'il pense et ce qu'il sent, il n'a qu'une langue nue, silencieuse et toujours incomplète, de sorte que la clarté et conséquemment l'effet, dépendent d'abord de l'observation exacte des règles d'après lesquelles s'enchaînent les parties du discours, et de la propriété des termes, puis des reflets que ces mêmes termes se renvoient par leur rapprochement et leur opposition, et c'est là le secret du style. Tout l'art d'écrire consiste à montrer sous les mots ce qui n'est point en eux, et à faire entendre ce qu'on n'a ni réellement dit ni pu dire, à forcer le lecteur de produire en soi l'idée et le sentiment que l'on veut lui communiquer, et l'on voit que ce problème est au fond celui de tous les arts. »

Avec moins de force de pensée, moins de profondeur d'esprit, moins de perfection de forme, l'improvisateur a plus de variété, plus de charme, plus de grâce; sa manière est plus sociable, plus aimante, plus familière; ses habitudes simples et naturelles le rapprochent davantage de nous, il reçoit de nous, il nous emprunte et nous rend bien au-delà de ce que nous lui avons donné. Légèreté, grâce, prestesse, voilà son apanage; sa vie est en quelque sorte plus spiritualisée, plus aérienne : il vole de fleurs en fleurs, et il a leur fraîcheur et souvent leur éclat.

L'écrivain, plus fier de son talent, semble vouloir le conserver dans toute sa pureté; il paraît faire peu de cas de la parole, et ce n'est que lente et pénible le plus souvent qu'elle s'échappe de ses lèvres, car il revient sans cesse à sa brillante forme. Il aspire à créer un de ces chefs d'œuvre auxquels l'art ne puisse rien changer, rien ajouter. Il rêve un style qu'il ne sera plus possible de modifier. Il prend moins de part aux mouvements de la vie; son talent se produit avec un caractère toujours sérieux par quelque point, il marche vers son but à pas mesurés, tranquilles. Elégance, couleurs brillantes, riche parure, grandeur de la forme, telle est son ambition. Tandis que l'improvisateur se livre en tout temps, dans la conversation ou dans l'arène, à ses délicieuses mélodies, et s'expose le front nu à la tempête; l'écrivain se concentre dans sa solitude et se prête moins aux mouvements de la vie; l'un vit d'une nourriture simple, commune; l'autre veut des mets plus délicats, plus préparés.

« Deux races différentes et parfois rivales, dit un grand poète [1], composent la famille intellectuelle. L'homme de

---

[1] M ALFRED DE VIGNY. — *Discours de Réception à l'Académie française.* — Ces pages splendides nous sont arrivées au moment

l'une a des dons secrets, des aptitudes natives que n'a point l'autre.

« Le premier se recueille en lui-même, rassemble ses forces et craint de se hâter. Etudiant perpétuel, il sent que pour lui le travail, c'est la rêverie. Son rêve lui est presque aussi cher que tout ce qu'on aime dans le monde réel, et plus redoutable que tout ce que l'on y craint. Sur chacune des routes de sa vie, il recueille, il amasse les trésors de son expérience, comme des pierres solides et éprouvées. Il les tient longtemps en réserve avant de les mettre en œuvre. Il choisit entr'elles la pierre d'assise de son monument. Autour de cette base, il dessine son plan, et quand il l'a de tous côtés contemplé, refait et modelé, il permet enfin à ses mains d'obéir aux élans de l'inspiration. — Mais, dans le travail même, il est encore contenu par l'amour de l'idéal, par le désir ardent de la perfection. Mécontent de tout ce qui n'entre pas dans l'ordre pur qu'il a conçu, il se sépare de son œuvre, en détourne les yeux, l'oublie longtemps pour y revenir. Il fait plus, il oublie l'époque même où il vit et les hommes qui l'entourent, ou, s'il les regarde, ce n'est que pour les peindre. Il ne songe qu'à l'avenir, qu'à la durée de sa construction, à ce que les siècles diront d'elle. Il ne voit que

où s'imprimaient les dernières feuilles de ce livre, et nous sommes heureux et fier tout à la fois d'avoir rendu nos idées avec des expressions offrant comme un reflet d'une des plus grandes intelligences de l'époque. Nous affirmons SUR L'HONNEUR que la comparaison de l'Ecrivain et de l'Improvisateur que nous avons faite dans le cours de cet ouvrage, et qui présente une analogie frappante avec celle de M. de Vigny, était imprimée quand a paru le magnifique discours que nous citons. Si nous avions eu à notre disposition ce riche trésor, nous en aurions usé plus tôt, en emprunteur loyal, dans une autre partie de ce travail.

les générations qui viendront respirer à l'ombre de son monument, et il cherche à le faire tel qu'elles trouvent à la fois le BIEN dans son usage, le BEAU dans sa contemplation.

« Qu'il soit poète ou grand écrivain, cet homme, ce tardif conquérant, ce possesseur durable de l'admiration, c'est le Penseur.

« L'autre n'a pris dans l'étude que les forces qu'il lui fallait pour se préparer à la lutte de chaque jour. Il porte sur tous les points sa parole et ses écrits. Il aspire non seulement à la direction des affaires, mais à celle de l'intelligence publique. Il tient moins à la perfection et à la durée de son œuvre, qu'à son action immédiate. Son esprit est agile et prime-sautier, son émotion plus ardente que profonde, sa volonté énergique, ses vues soudaines et praticables. La presse et la tribune sont ses forces. Par l'une, il prépare son pays à ce qu'il doit lui faire entendre par l'autre. Une forme unique ne saurait lui suffire. Il faut que des masses l'écoutent et y prennent plaisir, que, par ses écrits courts et réitérés, il amène à lui leurs intérêts légitimes et leurs passions généreuses avant que sa dialectique les enchaîne. Forcé de plaider chaque jour et de gagner la cause de son idée ou de son autorité par-devant la nation, pour obtenir d'elle les armes nécessaires au combat du lendemain, il faut que sa science ait des anneaux innombrables pour lier dans ses détours tant d'intelligences diverses. Dans tout ce qui se discute de grandiose ou de minime sur les besoins et la vie d'un peuple, il faut que chacune de ses notions soit précise et prête à sortir de sa bouche claire et brillante comme les pierreries qui pleuvaient des lèvres de la fée. Il sait d'avance que sa gloire sera proportionnée au souvenir que laisseront les évènements qu'il a suscités ou accomplis, les choses du moment qu'il a discutées. S'il règne sur son temps, c'est assez. Que son époque soit grande par lui, c'est tout ce qu'il veut; bien assuré que pour parler d'elle il faudra la nommer de son nom, et que rien ne pourra briser l'anneau d'or qu'il ajoute à la grande chaîne des grandes choses et des faits mémorables.

« Qu'il soit orateur, homme d'état, publiciste, cet homme, ce dominateur rapide des volontés et des opinions publiques, c'est l'Improvisateur.

« Entre ces deux puissantes natures, qui peut déterminer les mérites et donner la palme? La valeur de ces deux créatures diverses ne peut être pesée que par le créateur; lui seul peut, après la mort, dignement juger et rémunérer ces deux forces presque saintes de l'âme humaine, comme la postérité seule a droit de les classer parmi les grandeurs de ses terrestres domaines.

« Aucun homme n'en aurait le pouvoir, et aujourd'hui moins que jamais, puisque ces deux races, autrefois si distinctes, se sont alliées et confondues dans le parlement et ne sauraient, au premier coup d'œil, se démêler qu'avec peine sous la toge du législateur.

« Aujourd'hui, en effet, les historiens sont ministres, et lorsqu'ils se reposent, jettent un regard en arrière et redeviennent historiens. L'inspiration des poètes et des grands écrivains sait se ployer aux affaires publiques, combattre à la tribune, et, dans les armistices, reprendre les chants et les écrits destinés à l'avenir [1].

---

[1] Penseur profond et poète sublime, vous déjà si sûr de vivre dans la mémoire des générations futures, quand tant d'orateurs, de nos jours si applaudis, sont fatalement destinés à mourir, dans le

« Plusieurs portent ainsi un glaive dans chaque main ; mais il sera donné à bien peu d'en porter deux d'une trempe égale.

« Durant le cours de leur vie, la nation, émue et reconnaissante de ce grand tableau que forment ses hommes supérieurs, recueille le bien qui lui vient d'eux et ne cherche point à distinguer leur vocation native de leurs qualités acquises. Mais, après eux, elle sent unanimement, et comme d'elle-même, quelle était la nature véritable de chacun ; elle le sent par ce même intérêt merveilleux qui fait que, dans les théâtres, un parterre, même inculte, s'il voit passer le vrai et le beau, jette, sans savoir pourquoi, un seul cri de cette voix qui semble véritablement alors la voix de Dieu. »

On peut être improvisateur sans être orateur, mais jamais orateur sans être improvisateur, ou en d'autres termes, l'improvisation fera toujours un homme disert, tandis qu'il faudra plus qu'elle pour faire un homme éloquent. Ils diffèrent en effet essentiellement l'un de l'autre. L'homme disert a besoin d'un sujet donné pour appliquer ses forces et en faire une œuvre d'art, il n'aurait jamais conçu ni fait la statue, mais il lui donnera la vie, il saura faire jouer autour d'elle les plus brillants effets d'ombre et de lumière. L'homme éloquent trouve en lui-même le fonds qu'il doit féconder, le germe qui, par lui, par sa force productrice, peut devenir arbre et produire les plus beaux

secret de votre ambition, vous semblerait-il que la tribune manque à votre gloire ? S'il en est ainsi, ne craignez pas de le dire, la France qui vous a déjà proclamé un des grands maîtres de la pensée, est prête à reconnaître en vous un de ces hommes propres à servir « de guides éloquents aux grandes nations. »

fruits. Celui-ci porte l'étincelle en soi, il la sent s'agiter dans sa poitrine, il s'en inspire et il en reçoit tous les trésors de l'art et de la mélodie. Celui-là n'a pas nativement le feu dans son âme, mais quand il l'a conquis, il sait l'y entretenir, s'y réchauffer et s'en servir de différentes manières, selon les buts auxquels il aspire.

On atteint plus facilement par l'improvisation au simple qui est le beau, que par l'écriture. C'est que parler est plus naturel à l'esprit qu'écrire. « Ce qui distingue l'improvisation du simple entretien, a dit M. Thiers, c'est la continuité du discours, la longueur du tissu, si l'on peut dire. Que faut-il donc ajouter aux dispositions qui nous permettent de parler sans effort des sujets qui nous sont familiers? Il faut y joindre la faculté de le faire avec suite, avec durée, jusqu'au terme du sujet. Il faut se mettre dans le cas de faire sans interruption ce qu'on fait par trait de temps, dans une composition écrite.

« Comment, en effet, s'exécute ce genre de composition? C'est avec du loisir, de fréquents retours sur soi-même, des efforts renouvelés pour ressaisir les idées, pour les ajuster quand elles cessaient de s'adapter. Une composition écrite représente en un mot tous les instants où l'esprit a agi avec liberté et d'une manière efficace. Mais ces instants étaient interrompus, ils ne se suivaient pas ; c'était une heure prise dans un jour, un jour dans un mois, un mois dans une année. Dans l'improvisation, au contraire, il faut concentrer en une heure, ou en deux, le travail qui, dans la composition du cabinet, s'étend sur une longue durée de temps.

« Ainsi donc, il faut parvenir à voir, et à voir avec suite et jusqu'au bout ; or, je ne connais aucun tempérament qui soit réellement incapable de ce travail. Il faut

premièrement que l'individu soit capable de voir, c'est-
à-dire d'avoir des idées, car avant de savoir si on les ex-
primera verbalement ou par écrit, il faut les posséder.
Cela obtenu, il y a un moyen non pas facile, mais sûr,
c'est l'analyse, l'analyse obstinée du sujet, jusqu'à ce
qu'on le possède parfaitement. Mais tous les esprits n'arrivent pas à ce terme de la même manière. Suivant leur
disposition particulière, il y en a qui sont obligés de s'y
prendre d'avance, il y en a qui ne le peuvent qu'au moment même [1]. »

[1] Les réflexions suivantes nous paraissent pleines de justesse et
marquées au coin d'un bon esprit d'observation [1].

« Ceux qui écrivent leur discours ont en général peu de succès
dans la chambre, parce qu'ils fixent rarement l'attention et n'ont
qu'une action secondaire sur les esprits. Mais, en revanche, le lecteur les retrouve tout entiers, et les lit avec plus de fruit et de
plaisir.

« Le contraire arrive à ceux qui improvisent, et qui, tout entiers
à leur auditoire, l'occupant de l'œil, du geste et de la voix, excitent dans tout ce qui les entoure la plus intime des communica-
tions et un sentiment en général très vif d'adhésion ou d'antipa-
thie. Mais à la lecture et malgré tout le zèle de la sténographie,
non-seulement elle ne peut pas tout recueillir pour peu que l'orateur ait de la volubilité, mais même dans ce qu'elle a pu saisir,
la phrase en général est mal construite, heurtée et manque souvent de rondeur et d'harmonie. Le discours le plus vanté par ceux
qui l'ont entendu, paraît tout d'abord *mal écrit*, précisément
parce qu'il a été dit et n'a jamais été *écrit*. Ensuite, que de choses
ont emprunté à l'instant même, leur effet, d'un geste, d'un regard,
d'un mot subit, d'une réflexion qu'on ne retrouve plus à la lecture !
Tous ceux qui ont essayé de caractériser le genre d'éloquence de
M. Dupin, en ont fait la remarque. En lui, tout est instantané. Il
s'empare, chemin faisant, de tout ce qui s'offre à lui, et les traits

Quand on commence à improviser, on ne doit pas se
hasarder à faire un long discours. Cette entreprise audacieuse pourrait ne pas réussir, et c'en serait fait alors du
courage et de la présence d'esprit de l'orateur. On doit s'attacher plutôt à un plan ferme et bien conçu, qui nous four-
nisse sûrement les principales idées que l'on veut présenter, dans lequel néanmoins les divisions et les subdivisions
soient marquées de telle sorte que le développement des
idées, les démonstrations et les exemples se trouvent bien
enchassés et se lient entr'eux par des transitions faciles.
On combine son plan profondément, on s'exerce à rendre
ses idées d'une manière rapide, on parle dans sa chambre
à voix haute, en s'imaginant que l'on est devant une assemblée nombreuse. Il est reconnu que cet exercice est un
moyen de graver ses pensées dans sa mémoire. De la
sorte, les expressions et les idées de notre discours nous
deviennent familières, et dans la suite, si l'une vient à
nous manquer, l'autre vient y suppléer. Peu à peu les
préparations s'abrègent, jusqu'à ce qu'enfin nous puissions

les plus remarquables sont toujours les plus subits, et qui naissent
de l'incident le plus imprévu.

« En commençant, il s'adresse à la chambre, vous croyez qu'il
va continuer, mais, prenez-y garde, au milieu de la même phrase,
s'il a vu un ministre broncher sur son banc, s'il l'a vu approuver
ou improuver, s'il a laissé percer une impression quelconque, le
vous ne s'adresse plus à la chambre, c'est au ministre, c'est à l'administration que s'adresse l'apostrophe ou l'interpellation.

« En lisant les fragments de ses discours tels qu'ils sont rapportés par les journaux, il faut se le représenter tel qu'il était
en les prononçant à la tribune, s'y tenant ferme, d'un ton assuré,
d'une voix énergique, portant l'œil partout où il aperçoit ou veut
exciter du mouvement, avec un geste sec, en tenant pour ainsi dire
ses adversaires au bout de son doigt. »

revêtir spontanément le maigre squelette d'une proposition du corps et de l'âme d'où dérivent sa puissance et sa
vie. Ainsi, pendant que l'on trace à grands traits le
plan de son discours, une abondance d'idées se présente à l'esprit, et pour ne pas les perdre entièrement, on peut les marquer d'un signe qui les fixe dans
notre mémoire. Nous avons ainsi en notre puissance comme les digues d'un torrent longtemps retenu, qui, d'après
nos ordres, se précipite avec force, et non-seulement entraîne tout ce qui s'oppose à son passage, mais encore le
fait servir à accroître sa puissance.

Les travaux préparatoires doivent autant que possible
être notre œuvre propre. Nous parlons certainement avec
plus de présence d'esprit sur un plan créé par nous et des
idées trouvées par nous, que sur des idées étrangères.
Veut-on se servir de travaux étrangers, mais particuliè-
rement du plan d'un autre, il est bien de ne pas les écrire,
ou du moins, afin d'en faire sa propriété, de se les assi-
miler. Il nous semble presque impossible que l'on puisse
prendre un plan étranger sans y rien changer ; on devra
donc allonger, étendre, développer les idées que l'on a
éveillées en soi, de sorte que l'élément étranger se con-
fonde avec nos acquisitions personnelles et qu'il nous soit
facile de le faire passer dans notre discours à l'aide de nos
propres mots.

Le plan doit toujours être fait, les idées trouvées, de
telle sorte qu'il n'y ait plus que l'élocution, que la forme
de communication qui soit abandonnée à l'inspiration du
moment. Cependant, pour nous mettre à l'abri de la grande
influence que pourrait avoir sur nous un mauvais début,
on conseille autant que possible de fixer dans son
souvenir les premières phrases du discours, afin de pren-

dre ensuite plus sûrement son essor et de se mouvoir sans danger dans une parole plus libre.

C'est donc avec quelque restriction et selon la nature des esprits que doit être admise la nécessité des longues préparations pour celui qui veut improviser. Mais qui fait fléchir la règle? C'est le cœur humain qui impose à l'homme certaines concessions et aussi ce sentiment indécis, mystérieux, insaisissable, qu'on appelle la grâce, et que nous ne pourrions méconnaître sans faillir. Grammaticalement, ce sont là des fautes sans doute, mais il est des défauts auxquels certaines grâces sont attachées. Tels sont ceux qui se trouvent dans la bouche d'un improvisateur habile, et qui naissent de l'entrain de sa parole et de l'agilité de son esprit. D'ailleurs, l'artiste en quelque genre que ce soit, qui n'exprime que des choses d'une exacte proportion et mesure, et qui ne sait pas les adoucir par des contrastes agréables, finit par rebuter et passe sans faire d'impression sur son siècle.

CHAPITRE VII.

DE L'INSPIRATION DANS L'ART ORATOIRE.

Qu'est-ce que l'inspiration et d'où dérive son admirable puissance? Incarnée dans l'âme d'un orateur, elle fait descendre en lui une flamme divine; elle pénètre toutes ses fibres d'enthousiasme, elle lui donne des transports si sublimes, que tout se range à sa loi; elle ouvre son intelligence à toutes les idées, elle lui montre le ciel et lui apporte des ailes pour s'y élancer, elle le conduit jusque dans le sein de Dieu pour l'y abreuver d'une sainte ivresse, puis le ramène dans les régions terrestres pour verser en nous ses émotions ineffables. Aussi écoutez-les ces hommes que l'inspiration possède et remplit, comme ils éprouvent des moments d'exaltation et d'extase où le corps et la pensée s'épurent, se subtilisent, et s'éthèrent en quelque sorte! Comme ils sont emportés au-dessus d'eux-mêmes au point qu'en retombant sur la terre, ils ont comme perdu le souvenir de cette fièvre intellectuelle!

Avant de produire, l'artiste souffre; il y a en lui lutte, combat, oppression; mais enfin la fatalité qui pesait sur sa volonté cesse, la liberté se dégage par un élan sublime et le délivre généreusement de sa souffrance. La pensée si longtemps gémissante et captive, apparait lumineuse et vive. *Pati Deum*, disaient les anciens, et quand la Sibylle allait recevoir les révélations du Dieu, la douleur la tordait sur son trépied; elle semblait obéir à une force qui la séparait de tous les autres hommes, et la contraignait à exprimer des choses dont le sens était infini.

Comment se produit l'inspiration dans l'art oratoire ? C'est là une recherche qui exigerait une plus large place que celle que nous pouvons lui accorder. Constatons seulement qu'en général, il faut avoir un certain degré d'inspiration pour parler sans préparation dans une grande assemblée. A mesure que les pensées arrivent, et au moment même de leur naissance, il faut que les mots viennent leur donner leur vêtement et leur forme, et cela, dans une mesure si déterminée et si juste, qu'ils fassent naître chez les auditeurs les mêmes idées. Or, ceci suppose un état dans lequel les forces de l'âme soient absorbées et tendues au plus haut degré, un état dans lequel nous soyons inspirés par les objets mêmes que nous traitons, en un mot, un état dans lequel nous sentions le souffle sacré, Dieu en nous, l'enthousiasme.

Dans cet état, les pensées et les mots nous inondent. Mais cette inspiration doit être contenue dans de sages limites; il faut prendre garde qu'elle déborde. Nous ne devons jamais perdre de vue cette sobriété d'esprit qui doit régner dans tout discours suivi et raisonnable. Est-on en effet plein d'enthousiasme, alors circule en nous une sainte flamme qui projette avec force ses étincelles au-dehors, et

si elle s'échappe un moment des règles, c'est pour éclater
avec plus de violence dans les âmes qui nous écoutent.
Cette flamme de l'inspiration pour le beau, le vrai, le
bien, est entièrement différente de celle que produit la
passion désordonnée. La première se donne à elle-même
un but, la seconde s'oublie et s'égare. L'inspiration ne
peut psychologiquement trouver place là où règne la chaleur fiévreuse d'une imagination déréglée. De tels orateurs saisissent bien parfois l'âme des auditeurs, mais l'é-
motion qu'ils produisent n'a pas plus de parfum qu'une
fleur flétrie, pas plus de saveur qu'un fruit sauvage. Elle
disparaît comme une bulle de savon, aussi vite qu'elle est
venue. A-t-elle, en effet, un appui sur lequel elle puisse
se tenir? Non, c'est un édifice qui flotte suspendu dans
les airs : la première tempête le renverse. La haute inspiration se fonde sur les lumières véritables, sur les idées
esthétiques, sur les sentiments religieux.

Mais, comment produire ce degré d'inspiration qui
fait de si heureux orateurs du moment? Pouvons-nous
être les maîtres des circonstances extérieures qui nous
abattent avec tant de violence et arrêtent l'essor de l'inspiration? Et nous est-il permis, dans nos discours, de choisir justement les moments et les heures dans lesquels notre
âme est le mieux disposée? Sans doute l'inspiration ne
se laisse pas produire artificiellement; mais la voie ne
peut-elle pas lui être ouverte et préparée? Le cœur froid
ne peut-il pas être réchauffé? L'esprit attaché à la terre
ne peut-il pas être élevé vers le ciel? Vous avez à briser
les verroux sous lesquels gémit l'innocence et à réhabili-
ter une grande victime; ou bien il vous faut réveiller un
peuple endormi sur l'abîme et lui faire entendre les fiers
accents de la liberté, ou bien encore raconter la puissance

de Dieu et les joies promises aux élus dans les demeures éternelles, votre âme restera-t-elle insensible et froide au contact de sujets si grands et si sublimes? Ne vous sentirez-vous pas élevé sur les ailes de l'inspiration, pour donner à votre œuvre les caractères de l'enthousiasme?

Cependant il faut se défier de l'inspiration, car, si elle est la source de grandes beautés, elle peut devenir aussi la source de grandes fautes. Il y a généralement dans les entreprises de quelque importance, d'innombrables choses à observer, une quantité de moyens à voir, qui tous conduisent au même but, dont quelques-uns s'offrent comme d'eux-mêmes, tandis que d'autres ne dérivent que d'une méditation antérieure. Le peintre peut atteindre l'expression qu'il veut donner à son œuvre, ou par l'attitude, ou par les traits du visage, ou par les gestes ; de même les poètes et les orateurs peuvent dire leurs pensées d'un grand nombre de manières. Pour choisir ce qui vaut le mieux, il faut certainement beaucoup de calme et de réflexion ; et quand on arrive à l'exécution, il y a une foule de précautions à prendre, et l'artiste doit tenir la balance d'une main constamment ferme et sûre, pour peser avec soin le mérite de chacune de ses conceptions. Il doit sortir de temps en temps du labyrinthe de ses méditations, et comme de loin, sans se souvenir, regarder son œuvre et la juger impartialement et avec la plus grande liberté. Et l'on sait que lorsque l'imagination domine, l'esprit perd cette liberté de jugement. Aussi Horace exigeait-il des poètes qu'ils retardassent jusqu'à neuf années la publication de leurs œuvres. Ce grand génie savait combien il est difficile de revenir des erreurs que l'on a commises dans le feu de l'inspiration, et combien on doit laisser refroidir cette chaleur avec laquelle on a travaillé,

pour être en mesure de porter un jugement sain sur toutes les parties de son ouvrage [1]. La raison qui commande
et contrôle les opérations de l'intelligence, doit donc sans
cesse sonner la retraite à l'esprit uniquement occupé aux
combats de la vie active, de peur que s'enfonçant trop
avant dans la mêlée, l'âme n'y demeure prisonnière.

La véritable source de l'inspiration est dans l'âme, c'est
donc l'âme qu'il faut cultiver avec soin pour y trouver ce
saint délire. Pour expliquer ce qu'elle est, il faudrait une
science divine et de longues dissertations, aussi les poètes
ont-ils préféré la rapporter à Dieu et la présenter comme
un don du ciel. Elle se nourrit d'intelligence et de science
pure; elle contemple avec délices la vérité et y puise sa
force. « Lorsqu'un homme, dit un poète [2], lorsqu'un homme
aperçoit la beauté terrestre et qu'il se ressouvient de la
beauté véritable, il prend des ailes et désire s'envoler vers
elle; mais ne pouvant y atteindre, il porte comme un oiseau ses regards en haut, et, négligeant les choses d'ici-
bas, il passe pour un homme en délire. Or, de tous les
genres d'enthousiasme, celui-ci dérive des meilleures causes, et il est le plus avantageux pour celui qui le ressent
et pour celui à qui il se commun.que. En effet, toute âme
humaine, par sa nature, a contemplé les essences, mais
toutes les âmes ne peuvent pas se rappeler facilement ce

[1] .... *Si quid tamen olim*
Scripseris..... nonumque prematur in annum ,
Membranis intùs positis. — Ars poetica.
Certes, c'est là un conseil qui doit bien embarrasser ces féconds
génies de notre temps, qui ne peuvent assez se hâter de livrer à l'im-
pression des œuvres à peine sorties de leur plume encore humide !

[2] Platon. — Phèdre.

qu'elles ont vu, soit qu'elles n'aient fait que les entrevoir, soit qu'elles aient eu le malheur de tomber sur la terre, et qu'entraînées vers l'injustice par de funestes liaisons, elles aient oublié les choses sacrées qu'elles avaient contemplées. Il est un petit nombre d'âmes qui en conservent un souvenir assez distinct; or, lorsqu'elles aperçoivent quelque image des essences, elles sont ravies et transportées hors d'elles-mêmes ; mais elles ignorent la cause de l'affection qu'elles éprouvent, parce qu'elles ne s'observent pas assez elles-mêmes. La justice, la sagesse et tout ce qui est précieux aux âmes, ne brillent point dans les images que nous voyons ici-bas, et c'est à peine si quelques mortels, percevant leurs copies à travers des organes grossiers, peuvent se représenter leur divin modèle. »

La vérité dans l'art, dans la vie, dans la science, voilà ce qui produit l'inspiration. La Vérité! quand Dieu l'épancha de son sein, il lui dit : « Va, ma fille, va commander aux hommes et accomplir parmi eux ta mission sublime ; sois la lumière de leur esprit, la règle de leurs cœurs, le fondement de leurs nobles espérances ; sois la peine secrète du vice, la récompense intérieure de la vertu, l'inspiratrice des pensées magnanimes ; essaie de remplir la terre comme tu remplis les cieux ; immortalise ceux qui t'auront aimée ; illustre les chaînes de ceux qui auront souffert pour toi ; que ton flambeau chasse les ténèbres de l'erreur et brûle les imprudents qui repousseront tes clartés. Ton empire est aussi vaste que noble ; mais si, pour le gouverner, il te faut de la puissance, substance divine, tu participeras de moi ; tu seras éternelle, tu passeras de siècle en siècle, transmise comme un héritage à la postérité ; comme la lumière du soleil, et malgré les nuages qui viendront quelquefois t'obscurcir, tu seras toujours pure, toujours immuable; tu triompheras des ténèbres, tu brilleras à travers la tempête, tu nourriras le génie, tu disposeras de la gloire; tu survivras aux honneurs, aux richesses, aux victoires; si cela ne te suffit pas, si des circonstances nouvelles révèlent des besoins nouveaux; s'il te faut commander aux éléments, rouler la foudre, enchaîner le cours des fleuves, demande, demande, je suis ton père, tu obtiendras tout de moi.»

La Vérité n'a pas manqué à sa destination sublime; vierge sainte et immaculée, elle a pris son vol vers le monde des temps; elle est venue, éperdue et tremblante, mais heureuse et fière, sur la terre pour y travailler à l'accomplissement de ses hautes destinées; elle a emporté du ciel une couronne d'étoiles dont elle s'est fait une auréole lumineuse, et a commencé son rôle éclatant parmi les hommes. Heureux ceux qu'elle inspire! heureux les enfants de prédilection qu'elle éclaire des reflets de sa puissance, et qui, à sa lumière, marchent aux triomphes et à la gloire! Oui, ils sont grands, vraiment grands, ces hommes! Faut-il défendre d'illustres proscrits, qui, condamnés au silence pour être plus vite condamnés à la mort, n'auront d'autre ressource que d'en appeler aux arrêts vengeurs de l'histoire; des poètes populaires que l'on veut traîner aux gémonies, et pour lesquels le banc de l'infamie se change en un pavois d'ovations et de gloire? Faut-il, quand la patrie est en deuil de ses plus chères libertés, aborder la tribune avec une généreuse audace, faire entendre d'éloquentes protestations, puis mourir avant l'âge à cette noble peine, et descendre au tombeau entouré d'acclamations publiques? Faut-il, par la persuasion et la prière, arriver au cœur et à l'esprit

de l'homme, lui dire les grandes vérités de la foi, les mystères doux et redoutables de la religion, « adjurer le pécheur de mettre à profit les jours de la miséricorde? » Voyez
comme ils s'élèvent! Quels sont-ils? d'où viennent-ils?
Comment se fait-il qu'à leur souffle, les cœurs se plient et
se relèvent comme les épis sous l'haleine des vents? Sont-ils
des âmes tombées du ciel, et qui, pour tromper la tristesse
amère de ce monde, y exhalent leurs mélodieux concerts?
Sont-ils des envoyés des phalanges étincelantes qui ont
apporté ici-bas les harpes divines, et dont la voix harmonieuse fait retentir les échos de l'âme? ou plutôt ne se-
raient-ce pas des hommes de chair et d'os comme nous tous,
lesquels, à force d'étude et de travail, ont appris à connaître la vérité et sont emportés par elle dans les champs
sacrés de l'inspiration? L'inspiration et la conquête des
vérités sublimes qui y conduisent, ne seraient-elles autre
chose, comme on l'a dit poétiquement, « qu'un pacte, une
hyménée entre l'intelligence humaine qui cherche, aspire
et demande, et l'intelligence divine qui, elle aussi, cherche le cœur de l'homme, aspire à s'y répandre, et consent à y régner? »

CHAPITRE VIII.

DES DESTINÉES DE L'ÉLOQUENCE.

Le sentiment oratoire est un des plus profonds de la nature humaine. Aussi, depuis le commencement du monde, chez toutes les nations civilisées et dans tous les siècles, l'Eloquence a-t-elle été l'objet d'ardents désirs, le but de grands efforts, et il suffit de prononcer son nom pour réveiller de sublimes émotions dans l'âme. Beaucoup d'hommes passent leur vie à la développer en eux, et c'est ce qui prouve son excellence, car l'humanité ne s'attache pas à ce qui n'a pas de but en soi, et si elle regarde l'Eloquence comme digne d'éloges, c'est évidemment parce que l'Eloquence est digne d'admiration. Le jugement ici dépend de la qualité de l'objet même.

L'Eloquence est une des branches de cet idéal départi à l'humanité, et pour réaliser cet idéal, l'esprit humain s'enfonce dans la contemplation de Dieu, du monde primitif, unit l'universel avec l'individuel, combine ensem-

ble la vérité, la beauté, le bien, évoque Dieu, la création, l'intelligence, comme images des idées pures de la
raison. Alors se produit dans l'homme une grande et décisive révolution. La vanité cesse d'exercer sur lui son
empire, l'amour de la gloire le saisit, l'Eloquence l'occupe assez désormais pour remplir son âme tout entière.
C'est sa passion unique; il la lui faut pour agrandir son
être, pour l'élever, le fortifier; il la lui faut pour montrer
sa puissance d'expansion, pour essayer la mesure de ses
forces et de son génie.

Les produits idéaux de l'Eloquence sont des œuvres
d'art. L'art est la représentation heureuse d'une idée
dans une œuvre sensible : d'où il suit que l'art tombe
entièrement dans le monde des phénomènes ; il tend sans
cesse à transporter l'éternel dans le temps ; noble fils du
ciel, il consent, à l'appel de l'humanité, à venir habiter
la terre. Aussi, la division de l'Eloquence trouve-t-elle
sa place dans la science, dans l'art, dans les affaires.

La science, l'art, les affaires, voilà donc les théâtres
de l'Eloquence.

La science ! que ne doit-elle pas à l'Eloquence écrite
ou parlée ? Ecoutez ce peintre sublime de la nature ; il
va fouiller les profonds mystères de la création ; il dégage
les objets qu'il décrit, de leurs formes grossières ; il les enflamme des vivifiantes ardeurs de son génie. Plein du feu
sacré qui brûle son âme, il s'élance vers des routes nouvelles, vierges encore des pas du vulgaire. Ainsi, l'aigle,
dans son vol sublime, s'élance à travers les plaines de
l'air, et de son œil pénétrant, fixe le soleil, découvre
dans les espaces des objets que le faible oiseau n'aurait
jamais trouvés, et parcourt des mondes où il entend l'harmonie des célestes concerts. La parole est le germe d'où

sort le tronc des connaissances humaines, pour se développer ensuite en mille ramifications. La science, en effet, ne se manifeste et ne s'expose, ne se conçoit et ne se démontre que par le discours médité ou spontané, et le discours lui-même ne se développe que par le progrès de la science. La parole devient donc tout à la fois la racine, la fleur et le fruit de la science.

L'art! que sera-t-il si vous lui ôtez l'Eloquence? Que fera l'artiste en présence de la statue du dieu, si vous le privez de la parole, qui sert à exprimer les émotions qui agitent son âme¹? Comment nous ferez-vous entendre le son pur de la vérité, si vous n'avez à votre service ces expressions justes et nobles, ces images saisissantes qui remuent toutes les puissances de l'homme? L'art de la parole, si grand et si beau quand il a un péril à braver, un malheureux à défendre, la gloire pour prix du combat, devra-t-il donc disparaître de nos sphères terrestres et aller s'ensevelir dans l'éternelle nuit! La justice, la liberté, la religion ont besoin de l'instrument magnifique de l'art pour obtenir l'empire, et si l'Eloquence leur est ravie, comment pourront-elles inspirer de généreux élans vers la vertu? Les âmes seront refroidies, et avec ce refroidissement s'évanouiront à jamais les grands développements de l'esprit humain.

Les affaires! dans les pays libres, dans les pays où la constitution donne les faisceaux consulaires à toute intelligence qui resplendit, dans les pays où la volonté des assemblées délibérantes décide de la destinée politique des peuples, les hommes recherchent avec

¹ WINKELLMANN. — Description de l'Apollon du Belvédère

ardeur les moyens d'influer sur cette volonté, et le premier de tous, celui qui conduit au plus haut degré de puissance, c'est, sans contredit, l'Eloquence. Détruisez l'Eloquence, et vous détruisez du même coup une des principales branches de l'arbre de la gloire; vous détruisez ces généreux mouvements d'une âme libre qui, pénétrée d'amour pour son pays, s'élève, dans les jours d'alarme, au-dessus des périls qui la menacent, des opinions qui l'accusent ou la dominent, et ne voit devant elle que sa conscience qui lui commande d'agir, et la postérité qui la jugera. L'Eloquence alors n'est pas, comme sous le despotisme, un ornement frivole, un instrument sonore, reflet trompeur d'une pensée qui se cache; elle participe de la musique guerrière, elle précipite les âmes contre le danger; elle est l'expression de la vie sociale et intellectuelle, et l'on peut apprécier l'état d'une nation par le caractère de son éloquence. De son sein fécond, de ses inspirations élevées, sortent ces grandes résolutions qui sauvent les peuples et les empires; elle est la source de l'exaltation, de l'enthousiasme, de la vertu; elle s'ouvre toutes les voies, et quand elle descend des sublimes hauteurs de la pensée et du sentiment, ses accents sont comme les satellites de la force, devant lesquels tous les obstacles se brisent.

Mais pour que l'orateur puisse, sur ces divers théâtres, projeter son éclat, où doit-il puiser sa force? Dans sa conscience. Ce sont les sentiments nobles et généreux qui en émanent, qui, seuls, peuvent fonder son empire. Il n'y a que l'inflexibilité d'une âme qui n'estime que son devoir, ne connaît que le vrai, le beau, le bien, n'écoute que les inspirations de la vertu; il n'y a, disons-nous, que cette inflexibilité qui puisse produire de véritables

monuments d'éloquence; aussi, l'expérience des siècles
a-t-elle défini l'orateur : « UN HOMME DE BIEN QUI SAIT
PARLER. » Et en plaçant la probité en première ligne, on
a semblé vouloir dire par là que la sagesse valait mieux
que l'art[1].

Supposez un orateur qui, longtemps éloquent parce
qu'il était vertueux, a enfin ouvert son âme à la corrup-
tion ou aux opinions intéressées d'un parti : on ne sentira
plus désormais dans ses discours, ces accents de franchise qui font la force et la sublimité de la parole; sa marche deviendra incertaine et timide, et il sera, au fond du
cœur, poursuivi tout à la fois par la honte secrète de sa
défection et par la méfiance publique.

Supposez, au contraire, un orateur qui, calme au milieu
des mouvements et des intrigues des partis, est resté fidèle à ses devoirs et à sa conscience : sa parole se montre toujours la même, entraînante, persuasive, victorieuse, toujours l'espoir, la consolation, la gloire de son
pays; c'est la vertu qui prête à ses discours leur plus
grande force et leur plus grande beauté; c'est elle qui
dispose l'assemblée à l'attention et à l'estime, et lui impose par son irrésistible ascendant.

Quelle puissance, en effet, donne une vie toute pleine
de vertus et d'actions nobles ? Celui qui se présente en
public avec cette haute recommandation, conduit sa parole avec l'ordre qui a régné dans sa vie; il est fécond en

---

[1] « L'homme digne d'être écouté, dit Fénélon, est celui qui ne
se sert de la parole que pour la pensée, et de la pensée que pour
la vérité et la vertu. » Et saint Augustin avait dit avant lui : « Celui-là seul parle avec sublimité, dont la vie ne peut être exposée à
aucun mépris. »

ressources; il connait les âmes, il les pénètre; il distingue ce qu'il faut dire de ce qu'il faut éviter; il ne hasarde que ce qu'il sait, d'après sa conscience, pouvoir réussir. Tantôt il renverse les obstacles qu'on lui a opposés, tantôt il en oppose lui-même d'insurmontables. Une sagesse quelquefois obscure est la principale source de ses éclatants triomphes. Elle lui ramène les esprits les plus obstinés; elle répand partout autour de lui, un esprit de force, de courage, de confiance qui lui fait tout oser, tout entreprendre et rarement échouer, car il ne parle que le langage qui élève les âmes, les captive et les nourrit.

Ainsi, d'une part, l'Eloquence touche par la science, l'art et les affaires, aux intérêts les plus vivaces de la société; de l'autre, elle est incontestablement fondée sur la vertu, sur l'âme dont elle est le reflet brillant ou sombre, pur ou souillé. Dès lors, l'Eloquence doit vivre autant que la société, autant que la vertu; dès lors aussi immenses et impérissables sont ses destinées. Mais qu'on y prenne garde! Ce n'est pas cette Eloquence qui déchaîne la tempête, et, comme l'ouragan, bruit avec colère à travers les ruines qu'elle a faites; c'est l'Eloquence réfléchie, rationnelle, progressive; l'Eloquence qui combat mais qui respecte; l'Eloquence qui, semblable à celle du prophète sacré, plonge dans les temps, et tantôt grave et sévère, s'entretient du passé, tantôt souriante et inspirée, appelle, signale et salue l'avenir; l'Eloquence que n'inspire ni la mesquine ambition, ni la conquête de vains applaudissements, mais l'amour de la justice, de la patrie et de la religion; qui prend pitié des erreurs humaines, et se plaît encore, au milieu de leurs nobles débris, comme un vainqueur au milieu des témoins de sa

victoire; l'Éloquence, en un mot, loyale dans ses attaques, modérée dans ses vœux, sainte dans ses espérances, qui fonde et conserve dans les cœurs le règne des
lois des hommes et des lois de Dieu.

Ah! au jour suprême de la justice, lorsque entourée
de la gloire et du génie, assise à la droite de Dieu, l'É-
loquence sera appelée à prononcer sur les orateurs de ce
siècle, on l'entendra porter contre des hommes de tous
les rangs et de tous les partis, de terribles accusations.
Elle leur dira :

« Je le sais, je n'avais rien à attendre de ces hommes
lâches et sans force, qui ne surent jamais se condamner
à la souffrance et à la fatigue, organisations débiles, incapables de s'enchaîner à de patientes et laborieuses études. Mais vous, enfants de ma prédilection, vous que j'ai
initiés à mes secrets, vous que j'ai éclairés des reflets de
ma puissance, qu'avez-vous fait de votre génie, qu'avez-
vous fait du dépôt sacré que je vous avais confié? Pourquoi m'avez-vous détournée de ma destination primitive?
Pourquoi, quand je vous montrais le ciel et ses joies, avez-
vous mieux aimé attacher vos cœurs à la terre et à ses
inanités? Pourquoi mes accents n'ont-ils pas frémi sur
vos lèvres lorsque le crime et la rébellion levaient auda-
cieusement l'étendard contre l'ordre, la morale, la justice? Ne vous ai-je comblés de mes dons les plus précieux que pour vous voir en abuser avec mépris? N'ai-je
mis en vous ce regard divin, cette voix harmonieuse et
ces paroles qui élèvent l'âme, que pour vous trouver ingrats et parjures? Science, patrie, religion, vous
avez tout profané, tout flétri, tout souillé! Vous avez
désespéré cette jeunesse confiante et crédule qui comptait sur vous pour la guider dans de généreuses voies, et

vous avez jeté dans son esprit de ces semences mortelles qui corrompent le cœur et gâtent les plus nobles germes. Vous m'avez traitée comme une vile prostituée, et, après m'avoir possédée et étreinte, vous m'avez fait courber le genou devant les autels qu'éleva votre cupidité. Vous avez employé, sans profit pour la société, cette volonté ardente dont vous aviez été doués ; vous avez dérobé au monde tout le bien que vous auriez pu lui faire avec moins d'égoïsme. Continuez à dégrader la plus brillante et la plus riche de vos facultés. Affublez-moi de ces oripeaux oratoires qui masquent la pensée et donnent au mensonge les couleurs de la vérité. Faites-vous les instruments de ces mauvaises passions qui grondent dans leurs repaires. Jouissez de vos coupables triomphes quand ils sont achetés par tant de sang et de larmes. Pesez au poids de l'or votre conviction, faites-en une dégradation, un marché. Dans le secret de votre orgueil, songez plutôt aux applaudissements de la multitude qu'à la joie féconde et solide du devoir rempli. Mais au moins, grâce pour mon nom sacré, grâce ! ne le profanez pas en couvrant des pans de mon manteau noble et pur, votre hypocrisie honteuse. Ne donnez pas au monde le spectacle de la vertu protégeant le vice ; ne me faites pas servir d'égide à vos appétits grossiers et à vos vices impurs.

« Allez ! vous avez abusé des dons de Dieu, vous avez matérialisé le génie, refoulé ses aspirations, dénaturé ses flammes ; vous n'êtes pas dignes de voir ma face et de converser avec moi. L'Éloquence vous renie, car vous lui avez menti, car vous avez déserté son culte sublime pour sacrifier à de vaines idoles. Allez ! le monde, éclairé par la vérité, comprendra un jour tout

le mal que vous lui avez fait ; il vous arrachera ce
diadème d'orgueil dont vous avez paré vos fronts ; il
oubliera votre nom, vos ovations, vos œuvres : c'est assez
vous punir. »

LIVRE NEUVIÈME.

—

ESTHÉTIQUE

ou

DES CONDITIONS DU BEAU DANS L'ART ORATOIRE.

CHAPITRE PREMIER.

DU BEAU DANS SES RAPPORTS AVEC L'ÉLOQUENCE.

L'intelligence tout entière se résume dans trois modes, lesquels forment les idéaux suprêmes qui constituent autant que possible la perfection de la nature humaine. Ce sont les idéaux du vrai, du bien et du beau. L'idéal du vrai est l'idéal théorique, l'idéal du bien, l'idéal pratique, l'idéal du beau, l'idéal esthétique. Placés dans le sanctuaire intime de l'homme, ils ne peuvent comme tels appartenir à la sphère du monde sensible.

L'idéal du vrai est la forme par laquelle s'expriment la loi et la science; l'idéal du bien est la forme par laquelle s'expriment la moralité et la liberté; l'idéal du beau est la forme par laquelle s'expriment la nature et Dieu.

Le beau appartient immédiatement à la sphère de l'art, car il ne dérive pas de l'extérieur, mais au contraire, comme le vrai et le bien, il a son fondement dans la racine de notre être spirituel. Quand donc nous parlons du beau dans la nature, nous voulons indiquer par là certaines formes dans leur rapport avec l'impression qu'elle fait sur nous d'après l'analogie des produits de l'art; nous transportons les idées d'ordre, d'harmonie, de beauté, du royaume des esprits dans le royaume de la nature; en d'autres termes, nous comparons la sphère de la nécessité avec la sphère de la liberté, le monde des sens avec le monde de l'intelligence.

Le caractère fondamental du beau est un infini. Outre l'expression qui éclate et se saisit de prime abord, il y a encore quelque chose de mystérieux qui remue, un symbole voilé qui réveille au fond de l'âme une infinité d'idées, fait supposer une infinité de desseins, de sorte que l'art semble n'être autre chose que la révélation d'une force suprême, supérieure à l'homme. De là l'insondable profondeur que le véritable artiste communique à son œuvre. Ce qui ne présente pas immédiatement quelque chose d'infini, ce qui n'en présente pas au moins un reflet, ce qui ne découvre point d'immenses horizons à l'âme, n'est point une œuvre d'art.

Pourquoi l'art oratoire est-il une des branches principales de l'Art absolu? Parce qu'il embrasse les trois idéaux de la nature humaine et touche à ce qu'il y a de plus grand et de plus élevé en nous, parce qu'il nous ouvre incessamment, à travers un nuage à demi pénétrable, ces régions sereines de l'infini où tout est libre, animé, plein de vie, parce qu'il développe enfin la double activité dont l'homme est doué : l'activité dans la science et l'activité dans l'art.

Interrogez-vous devant un de ces discours puissants qui ont vaincu les résistances les plus obstinées, où l'art, voué au service de l'humanité, ruisselle, se déploie avec

toute sa grandeur, et vient arracher une victime inno-
cente au glaive de la justice!

Interrogez-vous devant cette parole que le monde entier
écoute d'une oreille attentive, qui jette les fiers accents
de la liberté, et allant frapper ce peuple endormi dans la
servitude, le réveille, et fait qu'aussitôt, honteux de sa dégradation, il se lève et court à ses armes, nobles instruments de sa liberté!

Interrogez-vous devant cet orateur chrétien, aigle des
cieux qui s'élance, fend les hautes régions de l'art dans
son vol splendide, et allant jusqu'aux portes de ces
demeures qui roulent toutes resplendissantes de lumière
au-dessus de nos têtes, semble y pénétrer, et ensuite,
plein de ses souvenirs, nous raconte la puissance de Dieu
et ses mystères redoutables!

Pourquoi cette émotion qui vous a saisi? Pourquoi ces
tressaillements qui ont remué votre cœur, cet éclair qui
a illuminé votre âme? N'est-ce pas que le sentiment de la
beauté des pensées et des formes a frappé l'œil interne,
et que le Beau infini, éternel, a quitté un moment son
céleste foyer pour venir projeter son éclat dans l'esprit de
l'homme?

L'art oratoire s'efforce, dans chacun de ses genres, de
réaliser les trois idéaux de la nature humaine. Au Barreau,
il aspire et tend sans cesse au vrai; à la Tribune, il aspire
et tend sans cesse au bien; à la Chaire, il aspire et tend
sans cesse au beau, car Dieu est la suprême beauté. Et
pour parvenir au résultat de ses nobles aspirations, il
s'appuie sur la science et sur l'art, qui sont communément
les pures sources de la culture variée de l'homme; car
celui qui se meut simplement dans les limites de la sphère
de la science, développe, exerce, forme, il est vrai, ses

facultés spirituelles, mais les jouissances par lesquelles
l'art embellit l'existence humaine lui manquent. Celui
qui au contraire se meut exclusivement dans la sphère de
l'art, ne parvient jamais à connaître cette harmonie éternelle qui, fondée sur la science et sur l'art, se répand sur
la vie par la double maturité de l'esprit. L'art et la science
doivent donc concourir à fournir à l'art oratoire les
moyens qui lui sont nécessaires pour réaliser le triple
idéal de l'humanité.

Mais la condition indispensable et sans laquelle nul
orateur ne peut réaliser son idéal, c'est la pureté, l'honnêteté de l'âme; car le discours n'apparaît dans sa forme
sensible que comme en un miroir : c'est dans l'âme qu'il est
avec sa propre et vive force. Le beau physique n'est beau
que lorsqu'il reflète le beau moral, le beau invisible, que
lorsque l'âme déchire ses voiles, pour ainsi dire, et éveille
en nous l'idée de l'infini. Et c'est ce qui faisait qu'après
avoir longtemps cherché la nature du beau, Platon termi-
nait un de ses plus admirables dialogues par cette prière :
« O Pan chéri, et vous, autres divinités qui habitez ces
lieux, accordez-moi la beauté intérieure, et faites que
mon extérieur soit en harmonie avec mon âme [1]! »

---

[1] PHÈDRE OU DE LA BEAUTÉ. — Platon s'est aussi occupé du *beau*
dans son *Premier Hippias,* mais il ne l'a point défini; il s'est borné
à conclure par ces mots qu'il met dans la bouche de Socrate : *Les*
belles choses sont difficiles. C'est que, ainsi que l'a dit admirablement
un des hommes éminents de ce siècle : « Le beau se sent et ne se
définit pas. Il est partout, en nous et hors de nous; dans les per-
fections de notre nature et dans les merveilles du monde sensible;
dans l'énergie indépendante de la pensée solitaire et dans l'ordre
public des sociétés; dans la vertu et dans les passions; dans la joie
et dans les pleurs; dans la vie et dans la mort. » ROYER-COLLARD.

L'orateur qui n'a pas la beauté intérieure, n'exerce qu'une influence médiocre et de courte durée. Il a bientôt perdu toute force morale; quoi qu'il fasse, l'animalité qui domine dans l'intérieur parle par toute son organisation. Les yeux où brille l'âme sont ternes et languissants, la bouche s'entrouve sans grâce, la voix n'est plus que l'instrument de la poitrine et non de l'esprit : en un mot, la sensualité s'est emparée de toute sa personne, et ne laisse plus voir la moindre beauté.

Comment en effet l'orateur du Barreau pourra-t-il représenter l'idéal du vrai s'il n'en perçoit par les yeux de l'esprit les invisibles caractères, s'il ne sait le dégager dans le fond de son âme de toutes les ténèbres dont l'a couvert le contact du monde, le revêtir de son vêtement primitif, céleste, le dépouiller des éléments étrangers, parasites, qui le voilent à nos regards? Comment l'orateur de la Tribune pourra-t-il reproduire l'idéal du bien, s'il ne sait séparer la moralité, la liberté, des passions nuageuses qui les offusquent, s'il ne sait découvrir dans son cœur leur essence impérissable, s'il ne sait s'élever à l'idée générale, collective, d'où dérive le bien avec sa puissance irrésistible? Comment l'orateur de la Chaire produira-t-il le beau, inséparable de la vertu qui n'est elle-même qu'une forme du Beau essentiel, immuable, absolu, s'il ne porte au-dedans de soi un type immatériel et pur dont sa conduite, en tant que conforme à la loi morale, n'est que le reflet, le resplendissement? S'il est aveugle, comment pourra-t-il contempler la lumière? Si rien de divin ne se meut au fond de son âme, comment pourra-t-il contempler Dieu?

Quant à la beauté extérieure du discours, elle dérive tout à la fois de la matière et de la forme. L'orateur montre déjà sa vocation vers l'art par le choix de son sujet, car la matière doit exprimer une idée, et une idée esthétique. Une idée est belle quand elle peut être traitée esthétiquement, et de manière à plaire en même temps à la raison et à l'imagination, en un mot, lorsqu'elle est susceptible d'idéalisation. L'art et la manière dont l'artiste traite son sujet et lui donne une forme qui l'élève à sa perfection, dépend entièrement de son individualité propre et de la force productrice de son génie.

Le domaine des idées esthétiques est riche et vaste et renferme toute la sphère qui existe entre la spiritualité et la matérialité, ou en d'autres termes, entre l'humanité et la nature. La matière esthétique apparaît dans l'œuvre d'art seulement, au moyen de la forme, et l'une et l'autre doivent être tellement liées qu'elles forment une union indissoluble. L'idée ne veut pas être chargée d'ornements inutiles, l'expression ne veut pas qu'on l'étende au-delà des besoins de l'idée. La pauvreté ne doit jamais se cacher sous la pourpre.

Qui ne voit, qui ne comprend le travail de l'artiste, soit qu'il opère sur de la toile, sur du marbre, sur de la pierre ou sur des mots? Face à face avec sa matière, il éprouve le besoin de la mettre en œuvre, d'y déposer l'idéal que rêve son âme, de lui donner l'empreinte de son génie. Un intérêt vrai, réel, le saisit : il sent l'objet s'animer dans sa pensée. Il s'absorbe tout entier en lui, il s'identifie avec lui, il vit par lui. Il le féconde de la partie la plus profonde, la plus pure, la plus éthérée de son âme. Ce qu'il a de meilleur, il le met dans son œuvre, il l'y incarne. Cet idéal qu'il porte partout avec soi, il ne l'abandonne en aucun moment; il suit incessamment son impulsion intérieure. Cette inspiration ne le laisse jamais en repos; elle

l'élève de beaucoup au-dessus des autres hommes. Le
monde l'ignore, le monde le méconnaît, le monde le calomnie; que lui importe? il a pour le consoler son rêve,
son idéal, sa conscience. Rien n'étouffera en lui ni le
courage, ni le sentiment de sa force. On peut l'opprimer,
mais non l'abattre; le contrarier, mais non le désespérer;
le poursuivre, mais non l'atteindre; le renverser, mais
non l'anéantir. Voué au culte du vrai, du bien, du beau
qu'il regarde comme l'œuvre de Dieu, il souffre l'oppression, la douleur et l'angoisse. Maltraité, emprisonné,
banni, il échappe aux persécutions par le travail et le
sentiment de sa puissance intérieure. Ferme et fier, faut-
il lutter, il marche au combat, ceint d'une triple armure,
la vertu, la vérité, l'amour. A le voir, on le croirait triste,
mais en lui une immense joie règne; il semble pauvre, et
il a la véritable richesse; on dirait qu'il ne possède rien,
et cependant à lui est le monde, car les rois de l'art ont
aussi leur souveraineté et leur puissance, et ils reçoivent des hommages tout aussi éclatants que les rois de la
terre.

Mais un caractère commun à la beauté intérieure
comme à la beauté extérieure de l'œuvre oratoire, c'est
l'unité. Les images, les sentiments, les mouvements;
l'expression, le tour, le style : tout cela doit relever à
l'esprit et à l'oreille le discours et en former un corps
d'ouvrage lié, animé, soutenu, et dans lequel il n'y ait
aucun hors-d'œuvre qui en rompe l'unité. Mais pourtant
cette unité ne doit pas nuire à la variété, qui est encore
une des conditions fondamentales du beau. Être un, et
pourtant divers, voilà le problème de tous les arts. Zeuxis
fut chargé par la ville d'Agrigente de lui faire un tableau
qui représentât Hélène, l'idéal de la beauté de la femme

chez les Grecs. Pour créer l'œuvre qu'il avait entreprise, l'artiste choisit cinq des plus belles filles de la cité, et réunissant dans un ensemble harmonieux leurs formes les plus finies et les plus gracieuses, il en fit sortir une beauté, une et diverse, une beauté complète. Le beau n'est dans la nature que par fragments; c'est à l'art qu'il appartient de le recueillir pieusement et d'en former un tout divin et impérissable.

Le beau, semé çà et là par la main de Dieu, ne se laisse pas saisir du premier coup par l'œil ou la pensée de l'homme; c'est une conquête qui exige de la persévérance et du temps. Flamme subtile, abstraction idéale, il ne se dégage de l'objet perçu qu'après une comparaison souvent laborieuse avec le type primitif, voilé, le modèle éternellement subsistant en Dieu. L'homme s'empare ensuite de cette abstraction, l'étend, l'applique, la purifie dans sa pensée, et la mélangeant avec ses œuvres périssables, il s'élève par elle à la puissance et à la supériorité.

Mais ne croyez pas que le beau consiste dans la pompe des mots et du style. Le beau, nous le répétons, c'est le simple. Il consiste, au point de vue de la forme, dans l'ordre, la liaison des parties, de telle sorte que l'on puisse les saisir et les embrasser avec facilité, et qu'on les sente agir profondément sur l'âme. S'il faut en effet de l'effort, de la fatigue pour comprendre, il n'y a plus de joie intellectuelle vivante : le plaisir pur et sans mélange disparaît. La simplicité exclut l'affectation et ces ornements recherchés qui surchargent la pensée et lui coupent les ailes; c'est par elle que l'on arrive au but de la manière la plus naturelle et la plus prompte. On ne peut contempler une œuvre simple sans ressentir en soi un sentiment d'estime pour l'auteur, parce que l'on trouve en lui ce noble désintéressement qui lui fait mépriser la pompe des mots et rejeter au loin les ressources d'une parure affectée. « Quand on voit le style naturel, dit Pascal, on est tout étonné et ravi, car on s'attendait de voir un auteur, et on trouve un homme. »

Le simple se manifeste par l'usage de ces signes, qui présentent le sujet sous la forme qui lui convient le mieux. Il est nécessaire surtout dans l'art de la parole où il faut des signes qui correspondent exactement aux pensées que l'on veut exprimer et en soient le reflet immédiat. L'auditeur veut avoir en face de lui un homme sérieux qui cherche à atteindre d'abord le but qu'il se propose, et non sa vaine gloire.

En matière d'art, quitter le simple pour aller au composé, c'est quelquefois quitter la sérénité silencieuse de l'idéal, pour descendre dans les obscurités de la matière. On devient alors agréable au lieu d'être beau. L'œuvre ne saisit plus alors l'âme du spectateur dans sa partie la plus profonde, mais l'intéresse par une foule de rapports extérieurs, fugitifs, en s'adressant au côté fini de notre personnalité. Cette tendance à s'absorber dans le fini, abaisse l'art jusqu'au sensible, dont le but est de plaire par des images façonnées avec recherche et semées jusqu'à la prodigalité. Le sérieux du caractère fait place à l'afféterie qui, au lieu de frapper l'homme d'un saint respect, et de l'élever au-dessus du sentiment de son individualité, le laisse calme et sans émotion profonde, et n'aspire qu'à plaire. Dès lors, plus dans le beau l'agrément domine, plus alors le charme produit par l'objet se détache du général, de l'infini, et l'éloigne des idées éternelles qui seules sont capables d'éveiller les profonds sentiments de l'âme humaine.

A ce point de vue, comparez les deux plus grands orateurs de l'antiquité. Démosthène toujours naturel et simple, n'est-il pas supérieur à Cicéron toujours paré et attifé ? Cicéron déploie un art merveilleux, mais on l'entrevoit. En pensant au salut de la république, il ne s'oublie pas et ne se laisse pas oublier. Même lorsqu'il se passionne, lorsque les flots de sa parole débordent et se précipitent avec le plus d'impétuosité, on y sent quelque chose d'arrangé pour l'effet. Sa période se développe avec majesté, mais souvent aussi avec une abondance trop verbeuse. Démosthène paraît sortir de soi, et ne voir que sa patrie. Il ne cherche point le beau, il le fait sans y penser ; il est au-dessus de l'admiration. Il se sert de la parole comme un homme modeste de son habit pour se couvrir. Il tonne, il foudroie ; c'est un torrent qui entraîne tout. On ne peut le critiquer, parce qu'on est saisi ; on pense aux choses qu'il dit, et non à ses paroles. On le perd de vue ; on n'est occupé que de Philippe qui envahit tout. Sans doute, on est charmé de ces deux orateurs, mais on est moins touché de l'art infini et de la magnifique éloquence de Cicéron, que de la mâle simplicité, de la logique rapide de Démosthène [1].

L'art oratoire, qui forme une des branches de l'esthétique, n'est donc pas une chose arbitraire qui dépende des fantaisies capricieuses d'une pensée sans règle, et l'éloquence n'est après tout qu'un symbole caché, qu'une enveloppe sous laquelle il faut qu'une âme aille saisir une autre âme,

---

[1] Nous avons emprunté à Fénélon et à M. Lamennais une partie des termes de cette comparaison. Cependant, il ne faut pas oublier les harangues de Cicéron contre Catilina, contre Verrès, contre Antoine, où il se montre vigoureux, véhément, terrible.

et qui doit refléter l'esprit invisible. Aussi, dans l'éducation oratoire, il importe de ne pas négliger la culture du sentiment du beau, qu'on peut aussi appeler le sentiment du goût, et qui, bien que différent du vrai et du bien, n'en reflète pas moins sur eux et leur prête des charmes. C'est lui qui développe en nous le sentiment de l'ordre, de l'harmonie, l'indignation et le mépris du mal, et l'homme dans lequel le beau ou le goût a atteint son complet développement, a dans sa manière d'agir plus de regularité, de grâce et de charme que les autres hommes. De même que l'œil corporel habitué à la pureté et à l'harmonie sera choqué par une tache, et en ressentira comme de la douleur, de même l'œil spirituel, habitué à la contemplation du beau, éprouvera, à l'aspect d'un désordre moral, une impression pénible et profonde.

Comme tous les autres arts, l'éloquence a donc des conditions, des lois essentielles, nécessaires d'existence et de développement. Ces conditions, ces lois, nous l'avons dit, il faut les chercher dans les grands modèles, leur demander les mystérieux secrets de ce beau qu'ils ont réalisé, et cultivant d'un côté le type sacré écrit en caractères éclatants dans notre nature, de l'autre, creusant profondément les œuvres où ce type apparaît, orné du caractère individuel de l'artiste, on arrive à produire dans toute sa splendeur le triple idéal du vrai, du bien et du beau, cet *aliquid immensum infinitumque* dont parle Cicéron, et qui est tout à la fois le tourment et la gloire de l'humanité !

CHAPITRE II.

DU BEAU DANS L'ÉLOQUENCE JUDICIAIRE.

Dans la société primitive, les hommes ne connaissaient d'autres lois que celles de la nature, d'autres liens que ceux des besoins, de l'amitié, de la famille. Mais bientôt, les passions, l'incertitude, la crainte vinrent les troubler, l'homme fut réduit à avoir à chaque instant en défiance ceux qui partageaient sa destinée. Il fallut remédier à ces maux. Alors on fit intervenir une puissance morale pour maintenir la paix, la concorde, car ce besoin qu'éprouvaient les hommes de chercher protection les uns contre les autres, annonçait de leur part une aliénation de raison. Cette puissance, formée de la réunion de toutes les forces particulières, éleva la voix, fixa les droits, régla les devoirs, et toutes les actions de l'homme durent désormais être en harmonie avec sa parole, image de la vérité [1]!

[1] *Res judicata pro veritate habetur.*

Manifester le vrai, tel est donc le but de l'éloquence judiciaire. Mais le vrai ne se révèle pas du premier coup à l'intelligence : il exige de longs efforts, de la persévérance, du temps ; il exige l'action combinée de toutes les puissances de l'esprit.

Le désir de la vérité est une des forces d'impulsion de l'homme. Ce qu'est le sentiment de la justice dans l'ordre moral, le sentiment de la vérité l'est dans l'ordre intellectuel. Aussi l'agrandissement des connaissances, même sans but d'utilité immédiate, est-il pour tous les âges une vive aspiration. Il y a d'abord le sentiment de la difficulté vaincue qui donne à l'homme un noble orgueil et l'excite à entreprendre davantage. Et puis, quelle joie pure et profonde pour lui quand il peut, par ses connaissances acquises, distinguer la vérité de l'erreur, dissiper l'ignorance par les lumières de la science !

L'idéal du vrai ! De quels nuages n'a-t-il pas été obscurci par les passions de l'homme ? Dans l'origine, la vérité rayonnait de tout son éclat, et nous la contemplions sans obstacle dans une lumière pure et avec une âme libre de cette prison qu'on appelle les sens, et qui sont comme les vitres sales de notre esprit. Mais l'homme s'est laissé corrompre, et il ne lui est plus donné de percevoir les essences divines. Il ne peut plus gagner la vérité que comme on gagne toute chose, à la sueur de son front. Aussi quelles profondes études ne faut-il pas à l'orateur du Barreau pour faire sortir la vérité des abîmes où elle est souvent plongée par la méchanceté de l'homme ! Que de connaissances préalables ! Comment se frayer une route sûre à travers les ténèbres rassemblées par la cupidité et la mauvaise foi ? Comment dévoiler l'imposture ? Comment démêler sous les apparences de la justice, les com-

binaisons iniques d'un intérêt vil et odieux ? Et puis, la
vérité n'arrive pas par les mêmes moyens à toutes les
âmes, à cause des différents caractères qui distinguent les
hommes! Il faut pouvoir, en rencontrant un individu, être
capable de le reconnaître et de se dire à soi-même :
Voici l'homme, voici le caractère que l'on m'a dépeint ;
il est devant moi; c'est à lui qu'il faut adresser tels ou
tels discours pour opérer telle conviction. Ainsi s'agitent, dans la recherche de l'idéal du vrai, la pensée et la
science, qu'il s'agisse de défendre l'honneur et la vie des
citoyens, ou bien leurs intérêts matériels ou leur fortune[1].

L'orateur du Barreau ne s'adresse qu'à un petit nombre
d'hommes, dont il cherche à ravir les convictions. Dès
lors, il a besoin d'une méthode spéciale pour le conduire
aux résultats auxquels il aspire. Il faut à sa parole, à son
style, des qualités particulières qui sont le fondement de
ses succès.

Et d'abord, le caractère dominant de ce genre d'éloquence, c'est de ne point s'écarter des règles de la bienséance, et de ne point oublier le ton des choses. Ainsi, il
est des matières qui par elles-mêmes ne demandent que
de la netteté, de l'ordre et de la simplicité; il en est d'autres, grandes, intéressantes, qui exigeront de la véhémence et des mouvements; celles-ci comporteront les

---

[1] L'éloquence judiciaire est, sans contredit, de toutes la plus difficile. Cette remarque que Cicéron a faite pour les anciens, est parfaitement applicable aux temps modernes. « Dans tous les autres
sujets, dit-il, un discours est un jeu pour l'homme qui n'est pas
sans talent, sans culture et sans habitude des lettres et de l'élégance; dans le débat judiciaire, la tâche est grande, et je ne sais
encore si ce n'est de beaucoup la plus grande parmi les œuvres humaines. »

fleurs et les grâces qui seraient déplacées ailleurs ; cel-
les-là seront quelquefois susceptibles en même temps de
simplicité, d'ornements et de passions, parce qu'il y faudra instruire, toucher et plaire. Mais, dans toutes ces occasions, l'art consiste principalement dans l'observation
de la règle antique : CAPUT ARTIS, DECERE.

La mémoire est une des facultés auxquelles l'orateur
doit apporter le plus de soin. Mais il y a deux sortes de
mémoires : celle des signes et celle des idées. L'expérience nous apprend que ceux dont la mémoire se distingue par rapport aux choses sensibles, aux noms et aux
nombres, possèdent en général peu de mémoire pour les
idées et les choses intellectuelles. L'orateur du Barreau
doit s'attacher principalement à retenir les objections de
son adversaire, de manière à les réfuter sur-le-champ en
les mettant à la place la plus avantageuse à sa cause. Il
doit être prêt à se servir avec spontanéité et force des
moyens que lui a fournis la méditation solitaire ; car ce
qui le fait puissant et riche, ce n'est pas l'immensité des
provisions renfermées dans sa mémoire, mais bien ce
qu'il tire tout de suite et à commandement de son propre
fonds. Le Barreau, nous l'avons dit, est un champ clos ;
celui qui ne sait pas s'y défendre, y périt, semblable à
un guerrier qui, soudainement attaqué, ne se souvien-
drait pas qu'il porte à ses côtés un glaive pour sa défense,
et qui succomberait victime de cet oubli fatal.

Après ces exigences générales viennent les exigences
particulières aux discours du Barreau. En tête se placent
la concision, la clarté, la solidité [1].

_____

[1] En indiquant ces qualités oratoires comme spécialement applicables à l'éloquence du Barreau, nous n'entendons pas les exclure

La concision consiste dans l'art de marquer la pensée d'une manière nette et vive, rien de plus, rien de moins ! « N'attendez jamais, dit un écrivain, ni justesse de pensée, ni finesse d'expression d'un grand parleur sans préparation. » Un style nerveux et correct, qui exprime beaucoup en peu de mots, *multa paucis*, convient toujours mieux devant les tribunaux qu'un style diffus et lâche.

Il faut donc s'attacher à contracter de bonne heure l'habitude d'une éloquence serrée et concise. Une fois obtenue, il vous sera facile de l'appliquer dans tous les cas, même dans ceux où la multiplicité des affaires exigera de vous un travail rapide. Au lieu que si vous vous accoutumiez à un style traînant et surchargé, il ne serait plus possible d'employer une parole forte et énergique, lors même que vous désireriez faire le plus d'impression et travailler à votre gloire. Toutefois, gardez-vous de tomber dans la sécheresse, car émonder l'arbre, n'est pas le mutiler, c'est le délivrer d'un poids inutile. *Ramos compesce fluentes* : voilà l'image de la précision.

La clarté ne concerne pas seulement cette lumière sur laquelle repose toute idée d'art, mais aussi cette qualité intrinsèque qui se reflète sur les détails. Dans aucun genre, la clarté n'est plus nécessaire qu'au Barreau. Les suites d'un style obscur et confus, d'une marche irrégulière et embarrassée, peuvent y être fatales pour les droits de l'innocence et de la justice. Comment l'orateur pourra-t-il, sans cette qualité, porter la lumière au milieu d'intérêts compliqués et difficiles ? Comment opérera-t-il la con-

des autres genres. Nous voulons dire seulement qu'elles sont ici dominantes, et peuvent tenir lieu de beaucoup d'autres. Que ne peut, en effet, sur la conviction une parole concise, claire et solide ?

viction, s'il ne sait, par une méthode sûre, faire sortir la vérité du sein des ténèbres et la dégager des voiles qui la couvrent? Et pour cela, l'orateur doit bien se garder de laisser la passion envahir son âme, car de même que l'eau agitée donne aux objets qu'elle contient une forme différente, de même l'âme veut être calme pour reproduire sans trouble les sentiments qu'elle éprouve L'expression extérieure d'une œuvre d'art doit être l'expression du calme et de la grandeur tranquille.

La solidité est l'arme la plus décisive de l'orateur; s'il la manie faiblement, si ses coups portent à faux, sa cause est perdue. Au Barreau, il s'agit d'interpréter ou d'expliquer des points obcurs de la loi, de suppléer par des inductions à son silence. Il faut, pour arriver à ce but, étendre assez ses arguments, les développer assez fortement pour qu'ils produisent leurs effets sur les juges, et amènent ou retiennent les convictions ébranlées.

Ainsi, concision, clarté, solidité, voilà les principales qualités qui doivent dominer chez l'orateur du Barreau; nous n'hésitons pas à dire que toutes les autres sont des conditions accessoires dont on peut se passer. Si vous gravez dans l'esprit une image abrégée et succincte du sujet que vous avez à traiter, si la place que vous marquez à chacune des parties qui le composent est bien fixe, si vous savez le réduire, quelque compliqué qu'il puisse être, à un petit nombre de pensées directes, précises, essentielles; si vous ne franchissez pas trop les idées intermédiaires; si vous savez subordonner la foule des vérités secondaires à deux ou trois vérités primitives; si votre discours a un mouvement soutenu; si les divisions n'en suspendent la marche que pour l'accélérer, et deviennent pour l'orateur autant de points d'appui d'où il s'élance avec une impétuosité nouvelle ; si, riche dès sa source, votre discours grossit dans sa marche, et, comme un grand fleuve, ferti-lise les contrées qu'il traverse, ayez confiance, vous êtes sur la route de l'art, et vous allez atteindre le beau dans l'éloquence judiciaire.

Mais ce n'est pas assez d'avoir trouvé des raisons soli-des et convaincantes, il faut plus que cela pour produire la beauté du discours : il faut un arrangement juste et naturel de toutes les parties qui le constituent. C'est ici que se présente la nécessité de ce sens intime, de ce don du ciel, du jugement. Les esprits communs touchent seule-ment la surface des choses, l'esprit réfléchi pénètre dans leur profondeur. Si cette faculté manque à l'orateur du Barreau, quelles que soient au reste la richesse de son ima-gination et la vivacité de son génie, ses œuvres demeure-ront toujours médiocres. L'ensemble en sera mal ordonné, et il en sera d'elles comme de tout ce qui émane de ceux qui ont beaucoup d'esprit, mais pas assez de jugement. Sans doute, chaque homme possède ce jugement qui l'é-claire dans les évènements les plus importants de sa vie et le pousse à l'accomplissement de sa destinée ; mais peu savent développer en eux cette faculté, source de tant d'autres ; peu sont dirigés dans les sentiers de la vie par ce jugement sain et pur, qui, vous prenant par la main, vous conduit doucement, comme un ami, du monde du réel dans le monde de l'idéal.

C'est ainsi, c'est en employant ces diverses prééminen-ces d'une nature riche et féconde, que l'homme parvient à la conquête de la vérité. Et quand cette divine lumière éclate, elle le saisit et s'impose à son intelligence. S'il avait voulu obéir à la raison, à la vérité, il n'aurait pas eu besoin d'interprètes pour lui tracer ses devoirs ; mais il

s'est laissé entraîner par ses passions, et il a refusé de
suivre le guide infaillible qui lui avait été donné pour se
conduire. Le principe de la justice est en lui, et pourtant
il lui a fallu des lois pour le forcer à être juste. La science
du devoir est gravée, à l'image de Dieu, dans son âme, et
des lois sont devenues nécessaires pour arrêter les dérè-
glements de sa volonté; il a fallu faire trembler l'homme
devant l'homme! Pour le punir, on l'a mis en suspicion,
on l'a humilié, on l'a obligé à avoir recours à des hommes
que la société a préposés pour l'éclairer, et dont il devra
subir la décision aveuglément et sans murmures, décision
souvent incomprise, mais toujours imprégnée de l'esprit
de cette loi divine qui luit dans la raison, et vit éternellement dans le cœur de tous, princes et mendiants.

CHAPITRE III.

L'amour de la société est inhérent à l'homme, Dieu l'a planté dans son cœur, et s'il venait à l'oublier, ses besoins le lui feraient sentir. Étudiez son histoire. L'homme apparaît d'abord faible, isolé, chancelant sur la terre. On le voit livré à la stérilité, à l'impuissance, à l'égoïsme. Il a conscience de son mal, il veut y remédier. Alors il cherche, s'interroge. Pourquoi ce malaise? C'est qu'il n'a pas encore satisfait à la loi de sa nature, à cette puissante unité qui le dirige à son insu et le domine. L'instinct de la sociabilité l'envahit. Sous l'empire de cette pensée, les cabanes se rapprochent, les huttes éparses deviennent des hameaux. Puis naissent les villes, un nouvel âge commence pour le monde. Cependant chaque jour la civilisation élargit ses issues; le besoin de s'unir pour accroître sa force se manifeste; il faut à l'homme de plus larges bases sur lesquelles il puisse s'appuyer; les villes se fédèrent, les Etats se forment, la loi politique naît. Autour d'elle, se lèvent, au nom de l'autorité de tous, des hommes chargés d'apprécier l'état, les besoins, les progrès de la société, en quelque sorte confiée à leur garde. Attentifs à la marche de l'esprit humain, ils provoquent les changements nécessaires et réclamés par la civilisation, et deviennent les tuteurs vigilants des peuples.

Ainsi, c'est dans le principe de l'utilité que l'État puise son origine ; il se constitue pour réaliser dans la société politique, l'idéal du bien. Les États sont des institutions créées pour l'amélioration de la race humaine. L'État considéré comme la moralité, la justice, la raison générales, doit absorber les individualités dans son unité. Quel mystérieux travail ! La voix de la conscience, la voix qui parle silencieusement, mais puissamment dans l'homme, veut se changer en une voix extérieure qui parle pour l'homme, et elle doit être assez forte non-seulement pour se faire entendre, mais encore pour étouffer d'autres voix qui parlent aussi dans l'homme ? Cette voix est la parole de la loi, de l'Etat, signe extérieur des voix intérieures. Et c'est l'œuvre de de cette loi de couvrir tous les citoyens d'une égale protection, de faire dépendre plus ou moins le bien de chacun du bien de tous. Et si l'Etat ne peut pas toujours se promettre de commander aux sentiments des hommes, il peut du moins, à l'aide de la discipline extérieure dans laquelle il les tient, donner aux emportements de la rudesse un frein et une mesure, et au sein de la tempête, ouvrir à la voix de la raison et aux inspirations de la conscience un asile et un abri. L'orateur de la Tribune doit donc aspirer à produire le bien, et c'est à l'accomplissement de ce but qu'il trouve le péril, et par conséquent la

gloire. Il lui faut marcher à travers bien des haines, frois-
ser bien des passions secrètes, braver bien des ressenti-
ments. C'est au sein des contradictions que lui viennent
souvent les plus grandes pensées. Les yeux fixés sur son
idéal, il lui faut, au milieu des entraves, un génie puissant
et libre, et quand l'orage gronde autour de lui, il faut
qu'il aille lui-même arracher à ses adversaires la foudre
qui doit assurer sa victoire et fonder sa domination.
Ainsi se produit, par l'art oratoire, dans la sphère politique, la réalisation du but de l'Etat, qui est d'obliger les
citoyens à travailler l'un pour l'autre, de telle sorte que
de l'égoïste effort d'un seul, le bien commun dérive nécessairement, comme de l'attraction dérive le système du
monde [1].

[1] Nous développerons prochainement ces idées sur l'ÉTAT, dans
un ouvrage pour lequel nous avons rassemblé de nombreux matériaux, et qui aura pour titre : ÉTUDES SOCIALES ET POLITIQUES, OU RE-
CHERCHES SUR L'INVIOLABILITÉ DES GOUVERNEMENTS ET LA LÉGITIMITÉ DES
RÉVOLUTIONS AU POINT DE VUE DE LA PHILOSOPHIE ET DE L'HISTOIRE. Voici
notre plan : PREMIÈRE PARTIE. « Étant donnée la haute destination de
l'humanité, rechercher la forme de gouvernement qui peut le mieux
la conduire à cette destination. Est-ce le despotisme, qui semble être
l'âge d'enfance de l'humanité et des peuples? Est-ce le républicanisme,
qui semble être leur âge de jeunesse? Est-ce le monarchisme, qui semble être leur âge de maturité? Cette forme de gouvernement trouvée, ne doit-on pas, d'après les principes de la raison pure, la déclarer sacrée et inviolable? »— SECONDE PARTIE. « Mais tout gouvernement, qu'il soit despotique, républicain ou monarchique, a une
destination spéciale, dominée par la destination générale de l'humanité, et qui est le problème particulier que doit résoudre un peuple; car l'Etat n'est pas une œuvre de l'ordre physique, un mécanisme
dans lequel un cercle toujours le même est parcouru, semblable à
celui que décrivent les planètes dans leur orbite uniforme. Cette destination, le gouvernement doit nécessairement la remplir. Si, non-
seulement il y manque, mais encore s'il la méconnaît, s'il se roidit

Quel est le caractère fondamental de l'éloquence de la Tribune ? C'est le bon sens, base de l'éloquence, comme de tout ce qu'il y a de bon dans les choses de ce monde. Dans l'art oratoire, comme dans la vie, rien n'est souvent plus difficile à distinguer que ce qui est convenable au temps, au lieu, au caractère. Bien des gens s'y méprennent et commettent de graves erreurs; car pour les différents degrés de rang, de fortune et d'âge, parmi les hommes, le même style et le même ton ne seraient pas admissibles ; il y a des différences profondes dont il faut tenir un compte sérieux; il y a un assemblage de bienséances, d'attentions et d'égards qui se peuvent diversifier à l'infini. Or, c'est le bon sens qui, en projetant sa lumière sur toutes ces choses, éclaire la marche de l'orateur de la Tribune, et assure les effets de sa parole.

Ainsi, l'orateur de la Tribune est obligé de respecter des bienséances délicates et nombreuses. Appelé à parler de nations et de corps entiers, il doit le faire avec réserve et convenance. S'il est jeune, il faut qu'il se montre avec cette décence que lui impose la présence de gens qui ont sur lui la supériorité que donne l'expérience. S'il est écrivain ou poète, il doit prendre garde de parler trop de soi et de laisser percer son amour-propre, ou même ce légitime orgueil qui lui vient du sentiment de sa force. Et dans tous ses discours, il ne doit employer que des idées propres au sujet, c'est-à-dire, simples dans

contre elle , alors la révolution ne devient-elle pas morale et légitime ? » Voilà le germe que, dans la mesure de nos forces, nous nous proposons de féconder en puisant nos preuves dans la philosophie et dans l'histoire. Parvenu au bout de son champ, le laboureur nettoie sa charrue, et recommence un autre sillon.

un sujet simple, nobles dans un sujet noble, et de manière à ne rester ni au-dessus ni au-dessous, soit par les idées, soit par les expressions. Pour arriver là, le moyen le plus sûr est d'allier le bon sens et la droiture. Le bon sens fera discerner ce que l'on peut, la droiture ce que l'on doit.

Une assemblée délibérante est une arène de passions. Les passions sont le principe des vices comme la source des vertus. Il n'y a donc rien de blâmable à les exciter comme à les suivre. Telle est souvent la tâche et la condition des succès de l'orateur parlementaire. Qu'il soulève donc les passions, c'est son droit et même son devoir, qu'il les soulève pour nous faire craindre les maux que nous devons redouter, haïr les actions que la raison condamne et embrasser celles qu'elle prescrit. Qu'il imagine vivement, qu'il peigne avec force. Energie, élégance, chaleur, voilà ses armes pour arracher un peuple aux passions cruelles qui le dévorent, et ramener les cœurs aux nobles inspirations de la liberté !

L'énergie est cette qualité du style, par laquelle les expressions se gravent profondément dans l'esprit, et laissent après elles comme un long souvenir. Elle consiste dans l'art de joindre la plus grande étendue d'idées à la plus grande précision de mots. Le style vague est toujours faible. Plus l'on donne de justesse et de substance à ses pensées, plus le style acquiert de force.

L'élégance se révèle par le choix des expressions et des tours les plus propres à embellir la pensée, et à la mettre dans son vrai jour. Ce n'est pas la seule harmonie, le seul nombre, c'est encore la clarté, la grâce, le mouvement, l'état lumineux de l'âme. C'est aussi quelque chose d'indéfinissable qui vous berce et qui vous remue, vous enchaîne et vous retient, et produit sur les esprits un frémissement intérieur et toujours le même, une sensation délicieuse et toujours nouvelle.

La chaleur du style est cette force du discours, qui fait passer dans l'âme de l'auditeur le feu dont l'orateur est animé lui-même; elle ne peut naître que d'une âme fortement pénétrée des choses qu'elle veut peindre. Elle donne à l'orateur une marche impétueuse, rapide, irrésistible. Sous son influence, on le voit s'élancer, s'élever, descendre, s'élever encore, imitant la nature qui est irrégulière et grande, et comme elle, embellissant quelquefois le désordre même.

Ainsi se présentent les qualités essentielles, principales de l'éloquence politique. Ainsi, l'orateur parvient à réaliser, dans sa sphère, le bien public, d'où découle le bien privé. La parole est un des ressorts essentiels des gouverments libres, c'est elle qui assure le jeu régulier des constitutions. Les individus, en effet, qui vivent dans l'État comme citoyens, n'ont pas seulement pour but le développement de leurs facultés, mais encore le but général, la destination finale de l'humanité, la réalisation du bien.

Une des plus grandes et des plus fécondes idées auxquelles l'esprit humain puisse s'élever, est l'idée de la société humaine, l'idée d'une union libre de tous les peuples de la terre dans une activité commune pour le bien général de l'humanité. La mise en action de cette idée serait la magnifique consécration de cette maxime sublime : « HOMO SUM, HUMANI NIHIL A ME ALIENUM PUTO. » Mais nous sommes encore loin de la réalisation de cette idée, bien que la Providence, comme pour en préparer l'avènement, semble avoir pris ses mesures en répandant dans des pays divers ses trésors, afin que les hommes fussent obligés d'échanger les différentes richesses de leurs climats, et de travailler les uns pour les autres. Mais il faut reconnaître qu'il y a plus d'imagination que de réalité dans cette espérance, et tout porte à penser qu'un aussi noble rêve, n'est autre chose que l'âge d'or, entrevu par la poésie à travers les voiles de l'avenir.

Cependant, si jamais une communauté de droits, de devoirs et d'institutions devait s'établir entre les peuples, il faut reconnaître que l'éloquence politique en aurait formé le principal lien; car c'est elle qui répand sur toute la terre ces grands principes de liberté et d'égalité, qui sont la vie et le salut des nations; c'est elle qui est destinée à préparer l'homme pour la lutte décisive qui doit déterminer la victoire complète de la vérité et du bien, sur l'esprit du mensonge et du mal. Cultivons donc avec amour ce noble présent du ciel, car si un jour la pensée humaine venait à être privée de cette lumière supérieure, aussitôt l'on verrait disparaître l'art de notre sphère d'activité. Et quand, à notre époque, tant de choses ont perdu leur éclat, ainsi que le caractère sacré et l'idée de grandeur qui les rendaient si vénérables à nos pères, que du moins le sentiment de la patrie, réchauffé et nourri par l'éloquence, survive aux désastres de l'indifférence générale; qu'il trouve dans l'art un port inviolable et sûr où il puisse s'abriter contre la tempête et se préserver du naufrage !

CHAPITRE IV.

DU BEAU DANS L'ÉLOQUENCE RELIGIEUSE.

Dieu s'annonce à l'homme avec cette immense grandeur qui frappe et qui épouvante. Ces sphères qui roulent sur nos têtes, ces brillantes légions d'étoiles, beautés mystérieuses du firmament, qui ne dévoilent leurs fronts que la nuit à l'âme méditative, cette nature toujours parée et magnifique, ce tonnerre qui gronde, cette foudre qui éclate, ces mers qui ébranlent la terre avec un mugissement formidable, tout jette dans l'âme des émotions à la fois terribles et sublimes. En présence de tant de témoignages qui lui RÉVÈLENT une puissance qui lui est supérieure, l'homme sauvage se prend à frémir et à trembler, et il se prosterne à genoux, et il s'abaisse devant la cause inconnue de ses vagues terreurs. Mais au sein des nations civilisées, Dieu revêt sa grande et pure image. Puissance infinie, Cause première, devant lui, l'homme sent sa faiblesse, et ce sentiment qui l'avait d'abord con-

duit à la peur, remplit son âme tout à la fois d'admiration et de reconnaissance. Il prie, mais c'est de cette
prière qui rafraîchit le cœur et l'inonde d'espérances immortelles, qui l'élève et lui fait entrevoir, au delà des horizons terrestres, dans un monde plus beau, une vie
toute de joies ineffables et d'amour.

Arborer la négation du culte, ce serait arborer la négation de la religion. Les siècles ont succédé aux siècles, et
toujours des faits extérieurs sont venus trahir ce besoin
qu'éprouve l'homme d'épancher hautement son âme dans
le sein de celui qui préside à ses destinées. L'histoire
nous montre toutes les nations érigeant des autels, im-
molant des victimes, ou faisant des libations pour implorer le secours du ciel ou apaiser sa colère. Et comme
les intelligences isolées sont impuissantes, la religion les
réunit dans une communion immense. Inspirés par une
voix venue d'en-haut, les hommes se rassemblent. Alors
les temples deviennent plus augustes, les autels plus nombreux, les cérémonies plus pompeuses. Des voix nombreuses montent de concert vers la voûte éternelle, et la
poésie mystérieuse fait son entrée dans le monde, qui
tressaille à ses chants.

Qu'est-ce que la poésie si ce n'est la réalisation de
l'idéal du beau? Et où trouver une plus large place à
cet idéal que dans l'art religieux? La religion n'est-elle
pas un besoin fondamental de la nature humaine, et ne
fait-elle pas incontestablement partie de nos facultés ori-
ginaires? Dès l'enfance, l'homme a conscience du bien et
du mal, il se condamne ou s'absout. Bientôt il éprouve
le besoin de chercher la main qui a écrit cette loi dans
son cœur, et quand il l'a trouvée, c'est avec une joie
profonde qu'il se place sous son empire. Il a aimé, il a vé-

néré ses pères dont il a reçu les bienfaits ; maintenant il aime, il vénère Dieu. Et alors il se prend d'une haute estime pour lui-même, car il comprend que lui seul, parmi les créatures terrestres, peut s'élever à la compréhension de cet être innommable, mais que, dans sa langue infirme, il appelle Dieu. Fier de cette découverte de sa raison, l'homme cherche à cultiver ce sens nouveau, cette révélation suprême, et il y parvient en laissant aller son âme à ce penchant impérieux qui la porte à abandonner le visible, le limité, le changeant, pour s'élever à l'invisible, à l'infini, à l'éternel, en un mot, à aller de l'amour de ses pères à Dieu, qui est l'amour même. C'est alors, c'est à ce magnifique spectacle que lui offre sa raison, que l'homme voit s'éveiller en lui le sentiment du beau, qui refoule, pour ainsi dire, l'esprit dans sa sphère intérieure pour l'absorber dans une admiration sans bornes. Le sentiment du beau descend donc directement de Dieu, qui l'a mis en nous, et qui en fait de temps à autre resplendir quelques rayons à travers l'enveloppe charnelle qui le cache à nos regards. Dès lors, plus l'homme se rapprochera du beau dans ses œuvres, plus il se rapprochera de Dieu. L'orateur sacré, soit qu'il développe les mystères doux ou redoutables de la religion, soit qu'il dise les joies dont il sera donné aux justes de s'abreuver dans les demeures éternelles, soit qu'il épanche sur les hommes toutes les ardeurs de la foi, toutes les délices de l'amour, ne fait que réaliser dans toute sa splendeur le beau, image et reflet de Dieu même.

La poésie hébraïque doit être l'étude constante de l'orateur de la Chaire; car elle ne cesse de célébrer avec de pompeuses images le maître invisible du ciel. C'est là la véritable source de l'inspiration. La pensée y est toujours exprimée avec force, élévation et éclat; tout s'y rabaisse devant la gloire de Dieu. La lumière y est représentée « comme un vêtement que Dieu porte et qu'il étend du ciel comme une tente.» Quelles descriptions magnifiques de la nature! Ici, ce sont « les eaux qui s'échappent de leurs sources, les montagnes sur lesquelles habitent et chantent les oiseaux dans les branches des arbres, l'herbe des prairies, le vin qui réjouit le cœur de l'homme, et les cèdres du Liban que le Seigneur a plantés; la mer dans le sein de laquelle fourmillent des êtres sans nombre, et qui renferme des baleines que Dieu a faites pour se jouer dans les abîmes [1]; » là, comparant la puissance céleste et la misère de l'homme : «Si tu te caches ta face, Seigneur, ils tremblent; si tu leur ôtes le souffle qui les anime, ils tombent et rentrent en poussière... Ils passent devant toi comme un torrent; ils ressemblent à un songe, ou à l'herbe des prairies qui fleurit le matin, et le soir est fauchée, se fane et se dessèche, car nous ne pouvons soutenir ta colère, et ton courroux anéantit [2]. » Tant il vrai que Dieu seul est impérissable! Tout le reste, en face de lui, naît et meurt, lui seul est libre, éternel, infini.

Aussi l'éloquence sacrée a-t-elle des exigences en rapport avec les grandes idées qu'elle est chargée de rendre, et elle ne peut pas toujours se contenter de l'expression simple, vulgaire. L'intelligence se place sur un autre terrain pour s'élever plus haut. Le sentiment de l'infini qui l'agite, la fait sortir de sa sphère ordinaire, et lui fait déployer sa pensée sous la forme d'images. Elle spiritualise davantage les objets et se délivre de leur caractère exté-

[1] PSAUME 103.
[2] PSAUME 89.

rieur; le style fleuri et pompeux lui plait; elle s'y plonge avec délices. Aussi, pour arriver à ce genre d'éloquence, le style doit-il réunir trois conditions essentielles : la pureté, la facilité, l'harmonie.

La pureté consiste à parler conformément aux règles de la langue et sans s'écarter de la propriété des termes. Mais il ne faut pas confondre la pureté avec le purisme qui entrave le discours; qui, trop timide et trop respectueux, ne connaît point ces constructions hardies, ces expressions de feu qui, sans être nouvelles, doivent leur force à la manière dont l'orateur les applique, et nous élèvent jusqu'à l'idéal.

La facilité est cette aisance de style, cette liberté qui président au choix des idées et des formes, et qui démontrent que l'orateur possède véritablement son sujet en lui-même. Tout en lui semble se mouvoir dans la sphère intérieure de son imagination et de son cœur; tout semble dériver d'une fantaisie capricieuse, et lui permet de donner un tour vif et brillant, même aux plus petites choses qu'il anime et agrandit.

L'harmonie consiste à employer les mots doux et sonores et à éviter ceux qui sont rudes et sourds; à repousser les périodes trop longues et les phrases trop étranglées; à savoir entremêler les périodes arrondies et soutenues avec d'autres, qui servent comme de repos à l'oreille. C'est la musique du style. L'harmonie dépend principalement de l'élément matériel, mais elle dépend aussi de l'élément spirituel; car en vertu de leur essence même, ces deux choses se correspondent. L'harmonie de l'esprit, invisible comme l'harmonie des signes, s'aident de la lumière qu'elles se renvoient mutuellement.

Ainsi, pureté, facilité, harmonie, voilà les conditions

fondamentales du discours de la Chaire. L'orateur sacré
entretient les hommes de sujets de la plus haute importance, de la plus grande valeur; il leur parle de la nature morale de l'homme, de Dieu, de l'éternité. Dès lors,
il ne doit jamais le faire avec laisser-aller et négligence;
sa parole doit s'élever au-dessus de la vie commune et
respirer la dignité et la grandeur. La puissance de son
esprit doit l'emporter au-delà des étroites barrières de
l'existence, et le faire planer, avec une sérénité pleine de
beauté, sur ces intérêts terrestres qui ne méritent que son
dédain.

C'est cette indépendance de toute fin étrangère qui fait
la sainteté et la pureté de ce genre d'éloquence, sainteté et
pureté, qui vont si loin, qu'elles repoussent toute alliance
avec l'élément fini, pour ne s'occuper que des idées éternelles. Et si cependant elle se nourrit de la poésie et de
la science, c'est parce qu'elle les considère comme des cou-
rants isolés partis de l'océan de la parole divine, et qu'elle
tend toujours à remonter vers cette source splendide. Sans
doute, elle cherche à réaliser le beau, au moyen des signes, du langage de l'homme; mais la cause en est dans
l'entendement, qui est obligé de se plier aux infirmités de
notre nature. Cependant, en imprimant à tout ce qui
émane d'elle les formes du beau, elle fait servir la sensibilité au profit du devoir. Et l'on pourrait dire d'elle
qu'elle renferme dans sa vaste activité, le vrai, le bien,
le beau, trinité capitale, philosophique de l'éternel dans
le temps, s'efforçant sans cesse de nous élever vers Dieu.

Car c'est la destinée de l'éloquence religieuse d'arracher l'homme à la terre, pour porter ses regards vers le
ciel; de lui montrer au-delà de nos horizons, une patrie
où il est tenu compte de toutes les pensées conformes à la

justice, alors même qu'elles seraient perdues pour le reste de l'univers; c'est sa destinée de célébrer sans cesse la gloire de Dieu, de lui tout rapporter, de lui tout ramener, d'en faire comme un centre d'où rayonnent toutes les grandes idées, tous les nobles sentiments; c'est sa destinée d'exciter dans l'homme des désirs ardents, insatiables vers l'infini, de lui persuader que la vie terrestre n'est qu'un moyen ou bien une occasion qu'une main divine a mise à sa portée afin qu'il s'en servît pour le développement de sa nature morale, de ses sublimes facultés; c'est sa destinée enfin de lui montrer des perspectives immenses, sans bornes, remplies de joies saintes, peuplées d'harmonies inénarrables, de telle sorte que le monde d'ici-bas, déchu par la comparaison, ne lui apparaisse plus que comme un point de départ d'où nous devons nous élancer vers un monde plus beau, que comme une plage placée sur la route du ciel, plage provisoire où prendre pied!

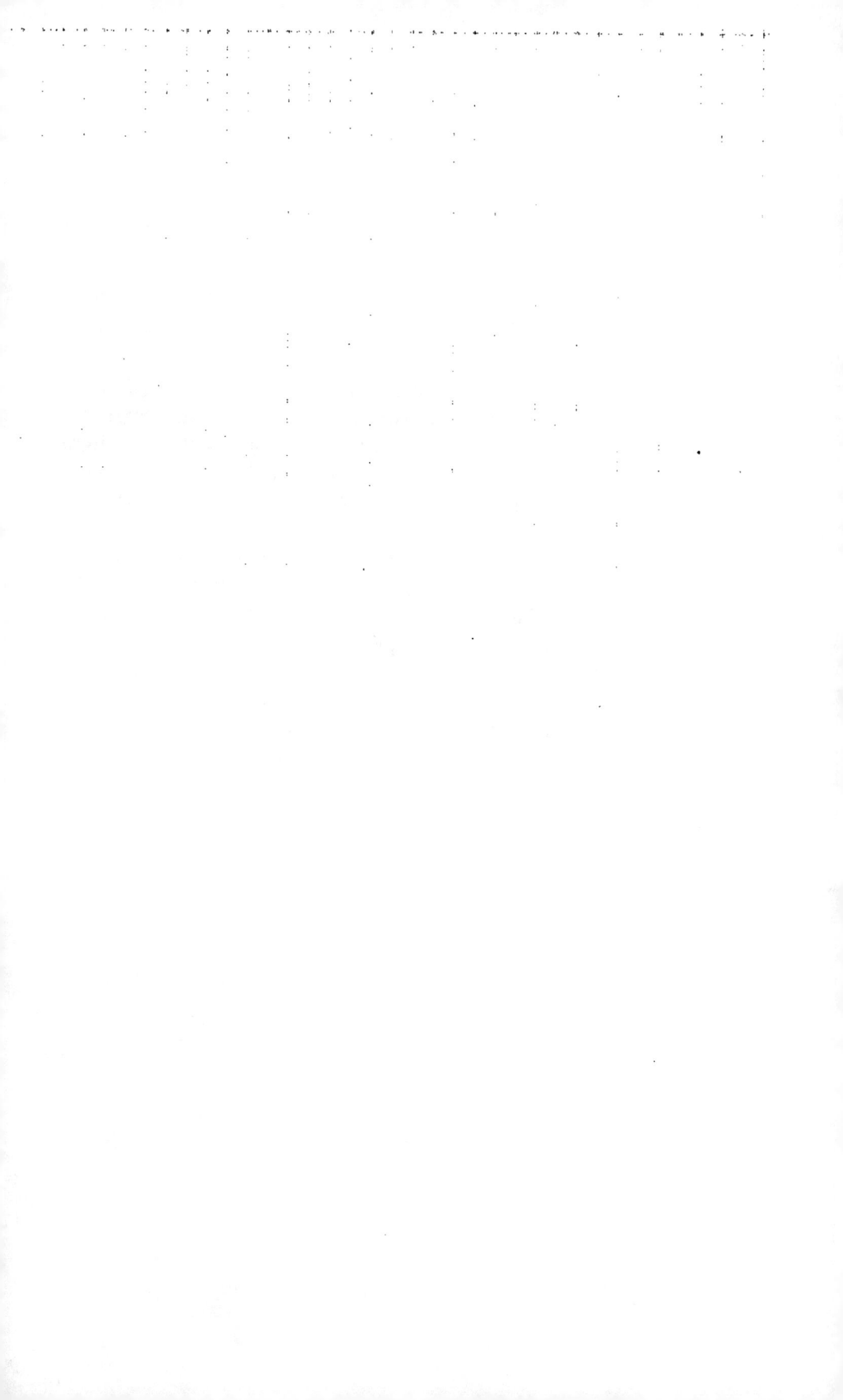

« Le digne et sincère amant de la gloire propose un beau traité au genre humain ; il lui dit : « Je consacrerai mes talents à vous servir ; ma passion dominante m'excitera sans cesse à faire jouir un plus grand nombre d'hommes des résultats heureux de mes efforts ; le pays, le peuple qui m'est inconnu, aura des droits aux fruits de mes veilles ; tout ce qui pense est en relation avec moi ; et, dégagé de la puissance environnante des sentiments individuels, c'est à l'étendue seule de mes bienfaits que je mesurerai mon bonheur : pour prix de ce dévouement, je ne vous demande que de le célébrer ; chargez la renommée d'acquitter votre reconnaissance. » Quelle franchise, quelle simplicité dans ce contrat ! »

Mme DE STAËL.

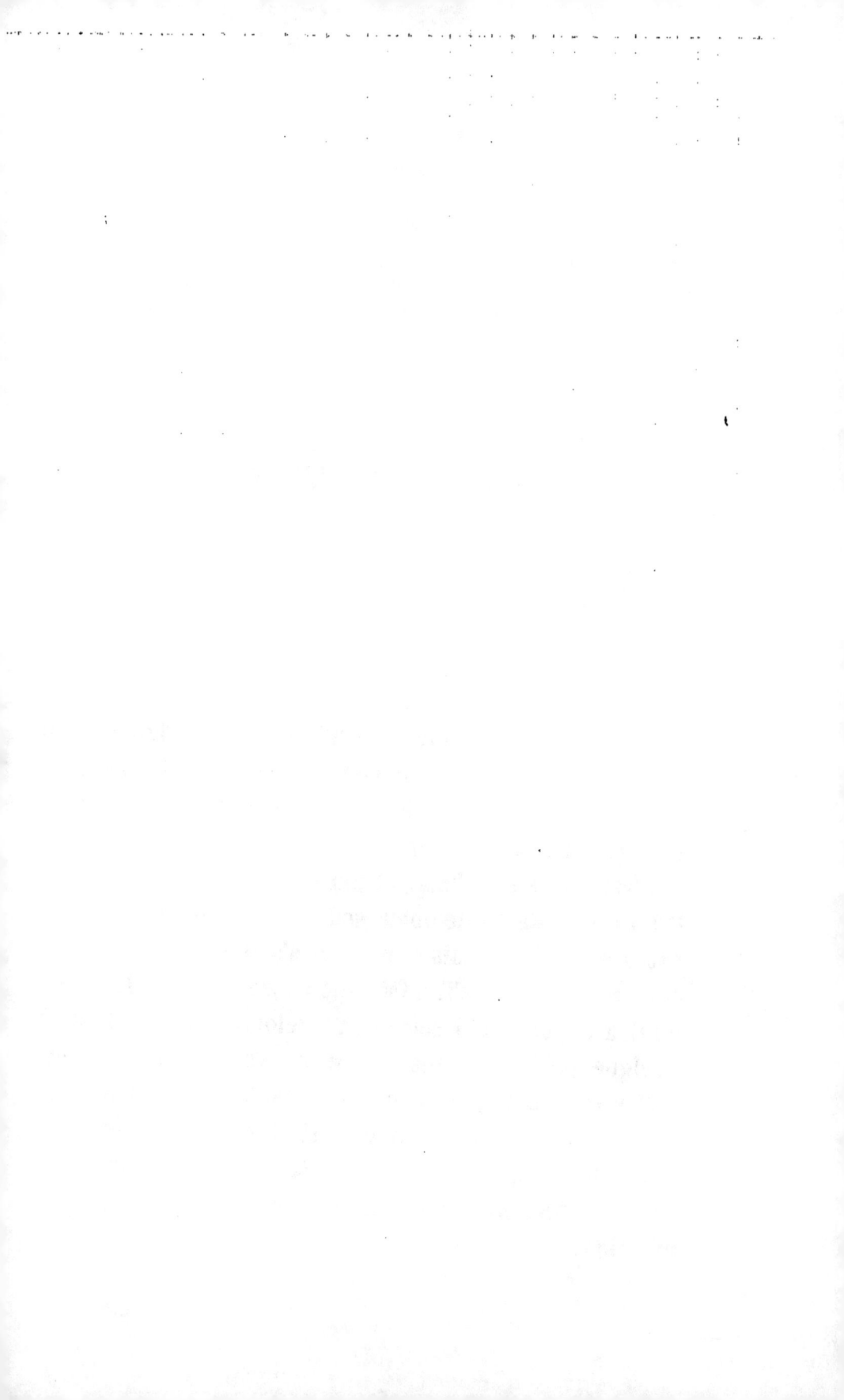

CONCLUSION DE L'OUVRAGE.

La défaite ou la victoire, voilà le sort de l'homme qui écrit comme de celui qui combat ; l'une ou l'autre l'attend au bout de la carrière. L'art est un apostolat qui a ses douceurs et ses amertumes, ses rivages et ses écueils.

C'est certes une belle et pure et ravissante joie pour l'esprit que de contempler son œuvre dans son harmonieux ensemble ; mais il ne peut s'arrêter là : il doit encore se demander s'il a fait une chose utile, si le tribut qu'il a apporté à la science a quelque valeur, s'il est de quelque poids. Car une œuvre où ces conditions essentielles manquent, n'est qu'un enfantement stérile, qui n'est venu à la vie que pour aussitôt mourir, semblable à ces météores qui rentrent dans la nuit après avoir, par leur vive lumière, frappé un instant de surprise et d'admiration.

Mais est-ce à nous à nous rendre ce témoignage?
Non; au génie seul appartient le droit d'exprimer le noble
orgueil qui lui répond de la durée immortelle de ses créations. Qu'il nous suffise donc d'affirmer que les convictions que nous avons exposées sont le résultat de longues
années de méditation. Voyageur solitaire dans les régions
de la pensée, nous avons donné notre théorie sur l'art
oratoire, mais nous n'oublions pas qu'elle ne peut recevoir le caractère définitif de vérité d'où dépend sa valeur
réelle, que d'une application persévérante et consciencieuse. Parler avec abondance, continuité et verve, improviser en un mot, est un talent magnifique, et il n'y a
que ceux qu'une forte volonté dirige, qui sachent créer,
à l'usage de leur pensée, un instrument toujours docile,
et forcer le génie de la parole à verser en eux ses magi-
ques et formidables splendeurs.

Oui, et c'est en nous une conviction ardente et profonde, oui, nous pensons que la voie que nous avons indi-
quée, conduira celui qui aura le courage de la suivre, au
sanctuaire de l'art. Si elle ne fait pas des orateurs de génie,
elle fera des improvisateurs de talent. Sans doute quelque
bel esprit, en songeant à toutes les exigences que révèlent
les exercices proposés, ne manquera pas de dire qu'il faut
aimer bien passionnément l'éloquence pour l'acheter à ce
prix-là; mais ce n'est pas de cela qu'il s'agit : que les pa-
resseux et les lâches rejettent bien loin d'eux ce livre : ce
n'est pas pour eux qu'il fut écrit, et la question est de savoir qui veut entreprendre cette rude tâche. Peut-être ne
l'avons-nous pas osé nous-même, bien que nous fussions
assuré du succès. « Parmi les moyens de perfectionner
l'esprit humain, a dit un écrivain illustre, il faut compter
pour beaucoup la nature et la grandeur du but que peu-

vent se promettre ceux qui se consacrent aux études intellectuelles. La vie paresseuse ou la vie active sont plus
dans la nature de l'homme que la méditation; et pour
consacrer toutes les forces de sa pensée à un objet, il faut
que l'émulation soit encouragée par un grand espoir. »
Or, est-ce notre faute à nous si ce grand espoir ne nous
est pas apparu dans les champs de la parole? Est-ce notre
faute si les obstacles matériels dont était encombrée la
carrière, ont brisé notre volonté? Alors tournant les regards vers d'autres horizons, nous sommes venu demander à l'écrivain la part de gloire que nous refusait l'orateur, car il y a là aussi des palmes à cueillir. Comme une
trompette de guerre, nous nous efforçons d'inspirer la
noble ardeur que nous ne sentons point en nous-même ;
comme un ouvrier laborieux, nous creusons quelques
marches dans le rocher, pour que l'on puisse gravir sur
ses sommets ; nous invitons la jeunesse dont nous faisions
partie naguères , à ne point souffrir , par sa nonchalance
et sa lâcheté , que le siècle qui succèdera à celui de tant
d'orateurs illustres, soit stérile , et que l'on demande par
forme de moquerie quels hommes éloquents y ont vécu !
Sans doute, nos temps de liberté paisible et de raison
calme ne produiront pas des Démosthène et des Cicéron,
car où sont les circonstances qui formèrent ces grands
orateurs? où sont les mœurs, les institutions antiques?
où est Marathon? où est Salamine? où est le peuple-roi?
où est la place publique où viennent se défendre les généraux accusés, où se décident devant la nation la paix
ou la guerre? A Athènes comme à Rome, tout citoyen
savait qu'il ne perdait pas son temps à se préparer aux
affaires publiques; la tribune aux harangues était ouverte
à tout homme de génie. Crassus avait dix-neuf ans, César

vingt-deux, et Calvus guère davantage, lorsqu'ils prononcèrent ces belles harangues qu'a mentionnées l'histoire. Dans nos sociétés modernes où tout se fait avec calme et maturité, vous auriez beau être éloquent à cet âge, cela ne vous servirait de rien ; vous vous consumeriez à soupirer après un auditoire, vous sèmeriez l'espoir pour ne recueillir que le désabusement [1].

Et puis, dans l'état actuel de nos habitudes intellectuelles, que de barrières à renverser pour arriver au talent de la parole! Que d'obstacles semés sur les routes de l'Improvisation! Ici, c'est l'éducation, là c'est l'amour-propre.

L'éducation! que faisons-nous, en effet, dans nos études? Nous les passons à épuiser toutes les formules de l'admiration en faveur des orateurs. On nous habitue à penser que le génie est un don du ciel, une révélation qui ne descend que dans quelques âmes d'élite. Nous employons notre vie à l'attendre ou à en désespérer; nous ne faisons aucun effort pour le forcer à venir illuminer nos âmes. On regarde l'Improvisation comme une faculté mystérieuse, dispensée à celui-ci, refusée à celui-là, et qui doit se développer d'elle-même comme la fleur aux rayons du soleil. On ne nous exerce pas à parler, on abandonne sur ce point notre intelligence au hasard, au souffle qui doit nous venir d'en-haut. Préjugé fatal, coupable, qui est un des plus grands obstacles aux progrès de l'esprit humain!

Et puis, voyez le jeune homme au début de la vie! Il s'enfonce dans un monde de chimères dorées. Les premiè-

---

[1] Un des grands avantages de l'hérédité de la Pairie était de préparer des orateurs et des hommes d'Etat.

res choses qu'il admire sont celles qui flattent son imagination. Il choisit parmi les routes qui s'offrent à lui celles que l'esprit a couvertes de ses plus belles fleurs, celles où les pierres ont été broyées par la foule; il y étend ses larges ailes, et il évite avec le plus grand soin ces chemins inachevés où l'intelligence est obligée de se frayer péniblement un passage. Mais l'esprit peut-il vivre de cette poésie facile? Non, pas plus que le corps ne peut vivre de parfums. Bientôt, la prosaïque réalité s'avance avec son cortège de misères et de besoins, et le saisit. La nécessité d'une nourriture plus substantielle se fait sentir. Alors il cherche à s'ouvrir des voies nouvelles, et oubliant ces routes aisées et désormais inutiles qu'il avait parcourues jusque là, il comprend qu'il doit choisir un champ aride pour le féconder en y semant à pleines mains son intelligence. C'est la science positive dont le besoin lui est apparu, c'est là désormais la conquête à laquelle il aspire. Ainsi, les mathématiques qui l'avaient d'abord rebuté par leur âpre écorce, la législation qui s'était présentée à lui sous un aspect si austère, la philosophie qui lui avait paru si dépourvue de tout intérêt pratique, l'éloquence qui ne lui semblait qu'une fleur suave à cueillir et qui demande des études si profondes, voilà ce qui doit lui ouvrir les perspectives de l'avenir. Rêveries gracieuses, aspirations poétiques, si belles au matin de sa vie, à son midi, vous n'êtes plus rien pour l'homme; il lui faut des aliments plus nourrissants, plus robustes. Il faut à cette froide réalité qui l'environne, à ces besoins qui le pressent et l'enserrent de toutes parts, à ces insurmontables découragements qui le saisissent en présence de la vie, il faut, non de la poésie, mais de la force, non de la grâce, mais de la sagesse, non de l'élégance, mais de la

raison. La poésie a pu remplir autrefois cette âme jeune
et naïve; mais aujourd'hui, ce n'est plus de cela qu'il est
question, c'est de fortes études, de sciences solides,
utiles, produisant immédiatement des fruits. Mais hélas!
souvent il est trop tard pour se réfugier dans la vie austère de la pensée, et acquérir par l'étude et le travail ce
que l'on avait cru posséder dans le florissant développement de sa verte jeunesse.

Que deviendra alors ce jeune homme que l'on a livré de
si bonne heure à tant de folles ambitions, et qui se trouve
tout-à-coup aux prises avec son impuissance? Lui à qui
vos orateurs de distributions des prix ont tant de fois ré-
pété, en le couronnant de ces palmes classiques si peu décisives de l'avenir, qu'il était l'espoir, la force, l'orgueil
de la patrie, que lui donnerez-vous? Le voilà à l'œuvre!
Ces illusions qui passaient embaumées comme les roses
du printemps, lui jetant des applaudissements et des triomphes, elles sont parties! La vie réelle l'a pris avec ses rêves démesurés et son âme audacieuse, et elle l'a impitoya-
blement traité! Ses années maintenant s'écoulent inoccu-
pées, obscures, stériles, et dans sa déception, il accuse
son éducation sonore de l'avoir trompé! Et à cet âge heureux, bouillant, fécond en vertus, au lieu de naviguer
vers le port du bien-être, il va, après avoir été ballotté sur
toutes les mers de l'incertitude, se perdre sur les grèves du
désespoir. Quand donc mesurera-t-on la nourriture intellectuelle aux besoins de chaque homme? Quand donc
l'éducation mieux distribuée, mieux comprise, nous don-
nera-t-elle la certitude de retirer quelque fruit des études
où nous aurons usé les plus viriles, les plus fécondes années de notre existence!

Après l'éducation première, si incomplète au point de

vue de l'art oratoire, arrive l'amour-propre, ce conseiller dangereux, inévitable même, puisqu'il tient à l'organisation mystérieuse de l'homme. Dieu a jeté l'homme dans ce vaste mouvement du monde, au milieu des splendeurs et des débris. Il a mis sous ses yeux les villes détruites, les trônes écroulés, les peuples anéantis. Cependant, l'homme, dans sa sublime audace, a rêvé l'immortalité. Alors, il a cherché à graver son nom sur des monuments durables, et tandis que les pyramides d'Egypte n'avaient pu sauver de l'oubli vengeur les rois qui les avaient élevées avec la sueur de leurs peuples, l'homme d'intelligence a voulu s'éterniser, se survivre, et laisser ici-bas quelques traces de son passage. D'abord les feuilles d'un arbre ont servi ses ambitieuses pensées. Plus tard l'industrie lui a apporté ses merveilles fécondes. Pourtant, ce n'est pas assez pour son génie. L'esprit humain tressaille tout-à-coup comme agité de graves pressentiments! D'où vient ce frémissement subit comme celui de la fièvre qui s'empare du monde? Quelle révolution vient détrôner ces bardes qui improvisaient des chants de guerre et d'amour? C'est l'imprimerie qui vient de naître dans un obscur atelier, l'imprimerie, la première puissance des temps modernes. Ce fut là un coup mortel pour la parole; elle vit son culte déserté; l'amour propre dissuada de parler et conseilla d'écrire, et l'espoir de vivre dans la suite des âges s'empara de plus en plus du cœur de l'humanité, fille orgueilleuse de Dieu.

C'est que, il faut bien le dire, les gloires solides de l'écrivain, travaillant toute sa vie à sa statue, sont plus enviées que les triomphes éphémères, que la renommée traditionnelle de l'improvisateur dont on peut presque dire, quand il tombe épuisé par le dieu qui l'oppresse : Il n'est plus, rien n'en reste. Bossuet est toujours là, s'offrant à notre admiration comme un désespérant exemple, tandis que Mirabeau n'existe plus, et demeure enseveli dans son triomphe. Son œuvre littéraire est morte, perdue sous les ruines d'un monde passager, son nom seul subsiste comme un monument de la grandeur humaine. La flamme de son génie a cessé de briller pour nous. Cette lave ardente qui dévorait des trônes, des générations de rois, est figée, refroidie. Nous avons ses discours pourtant; mais ces aspérités, ces scories que les lueurs du cratère embrasé nous cachaient, se montrent visibles à tous les yeux, et, à mesure qu'on les approche, grandissent comme des montagnes. Au lieu de cette éloquence qui arrachait des acclamations à l'assemblée nationale, qui la tenait comme suspendue aux lèvres de l'orateur frémissant et éperdu, que nous reste-t-il? Hélas! des expressions qui souvent se répètent, des mots qui se heurtent, des phrases languissantes, dépourvues et de grâce et de vie, dégradation de la beauté. Nous cherchons en vain ces traits larges qu'animait là parole vivante de l'orateur populaire, et nous ne trouvons plus qu'une fidélité perfide et menteuse, qu'une brillante poussière, à peine dignes de passer à la postérité.

Mais que la gloire unanime qui entoure depuis des siècles les noms des fondateurs des grandes dynasties oratoires, soutienne notre courage et nous fasse triompher de tous les obstacles! Jamais plus brillantes fortunes d'orateurs firent-elles d'ailleurs monter plus haut le prix de la parole? L'Improvisation n'est-elle pas la véritable puissance oratoire? Quel est l'homme qui n'a pas tressailli à sa voix, qui ne s'est pas incliné sous son souffle? N'est-il pas écrit que l'éloquence, œuvre divine et immortelle, ne perd jamais ses droits, et qu'elle peut toujours compter sur des succès partiels quand elle ne remporte pas une complète victoire? Tout le monde ne proclame-t-il pas cette vérité, que les ovations de l'improvisateur qui soulève tout un peuple par la puissance de sa parole, valent bien les succès silencieux de l'écrivain auquel souvent nul écho ne répond?

Aimons donc l'Improvisation, faisons passer dans nos esprits le désir de sa possession et la passion de sa conquête, et elle nous fera marcher le front haut et sublime; elle nous donnera cette parole étincelante qui éclaire les peuples, ce regard inspiré qui semble diviniser nos pensées, les détacher de la terre pour les porter jusqu'au foyer de puissance et de grandeur dont elles émanent, jusqu'au trône de Dieu!

FIN.

Imp. Lefraise et Cᵉ, à Angoulême, rue des Trois-Notre-Dame, 1.

TABLE DES MATIÈRES.

FIN DE LA TABLE DES MATIÈRES.